**Minnesota Historical Society
Public Affairs Center Publications**

Russell W. Fridley
Director

June D. Holmquist
*Assistant Director for
Research and Publications*

Minnesota Votes

Election Returns by County

for Presidents, Senators, Congressmen, and Governors, 1857-1977

```
Compiled by Bruce M. White
          Jean A. Brookins
          Burt Cannon
          Carolyn Gilman
          June D. Holmquist
          Dorothy P. Kidder
```

MINNESOTA HISTORICAL SOCIETY . ST. PAUL . 1977

Copyright © 1977 by the Minnesota Historical Society

Compiled and published with funds provided to the
Minnesota Historical Society Public Affairs Center
by the Northwest Area Foundation, St. Paul

International Standard Book Number: 0-87351-107-7

Library of Congress Cataloging in Publication Data:

White, Bruce M   1951-
  Minnesota votes.

  (Minnesota Historical Society Public Affairs
Center publications)
    Includes bibliographical references and index.
    1. Elections--Minnesota--Statistics. 2. Elec-
tions--Minnesota--History. I. Title. II. Series:
Minnesota Historical Society. Public Affairs Center.
Publications.
JK6193 1977.W48   329'.023'776   77-1115

Contents

INTRODUCTION   1

ABBREVIATIONS OF POLITICAL PARTIES   10

ELECTIONS FOR PRESIDENT   11

ELECTIONS FOR U.S. SENATORS   33

ELECTIONS FOR U.S. CONGRESSMEN   64

ELECTIONS FOR GOVERNORS   153

APPENDIX   219

INDEX   228

Introduction

HISTORIANS interested in Minnesota politics have long complained about the lack of easy-to-use statistical compilations of election results by county. This booklet is a first step toward bringing together some of the voting statistics that reflect the state's multifaceted political heritage. The pages below contain county-by-county vote totals in elections for four offices -- president, United States senator and congressman, and governor of Minnesota -- from 1857 to 1977.

Included here are the results of general elections for these offices as well as of special elections held to fill vacancies due to resignations or deaths of the officeholders. The listing covers more than 122,000,000 votes cast in nearly 5,500 separate county returns. It records the fates of more than 1,500 candidates, of which only about 180 were ever elected. Disregarding presidential elections, the more than 600 terms of office included here have been shared by just 160 people, suggesting that politics in Minnesota is indeed a profession.

In broad outline, the statistics show that after a brief period of Democratic ascendancy before the Civil War, Minnesota's politics was dominated by the Republican party until well into the 20th century. They also indicate that over the years Republicans frequently faced competition, not only from the Democratic party but also from a sequence of third and fourth parties. For example, despite little success in the local polls, the Prohibition party offered a candidate in every gubernatorial election from 1869 to 1916. Almost from the beginnings of the state, and long before the appearance of the most recent of Minnesota's political coalitions (the Democratic-Farmer-Labor party), the rise and fall of minor parties and their sometimes successful co-operation with the Democrats characterized the opposition to Republican dominance.[1]

The statistics in this booklet offer answers to the questions: Who won? Who lost? How many votes did they receive? Although there is room for much interesting elaboration, this compilation makes no attempt to interpret the voting patterns that are evident in the figures it contains. Its purpose is not to serve as an interpretive study, but rather to present reliable facts that have previously been available -- often in garbled form -- only in many scattered sources. It is hoped that scholars will utilize these raw statistics to refine future studies that will provide new insights into the state's political past.

Unless otherwise noted, the statistics published here are based upon careful collation of the surviving manuscript schedules of the Minnesota Canvassing Board, the earliest of which are preserved in the Minnesota Historical Society's Division of Archives and Manuscripts and the more recent of which are housed in the offices of the Minnesota Secretary of State. These primary sources survive for all but eleven elections held during the 119 years covered. County returns for the elections in 1888, 1912, and 1914 were taken from the county canvassing board abstracts, and the statewide totals were calculated by the compilers. For election returns in 1857, 1859, 1861, 1867, 1870, 1873, 1877, and 1878, we have relied upon comparisons of printed contemporary sources. In these eleven instances the source of the returns is given in a footnote following the state-wide total votes.

For many years the most accessible source of voting statistics has been Minnesota's *Legislative Manual* or "Blue Book," as it has come to be called, issued every two years by the Minnesota Secretary of State. In compiling the present work, these volumes were consulted, but they were found to contain many errors, especially in the returns for the early years. Other published state sources are the House and Senate *Journals*, which offer voting returns for the 1870s, and the *Annual Reports* of the Secretary of State, which include some returns

---

[1] For more on the state's political history see G. Theodore Mitau, *Politics in Minnesota* (Minneapolis, 1970); H. P. Hall, *H. P. Hall's Observations* (St. Paul, 1904); Charles B. Cheney, *The Story of Minnesota Politics* (Minneapolis, 1947).

for the 1860s and early 1870s.

It should be pointed out that in many cases the accuracy of the early returns, whatever their source, is open to question. It is well known that outright fraud in voting existed before the state-wide adoption of the Australian ballot in 1891 and before canvassing procedures were standardized. After that date, however, comparisons of the manuscript and published returns revealed only small discrepancies, usually the result of copying or insignificant mathematical error.[2]

Quite often published reports of returns in early elections omitted the votes cast for third- and fourth-party candidates. These have been restored. Also included are the votes for all candidates in later elections who appeared on the ballot by petition or who ran without party nomination. In some early instances, returns from outlying counties were received too late to be included in the official report of the Minnesota Canvassing Board. In this compilation these are noted in the text and have been added to the state-wide totals. The total county votes in the canvassing board reports have been carefully refigured to correct mathematical errors. If such corrections were made, and when votes omitted by the canvassing board have been included, two sets of state-wide totals are given. The first, labeled "official," are those taken from the canvassing board report; the second are the "corrected totals" calculated by the compilers.

Not included in the state-wide totals are the scattered votes sometimes cast for informal candidates who were often noncandidates. These are summarized in footnotes, although the names of the recipients are not given in most cases.

For each candidate the first name and middle initial as well as the party affiliation have been provided where possible. In addition the index contains the birth and death dates, when known, of each candidate. For convenient reference an alphabetical listing of all governors and United States senators and representatives, beginning on page 219, gives the year and place of birth and death, a brief career summary, party affiliation, and years in office, taking special note of deaths or resignations that occurred before terms were completed. A list of all presidents of the United States to date follows the returns of presidential elections.[3]

Identifying a candidate's political affiliation was sometimes a problem, especially in the period before 1891. With the adoption of the Australian ballot printed at state expense, candidates were required to file for office with the Secretary of State and to declare their party affiliation. Up to that time ballots were either handwritten by the voter or printed by the party or by the candi-

Sample ballot of the Democratic party, 1892

date, and party affiliation is not always evident. This is especially true if coalitions occurred in specific congressional districts, coalitions that did not exist on the state level. Such was the case in 1890, for example, when in certain congressional districts the Farmers' Alliance party aligned with the Democrats and decided to nominate either a Democrat or an Alliance candidate, even though the two parties ran separate candidates in other dis-

---

[2] On the adoption of the Australian ballot and information on canvassing procedures, see William W. Folwell, *A History of Minnesota*, 3:189, 4:338-353 (Reprint eds., St. Paul, 1969).

[3] Biographical data on candidates are from a variety of sources including W. F. Toensing, comp., *Minnesota Congressmen, Legislators, and Other Elected State Officials* (St. Paul, 1971); Warren Upham and Rose B. Dunlap, comps., *Minnesota Biographies, 1655-1912* (Minnesota Historical Collections, vol. 14, 1912); biographies file in the library of the Minnesota Historical Society (hereafter abbreviated as MHS); card files of the MHS Division of Archives and Manuscripts, which holds the personal papers of many candidates; *Biographical Dictionary of the American Congress, 1774-1961* (Washington, D.C., 1961); James H. Baker, *Lives of the Governors of Minnesota* (Minnesota Historical Collections, vol. 13, 1908); "Governors of Minnesota 1849-1971," a leaflet prepared by the MHS library.

tricts and for governor. In one district that year the Alliance also co-operated with the Prohibition party. Similar coalitions were formed between 1896 and 1902 among the Democrats, the Alliance, and the People's party.[4]

Other problems in defining party affiliation arose when a candidate nominated by one party was also endorsed or nominated by another. In 1873, for example, the Anti-Monopoly party nominated a state-wide slate of both Republican and Democratic candidates. The Democrats, who were allied that year with the Liberal Republicans, met later in convention and decided not to nominate any candidates and to endorse the slate of the Anti-Monopoly party. Where possible, such coalitions are indicated in the voting returns, but additional alliances may have occurred that have gone unrecorded.[5]

If an election was disputed, the official returns as amended by recount are provided. The most widely publicized and closest of Minnesota's disputed elections was that for governor in 1962. Republican incumbent Elmer L. Andersen was named the winner by the State Canvassing Board, but his DFL opponent, Karl Rolvaag, contested the results. A recount was ordered, following which a panel of three district court judges appointed by the state supreme court decided the election in favor of Rolvaag. A full account of this unusual election is given by Ronald F. Stinnett and Charles H. Backstrom in their thorough analysis entitled *Recount*. The authors computed the final accurate election results by tracing back to the precinct in which it was cast every ballot ruled or conceded valid or invalid during the recount proceedings. Their excellent statistical summary is the only record of the official vote by precinct and county, and it was used for the present compilation with the kind permission of the authors.[6]

Over eighty years earlier, the 1878 election for Third District congressman between William D. Washburn and Ignatius Donnelly was sent to the United States House of Representatives for resolution. In this case, Donnelly challenged the results that gave the seat to Washburn and was upheld by a majority of the subcommittee of the House that investigated the election. However, the subcommittee's reports did not appear until the spring of 1880, and the House as a whole never acted upon the matter. Thus Washburn held the seat through the last session of the Forty-sixth Congress late in 1880.

Users of these statistics should also beware of another pitfall -- the tendency to equate unlike geographical entities simply because they bear the same name. County boundaries in Minnesota were not finally stabilized until the creation of Lake of the Woods County in 1922. In the late 1850s these boundaries sometimes shifted several times during a single year, and they continued to change frequently until the early 20th century. Thus in 1857 Brown County, for example, included all of the southwestern corner of Minnesota, and Ramsey County covered most of what is now Mille Lacs and Anoka counties. A comprehensive study entitled "The Establishment of County Boundaries in Minnesota," an unpublished master's thesis by Mary Ellen Lewis with many helpful maps, is recommended to those who wish to trace changes in the boundaries of the present 87 Minnesota counties over the years.[7]

---

[4]Filing statements dated after 1900 are in the collections of the Minnesota State Archives. For the period before 1900, party affiliations can be found in general political and party histories, especially Eugene V. Smalley, *A History of the Republican Party* (St. Paul, 1896), and Arthur Naftalin, "A History of the Farmer-Labor Party of Minnesota," doctoral thesis, University of Minnesota, 1948, copy in the MHS library. Also helpful are the annual *New York Tribune* and *New York World* almanacs from 1860 to 1920; *Congressional Directory* from 1867 to 1920; *Appleton's Annual Cyclopaedia*, Minnesota entry. None of these is complete or consistently accurate, however.

[5]On the 1873 conventions see Smalley, *History of the Republican Party*, 194-196.

[6]Stinnett and Backstrom, *Recount* (Washington, D.C., 1964); on the Donnelly-Washburn contest, below, see Folwell, *Minnesota*, 3:388-400.

[7]A copy of the Lewis thesis is in the MHS library.

A voters' guide listing candidates endorsed by the Anti-Monopoly party in 1873

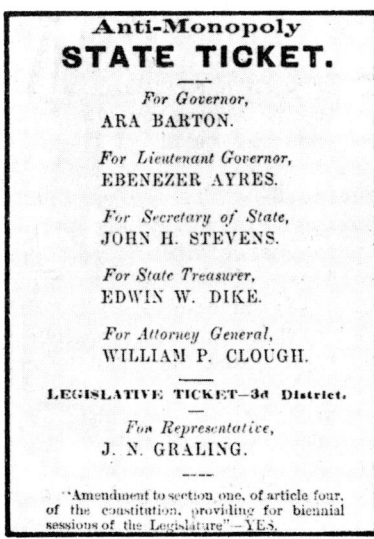

Not even Miss Lewis' valuable guide, however, will completely unravel the many mysteries shrouding the 19th-century returns, for it is apparent that the county names listed do not necessarily conform to the governmental units in existence at the time of a given election. For example, the counties reporting returns in the election for governor in 1857 are more or less the same as the counties in existence from May, 1857, to March, 1858, with certain notable exceptions. Aikin, Buchanan, Carlton, Cottonwood, Davis, Itasca, Jackson, Lake, Martin, Murray, Nobles, Rock, Pipestone, Pierce, Renville, and St. Louis counties were on the Minnesota map during this period, but no returns are given for any of these 16 units. Apparently the above-named sparsely settled areas were established but unorganized; that is, they lacked county officers. Under the territorial statute, "The returns of elections in the unorganized counties shall be made to the register of deeds of the county to which they may be attached for judicial purposes, and said votes shall be canvassed . . ." The question of how many votes were cast in unorganized counties is one that recurs until the late 19th century.[8]

PRESIDENTIAL ELECTIONS

Before the turn of the 20th century, under the state's interpretation of the electoral college system, Minnesotans voted separately for each of the presidential electors. Voters could, and did, split their votes any way they wished. This meant that all the electors on a presidential candidate's slate did not receive the same total number of votes. These discrepancies must be taken into account in arriving at the so-called popular vote received by each presidential candidate.

A number of different methods were used to arrive at the popular votes that appear in published sources on Minnesota presidential election returns. Sometimes the highest vote received by any elector on a given slate was considered to be the candidate's popular vote. Sometimes the total vote received by the elector listed first on a candidate's slate as it appeared on the ballot or on the abstract of election returns was taken as the popular vote. At other times it was arrived at by averaging the vote received by all the various electors.

In preparing this volume the popular vote in each county was defined as the highest total vote received by any one of the electors on a presidential candidate's slate in that county. The highest totals obtained in each county were then added together to constitute the state-wide popular vote. Although these state-wide totals differ somewhat from those computed by other methods in various published sources, the differences are usually minute. Nor do they always correspond to the "official returns" filed in the Minnesota Secretary of State's office, because the errors in addition found in the official returns have been corrected in this volume.

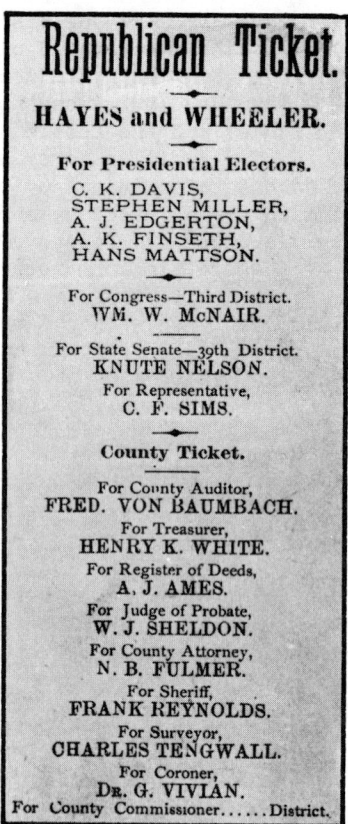

In 1876 the Republican party voters' guide for Douglas County included presidential electors.

Figuring the popular vote in the presidential election of 1892 presented some special problems. In that year the slate of electors representing Democratic candidate Grover Cleveland contained five names instead of the usual nine. Minnesotans who wished to help elect Cleveland were instructed to vote for the slate of five Cleveland electors, then vote for four of the electors on the slate representing James B. Weaver, the People's party candidate. It was thought that if these four "fusion" electors received the combined vote of the Cleveland and Weaver supporters they might win, even though the rest of the electors on the two candidates' slates would lose. In fact this did not happen. The "fusion" electors lost to the electors representing Republican Benjamin H. Harrison by over 12,000 votes. It is apparent that the combined "popular vote" for Cleveland and Weaver is a total some 19,000 greater than that for the "fusion" electors, indicating that some of

---

[8] Minnesota, *Public Statutes,* 1849-1858, p. 143.

the Cleveland and Weaver supporters refused to vote for the "fusion" electors.[9]

Such complexities in computing the popular vote do not occur after 1905 when the state election laws were amended to allow voters to cast their ballots only for slates of electors rather than for individual electors. At present the names of electors no longer appear on the printed ballot, although votes are still cast for presidential electors rather than for presidential candidates.[10]

In the presidential election returns presented here, the name of the winner in the national vote appears in capital letters. Five times in the 30 elections reported -- in 1884, 1892, 1912, 1916, and 1968 -- a losing candidate for president carried Minnesota. Returns for all candidates appearing on the ballot in Minnesota are presented, including those placed there by petition.

SENATORIAL ELECTIONS

From 1857 until 1916, United States senators from Minnesota were elected by state legislators meeting in joint session of the house and senate. The United States Constitution provides that all senators are divided into three groups, each group to be elected at different six-year intervals. When Minnesota elected its first two senators in 1857 the name of the man who would be awarded the full six-year term was determined by drawing lots. The winner was Henry M. Rice, who served until 1863. Senator James Shields, the loser, served until 1859. Subsequently, Minnesota's senators were elected at six-year intervals by state legislators in regular session. Occasionally, however, resignations necessitated the appointment of temporary senators to complete a term until the legislature next met. Such appointments are noted in the biographical summaries of officeholders beginning on page 219.[11]

The Seventeenth Amendment to the United States Constitution providing for the popular
_____
[9] Carl H. Chrislock, "The Politics of Protest in Minnesota, 1890-1901, from Populism to Progressivism," 180, doctoral thesis, University of Minnesota, 1954, microfilm copy in MHS library.

[10] Minnesota, *Revised Laws,* 1905, p. 31.

[11] Folwell, *Minnesota,* 2:6-8 (Revised ed., St. Paul, 1961); Hall, *Observations,* 166.

[12] Folwell, *Minnesota,* 4:372; Minnesota, *Laws,* 1911, p. 572.

[13] Minnesota, *Election Laws,* 1924, p. 66; 1944, p. 83.

election of senators became law in 1913, and three years later Minnesotans elected their first senator, Frank B. Kellogg, by direct vote. Anticipating ratification of that amendment, however, Minnesota legislators in 1911 had passed a law which allowed each legislative candidate, at the time he filed for office, to sign a statement that, if elected, he would vote for the senatorial candidate who received the highest number of votes in the general state-wide election of 1912. Those candidates who complied were listed on the ballot with the words "signed statement for people's choice for senator." Legally, the United States senator was still elected by the state legislature in January, 1913, but the legislators had been gently coerced into accepting the results of the general election held the previous November. Thus the first popular election of a United States senator from Minnesota was really held in 1912, and Knute Nelson was the winner.[12]

In April, 1923, Senator Nelson died with more than a year remaining in his term of office. At that time state statutes provided for filling such vacancies only by a special election, and one was held on July 16, 1923. After that, the legislature passed a law allowing the governor to fill such vacancies by appointment. The appointee's term would run until the next biennial state election, when the winner would serve for the remainder of the term. Two unusual senatorial elections resulted from this law -- one in 1936 and the other in 1942. In each instance there were two senatorial races, the first a special election to fill a term that began on election day and terminated in January of the next year, and the second an election to fill a term that began in January and ran the usual six years. The fruitlessness of electing a senator to a term of only a few months prompted the legislature to revise the law on senatorial vacancies in 1943. The new law provided that the governor's appointee "shall serve until the election and qualification of the person duly elected to fill such vacancy; provided, however, that there shall be no election to fill the unexpired term at any biennial election occurring in a year immediately preceding the expiration of such term and in that event the person appointed by the governor to fill the vacancy shall serve until the expiration of such term." This law was most recently implemented in 1976, when Governor Wendell R. Anderson resigned in December and was appointed by his successor, Governor Rudolph G. Perpich, to succeed former Senator and Vice-President-elect Walter F. Mondale.[13]

CONGRESSIONAL ELECTIONS

A large part of this volume is comprised of election returns from Minnesota's congressional districts. For the most part, representa-

5

tives in Congress have been elected every two years.

The first such election took place in 1857, before Minnesota became a state and before congressional districts had been organized. Three men were elected at large, but Congress allotted only two representatives in the bill providing for Minnesota statehood in 1858. Apparently the question of who would be seated was settled by drawing lots, and, as it turned out, the loser, George L. Becker, was also the candidate who had received the fewest votes. Minnesota's second congressional election occurred in the fall of 1859. The following spring, the state legislature passed its first general election law, which specified that elections of United States representatives would take place in the year preceding the end of the incumbent's term, or in even-numbered instead of odd-numbered years, beginning in 1860. This meant that the congressional seat would not be empty between the end of the incumbent's term and the election of his successor, which was the case in 1859.[14]

The division of Minnesota into two congressional districts became effective with the 1862 election. Thereafter periodical redistricting was necessitated, as shown on the accompanying maps.

The state had two congressmen until 1872, when voters were allowed to elect a third representative based on the 1870 census. In 1882 Minnesotans elected five representatives; in 1892 seven, and in 1902 nine. As a result of the 1910 census Minnesota was alloted a tenth representative, but reapportionment was not completed until 1913, so the new congressman had to be elected at large in 1912. In 1930 a revamping of Minnesota's congressional districts became necessary when the census showed that the state's share of the national population had decreased and it lost one congressman. The legislature passed a reapportionment bill in 1931, but it was vetoed by Governor Floyd B. Olson. His veto was upheld by the United States Supreme Court in April, 1932. As a result, all nine of Minnesota's congressmen were elected at large in the fall of 1932, and reapportionment was effected the following year. The number of Minnesota congressmen remained at nine until 1960, when it was again decreased by one. In 1961 the state was reapportioned, and in 1971 congressional district boundaries were once more changed, although the state retained its eight representatives in Congress.[15]

GUBERNATORIAL ELECTIONS

From 1857 until 1883 elections for governor and other state officers took place every two years. An amendment to the Minnesota Constitution, passed in 1883, directed that elections for all state officers be held at the same time as presidential and congressional elections, or in even-numbered years. Those state officers elected in 1883 were, therefore, in office for three years until after the general election in 1886. Governors continued to be elected to two-year terms through the election of 1960. Since 1962, they have been elected to four-year terms. Because Minnesota law provides that a vacancy in the governor's office shall be filled by the succession of the lieutenant governor, no special elections have been necessary in this category. The only contested gubernatorial election was that of 1962, which required the recount discussed on page 3.[16]

---

[14] On Minnesota's first congressmen, see Folwell, *Minnesota*, 2:17 (Revised ed., St. Paul, 1961); for the 1860 election law, see Minnesota, *General Laws*, 1860, p. 146-164; the provisions which affected congressional elections are on pp. 147, 154.

[15] For reapportionment bills, see the *Legislative Manual* for the year the bill was passed by the state legislature. On the 1931 reapportionment and Olson's veto, see Theodore Christianson, *Minnesota: The Land of Sky-Tinted Waters*, 2:499 (Chicago and New York, 1935).

[16] On the 1883 constitutional amendment, see William Anderson and Albert J. Lobb, *A History of the Constitution of Minnesota*, 232 (Minneapolis, 1921). Minnesota, *Election Laws*, 1962, p. 11.

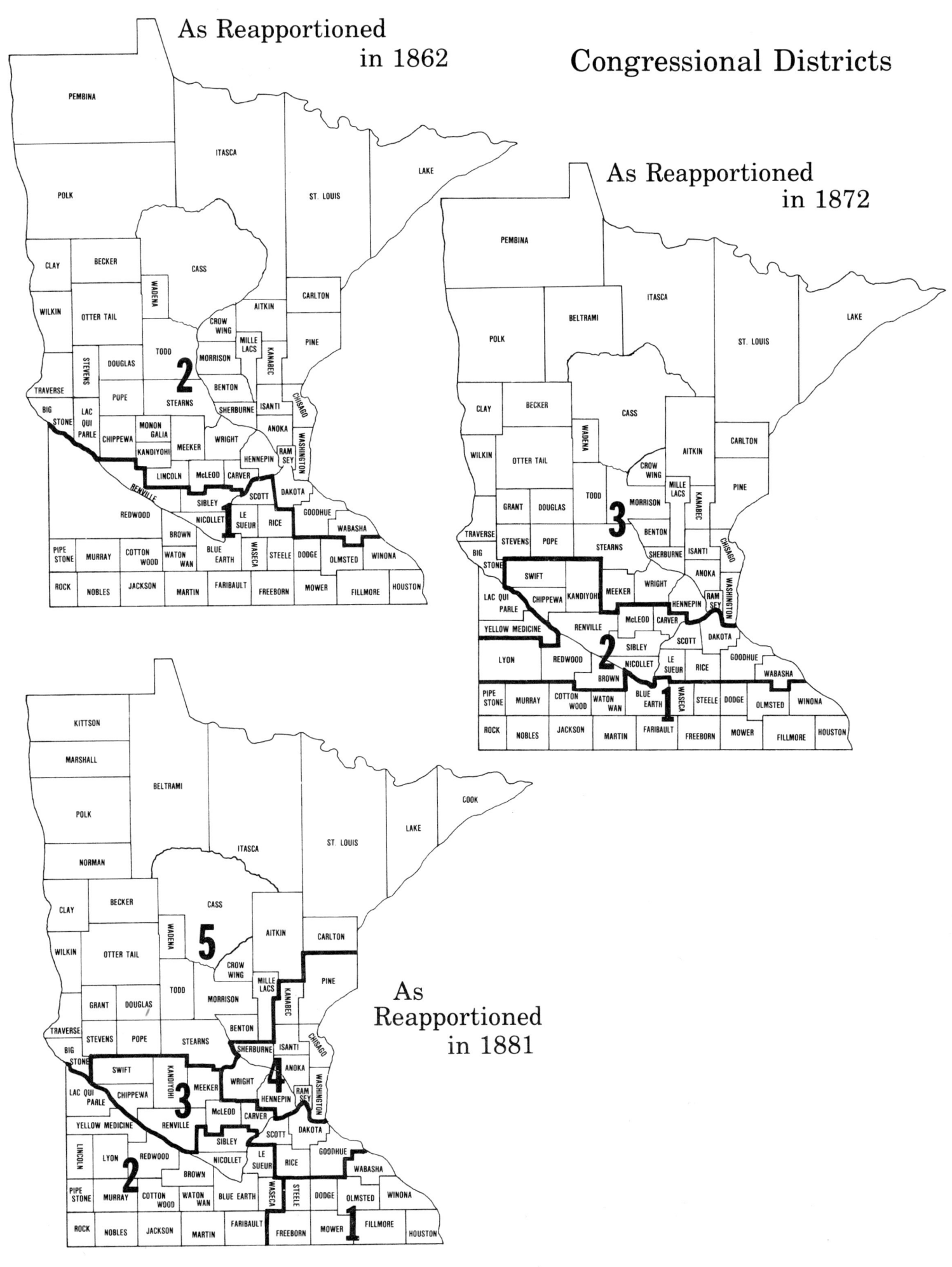

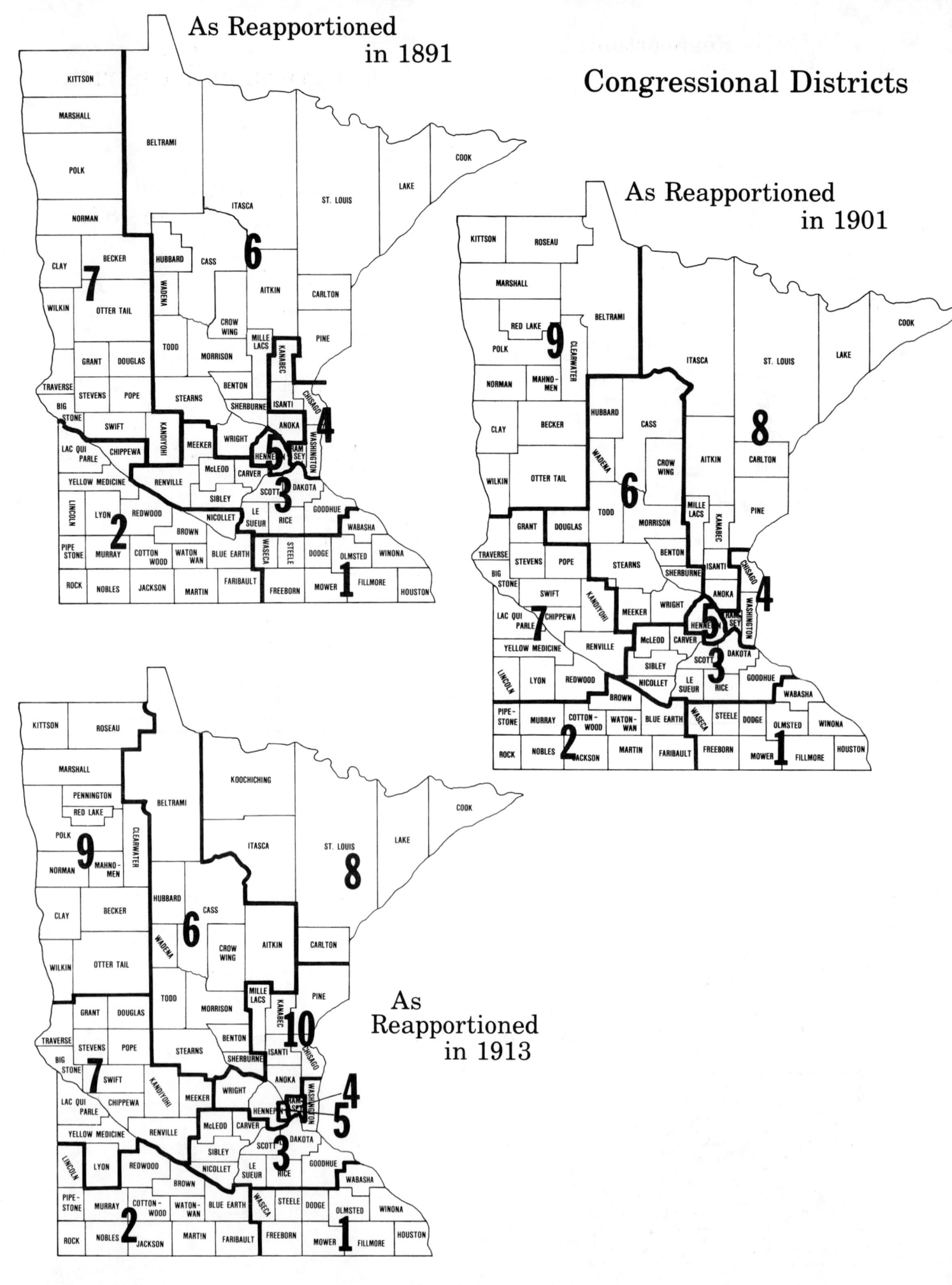

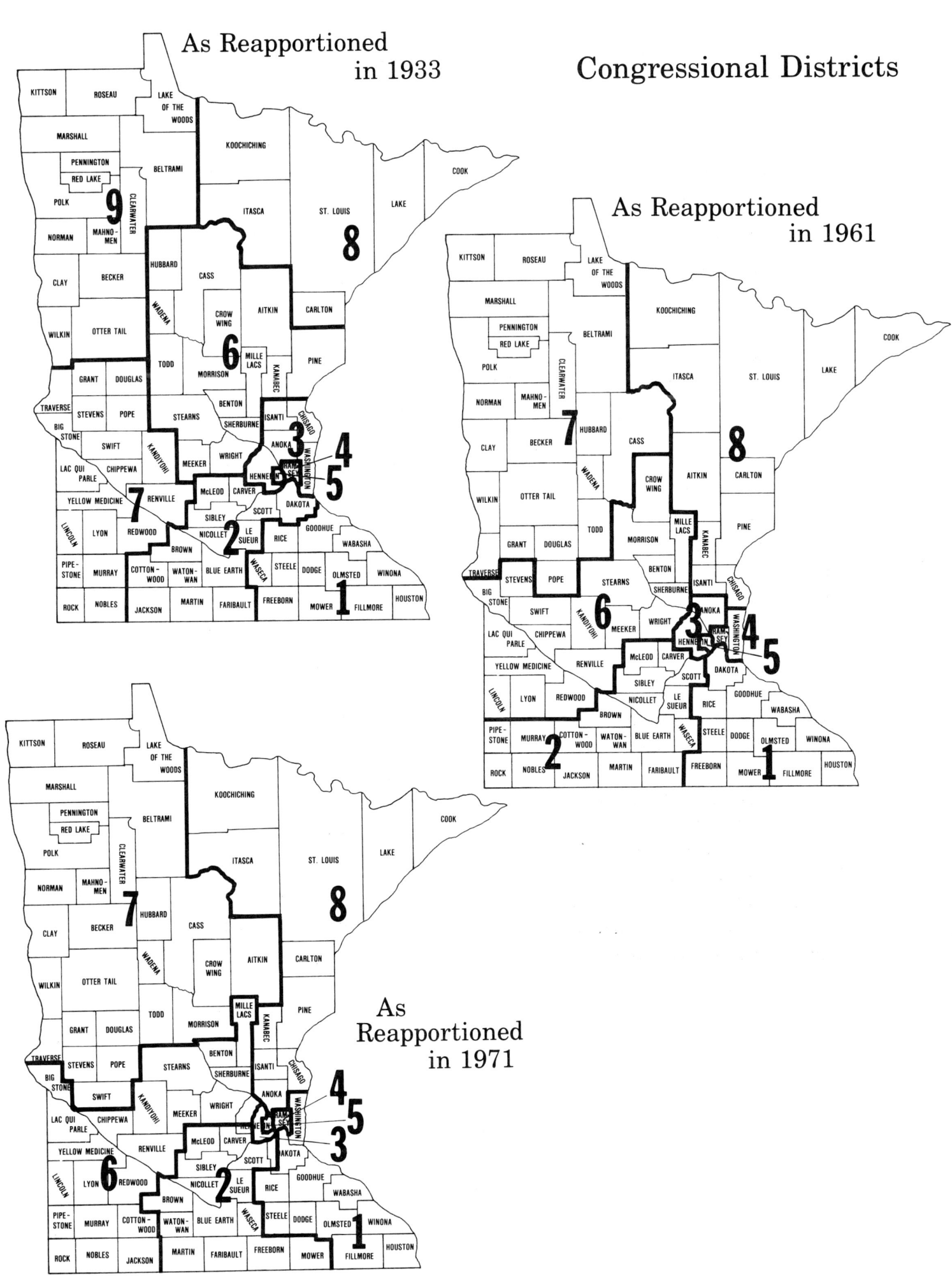

ABBREVIATIONS OF POLITICAL PARTIES

A	Alliance		L	Libertarian
Am	American		LR	Liberal Republican
A-M	Anti-Monopoly			
B-W-I	Beer-Wine-Independent		M'76P	McCarthy '76 Principle
			MnPeo	Minnesota People's
C	Communist		MnT	Minnesota Taxpayers
CU	Constitutional Union		M-Pop	Midroad-Populist
D	Democratic		N	National
DFL	Democratic-Farmer-Labor		N(G)D	National (Gold) Democratic
D-LR-AM	Democratic-Liberal Republican-Anti-Monopoly		NPL	Nonpartisan League
D-Peo	Democratic People's		P&F	Peace and Freedom
D(SF)	Democratic (Southern Faction)		Peo	People's
EJ	Economic Justice		PFE	Pensions for Everybody
			PO	Public Ownership
FA	Farmers' Alliance		Pro	Prohibition
F&L	Farm and Labor		Prog	Progressive
Fel	Fellowship			
F-L	Farmer-Labor		R	Republican
			Ref	Referendum
G	Greenback		RevW	Revolutionary Workers
GL	Greenback Labor			
			S	Socialist
I	Independent		SD	Socialist Democrat
IDB	International Development Bank		SIn	Socialist Industrial
IL	Independent Liberal		SL	Socialist Labor
In	Industrial		SW	Socialist Workers
InG	Industrial Government			
InL	Industrial Labor		T	Taxpayers
IP	Independent Populist		TA-W	Trotskyist Anti-War
IPro	Independent Prohibition			
IProg	Independent Progressive		U	Union
I-R	Independent-Republican		UL	Union Labor
IV	Independent Voters		WC	Workers Communist

Elections for President

President 1860

	R	D	D(SF)	CU
County	ABRAHAM LINCOLN	Stephen A. Douglas	John C. Breckinridge	John Bell
Anoka	277	150	9	0
Blue Earth	677	374	24	0
Brown	409	91	10	0
Carver	505	324	1	0
Chisago	379	64	24	0
Dakota	1,023	882	22	0
Dodge	581	206	53	0
Faribault	270	63	3	0
Fillmore	1,610	809	24	0
Freeborn	595	188	2	0
Goodhue	1,352	429	17	0
Hennepin	1,770	705	47	4
Houston	594	622	3	0
Isanti	41	7	0	0
Kanabec	15	0	0	0
Kandiyohi	13	3	0	0
Le Sueur	566	555	9	1
McLeod	240	81	0	0
Martin	40	6	0	0
Meeker	166	83	11	1
Mille Lacs	18	1	0	0
Monongalia	42	17	0	0
Morrison	53	93	4	0
Mower	501	194	0	0
Nicollet	461	291	25	3
Olmsted	1,348	404	24	0
Otter Tail	5	6	0	0
Ramsey	1,234	1,107	143	16
Renville	89	41	15	2
Rice	996	503	8	0
St. Louis	40	22	6	0
Scott	529	643	38	0
Sherburne	120	58	2	0
Sibley	398	384	18	0
Stearns	439	482	12	0
Steele	523	157	8	0
Toombs	7	3	0	0
Wabasha	1,231	550	150	14
Waseca	304	143	0	0
Washington	752	423	19	12
Winona	1,291	571	39	0
Wright	572	188	4	0
TOTALS	22,076	11,922	774	53

Lincoln plurality 10,154. Of the counties reporting, Lincoln carried 37; Douglas carried 5.

President 1864

	R	D
County	ABRAHAM LINCOLN	George B. McClellan
Anoka	285	167
Benton	52	53
Blue Earth	962	575
Brown	326	58
Carver	484	610
Cass	5	4
Chisago	372	88
Dakota	1,176	1,178
Dodge	760	325
Faribault	642	160
Fillmore	1,642	1,031
Freeborn	653	221
Goodhue	1,866	688
Hennepin	1,711	1,221
Houston	796	635
Isanti	59	24
Le Sueur	495	811
McLeod	202	142
Martin	190	17
Meeker	115	84
Mille Lacs	51	20
Morrison	35	50
Mower	637	214
Nicollet	505	421
Olmsted	1,849	829
Pine	17	4
Ramsey	1,260	1,421
Rice	1,275	667
St. Louis	39	5
Scott	396	1,046
Sherburne	108	78
Sibley	263	559
Stearns	427	917
Steele	636	209
Todd	22	31
Wabasha	1,392	635
Waseca	418	284
Washington	782	502
Watonwan	38	5
Winona	1,590	1,032
Wright	528	356
TOTALS	25,061	17,377

Lincoln plurality 7,684. Of the counties reporting, Lincoln carried 31; McClellan carried 10.

President 1868

	R	D
County	ULYSSES S. GRANT	Horatio Seymour
Anoka	421	274
Benton	153	147
Blue Earth	1,749	1,024
Brown	654	152
*Carlton	26	0
Carver	800	980
Chisago	538	117
Dakota	1,613	1,793
Dodge	1,025	381
Douglas	562	106
Faribault	1,421	373
Fillmore	2,748	1,313
Freeborn	1,211	336
Goodhue	2,885	939
Grant	47	2
Hennepin	3,128	1,984
Houston	1,435	899
Isanti	263	29
Jackson	201	16
Kanabec	8	1
Kandiyohi	160	12
*Lake	14	0
Le Sueur	876	1,095
Manomin	3	24
McLeod	605	381
Martin	520	101
Meeker	600	285
Mille Lacs	118	41
Monongalia	381	74
Morrison	68	139
Mower	1,239	469
Nicollet	780	486
Olmsted	2,369	1,308
Otter Tail	105	22
Pine	35	5
Pope	311	62
Ramsey	1,670	1,929
Redwood	158	9
*Renville	312	70
Rice	1,785	1,266
St. Louis	66	20
Scott	479	1,455
Sherburne	205	148
Sibley	382	706

11

President 1868

County	R ULYSSES S. GRANT	D Horatio Seymour
Stearns	1,030	1,524
Steele	1,137	503
Todd	161	35
Wabasha	1,831	1,143
Waseca	817	518
Washington	1,062	707
Watonwan	199	57
Winona	2,378	2,025
Wright	985	623
TOTALS	43,729	28,108

Grant plurality 15,621. Of counties reporting, Grant carried 44; Seymour carried 9.

*Returns officially reported but received too late for inclusion in the official state canvass.

President 1872

County	R ULYSSES S. GRANT	D(& LR faction) Horace Greeley
Aitkin	57	12
Anoka	308	125
Becker	114	56
Benton	161	153
Big Stone	32	0
Blue Earth	1,906	1,617
Brown	802	437
Carlton	136	57
Carver	814	1,144
Cass	17	11
Chippewa	406	32
Chisago	776	112
Clay	341	71
Cottonwood	437	49
Crow Wing	458	330
Dakota	1,080	1,754
Dodge	951	502
Douglas	1,040	220
Faribault	1,626	509
Fillmore	2,713	1,280
Freeborn	1,473	345
Goodhue	2,919	1,097
Grant	186	11
Hennepin	4,075	2,986
Houston	1,707	1,071
*Isanti	503	46
Jackson	564	56
Kanabec	22	13
Kandiyohi	1,098	143
Lac qui Parle	236	7
*Lake	21	1
Le Sueur	829	1,272
McLeod	640	458
Martin	685	156
Meeker	907	476
Mille Lacs	181	76
Morrison	161	240

President 1872

County	R ULYSSES S. GRANT	D(& LR faction) Horace Greeley
Mower	1,485	588
*Murray	162	16
Nicollet	936	605
*Nobles	276	45
Olmsted	2,054	1,132
Otter Tail	1,061	252
*Pembina	40	0
Pine	185	110
Polk	65	24
Pope	626	44
Ramsey	2,657	2,683
Redwood	288	42
Renville	794	217
Rice	1,915	1,211
Rock	169	16
St. Louis	908	267
Scott	588	1,442
Sherburne	339	145
*Sibley	482	806
Stearns	1,127	1,926
Steele	1,033	627
Stevens	103	46
Swift	252	39
Todd	379	201
Wabasha	1,453	1,341
Waseca	923	649
Washington	1,221	830
Watonwan	573	233
Wilkin	63	37
Winona	2,111	1,914
Wright	1,135	929
Yellow Medicine	309	21
TOTALS	56,094	35,363

Grant plurality 20,731. Of counties reporting, Grant carried 61; Greeley carried 8.

*Returns officially reported but received too late for inclusion in the official state canvass.

President 1876

County	R RUTHERFORD B. HAYES	D Samuel J. Tilden	G Peter Cooper	Pro Green Clay Smith
Aitkin	37	17	0	0
Anoka	725	487	10	0
Becker	490	99	0	0
Benton	164	272	0	0
Big Stone	104	2	0	0
Blue Earth	2,410	2,039	0	0
Brown	832	682	125	0
Carlton	139	110	0	0
Carver	933	1,374	2	0
Cass	25	13	0	0
Chippewa	599	48	54	0
Chisago	1,019	244	0	0

President 1876

County	R RUTHERFORD B. HAYES	D Samuel J. Tilden	G Peter Cooper	Pro Green Clay Smith
Clay	390	115	0	0
Cottonwood	387	76	5	0
Crow Wing	152	109	0	0
Dakota	1,599	2,172	118	21
Dodge	1,673	675	2	0
Douglas	1,101	305	0	0
Faribault	1,591	605	63	19
Fillmore	3,825	1,752	28	0
Freeborn	2,195	536	15	4
Goodhue	4,227	1,377	93	9
Grant	269	28	7	0
Hennepin	5,641	4,871	39	0
Houston	1,988	1,446	0	7
Isanti	741	94	0	0
Jackson	522	69	1	0
Kanabec	109	29	0	0
Kandiyohi	1,457	158	100	0
Lac qui Parle	351	20	1	0
Lake	17	0	0	0
Le Sueur	1,037	1,635	0	0
Lincoln	88	18	0	0
Lyon	520	73	13	0
McLeod	808	828	67	0
Martin	635	160	0	1
Meeker	1,211	487	343	0
Mille Lacs	171	68	46	0
Morrison	216	383	0	0
Mower	1,969	955	75	1
Murray	235	42	0	0
Nicollet	1,116	677	35	0
Nobles	479	63	0	1
Olmsted	2,520	1,581	373	0
Otter Tail	1,629	462	0	0
Pembina	26	0	0	0
Pine	139	152	0	0
Polk	273	82	0	0
Pope	776	78	0	0
Ramsey	2,671	3,829	0	0
Redwood	434	112	26	0
Renville	930	284	56	0
Rice	2,377	1,541	328	0
Rock	518	69	0	0
St. Louis	484	259	0	0
Scott	656	1,732	0	5
Sherburne	432	208	17	0
Sibley	729	972	7	0
Stearns	1,117	2,413	9	0
Steele	1,588	948	4	0
Stevens	199	101	1	0
Swift	595	154	0	0
Todd	446	297	0	0
Wabasha	2,087	1,752	110	0
Wadena	56	18	0	0
Waseca	1,128	743	57	76
Washington	1,689	1,335	52	0
Watonwan	549	195	0	1
Wilkin	90	42	0	0
Winona	2,636	2,928	16	0
Wright	1,482	1,280	23	0
Yellow Medicine	529	36	0	0
TOTALS	72,982	48,816	2,321	145

Hayes plurality 24,166. Of counties reporting, Hayes carried 60; Tilden carried 12.

In addition to the above returns, a total of 587 votes were cast for various other electors throughout the state.

President 1880

County	R JAMES A. GARFIELD	D Winfield S. Hancock	GL James B. Weaver	Pro Neal Dow
Aitkin	45	24	0	0
Anoka	975	523	35	1
Becker	693	138	0	0
Benton	251	355	0	0
Big Stone	450	254	0	0
Blue Earth	2,729	1,823	7	5
Brown	1,297	708	0	0
Cass	131	68	0	0
Carlton	216	229	0	0
Carver	1,294	1,148	0	0
Chippewa	861	161	28	7
Chisago	1,246	252	3	0
Clay	920	349	2	0
Cottonwood	717	129	0	3
Crow Wing	328	227	0	0
Dakota	1,612	1,742	13	13
Dodge	1,702	600	0	2
Douglas	1,433	295	0	4
Faribault	1,863	734	31	20
Fillmore	3,216	846	1,241	5
Freeborn	2,461	625	46	17
Goodhue	4,043	1,354	4	4
Grant	596	43	0	0
Hennepin	8,036	4,104	307	83
Houston	1,907	1,297	39	2
Isanti	839	64	0	0
Jackson	767	126	11	0
Kanabec	101	48	0	0
Kandiyohi	1,608	150	128	0
Kittson	158	73	0	0
Lac qui Parle	878	47	0	0
Lake	20	0	0	0
Le Sueur	1,383	1,882	0	1
Lincoln	468	112	0	0
Lyon	1,141	195	0	2
McLeod	1,111	1,031	2	0
Marshall	127	88	0	0
Martin	863	191	66	0
Meeker	1,335	564	399	0
Mille Lacs	265	101	0	0
Morrison	459	667	0	0
Mower	2,089	861	248	0
Murray	557	184	0	3
Nicollet	1,275	734	0	2
Nobles	693	227	25	0
Olmsted	2,486	1,558	177	8
Otter Tail	2,628	772	4	3
Pine	221	235	0	0
Pipestone	358	171	0	0
Polk	1,639	667	0	0
Pope	924	111	0	0
Ramsey	4,334	4,588	0	0
Redwood	866	217	3	1
Renville	1,452	598	0	0
Rice	2,493	1,761	156	20
Rock	653	165	0	0
St. Louis	698	418	0	0
Scott	834	1,776	0	1
Sherburne	431	212	9	2
Sibley	970	1,061	5	0
Stearns	1,415	2,469	8	0
Steele	1,642	944	0	60
Stevens	638	514	1	0
Swift	900	566	3	3
Todd	665	361	57	0
*Traverse	118	85	0	0
Wabasha	2,040	1,867	0	0
Wadena	366	107	5	0
Waseca	1,381	964	6	6
Washington	2,067	1,513	9	0
Watonwan	745	220	0	2
Wilkin	261	94	0	0

President 1880 (continued)

County	R JAMES A. GARFIELD	D Winfield S. Hancock	GL James B. Weaver	Pro Neal Dow
Winona	2,572	2,555	184	0
Wright	2,110	1,317	11	4
Yellow Medicine	855	70	0	2
TOTALS	93,921	53,329	3,271	286

Garfield plurality 40,592. Of counties reporting, Garfield carried 65; Hancock carried 10.

* Votes from Traverse County, which was unorganized until 1881, should have been reported through Stevens County, to which Traverse was attached for legal purposes. These votes apparently were reported incorrectly and were not included in the official state canvass.

President 1884

County	R James G. Blaine	D GROVER CLEVELAND	Pro John P. St. John	G Benjamin F. Butler
Aitkin	221	214	0	0
Anoka	1,402	532	79	29
Becker	920	353	2	0
Beltrami	13	6	0	0
Benton	351	522	15	0
Big Stone	552	207	32	161
Blue Earth	2,486	2,036	276	17
Brown	1,159	1,169	34	160
Carlton	671	266	0	4
Carver	1,192	1,591	54	0
Cass	145	5	0	0
Chippewa	794	360	47	49
Chisago	1,586	306	5	0
Clay	1,177	729	74	3
Cook	46	8	0	0
Cottonwood	599	137	34	26
Crow Wing	968	504	1	15
Dakota	1,523	1,825	102	8
Dodge	1,174	481	145	0
Douglas	1,643	559	71	53
Faribault	1,683	639	171	65
Fillmore	2,927	1,013	155	651
Freeborn	2,104	733	104	119
Goodhue	3,907	1,635	192	10
Grant	810	138	32	16
Hennepin	14,609	8,069	871	501
Houston	1,614	1,183	32	0
Hubbard	101	76	0	0
Isanti	1,243	113	7	1
Jackson	652	146	18	43
Kanabec	280	40	0	0
Kandiyohi	1,860	212	15	231
Kittson	315	186	0	0
Lac qui Parle	967	221	0	0

President 1884 (continued)

County	R James G. Blaine	D GROVER CLEVELAND	Pro John P. St. John	G Benjamin F. Butler
Lake	74	6	0	0
Le Sueur	1,618	1,862	45	0
Lincoln	599	154	5	59
Lyon	1,223	242	99	26
McLeod	1,071	1,578	105	0
Marshall	584	157	12	0
Martin	736	260	109	74
Meeker	1,456	860	118	294
Mille Lacs	301	140	4	0
Morrison	687	1,010	0	0
Mower	1,666	780	38	246
Murray	627	244	18	9
Nicollet	1,129	701	0	0
Nobles	491	246	131	38
Norman	916	295	0	0
Olmsted	2,127	1,540	155	62
Otter Tail	3,425	1,510	44	3
Pine	379	307	0	0
Pipestone	598	256	12	24
Pope	1,308	210	36	0
Polk	2,499	1,639	56	0
Ramsey	7,944	6,763	67	3
Redwood	733	240	42	55
Renville	1,519	764	58	0
Rice	2,454	1,831	144	220
Rock	741	162	58	8
St. Louis	2,369	827	2	0
Scott	693	1,843	26	0
Sherburne	644	346	16	0
Sibley	1,040	1,124	6	5
Stearns	1,381	3,073	27	0
Steele	1,273	1,006	71	0
Stevens	613	399	11	2
Swift	965	476	10	14
Todd	758	549	57	76
Traverse	412	253	16	11
Wabasha	1,610	1,954	56	0
Wadena	384	243	25	7
Waseca	1,189	867	97	9
Washington	2,704	1,702	53	1
Watonwan	626	192	8	0
Wilkin	400	204	1	0
Winona	2,664	3,304	119	137
Wright	2,383	1,609	112	41
Yellow Medicine	1,112	193	59	0
TOTALS	111,819	70,135	4,696	3,586

Blaine plurality 41,684. Of counties reporting, Blaine carried 67; Cleveland carried 12.

President 1888

County	R BENJAMIN H. HARRISON	D S. Grover Cleveland	Pro Clinton B. Fisk	UL Alson J. Streeter
Aitkin	408	185	34	0
Anoka	1,323	807	175	0
Becker	1,361	511	302	0
Benton	527	762	35	0
Big Stone	641	446	109	0
Blue Earth	3,307	2,761	403	8
Brown	1,285	1,489	112	47
Carlton	924	439	40	13
Carver	1,486	1,886	61	0
Cass	474	236	6	0
Chippewa	820	506	182	6
Chisago	1,481	420	172	0
Clay	1,547	972	198	0
Cook	24	29	0	0
Cottonwood	760	273	90	0
Crow Wing	1,144	699	65	0
Dakota	1,664	2,372	210	7
Dodge	1,530	805	222	0
Douglas	1,744	661	345	75
Faribault	2,176	1,054	297	0
Fillmore	3,428	1,759	349	87
Freeborn	2,415	973	388	0
Goodhue	3,813	1,721	364	0
Grant	899	316	170	0
Hennepin	21,211	15,042	1,690	84
Houston	1,624	1,376	103	0
Hubbard	169	181	1	27
Isanti	924	159	320	0
Itasca	58	105	10	0
Jackson	1,018	476	86	0
Kanabec	162	82	114	0
Kandiyohi	1,936	472	388	13
Kittson	607	370	73	0
Lac qui Parle	1,298	540	88	0
Lake	222	89	2	0
Le Sueur	1,817	2,121	199	1
Lincoln	595	400	63	14
Lyon	1,138	475	207	0
McLeod	1,323	1,827	105	0
Marshall	1,166	426	117	0
Martin	1,161	485	163	13
Meeker	1,799	1,231	243	0
Mille Lacs	414	229	23	0
Morrison	1,042	1,404	41	3
Mower	2,373	1,343	171	0
Murray	782	492	104	0
Nicollet	1,383	1,201	120	0
Nobles	896	682	142	34
Norman	1,162	356	461	0
Olmsted	2,432	2,094	135	12
Otter Tail	3,874	1,770	734	0
Pine	487	431	63	0
Pipestone	668	305	34	126
Polk	3,096	1,711	640	0
Pope	1,268	390	242	0
Ramsey	12,163	13,095	805	127
Redwood	1,018	540	205	0
Renville	1,903	1,070	192	0
Rice	2,512	2,195	295	99
Rock	1,001	326	95	2
St. Louis	4,920	1,914	242	297
Scott	805	2,092	51	0
Sherburne	790	437	59	0
Sibley	1,389	1,437	54	0
Stearns	2,174	4,747	195	0
Steele	1,488	1,207	137	0
Stevens	679	475	78	0
Swift	1,098	743	132	0
Todd	1,508	870	103	0
Traverse	544	452	44	0
Wabasha	1,669	2,034	179	0

1888 President 1888

County	R BENJAMIN H. HARRISON	D S. Grover Cleveland	Pro Clinton B. Fisk	UL Alson J. Streeter
Wadena	604	337	71	0
Waseca	1,498	1,169	171	0
Washington	2,764	2,015	123	0
Watonwan	928	326	88	0
Wilkin	546	359	50	0
Winona	3,176	3,738	142	2
Wright	2,877	2,133	345	0
Yellow Medicine	1,175	346	139	0
TOTALS	142,515	104,404	15,206	1,097

Harrison plurality 38,111. Of the counties reporting, Harrison carried 63; Cleveland carried 16.

President 1892

County	R Benjamin H. Harrison	D S. GROVER CLEVELAND	†D-Peo (Fusion Electors) James B. Weaver	Peo James B. Weaver	Pro John Bidwell
Aitkin	445	217	188	33	16
Anoka	1,002	720	662	44	133
Becker	892	509	823	447	199
Beltrami	57	44	60	25	13
Benton	424	575	629	182	26
Big Stone	575	485	532	145	135
Blue Earth	2,678	2,397	2,374	374	558
Brown	1,080	1,174	1,457	494	59
Carlton	737	372	403	111	73
Carver	1,191	1,462	1,403	246	53
Cass	311	233	221	47	18
Chippewa	731	507	685	244	162
Chisago	1,480	338	340	45	110
Clay	959	594	1,134	710	123
Cook	67	19	31	23	14
Cottonwood	727	202	469	333	126
Crow Wing	916	519	567	193	97
Dakota	1,481	1,989	1,954	264	168
Dodge	1,264	563	791	320	146
Douglas	1,312	532	906	477	247
Faribault	1,992	1,070	991	86	286
Fillmore	2,925	1,346	1,715	542	361
Freeborn	2,005	739	846	279	199
Goodhue	3,564	1,655	1,576	208	347
Grant	768	315	415	172	116
Hennepin	20,603	16,448	15,003	2,326	1,883
Houston	1,509	1,243	1,268	172	92
Hubbard	173	135	271	169	9
Isanti	722	103	303	228	252
Itasca	520	686	533	50	27
Jackson	901	721	852	267	103
Kanabec	182	38	71	35	85
Kandiyohi	1,370	424	933	615	316
Kittson	408	307	667	446	96
Lac qui Parle	1,197	488	899	521	97
Lake	290	126	130	38	29
Le Sueur	1,512	1,875	1,861	276	159
Lincoln	318	396	616	310	86
Lyon	1,068	544	699	280	265
McLeod	923	1,532	1,577	266	123
Marshall	567	387	1,221	924	128
Martin	1,189	661	618	103	125
Meeker	1,274	1,146	1,303	348	259

14

President 1892

County	R Benjamin H. Harrison	D S. GROVER CLEVELAND	†D-Peo (Fusion Electors) James B. Weaver	Peo James B. Weaver	Pro John Bidwell
Mille Lacs	463	222	246	102	47
Morrison	1,135	1,585	1,443	160	126
Mower	2,234	1,310	1,257	169	251
Murray	586	517	773	412	73
Nicollet	1,098	936	981	178	80
Nobles	886	663	841	305	137
Norman	724	294	803	596	244
Olmsted	2,244	1,928	1,803	149	169
Otter Tail	2,140	1,642	2,808	1,466	474
Pine	538	458	479	70	45
Pipestone	646	295	520	343	60
Polk	1,376	1,510	3,948	2,775	231
Pope	1,037	282	558	361	129
Ramsey	11,307	12,817	11,712	1,662	993
Redwood	1,155	645	734	257	119
Renville	1,363	981	1,656	920	145
Rice	2,245	1,794	1,756	352	258
Rock	940	383	459	176	77
St. Louis	5,157	3,586	3,575	985	655
Scott	760	1,937	1,784	99	32
Sherburne	627	290	411	192	43
Sibley	984	1,239	1,418	349	48
Stearns	1,613	4,455	4,423	539	210
Steele	1,396	1,299	1,171	55	116
Stevens	621	499	563	145	64
Swift	762	712	1,017	434	130
Todd	1,237	1,112	1,339	449	132
Traverse	413	313	480	258	54
Wabasha	1,571	1,773	1,663	151	144
Wadena	451	329	400	161	54
Waseca	1,090	1,042	1,020	163	134
Washington	2,451	1,733	1,632	298	116
Watonwan	934	388	385	75	93
Wilkin	431	360	454	161	47
Winona	2,730	3,697	3,407	235	144
Wright	2,271	1,829	1,900	337	240
Yellow Medicine	911	364	655	379	201
TOTALS	122,836	101,055	110,471	29,336	14,234

Harrison plurality over Cleveland 21,781. He carried 51 counties.
†For explanation of the D-Peo "fusion electors" slate, see page 4.

President 1896

County	R WILLIAM McKINLEY	D-Peo William J. Bryan	Pro Joshua Levering	N(G)D John M. Palmer	SL Charles H. Matchett
Aitkin	855	344	17	9	6
Anoka	1,553	791	24	24	1
Becker	1,479	985	34	17	2
Beltrami	202	213	3	4	0
Benton	778	867	10	16	2
Big Stone	1,048	742	54	31	6
Blue Earth	4,055	2,744	150	93	10
Brown	1,807	1,469	42	50	15
Carlton	1,169	543	10	12	6
Carver	1,856	1,268	13	44	5
Cass	351	271	6	3	2
Chippewa	1,310	1,037	33	11	8
Chisago	2,558	437	18	17	2
Clay	1,594	1,908	45	51	9
Cook	81	107	3	2	0
Cottonwood	1,242	810	47	16	0
Crow Wing	1,701	1,066	59	30	11
Dakota	2,147	2,310	90	60	22
Dodge	1,900	911	86	18	4
Douglas	1,966	1,350	62	19	7
Faribault	3,116	1,107	82	59	2
Fillmore	4,195	1,939	167	42	10
Freeborn	3,400	1,179	99	28	2
Goodhue	5,748	1,426	118	78	12
Grant	1,002	739	26	9	5
Hennepin	26,786	20,515	450	291	246
Houston	2,087	991	47	37	4
Hubbard	364	344	4	19	1
Isanti	1,490	750	0	0	0
Itasca	826	724	5	8	3
Jackson	1,558	1,150	29	17	3
Kanabec	484	256	10	5	0
Kandiyohi	2,181	1,638	38	18	3
Kittson	753	762	25	14	6
Lac qui Parle	1,620	932	57	21	11
Lake	595	320	6	5	3
Le Sueur	2,235	2,003	65	54	12
Lincoln	674	703	32	28	1
Lyon	1,623	1,351	67	25	9
McLeod	1,595	1,653	43	47	4
Marshall	1,200	1,222	15	11	4
Martin	1,739	1,327	97	30	9
Meeker	2,094	1,538	51	25	12
Mille Lacs	977	456	13	14	4
Morrison	1,960	1,734	51	34	8
Mower	3,379	1,407	85	39	2
Murray	1,204	1,054	21	22	3
Nicollet	1,803	837	32	42	1
Nobles	1,568	1,204	48	32	7
Norman	1,382	1,304	83	13	5
Olmsted	3,201	1,741	83	75	4
Otter Tail	3,544	4,482	162	76	30
Pine	1,152	875	13	30	7
Pipestone	862	919	17	17	0
Polk	2,855	5,054	69	54	35
Pope	1,773	688	43	9	2
Ramsey	17,522	12,048	177	433	207
Redwood	1,818	1,123	31	28	4
Renville	2,553	1,978	51	44	8
Rice	3,483	2,002	103	110	13
Rock	1,209	765	28	15	3
Roseau	287	527	6	5	3
St. Louis	9,810	7,412	92	76	16
Scott	1,126	1,706	29	71	11
Sherburne	1,008	536	18	13	2
Sibley	1,826	1,251	19	47	7
Stearns	2,873	4,911	42	123	18
Steele	2,046	1,248	80	65	5
Stevens	981	685	28	16	2
Swift	1,273	1,222	40	21	7
Todd	2,043	1,739	96	29	1
Traverse	589	963	22	31	5
Wabasha	2,530	1,630	76	61	7
Wadena	874	535	25	7	1
Waseca	1,902	1,244	57	34	3
Washington	3,995	1,558	47	58	8
Watonwan	1,622	586	33	12	2
Wilkin	631	855	21	16	5
Winona	3,935	3,528	69	89	18
Wright	3,312	2,172	49	43	9
Yellow Medicine	1,578	1,015	63	21	1
TOTALS	193,503	139,736	4,361	3,323	954

McKinley plurality 53,767. He carried 64 counties; Bryan carried 17.

President 1900

County	R WILLIAM McKINLEY	D-Peo William J. Bryan	Pro John G. Woolley	SD Eugene V. Debs	SL Joseph R. Maloney
Aitkin	988	262	17	7	4
Anoka	1,511	555	48	15	3
Becker	1,790	771	138	52	19
Beltrami	1,339	767	22	27	7
Benton	849	751	17	25	6
Big Stone	1,081	644	89	5	5
Blue Earth	3,647	2,254	230	68	16
Brown	1,695	1,471	50	35	5
Carlton	1,119	467	23	14	4
Carver	1,775	1,146	34	20	6
Cass	1,074	518	21	29	6
Chippewa	1,432	707	67	35	7
Chisago	2,354	411	27	26	7
Clay	1,903	1,165	103	26	4
Cook	81	65	6	1	1
Cottonwood	1,368	547	73	7	2
Crow Wing	1,803	804	45	18	12
Dakota	1,904	1,878	143	49	23
Dodge	1,611	674	181	6	4
Douglas	1,917	1,194	75	12	4
Faribault	2,910	936	245	22	8
Fillmore	3,741	1,364	211	34	9
Freeborn	2,934	838	171	10	3
Goodhue	4,894	1,125	169	26	17
Grant	1,062	456	73	15	9
Hennepin	26,902	14,498	781	631	283
Houston	1,765	884	72	11	1
Hubbard	1,009	464	29	20	4
Isanti	1,525	504	39	21	9
Itasca	770	413	13	9	11
Jackson	1,757	993	83	24	7
Kanabec	658	210	11	9	8
Kandiyohi	2,343	1,204	84	8	4
Kittson	885	562	30	22	2
Lac qui Parle	1,924	642	101	19	6
Lake	660	278	20	8	9
Le Sueur	1,941	1,858	103	45	13
Lincoln	866	528	50	6	2
Lyon	1,844	879	111	16	4
McLeod	1,691	1,540	110	31	9
Marshall	1,457	905	70	4	6
Martin	1,819	1,233	235	31	8
Meeker	2,032	1,300	108	12	6
Mille Lacs	1,072	358	56	10	5
Morrison	1,880	1,838	63	24	12
Mower	3,076	1,081	162	25	7
Murray	1,358	816	51	11	2
Nicollet	1,684	858	64	14	6
Nobles	1,709	1,101	137	14	2
Norman	1,492	964	287	41	1
Olmsted	2,818	1,597	131	21	6
Otter Tail	3,446	3,257	490	56	54
Pine	1,121	726	23	17	11
Pipestone	1,112	692	50	4	0
Polk	2,863	2,533	161	186	27
Pope	1,774	481	57	5	5
Ramsey	15,384	10,931	449	359	222
Red Lake	823	1,165	41	67	9
Redwood	2,127	918	110	34	12
Renville	2,809	1,326	146	41	15
Rice	2,924	1,688	152	70	10
Rock	1,234	573	73	9	4
Roseau	632	537	18	4	1
St. Louis	8,851	4,667	181	82	109
Scott	996	1,588	23	26	9
Sherburne	931	373	49	7	0
Sibley	1,736	1,272	45	28	6
Stearns	2,460	4,244	119	62	35
Steele	1,833	1,188	107	11	4
Stevens	1,036	682	50	13	5
Swift	1,378	1,028	61	20	7
Todd	2,212	1,487	192	28	11

President 1900

County	R WILLIAM McKINLEY	D-Peo William J. Bryan	Pro John G. Woolley	SD Eugene V. Debs	SL Joseph R. Maloney
Traverse	768	720	30	7	2
Wabasha	2,114	1,406	110	20	15
Wadena	949	448	36	11	1
Waseca	1,744	1,155	51	27	6
Washington	2,984	1,279	47	37	10
Watonwan	1,509	509	66	10	4
Wilkin	812	663	51	25	9
Winona	3,305	3,436	87	62	90
Wright	3,153	1,888	100	46	6
Yellow Medicine	1,743	763	111	20	6
TOTALS	190,482	112,364	8,565	3,065	1,329

McKinley plurality 78,118. He carried 77 counties; Bryan carried 5.

President 1904

County	R THEODORE ROOSEVELT	D Alton B. Parker	PEO Thomas E. Watson	PRO Silas C. Swallow	PO Eugene V. Debs	SL Charles H. Corregan
Aitkin	1,327	191	15	39	61	6
Anoka	1,557	283	11	20	20	2
Becker	1,872	310	16	84	68	5
Beltrami	1,953	242	11	26	135	15
Benton	1,206	433	9	9	20	0
Big Stone	1,235	318	7	54	68	7
Blue Earth	3,573	1,419	29	142	135	2
Brown	2,073	869	8	27	53	2
Carlton	1,480	236	8	19	175	6
Carver	1,735	672	11	19	25	1
Cass	1,178	222	19	17	136	3
Chippewa	1,830	338	10	86	32	3
Chisago	2,417	156	7	16	46	1
Clay	2,185	388	35	81	101	6
Clearwater	903	79	15	13	38	11
Cook	207	31	0	9	3	0
Cottonwood	1,536	213	19	43	7	1
Crow Wing	2,159	338	19	36	258	13
Dakota	2,685	1,078	15	68	56	8
Dodge	1,499	320	40	96	21	1
Douglas	2,171	410	23	69	56	5
Faribault	2,792	611	9	165	16	1
Fillmore	3,242	554	53	120	75	1
Freeborn	2,876	461	33	207	95	6
Goodhue	4,562	737	20	100	37	14
Grant	1,209	102	8	47	12	1
Hennepin	31,437	5,710	180	711	4,445	167
Houston	1,546	434	6	31	12	2
Hubbard	1,392	233	16	23	76	2
Isanti	1,603	137	11	71	76	9
Itasca	1,796	293	14	28	167	34
Jackson	2,032	554	28	33	23	2
Kanabec	872	107	5	20	8	2
Kandiyohi	2,576	254	161	81	99	1
Kittson	1,085	157	8	60	15	8
Lac qui Parle	1,886	243	31	91	14	0
Lake	603	77	5	7	194	8
Le Sueur	2,086	1,251	16	55	107	9
Lincoln	1,323	258	17	52	10	0

President 1904

County	R THEODORE ROOSEVELT	D Alton B. Parker	Peo Thomas E. Watson	Pro Silas C. Swallow	PO Eugene V. Debs	SL Charles H. Corregan
Lyon	2,394	330	53	100	50	0
McLeod	1,478	793	11	74	23	2
Marshall	1,720	275	44	132	63	18
Martin	2,168	657	18	168	55	3
Meeker	2,327	692	20	79	31	2
Mille Lacs	1,451	155	12	59	50	4
Morrison	2,498	1,129	17	48	42	10
Mower	2,769	552	17	75	153	7
Murray	1,464	538	24	27	14	0
Nicollet	1,677	513	6	56	12	1
Nobles	1,733	622	21	68	12	1
Norman	1,782	161	40	125	173	4
Olmsted	2,745	1,143	16	87	15	2
Otter Tail	4,643	869	96	278	369	47
Pine	1,743	463	13	34	93	2
Pipestone	1,185	269	27	39	35	1
Polk	3,549	698	71	242	357	34
Pope	1,729	159	18	45	8	2
Ramsey	18,269	5,860	92	221	1,474	136
Red Lake	1,430	399	21	46	165	43
Redwood	2,194	462	15	64	16	4
Renville	2,925	639	40	124	20	5
Rice	3,160	1,067	30	58	112	10
Rock	1,243	241	20	42	23	2
Roseau	1,042	182	16	38	132	10
St. Louis	10,375	1,972	110	155	609	124
Scott	1,138	1,021	4	8	18	0
Sherburne	1,165	186	12	21	23	2
Sibley	1,628	662	11	48	2	2
Stearns	2,849	2,625	25	60	85	5
Steele	2,095	1,067	12	72	52	5
Stevens	1,254	362	8	23	19	3
Swift	1,784	462	21	55	14	0
Todd	2,961	742	26	132	91	6
Traverse	885	247	1	10	0	0
Wabasha	2,315	1,083	14	59	28	1
Wadena	1,159	191	8	19	25	3
Waseca	1,714	631	45	30	22	2
Washington	2,913	652	18	17	41	3
Watonwan	1,455	307	6	43	6	3
Wilkin	1,103	246	6	31	39	2
Winona	3,737	2,063	59	44	110	90
Wright	3,188	860	22	126	47	4
Yellow Medicine	1,947	258	10	96	19	4
TOTALS	216,682	55,224	2,124	6,253	11,742	974

Roosevelt plurality 161,458. He carried all 83 counties.

President 1908

County	R WILLIAM H. TAFT	D William J. Bryan	Pro Eugene W. Chafin	PO Eugene V. Debs	I Thomas L. Hisgen
Aitkin	1,205	389	58	143	4
Anoka	1,577	610	56	42	1
Becker	2,058	728	186	223	1
Beltrami	1,882	648	46	384	10
Benton	1,001	765	26	54	4
Big Stone	965	565	89	51	0
Blue Earth	3,297	2,191	226	149	4
Brown	1,518	1,536	55	246	2
Carlton	1,487	506	51	333	7
Carver	1,739	1,101	35	21	2
Cass	1,009	461	42	197	0
Chippewa	1,409	799	144	32	5
Chisago	2,107	408	49	71	2
Clay	1,857	1,125	111	68	3
Clearwater	779	164	46	185	5
Cook	255	42	11	19	0
Cottonwood	1,240	526	98	19	1
Crow Wing	1,681	661	72	410	5
Dakota	2,481	1,778	131	108	7
Dodge	1,454	515	96	19	1
Douglas	1,894	979	165	70	1
Faribault	2,305	1,039	357	26	2
Fillmore	3,259	1,153	175	77	2
Freeborn	2,465	976	421	167	3
Goodhue	4,482	1,147	150	198	8
Grant	1,099	376	69	25	0
Hennepin	27,787	16,172	1,017	2,273	68
Houston	1,700	745	68	11	0
Hubbard	1,288	401	46	124	5
Isanti	1,198	466	196	185	4
Itasca	1,883	684	43	367	5
Jackson	1,575	1,013	58	24	2
Kanabec	803	242	43	65	2
Kandiyohi	2,312	947	222	145	8
Kittson	969	499	84	61	2
Koochiching	826	420	39	188	2
Lac qui Parle	1,894	661	167	16	0
Lake	584	152	41	362	1
Le Sueur	1,819	1,701	79	199	5
Lincoln	892	684	64	27	2
Lyon	1,618	1,043	146	46	1
McLeod	1,579	1,506	73	35	4
Mahnomen	265	143	5	81	0
Marshall	1,648	731	186	178	7
Martin	1,922	1,054	184	91	4
Meeker	1,928	1,111	74	35	1
Mille Lacs	1,119	427	91	168	1
Morrison	1,936	1,513	64	118	1
Mower	2,629	1,206	124	180	4
Murray	1,293	762	55	33	2
Nicollet	1,392	832	72	50	3
Nobles	1,432	925	107	58	0
Norman	1,276	661	195	177	0
Olmsted	2,472	1,621	141	16	10
Otter Tail	3,964	2,321	321	208	5
Pine	1,548	802	86	303	4
Pipestone	1,057	491	49	27	0
Polk	3,311	1,929	193	556	10
Pope	1,794	442	75	23	1
Ramsey	16,556	11,613	400	1,659	72
Red Lake	1,428	856	60	342	8
Redwood	1,821	1,076	88	54	3
Renville	2,275	1,364	110	28	1
Rice	2,822	1,614	111	40	4
Rock	1,234	526	56	17	4
Roseau	900	444	61	361	2
St. Louis	12,076	4,464	401	1,305	28
Scott	1,045	1,548	52	12	3
Sherburne	1,003	366	67	42	0
Sibley	1,623	1,110	61	6	2
Stearns	2,614	3,835	127	159	10
Steele	1,899	1,284	104	38	0
Stevens	877	582	37	17	1

President 1908

County	R WILLIAM H. TAFT	D William J. Bryan	Pro Eugene W. Chafin	PO Eugene V. Debs	I Thomas L. Hisgen
Swift	1,343	921	84	41	2
Todd	2,335	1,305	163	258	8
Traverse	685	514	34	13	1
Wabasha	2,150	1,416	77	39	2
Wadena	991	467	29	70	2
Waseca	1,455	1,085	59	40	7
Washington	2,727	1,120	68	63	3
Watonwan	1,411	537	45	6	4
Wilkin	779	614	48	26	2
Winona	3,014	3,072	85	69	9
Wright	2,820	1,397	184	37	5
Yellow Medicine	1,745	786	130	19	2
TOTALS	195,846	109,411	11,114	14,528	429

Taft plurality 86,445. He carried 81 counties; Bryan carried 4.

President 1912

County	R William H. Taft	D WOODROW WILSON	Prog Theodore Roosevelt	PO Eugene V. Debs	Pro Eugene W. Chafin	SL Elmer Reimer
Aitkin	362	413	842	378	72	16
Anoka	562	591	929	90	92	15
Becker	509	732	1,350	257	165	24
Beltrami	490	790	794	871	39	41
Benton	468	562	729	117	24	21
Big Stone	244	677	591	98	62	4
Blue Earth	1,344	2,025	1,579	184	141	18
Brown	472	1,359	944	348	21	18
Carlton	283	631	1,115	449	89	20
Carver	742	1,008	933	41	30	8
Cass	431	565	693	341	51	16
Chippewa	412	870	1,133	122	116	9
Chisago	348	436	1,649	129	32	10
Clay	549	942	1,300	169	79	13
Clearwater	125	123	566	234	33	14
Cook	30	65	172	61	15	5
Cottonwood	325	511	1,032	94	39	16
Crow Wing	691	709	1,079	736	56	26
Dakota	609	1,777	1,608	196	87	13
Dodge	470	543	897	40	59	4
Douglas	435	793	1,379	161	125	19
Faribault	393	919	1,724	77	233	11
Fillmore	1,169	990	1,888	133	266	14
Freeborn	672	880	1,902	240	234	16
Goodhue	1,052	1,405	2,844	185	233	21
Grant	146	381	952	24	52	5
Hennepin	14,379	15,530	11,489	5,820	668	619
Houston	660	762	1,279	27	44	7
Hubbard	359	450	503	285	73	23
Isanti	314	333	1,025	369	112	7
Itasca	446	699	880	578	59	27
Jackson	468	913	1,234	57	43	16
Kanabec	218	270	498	258	29	10
Kandiyohi	485	855	1,668	196	98	17
Kittson	185	362	770	80	46	7
Koochiching	239	638	522	460	16	17
Lac qui Parle	343	608	1,405	68	107	7
Lake	182	195	369	466	46	8
Le Sueur	886	1,488	952	133	79	16
Lincoln	264	548	666	62	62	8
Lyon	460	1,069	1,167	128	100	16

President 1912

County	R William H. Taft	D WOODROW WILSON	Prog Theodore Roosevelt	PO Eugene V. Debs	Pro Eugene W. Chafin	SL Elmer Reimer
McLeod	655	1,225	891	34	59	12
Mahnomen	68	293	154	98	2	10
Marshall	331	567	1,721	197	99	15
Martin	579	1,141	1,347	98	140	6
Meeker	560	1,099	1,458	67	43	8
Mille Lacs	392	449	751	329	65	19
Morrison	699	1,341	1,327	223	41	14
Mower	1,321	1,228	1,371	159	82	16
Murray	388	775	958	72	57	8
Nicollet	525	929	825	70	53	24
Nobles	605	994	1,122	119	62	9
Norman	329	510	983	252	146	12
Olmsted	720	1,542	1,467	93	112	19
Otter Tail	755	1,739	3,168	578	253	43
Pennington	244	423	784	343	67	11
Pine	513	777	1,218	345	71	23
Pipestone	301	505	675	118	56	9
Polk	736	1,662	2,326	789	200	36
Pope	379	443	1,283	40	126	8
Ramsey	4,109	12,431	12,426	2,942	275	167
Red Lake	259	374	226	54	11	5
Redwood	542	1,126	1,291	139	59	17
Renville	703	1,310	1,712	99	72	6
Rice	1,020	1,613	1,765	78	101	20
Rock	463	466	757	72	47	5
Roseau	278	299	859	426	41	15
St. Louis	3,881	5,124	8,480	2,853	420	120
Scott	462	1,172	596	25	23	4
Sherburne	335	360	676	70	64	13
Sibley	383	890	1,139	62	43	12
Stearns	1,134	3,317	1,682	182	92	27
Steele	651	1,294	1,105	59	84	7
Stevens	286	640	628	33	52	5
Swift	442	937	1,038	100	88	8
Todd	1,038	1,068	1,098	404	107	24
Traverse	131	561	541	16	13	5
Wabasha	797	1,422	1,068	67	56	7
Wadena	278	336	515	167	28	6
Waseca	553	1,062	940	63	62	14
Washington	581	1,289	2,078	202	58	16
Watonwan	254	618	1,139	33	30	4
Wilkin	209	586	561	56	30	2
Winona	1,043	3,007	1,679	339	62	178
Wright	837	1,333	1,917	101	106	15
Yellow Medicine	352	737	1,203	79	94	7
TOTALS	64,342	106,431	125,999	27,505	7,879	2,213

Roosevelt's plurality over Wilson 19,568; Wilson's over Taft 42,082. Roosevelt carried 60 counties; Wilson carried 24; Debs carried 2.

President 1916

County	R Charles E. Hughes	D WOODROW WILSON	S Allan L. Benson	Pro J. Frank Hanley	Prog Edward J. Meier	InL Elmer Reimer
Aitkin	1,122	877	385	42	1	0
Anoka	1,262	1,171	77	66	2	0
Becker	1,761	1,453	181	91	2	3
Beltrami	1,331	1,912	716	56	7	6
Benton	1,020	945	81	22	4	6
Big Stone	810	869	77	48	1	0
Blue Earth	2,864	2,211	95	131	3	4
Brown	2,078	1,101	252	39	5	7
Carlton	1,096	1,115	425	90	0	2
Carver	1,950	960	34	24	1	5
Cass	982	1,260	281	42	1	4
Chippewa	1,311	1,134	261	93	3	0
Chisago	1,749	944	130	32	1	1
Clay	1,549	1,716	104	84	1	4
Clearwater	493	544	158	36	0	4
Cook	125	162	63	13	0	0
Cottonwood	1,425	762	116	63	0	0
Crow Wing	1,715	1,568	445	101	11	21
Dakota	1,881	2,373	144	110	0	0
Dodge	1,260	895	45	53	3	2
Douglas	1,709	1,398	176	113	2	2
Faribault	2,184	1,123	76	151	3	2
Fillmore	2,945	1,313	92	164	1	2
Freeborn	2,418	1,347	106	152	1	1
Goodhue	3,471	1,875	122	178	3	5
Grant	878	778	66	61	1	1
Hennepin	27,957	36,395	3,302	771	51	80
Houston	1,783	744	23	28	1	2
Hubbard	685	799	171	37	1	3
Isanti	1,123	935	217	56	0	0
Itasca	1,163	1,504	429	47	4	6
Jackson	1,503	1,272	75	41	0	2
Kanabec	776	608	174	23	1	1
Kandiyohi	1,612	1,968	167	104	0	4
Kittson	709	749	107	44	2	1
Koochiching	474	1,089	255	19	5	4
Lac qui Parle	1,614	1,047	100	98	2	6
Lake	401	506	366	50	3	1
Le Sueur	1,430	1,723	53	46	3	3
Lincoln	777	1,174	40	42	1	1
Lyon	1,389	1,893	200	78	1	3
McLeod	1,772	1,305	69	59	2	2
Mahnomen	262	411	43	4	0	0
Marshall	1,461	1,513	204	83	2	3
Martin	1,741	1,756	88	107	0	0
Meeker	1,780	1,475	67	54	1	1
Mille Lacs	1,127	1,113	248	39	0	1
Morrison	1,887	1,650	225	100	2	0
Mower	2,520	1,572	64	82	1	1
Murray	1,137	1,193	69	37	2	0
Nicollet	1,288	814	38	58	5	1
Nobles	1,413	1,280	46	62	3	0
Norman	1,046	1,076	227	130	1	4
Olmsted	2,101	1,926	90	112	1	0
Otter Tail	4,328	2,858	502	258	1	19
Pennington	868	1,004	237	35	1	0
Pine	1,531	1,507	341	70	0	1
Pipestone	1,010	732	151	32	0	1
Polk	2,471	3,498	381	155	4	5
Pope	1,321	1,121	57	78	2	2
Ramsey	13,317	22,291	1,684	516	59	94
Red Lake	463	694	50	21	0	0
Redwood	2,029	1,361	121	49	0	1
Renville	2,432	1,660	115	191	4	0
Rice	2,408	2,083	56	98	6	10
Rock	1,196	705	66	33	2	2
Roseau	821	834	405	55	5	1
St. Louis	10,834	12,056	2,544	615	22	53
Scott	972	1,361	13	24	4	5
Sherburne	965	731	41	47	0	0
Sibley	1,737	973	37	34	2	2
Stearns	4,312	3,350	141	104	7	7
Steele	1,734	1,497	41	47	1	2
Stevens	943	787	24	40	0	0
Swift	1,335	1,151	85	55	2	1
Todd	1,919	1,922	339	132	0	0
Traverse	774	779	27	9	0	0
Wabasha	1,787	1,449	41	84	1	3
Wadena	938	651	116	20	1	1
Waseca	1,522	1,178	47	60	2	4
Washington	2,167	1,610	149	118	1	2
Watonwan	1,300	801	30	35	2	1
Wilkin	690	808	42	21	0	0
Winona	2,916	2,907	133	87	3	36
Wright	2,683	2,262	87	97	5	2
Yellow Medicine	1,501	1,238	149	107	1	1
TOTALS	179,544	179,155	20,117	7,793	290	468

Hughes plurality 389. He carried 53 counties; Wilson carried 33.

President 1920

County	R WARREN G. HARDING	D James M. Cox	In William W. Cox	S Eugene V. Debs	Pro W. W. Watkins
Aitkin	2,933	613	43	503	89
Anoka	3,505	865	30	391	68
Becker	4,811	901	88	436	113
Beltrami	4,518	1,427	117	1,215	98
Benton	2,920	554	27	169	34
Big Stone	2,415	451	30	127	67
Blue Earth	8,894	1,974	59	207	117
Brown	5,841	796	69	484	50
Carlton	2,833	1,152	31	654	94
Carver	5,073	562	62	84	29
Cass	3,242	710	56	494	96
Chippewa	3,532	960	63	355	154
Chisago	4,361	484	33	503	69
Clay	4,943	1,335	78	289	126
Clearwater	1,788	340	40	298	62
Cook	467	98	5	58	13
Cottonwood	3,882	451	23	90	54
Crow Wing	5,262	1,077	87	933	122
Dakota	5,373	2,190	50	395	78
Dodge	3,386	516	18	72	68
Douglas	4,428	733	64	647	824
Faribault	6,687	869	27	102	90
Fillmore	7,341	899	34	125	145
Freeborn	6,772	1,131	56	138	166
Goodhue	9,330	1,118	36	304	180
Grant	2,427	533	30	106	106
Hennepin	90,517	28,911	679	18,800	1,262
Houston	4,101	598	11	36	41
Hubbard	2,238	453	33	237	70
Isanti	3,007	405	27	898	113
Itasca	3,973	1,930	92	738	80
Jackson	4,313	715	26	75	29
Kanabec	2,436	332	30	380	41
Kandiyohi	4,759	1,282	102	718	613
Kittson	2,485	599	26	175	44
Koochiching	1,786	859	52	485	48
Lac qui Parle	4,219	653	45	107	103

19

President 1920

County	R WARREN G. HARDING	D James M. Cox	In William W. Cox	S Eugene V. Debs	Pro W. W. Watkins
Lake	990	594	19	757	59
Le Sueur	4,059	1,853	52	112	54
Lincoln	2,548	673	37	81	45
Lyon	4,557	1,232	41	246	153
McLeod	5,430	1,139	72	263	92
Mahnomen	1,076	215	23	167	14
Marshall	4,738	885	65	456	139
Martin	5,142	1,221	24	101	66
Meeker	4,693	878	69	223	123
Mille Lacs	3,521	526	41	640	84
Morrison	5,371	1,131	42	316	64
Mower	6,339	1,061	55	192	78
Murray	3,270	698	22	102	39
Nicollet	4,115	556	19	140	101
Nobles	4,420	982	29	81	38
Norman	3,451	481	65	481	175
Olmsted	7,130	1,756	38	176	145
Otter Tail	11,084	1,741	170	788	336
Pennington	2,320	768	58	581	95
Pine	3,879	1,127	58	654	86
Pipestone	3,106	490	25	232	35
Polk	8,197	2,111	147	1,057	288
Pope	3,466	709	35	163	167
Ramsey	40,204	21,110	568	6,201	504
Red Lake	1,308	558	28	159	44
Redwood	5,589	880	36	159	64
Renville	5,995	1,283	86	478	299
Rice	6,500	2,040	42	72	61
Rock	3,121	442	31	67	31
Roseau	2,387	500	47	698	90
St. Louis	27,987	14,767	450	5,378	533
Scott	3,015	1,253	28	52	24
Sherburne	2,747	307	19	115	37
Sibley	4,198	502	24	111	50
Stearns	13,566	1,616	108	318	106
Steele	4,243	1,167	29	56	55
Stevens	2,339	457	16	71	47
Swift	3,553	985	53	209	260
Todd	5,448	1,464	116	443	191
Traverse	1,759	550	27	49	18
Wabasha	4,907	1,275	60	78	44
Wadena	2,635	503	60	203	86
Waseca	3,626	1,257	29	102	37
Washington	5,852	1,558	46	267	96
Watonwan	3,510	647	24	100	31
Wilkin	2,106	561	19	76	39
Winona	7,888	2,896	165	271	80
Wright	7,013	1,299	72	303	133
Yellow Medicine	4,225	814	60	233	497
TOTALS	519,421	142,994	5,828	56,106	11,489

Harding plurality 376,427. He carried all 86 counties.

President 1924

County	R CALVIN COOLIDGE	D John W. Davis	SIn Frank F. Johns	I Robert M. LaFollette	W(C) William Z. Foster
Aitkin	2,720	212	18	1,959	159
Anoka	3,146	458	3	1,883	15
Becker	2,936	429	31	2,963	93
Beltrami	2,960	323	28	3,053	40
Benton	1,629	572	19	1,644	24
Big Stone	1,524	260	3	1,508	8
Blue Earth	6,773	1,123	15	4,360	24
Brown	2,255	270	15	4,515	21
Carlton	3,142	303	17	2,552	300
Carver	2,214	358	19	2,907	10
Cass	2,800	270	13	2,052	38
Chippewa	2,140	140	5	2,761	14
Chisago	2,678	135	11	2,236	12
Clay	3,081	439	18	3,357	21
Clearwater	1,020	86	7	1,592	12
Cook	471	29	2	189	2
Cottonwood	2,722	217	6	1,818	13
Crow Wing	4,230	417	20	3,725	57
Dakota	3,931	929	18	4,378	28
Dodge	2,856	215	9	1,239	10
Douglas	2,424	315	9	3,430	14
Faribault	4,682	578	9	2,776	12
Fillmore	5,550	460	19	2,797	19
Freeborn	6,139	480	11	2,991	9
Goodhue	6,849	615	11	4,113	11
Grant	1,674	118	6	1,601	3
Hennepin	101,120	10,806	178	58,846	377
Houston	2,782	402	3	1,992	13
Hubbard	1,884	191	6	1,166	12
Isanti	1,588	79	10	2,332	7
Itasca	4,961	496	34	2,532	232
Jackson	2,760	407	12	2,446	12
Kanabec	1,507	128	8	1,521	4
Kandiyohi	3,222	222	11	4,552	15
Kittson	1,333	249	7	1,503	17
Koochiching	1,536	222	9	2,304	34
Lac qui Parle	2,860	106	11	2,481	15
Lake	1,251	60	8	1,319	45
Lake of the Woods	703	92	9	832	10
Le Sueur	2,475	1,199	28	2,756	23
Lincoln	1,657	252	17	1,511	13
Lyon	3,519	334	16	2,674	10
McLeod	2,841	563	16	2,893	16
Mahnomen	629	122	9	1,094	13
Marshall	2,100	290	19	2,812	25
Martin	4,238	751	7	2,529	10
Meeker	2,757	365	12	2,910	20
Mille Lacs	2,413	167	8	2,348	10
Morrison	3,128	769	38	3,546	33
Mower	5,061	564	11	3,436	16
Murray	2,034	334	13	2,048	12
Nicollet	2,518	287	7	2,208	11
Nobles	2,835	421	10	2,875	9
Norman	1,997	171	5	2,174	16
Olmsted	5,722	857	13	3,508	27
Otter Tail	7,557	568	21	5,346	137
Pennington	1,126	146	4	2,320	13
Pine	2,706	469	23	3,196	44
Pipestone	2,066	219	7	1,984	14
Polk	5,027	663	18	5,695	37
Pope	2,079	151	9	2,284	8
Ramsey	39,566	8,407	100	34,684	262
Red Lake	643	213	4	956	11
Redwood	3,342	443	16	2,778	18
Renville	3,405	641	16	3,898	21
Rice	5,883	1,199	32	2,454	35
Rock	2,065	261	4	1,637	6
Roseau	1,300	148	11	1,862	13
St. Louis	37,033	2,577	462	23,166	1,385
Scott	1,324	829	16	2,327	24

President 1924

County	R CALVIN COOLIDGE	D John W. Davis	SIn Frank F. Johns	I Robert M. LaFollette	W(C) William Z. Foster
Sherburne	1,961	180	9	925	6
Sibley	1,749	341	14	2,935	21
Stearns	6,469	1,354	42	9,385	64
Steele	3,598	796	8	1,632	13
Stevens	1,553	238	5	1,362	12
Swift	1,654	334	7	2,918	9
Todd	4,441	557	25	3,339	17
Traverse	1,002	202	5	1,330	9
Wabasha	2,834	644	6	2,811	12
Wadena	1,900	182	9	1,265	109
Waseca	2,081	442	14	3,057	11
Washington	4,482	699	9	3,351	12
Watonwan	2,297	279	4	1,703	5
Wilkin	1,342	245	4	1,250	4
Winona	5,670	1,111	47	6,183	15
Wright	4,349	567	22	4,172	41
Yellow Medicine	2,278	151	5	3,440	13
TOTALS	420,759	55,913	1,855	339,192	4,427

Coolidge plurality over Davis, 364,846; over La Follette 81,567. Coolidge carried 46 counties; La Follette carried 41.

President 1928

County	R HERBERT HOOVER	D Alfred E. Smith	In Verne L. Reynolds	W(C) William Z. Foster	S Norman M. Thomas
Aitkin	3,951	1,428	22	163	72
Anoka	3,816	2,571	12	15	48
Becker	4,273	3,253	19	90	68
Beltrami	4,062	2,221	34	44	161
Benton	2,373	2,732	8	2	11
Big Stone	1,641	2,133	1	4	20
Blue Earth	8,120	5,177	19	16	44
Brown	3,611	5,341	11	8	45
Carlton	4,582	2,138	13	354	71
Carver	3,983	2,885	10	5	18
Cass	3,781	1,747	18	20	76
Chippewa	3,547	2,032	15	8	49
Chisago	4,215	1,297	8	36	26
Clay	5,057	3,128	12	9	66
Clearwater	1,898	1,189	6	8	62
Cook	609	219	1	0	10
Cottonwood	3,405	1,604	13	2	24
Crow Wing	6,436	2,851	32	79	85
Dakota	6,019	7,215	35	20	34
Dodge	3,569	1,196	13	0	13
Douglas	4,262	2,829	19	18	63
Faribault	5,885	2,545	24	12	40
Fillmore	7,719	2,143	24	4	35
Freeborn	7,815	2,859	35	8	33
Goodhue	9,752	3,520	19	10	71
Grant	2,057	1,687	8	11	23
Hennepin	125,472	80,851	249	451	1,424
Houston	3,615	1,937	9	7	5
Hubbard	2,291	1,120	8	19	46
Isanti	3,137	1,191	7	13	62

President 1928

County	R HERBERT HOOVER	D Alfred E. Smith	In Verne L. Reynolds	W(C) William Z. Foster	S Norman M. Thomas
Itasca	5,103	3,122	31	290	110
Jackson	3,099	2,503	14	2	10
Kanabec	2,380	1,040	14	7	41
Kandiyohi	5,780	2,481	33	16	212
Kittson	1,957	1,383	15	7	83
Koochiching	2,599	2,110	10	57	67
Lac qui Parle	3,406	2,245	23	10	26
Lake	2,014	618	9	76	48
Lake of the Woods	781	671	9	11	36
Le Sueur	3,401	4,615	15	11	12
Lincoln	1,952	2,064	8	8	18
Lyon	4,058	3,274	12	3	41
McLeod	4,252	3,445	21	9	30
Mahnomen	606	1,378	9	16	18
Marshall	3,738	2,200	20	26	86
Martin	5,110	2,822	12	2	26
Meeker	4,175	2,761	15	20	31
Mille Lacs	3,998	1,436	8	10	100
Morrison	3,846	5,222	9	17	25
Mower	6,209	3,587	14	6	26
Murray	2,602	2,078	9	4	16
Nicollet	3,628	2,466	17	6	19
Nobles	3,676	2,862	8	5	12
Norman	3,308	1,401	22	21	157
Olmsted	8,334	4,720	13	8	23
Otter Tail	11,624	4,990	88	185	138
Pennington	2,506	1,198	11	20	103
Pine	4,278	3,185	24	34	47
Pipestone	2,578	1,591	15	4	19
Polk	7,215	5,357	34	35	225
Pope	3,382	1,667	11	9	45
Ramsey	53,054	56,807	180	340	529
Red Lake	712	1,507	4	6	27
Redwood	5,111	2,899	24	15	40
Renville	5,107	3,731	20	14	60
Rice	6,576	5,014	9	20	20
Rock	2,433	1,607	10	1	2
Roseau	2,618	1,342	12	13	160
St. Louis	44,331	25,401	152	1,816	817
Scott	1,732	4,419	4	3	4
Sherburne	2,437	1,064	11	5	11
Sibley	3,301	2,553	14	10	23
Stearns	6,459	16,104	14	8	30
Steele	4,744	2,826	6	8	11
Stevens	2,275	1,457	5	1	10
Swift	2,791	2,733	22	10	57
Todd	5,682	3,733	29	21	35
Traverse	1,214	1,899	2	3	12
Wabasha	3,944	3,087	13	7	12
Wadena	2,592	1,343	7	87	15
Waseca	3,251	2,418	11	2	28
Washington	6,113	4,158	20	20	40
Watonwan	3,306	1,412	11	1	14
Wilkin	1,874	1,578	8	3	14
Winona	7,459	6,484	42	9	37
Wright	6,011	4,483	22	51	59
Yellow Medicine	3,302	2,861	12	8	52
TOTALS	560,977	396,451	1,921	4,853	6,774

Hoover plurality 164,526. He carried 74 counties; Smith carried 13.

President 1932

County	R Herbert Hoover	D FRANKLIN D. ROOSEVELT	C William Z. Foster	In Verne L. Reynolds	S Norman M. Thomas	F-L Jacob S. Coxey
Aitkin	2,341	2,945	150	3	184	120
Anoka	2,718	4,253	21	3	134	23
Becker	2,299	5,547	112	3	146	103
Beltrami	2,318	4,386	101	6	317	94
Benton	1,329	3,901	13	3	65	39
Big Stone	868	3,200	5	0	47	16
Blue Earth	5,550	7,925	8	3	158	47
Brown	2,027	6,716	12	2	171	27
Carlton	3,336	3,586	212	3	571	130
Carver	2,508	4,328	1	1	50	14
Cass	2,302	3,494	24	4	148	71
Chippewa	1,940	3,888	13	15	104	26
Chisago	2,524	3,047	33	3	105	43
Clay	2,556	5,938	5	4	223	38
Clearwater	845	2,688	23	5	91	40
Cook	418	492	3	0	31	22
Cottonwood	1,921	2,877	4	1	47	26
Crow Wing	3,991	5,068	114	8	289	108
Dakota	4,439	8,958	21	6	180	31
Dodge	2,129	2,675	6	2	36	43
Douglas	2,325	5,101	17	0	145	68
Faribault	4,148	4,590	7	3	97	47
Fillmore	4,979	5,166	9	3	93	75
Freeborn	4,931	5,838	10	6	197	70
Goodhue	5,486	7,450	24	6	253	91
Grant	1,148	2,702	8	0	60	17
Hennepin	91,087	119,234	942	124	5,771	408
Houston	2,335	3,052	9	4	43	35
Hubbard	1,349	2,230	21	8	90	53
Isanti	1,484	3,147	37	1	132	76
Itasca	3,782	5,616	254	33	321	231
Jackson	1,524	4,129	7	2	71	28
Kanabec	1,268	2,106	15	7	137	72
Kandiyohi	2,674	5,813	9	1	319	85
Kittson	950	2,332	1	3	103	27
Koochiching	1,427	3,148	117	2	205	75
Lac qui Parle	1,911	3,992	7	4	55	31
Lake	1,290	1,059	43	2	580	28
Lake of the Woods	369	972	12	0	175	39
Le Sueur	2,121	5,878	8	5	55	33
Lincoln	974	2,963	2	0	87	38
Lyon	2,264	4,989	3	3	82	42
McLeod	2,293	5,187	11	6	84	27
Mahnomen	264	1,734	4	1	51	15
Marshall	1,866	3,259	25	7	197	109
Martin	3,004	4,731	4	2	90	20
Meeker	2,273	4,723	23	3	78	47
Mille Lacs	1,986	3,538	32	5	184	91
Morrison	2,198	6,712	22	2	134	55
Mower	4,005	6,421	9	8	114	42
Murray	1,314	3,264	3	4	50	23
Nicollet	2,217	3,960	10	3	99	39
Nobles	2,417	4,343	8	0	57	13
Norman	1,313	3,601	7	2	256	55
Olmsted	5,254	7,340	51	5	102	122
Otter Tail	7,416	8,805	181	38	326	198
Pennington	1,212	2,743	21	1	240	93
Pine	2,304	4,862	82	1	468	84
Pipestone	1,509	2,996	3	1	44	25
Polk	3,604	8,751	24	6	666	139
Pope	1,688	3,571	5	5	59	37
Ramsey	38,589	66,128	487	101	2,510	165
Red Lake	351	1,893	13	2	54	28
Redwood	2,634	4,727	7	1	65	46
Renville	2,631	5,967	5	4	106	48
Rice	4,743	6,289	13	4	144	22
Rock	1,452	2,695	3	0	38	13
Roseau	1,078	2,805	15	1	223	102
St. Louis	34,883	40,181	2,335	117	5,485	728

President 1932

County	R Herbert Hoover	D FRANKLIN D. ROOSEVELT	C William Z. Foster	In Verne L. Reynolds	S Norman M. Thomas	F-L Jacob S. Coxey
Scott	1,134	4,878	6	1	26	4
Sherburne	1,601	1,938	3	0	56	27
Sibley	1,398	4,756	9	2	40	31
Stearns	4,499	18,293	16	6	182	54
Steele	3,365	4,318	7	5	74	21
Stevens	1,396	2,552	2	0	26	14
Swift	1,308	4,339	6	1	93	35
Todd	3,114	6,023	9	12	137	92
Traverse	608	2,633	1	0	26	14
Wabasha	2,319	4,540	7	8	53	51
Wadena	1,585	2,300	84	5	23	33
Waseca	2,012	3,805	3	2	53	28
Washington	3,996	6,413	22	3	172	50
Watonwan	1,919	2,795	4	2	89	34
Wilkin	1,126	2,488	5	0	28	15
Winona	4,751	8,305	8	91	120	33
Wright	3,406	7,205	57	9	108	45
Yellow Medicine	1,739	4,580	6	1	78	34
TOTALS	363,959	600,806	6,101	770	25,476	5,731

Roosevelt plurality 236,847. He carried 86 counties; Hoover carried 1.

President 1936

County	R Alfred M. Landon	D FRANKLIN D. ROOSEVELT	In John W. Aiken	U William Lemke	C Earl R. Browder	S Norman M. Thomas
Aitkin	2,466	3,806	8	229	68	34
Anoka	2,586	4,501	9	788	6	19
Becker	2,683	6,473	10	249	37	14
Beltrami	2,182	6,507	7	157	46	58
Benton	1,783	3,111	7	905	1	6
Big Stone	1,116	2,648	6	221	3	5
Blue Earth	5,550	8,255	10	921	11	22
Brown	2,679	6,637	4	899	24	24
Carlton	2,163	7,136	5	81	62	31
Carver	3,095	2,814	8	1,366	4	5
Cass	2,634	4,440	7	229	10	14
Chippewa	2,223	4,027	4	268	10	27
Chisago	2,462	3,360	5	229	11	13
Clay	2,880	6,282	4	416	7	32
Clearwater	939	3,208	5	92	10	4
Cook	387	793	0	18	4	2
Cottonwood	2,509	3,929	7	171	3	4
Crow Wing	3,611	6,561	3	431	48	19
Dakota	4,043	8,890	12	2,407	23	23
Dodge	2,138	2,812	2	176	1	9
Douglas	2,681	4,186	5	474	3	15
Faribault	3,773	5,603	9	451	1	10
Fillmore	5,054	4,764	6	559	4	17
Freeborn	4,653	7,378	8	245	13	8
Goodhue	5,682	8,257	8	364	5	45
Grant	1,566	2,358	2	121	23	5
Hennepin	81,206	144,289	172	18,468	562	783
Houston	2,701	3,156	2	221	1	19
Hubbard	1,618	2,312	6	106	7	13

President 1936

County	R Alfred M. Landon	D FRANKLIN D. ROOSEVELT	In John W. Aiken	U William Lemke	C Earl R. Browder	S Norman M. Thomas
Isanti	1,437	3,442	6	201	12	25
Itasca	3,594	8,896	11	190	78	50
Jackson	1,676	5,187	5	311	3	13
Kanabec	1,350	2,579	4	133	3	19
Kandiyohi	2,500	6,595	5	352	6	66
Kittson	1,080	3,217	5	31	0	26
Koochiching	1,316	5,065	5	84	23	20
Lac qui Parle	2,066	3,243	4	679	2	2
Lake	617	2,717	4	30	11	11
Lake of the Woods	385	1,566	3	73	5	20
Le Sueur	2,849	5,077	7	920	8	4
Lincoln	1,199	2,662	5	448	11	9
Lyon	2,551	5,163	5	695	4	6
McLeod	2,941	4,449	8	635	8	17
Mahnomen	474	2,025	3	120	1	11
Marshall	1,904	4,802	5	116	5	20
Martin	3,090	6,492	3	215	5	20
Meeker	2,479	4,242	4	797	15	5
Mille Lacs	2,091	3,767	1	333	10	18
Morrison	2,682	6,112	13	1,022	2	17
Mower	4,743	8,228	5	467	5	39
Murray	1,601	3,926	3	316	2	7
Nicollet	2,360	4,136	5	488	3	11
Nobles	2,601	4,919	6	531	3	12
Norman	1,570	3,778	3	89	12	50
Olmsted	5,316	8,958	27	583	19	16
Otter Tail	8,899	8,642	13	438	85	33
Pennington	1,258	3,736	2	100	32	27
Pine	2,452	5,797	9	309	49	22
Pipestone	1,881	3,026	5	250	0	8
Polk	3,751	11,337	22	245	22	60
Pope	1,869	3,200	1	159	4	9
Ramsey	30,553	86,286	95	13,200	262	332
Red Lake	487	2,057	1	89	9	10
Redwood	3,286	4,965	16	691	3	11
Renville	3,049	5,344	12	1,021	4	23
Rice	4,888	5,928	9	1,473	10	19
Rock	1,752	2,910	3	163	0	10
Roseau	1,326	3,761	7	124	9	39
St. Louis	22,332	69,365	95	709	709	300
Scott	1,528	3,861	7	1,153	6	4
Sherburne	1,623	1,881	3	223	2	5
Sibley	2,184	4,140	13	388	2	8
Stearns	5,262	12,760	39	4,485	9	25
Steele	3,373	4,481	4	362	0	4
Stevens	1,431	2,352	6	167	1	1
Swift	1,618	3,749	2	610	0	7
Todd	3,780	5,627	7	575	5	8
Traverse	761	2,297	3	82	0	1
Wabasha	2,663	4,122	7	893	3	9
Wadena	1,898	2,605	1	117	24	4
Waseca	2,482	3,520	5	330	2	9
Washington	3,863	6,768	7	1,030	18	24
Watonwan	1,930	3,668	4	160	4	6
Wilkin	1,278	2,428	2	220	5	5
Winona	5,353	9,268	48	850	8	24
Wright	4,087	5,363	12	1,842	21	26
Yellow Medicine	2,029	3,921	5	717	2	5
TOTALS	350,461	698,901	961	74,296	2,574	2,872

Roosevelt plurality 348,440. He carried 84 counties; Landon carried 3.

President 1940

County	R Wendell L. Willkie	D FRANKLIN D. ROOSEVELT	In John W. Aiken	S Norman M. Thomas	C Earl R. Browder
Aitkin	3,744	3,610	10	51	55
Anoka	4,302	5,501	10	63	7
Becker	4,292	6,432	15	57	20
Beltrami	3,511	7,036	8	121	37
Benton	3,491	2,742	7	17	4
Big Stone	1,925	2,517	5	25	10
Blue Earth	9,642	5,880	14	38	10
Brown	7,533	3,678	13	68	9
Carlton	3,400	7,159	5	44	62
Carver	6,528	1,753	1	20	1
Cass	4,089	4,392	6	31	15
Chippewa	3,307	3,969	11	45	8
Chisago	3,569	2,746	8	51	3
Clay	4,450	6,295	3	40	5
Clearwater	1,354	3,289	8	25	2
Cook	673	686	2	5	0
Cottonwood	4,228	2,991	2	32	2
Crow Wing	5,524	6,876	12	86	52
Dakota	8,339	9,327	13	58	6
Dodge	3,257	2,357	1	9	1
Douglas	4,652	4,507	10	38	0
Faribault	6,816	4,099	13	39	4
Fillmore	7,839	3,826	12	23	4
Freeborn	6,683	6,942	10	28	17
Goodhue	9,095	6,475	16	67	3
Grant	2,443	2,291	2	17	11
Hennepin	122,960	145,168	209	1,426	595
Houston	4,825	2,082	2	35	0
Hubbard	2,544	2,141	5	16	5
Isanti	2,617	2,654	8	60	22
Itasca	5,196	9,899	24	65	70
Jackson	3,387	4,065	5	23	2
Kanabec	2,311	2,185	6	41	2
Kandiyohi	4,263	7,187	16	70	4
Kittson	1,279	3,167	4	29	1
Koochiching	2,095	5,219	3	27	9
Lac qui Parle	3,789	3,106	9	16	3
Lake	933	2,750	3	33	14
Lake of the Woods	850	1,638	2	25	13
Le Sueur	5,543	3,750	5	9	6
Lincoln	2,220	2,536	3	23	7
Lyon	4,305	5,234	4	27	5
McLeod	6,474	2,884	5	53	4
Mahnomen	1,069	1,959	4	10	0
Marshall	2,441	4,549	6	24	14
Martin	6,409	4,290	2	18	1
Meeker	5,026	3,615	7	20	18
Mille Lacs	3,459	3,619	9	46	18
Morrison	5,734	5,144	8	38	12
Mower	7,169	7,988	11	47	2
Murray	3,044	3,203	5	27	2
Nicollet	4,674	2,832	3	25	3
Nobles	5,104	3,919	5	28	3
Norman	2,161	3,716	7	29	3
Olmsted	9,096	8,393	8	29	25
Otter Tail	13,737	7,705	19	90	78
Pennington	1,857	3,886	6	65	27
Pine	4,106	5,263	8	60	89
Pipestone	3,423	2,390	3	20	6
Polk	5,200	10,652	16	90	27
Pope	2,805	3,266	9	9	1
Ramsey	57,093	78,990	1,154	678	250
Red Lake	876	2,023	1	11	4
Redwood	6,105	3,637	8	30	2
Renville	6,196	4,588	9	44	5
Rice	8,143	4,687	10	27	8
Rock	2,944	1,983	2	18	4
Roseau	1,730	4,289	7	43	54
St. Louis	32,243	68,620	526	427	807
Scott	4,241	2,910	14	4	3

President 1940

County	R Wendell L. Willkie	D FRANKLIN D. ROOSEVELT	In John W. Aiken	S Norman M. Thomas	C Earl R. Browder
Sherburne	2,450	1,570	1	18	1
Sibley	5,564	1,986	2	31	6
Stearns	16,027	9,305	17	70	15
Steele	5,517	3,668	4	10	0
Stevens	2,619	2,018	5	9	1
Swift	2,815	3,899	16	34	4
Todd	6,302	4,553	15	31	15
Traverse	1,434	2,094	4	7	2
Wabasha	5,656	2,655	4	8	1
Wadena	2,898	2,405	3	5	29
Waseca	4,515	2,673	4	16	5
Washington	6,710	6,288	9	33	12
Watonwan	3,478	2,783	5	23	0
Wilkin	2,067	2,176	1	4	1
Winona	9,599	7,187	47	47	11
Wright	8,297	3,993	10	49	28
Yellow Medicine	3,964	3,786	9	26	4
TOTALS	596,274	644,196	2,553	5,454	2,711

Roosevelt plurality 47,922. He carried 41 counties; Willkie carried 46.

President 1944

County	R Thomas E. Dewey	D FRANKLIN D. ROOSEVELT	InG Edward A. Teichert	S Norman M. Thomas
Aitkin	2,720	2,743	11	35
Anoka	3,958	5,431	8	71
Becker	3,803	4,889	12	46
Beltrami	2,705	5,490	20	41
Benton	2,988	2,258	7	11
Big Stone	1,608	2,120	10	14
Blue Earth	9,429	5,098	25	29
Brown	7,018	2,842	22	67
Carlton	2,653	6,153	11	39
Carver	5,823	1,565	11	28
Cass	3,135	3,377	8	27
Chippewa	2,967	3,264	18	30
Chisago	3,020	2,376	9	29
Clay	4,392	5,230	18	34
Clearwater	1,125	2,658	9	25
Cook	513	545	0	8
Cottonwood	3,916	2,354	18	20
Crow Wing	4,500	5,504	23	40
Dakota	7,731	8,562	43	67
Dodge	2,902	1,808	6	9
Douglas	4,140	3,681	12	34
Faribault	5,822	3,640	10	15
Fillmore	6,339	3,183	13	27
Freeborn	5,728	6,486	12	20
Goodhue	7,820	5,791	13	55
Grant	1,898	1,969	7	5
Hennepin	116,781	148,792	379	1,368

President 1944

County	R Thomas E. Dewey	D FRANKLIN D. ROOSEVELT	InG Edward A. Teichert	S Norman M. Thomas
Houston	4,036	1,847	8	17
Hubbard	2,114	1,613	3	10
Isanti	2,205	2,225	4	53
Itasca	4,227	8,787	21	60
Jackson	2,789	3,417	15	9
Kanabec	1,913	1,776	2	22
Kandiyohi	3,784	6,482	17	70
Kittson	983	2,752	3	19
Koochiching	1,607	3,981	15	36
Lac qui Parle	3,104	2,779	7	10
Lake	792	2,401	6	40
Lake of the Woods	642	1,168	1	25
Le Sueur	4,560	3,358	21	28
Lincoln	1,600	2,302	4	11
Lyon	3,617	4,640	20	18
McLeod	5,756	2,557	12	36
Mahnomen	748	1,494	6	12
Marshall	2,029	3,808	11	16
Martin	5,182	4,443	9	20
Meeker	4,302	3,159	11	34
Mille Lacs	2,798	2,872	5	32
Morrison	5,035	3,920	14	33
Mower	6,588	7,199	19	29
Murray	2,585	2,495	6	16
Nicollet	4,345	2,321	13	23
Nobles	4,149	3,413	11	24
Norman	1,884	2,846	10	28
Olmsted	8,355	6,873	18	28
Otter Tail	12,351	5,823	32	78
Pennington	1,525	3,330	9	41
Pine	3,433	4,332	18	46
Pipestone	2,844	2,129	6	15
Polk	4,402	8,808	19	81
Pope	2,607	2,781	9	4
Ramsey	53,052	78,759	1,063	870
Red Lake	757	1,642	3	12
Redwood	5,428	2,886	13	16
Renville	5,160	3,747	20	49
Rice	6,824	4,470	10	18
Rock	2,584	1,649	7	20
Roseau	1,513	3,697	10	30
St. Louis	27,493	63,369	660	420
Scott	3,326	2,786	22	16
Sherburne	2,046	1,447	6	19
Sibley	4,311	1,683	15	15
Stearns	13,298	8,647	29	55
Steele	4,760	3,307	5	10
Stevens	2,377	1,693	5	7
Swift	2,519	3,310	16	31
Todd	5,636	3,803	25	29
Traverse	1,296	1,721	3	11
Wabasha	4,213	2,482	15	18
Wadena	2,653	1,868	6	10
Waseca	4,146	2,207	5	17
Washington	6,014	5,599	14	52
Watonwan	3,146	2,324	6	17
Wilkin	1,945	1,819	4	8
Winona	8,296	6,117	58	35
Wright	6,961	3,678	25	47
Yellow Medicine	3,337	3,214	11	23
TOTALS	527,416	589,864	3,176	5,073

Roosevelt plurality 62,448. Dewey carried 45 counties; Roosevelt carried 42.

President 1948

County	R Thomas E. Dewey	DFL HARRY S TRUMAN	InG Edward A. Teichert	SW Farrell Dobbs	Prog Henry A. Wallace	S Norman M. Thomas
Aitkin	2,466	3,277	5	2	227	30
Anoka	3,853	7,730	7	13	291	35
Becker	3,495	5,885	7	4	314	22
Beltrami	3,126	6,020	9	3	405	17
Benton	2,297	3,632	4	4	66	12
Big Stone	1,321	2,466	4	7	81	7
Blue Earth	7,520	7,272	7	4	109	42
Brown	5,068	4,804	13	4	80	47
Carlton	2,742	6,967	11	1	404	32
Carver	4,582	2,816	7	0	60	17
Cass	3,179	3,933	6	4	141	15
Chippewa	2,569	3,888	9	4	163	13
Chisago	2,704	3,184	3	3	160	11
Clay	4,302	6,624	11	2	176	30
Clearwater	1,171	2,793	5	2	230	11
Cook	674	688	0	1	38	5
Cottonwood	3,222	3,333	9	3	40	25
Crow Wing	4,702	6,773	12	3	325	30
Dakota	6,819	12,487	19	7	229	62
Dodge	2,381	2,523	6	3	39	9
Douglas	3,744	5,022	5	2	178	22
Faribault	4,619	5,261	11	4	93	26
Fillmore	5,587	4,414	5	2	104	16
Freeborn	5,238	7,825	11	8	171	23
Goodhue	6,704	7,313	13	7	141	44
Grant	1,789	2,378	3	2	211	5
Hennepin	121,169	151,920	156	145	7,090	1,754
Houston	3,540	2,623	3	6	41	18
Hubbard	2,071	2,044	3	2	112	9
Isanti	1,918	2,758	5	0	208	105
Itasca	4,334	9,653	27	16	638	48
Jackson	2,288	4,541	12	3	112	13
Kanabec	1,531	2,305	1	3	104	26
Kandiyohi	3,666	7,204	3	1	679	40
Kittson	1,035	2,970	5	1	160	12
Koochiching	1,718	4,968	7	7	247	21
Lac qui Parle	2,330	3,690	7	2	65	6
Lake	924	2,555	1	1	216	32
Lake of the Woods	583	1,302	3	1	101	15
Le Sueur	3,858	4,890	9	4	53	14
Lincoln	1,312	2,694	1	1	60	22
Lyon	3,054	6,144	14	3	61	10
McLeod	4,623	3,987	12	4	74	16
Mahnomen	579	2,125	4	3	61	3
Marshall	2,090	4,126	4	4	266	17
Martin	4,662	6,015	6	0	58	23
Meeker	3,620	4,333	2	2	89	19
Mille Lacs	2,502	3,343	2	3	163	26
Morrison	3,922	6,026	9	8	105	22
Mower	5,672	9,468	18	18	104	21
Murray	1,951	3,594	6	2	40	9
Nicollet	3,576	3,663	7	2	57	20
Nobles	3,203	5,090	7	2	66	14
Norman	1,695	3,245	6	1	186	24
Olmsted	8,131	9,155	11	6	112	52
Otter Tail	11,131	6,546	16	7	437	35
Pennington	1,759	3,402	3	3	416	25
Pine	3,069	4,978	14	5	320	21
Pipestone	2,281	2,804	8	3	74	10
Polk	4,662	9,279	16	6	573	44
Pope	2,114	3,251	4	1	78	14
Ramsey	48,142	88,528	972	79	2,485	681
Red Lake	592	1,771	3	3	95	4
Redwood	4,160	4,182	8	5	70	20
Renville	4,297	5,227	10	8	115	22
Rice	6,301	5,832	8	5	110	65
Rock	2,035	2,134	4	0	56	5
Roseau	1,458	3,674	3	4	381	8
St. Louis	28,490	62,553	742	44	5,154	309
Scott	2,583	4,278	10	3	45	16
Sherburne	1,828	1,958	2	0	98	9

President 1948

County	R Thomas E. Dewey	DFL HARRY S TRUMAN	InG Edward A. Teichert	SW Farrell Dobbs	Prog Henry A. Wallace	S Norman M. Thomas
Sibley	3,260	2,818	17	6	51	5
Stearns	10,153	15,261	25	9	202	56
Steele	4,451	4,305	4	2	38	16
Stevens	1,928	2,313	2	2	31	7
Swift	2,109	4,082	5	1	254	17
Todd	4,166	5,157	16	10	155	31
Traverse	1,008	2,151	3	7	49	5
Wabasha	3,297	3,730	8	5	42	20
Wadena	2,272	2,556	5	1	76	7
Waseca	3,511	3,120	3	3	28	15
Washington	5,686	8,039	12	8	175	50
Watonwan	2,581	3,039	3	1	52	22
Wilkin	1,700	2,291	2	2	58	7
Winona	6,880	8,281	31	11	66	44
Wright	5,589	5,523	7	8	145	25
Yellow Medicine	2,693	4,164	6	4	133	12
TOTALS	483,617	692,966	2,525	606	27,866	4,646

Truman plurality 209,349. He carried 74 counties; Dewey carried 13.

President 1952

County	R DWIGHT D. EISENHOWER	DFL Adlai E. Stevenson	InG Eric Hass	Prog Vincent Hallinan	SW Farrell Dobbs	Pro Stuart Hamblen
Aitkin	3,384	2,577	11	42	9	27
Anoka	7,425	9,344	5	35	2	28
Becker	5,815	4,539	2	37	9	12
Beltrami	4,817	4,092	10	22	5	16
Benton	3,856	2,587	4	6	1	22
Big Stone	2,260	2,107	3	11	0	11
Blue Earth	11,867	4,952	9	21	7	14
Brown	8,152	3,129	7	8	8	4
Carlton	4,175	6,432	7	58	9	17
Carver	6,674	2,159	3	4	3	5
Cass	4,601	2,818	4	19	4	40
Chippewa	4,411	3,171	3	3	3	27
Chisago	3,892	2,536	7	10	6	9
Clay	7,178	5,036	4	8	1	7
Clearwater	1,971	2,089	4	39	4	9
Cook	946	503	1	3	1	0
Cottonwood	5,488	2,130	6	6	6	38
Crow Wing	6,992	5,883	8	37	6	30
Dakota	11,871	11,890	59	24	7	28
Dodge	3,893	1,582	5	11	2	15
Douglas	6,037	3,768	3	12	1	27
Faribault	7,763	3,120	7	7	4	29
Fillmore	8,405	2,612	4	3	1	32
Freeborn	8,450	6,525	6	8	4	28
Goodhue	10,422	5,037	6	10	3	16
Grant	2,665	1,791	2	13	3	4
Hennepin	180,338	155,388	240	560	154	461
Houston	5,365	1,830	7	13	3	5
Hubbard	3,099	1,360	6	15	3	10
Isanti	2,682	2,393	10	35	3	19
Itasca	6,573	9,128	12	45	9	15

President 1952

County	R DWIGHT D. EISENHOWER	DFL Adlai E. Stevenson	InG Eric Hass	Prog Vincent Hallinan	SW Farrell Dobbs	Pro Stuart Hamblen
Jackson	4,558	2,771	3	1	7	2
Kanabec	2,205	1,714	7	10	3	9
Kandiyohi	6,370	6,264	10	18	4	81
Kittson	1,837	2,387	2	7	2	29
Koochiching	2,742	4,078	0	10	11	10
Lac qui Parle	3,924	2,753	2	10	3	13
Lake	1,451	2,814	1	7	5	11
Lake of the Woods	898	1,117	0	6	1	5
Le Sueur	5,776	3,348	1	6	0	9
Lincoln	2,746	1,892	7	4	3	5
Lyon	6,015	4,030	4	9	1	10
McLeod	7,246	2,781	5	6	2	8
Mahnomen	1,220	1,436	1	1	2	0
Marshall	3,516	3,132	8	28	4	45
Martin	9,411	2,673	2	6	5	26
Meeker	5,750	2,833	4	8	0	13
Mille Lacs	3,766	2,639	5	11	6	19
Morrison	6,050	4,551	4	15	7	12
Mower	9,862	8,551	71	12	4	51
Murray	4,054	2,145	6	7	2	9
Nicollet	5,775	2,584	9	14	7	9
Nobles	6,340	3,351	5	4	2	15
Norman	3,069	2,465	5	17	3	14
Olmsted	14,566	6,792	58	9	7	15
Otter Tail	16,447	5,388	11	45	3	27
Pennington	2,726	2,802	2	29	3	53
Pine	4,255	3,692	5	71	9	6
Pipestone	4,507	1,701	2	4	1	6
Polk	8,326	7,244	11	50	12	40
Pope	3,593	2,381	1	2	0	11
Ramsey	76,093	93,783	935	270	94	195
Red Lake	1,034	1,431	4	14	1	7
Redwood	7,093	2,695	5	5	1	11
Renville	6,742	3,828	4	13	11	28
Rice	9,334	4,330	8	9	1	11
Rock	3,774	1,286	2	2	1	2
Roseau	2,596	3,062	4	37	7	21
St. Louis	38,900	63,032	601	590	54	109
Scott	4,277	3,315	2	5	6	1
Sherburne	2,839	1,630	2	1	0	6
Sibley	5,323	1,871	4	9	1	6
Stearns	18,267	9,907	8	16	3	12
Steele	6,956	2,819	16	2	2	9
Stevens	3,288	1,579	4	2	0	6
Swift	3,532	3,291	5	19	3	21
Todd	6,731	3,439	6	12	4	19
Traverse	1,809	1,756	1	6	0	1
Wabasha	5,461	2,356	5	10	5	6
Wadena	3,662	1,665	1	10	2	3
Waseca	4,962	2,132	2	3	1	13
Washington	9,408	7,768	12	22	5	25
Watonwan	4,549	1,752	2	3	1	9
Wilkin	2,979	1,564	2	2	2	7
Winona	10,723	5,834	25	15	9	15
Wright	8,089	4,373	4	28	3	27
Yellow Medicine	4,322	3,143	2	9	1	9
TOTALS	763,211	608,458	2,383	2,666	618	2,147

Eisenhower plurality 154,753. He carried 72 counties; Stevenson carried 15.

President 1956

County	R DWIGHT D. EISENHOWER	DFL Adlai E. Stevenson	InG Eric Hass	SW Farrell Dobbs
Aitkin	2,762	2,733	3	6
Anoka	9,359	11,697	23	13
Becker	4,608	4,619	15	9
Beltrami	3,974	3,807	2	14
Benton	3,591	2,609	8	8
Big Stone	1,737	2,180	5	3
Blue Earth	11,398	5,467	14	7
Brown	7,965	3,067	11	16
Carlton	4,168	6,484	16	9
Carver	6,226	2,334	14	15
Cass	4,007	2,748	4	6
Chippewa	3,623	3,434	3	0
Chisago	3,413	2,731	4	5
Clay	6,783	6,057	8	7
Clearwater	1,464	2,171	6	9
Cook	1,078	668	1	1
Cottonwood	4,619	2,344	4	1
Crow Wing	6,657	5,556	15	15
Dakota	13,112	12,672	35	20
Dodge	3,205	1,814	4	2
Douglas	5,114	4,194	7	5
Faribault	6,886	3,554	22	3
Fillmore	7,004	3,427	5	4
Freeborn	7,632	7,138	7	4
Goodhue	9,365	4,969	12	7
Grant	2,064	2,107	5	1
Hennepin	183,248	149,341	266	257
Houston	4,538	2,133	6	3
Hubbard	2,453	1,454	2	4
Isanti	2,348	2,605	2	4
Itasca	6,408	8,737	12	21
Jackson	3,543	3,232	7	2
Kanabec	1,950	1,736	3	4
Kandiyohi	5,445	6,834	14	12
Kittson	1,569	2,222	3	4
Koochiching	2,757	3,695	9	7
Lac qui Parle	3,276	2,826	4	2
Lake	2,055	3,079	6	3
Lake of the Woods	723	1,048	3	3
Le Sueur	5,026	3,556	11	6
Lincoln	2,060	2,316	10	4
Lyon	5,188	4,190	2	6
McLeod	6,743	3,068	13	4
Mahnomen	875	1,513	2	2
Marshall	2,519	3,478	8	2
Martin	8,152	3,289	9	6
Meeker	4,738	3,348	7	4
Mille Lacs	3,315	2,619	3	4
Morrison	5,042	4,653	17	15
Mower	9,570	9,219	87	14
Murray	3,261	2,695	6	9
Nicollet	5,322	2,636	4	4
Nobles	5,196	4,036	7	2
Norman	2,338	2,740	2	1
Olmsted	13,789	7,172	38	13
Otter Tail	12,764	6,571	21	19
Pennington	2,408	2,947	2	2
Pine	3,204	3,829	4	4
Pipestone	3,362	2,165	3	3
Polk	6,847	7,980	14	12
Pope	2,725	2,577	6	1
Ramsey	80,701	87,784	377	177
Red Lake	782	1,555	7	1
Redwood	5,956	3,039	5	6
Renville	5,728	4,213	7	10
Rice	8,471	4,489	14	10
Rock	3,267	1,591	2	2
Roseau	1,901	3,062	1	9
St. Louis	39,902	62,190	529	102
Scott	4,148	3,431	11	8

President 1956

County	R DWIGHT D. EISENHOWER	DFL Adlai E. Stevenson	InG Eric Hass	SW Farrell Dobbs
Sherburne	2,681	1,796	7	3
Sibley	4,737	2,099	3	3
Stearns	17,364	9,829	36	28
Steele	6,435	3,293	30	6
Stevens	2,606	1,822	2	0
Swift	2,637	3,720	6	2
Todd	5,075	3,882	16	8
Traverse	1,467	1,724	4	3
Wabasha	4,728	2,301	32	7
Wadena	3,028	1,733	3	3
Waseca	4,663	2,215	9	2
Washington	9,562	7,462	21	11
Watonwan	3,963	1,886	8	4
Wilkin	2,335	1,881	2	0
Winona	9,743	6,048	70	32
Wright	7,257	4,944	5	7
Yellow Medicine	3,594	3,416	7	1
TOTALS	719,302	617,525	2,080	1,098

Eisenhower plurality 101,777. He carried 61 counties; Stevenson carried 26.

President 1960

County	R Richard M. Nixon	DFL JOHN F. KENNEDY	SW Farrell Dobbs	InG Eric Hass
Aitkin	3,097	2,980	25	11
Anoka	14,114	20,324	55	18
Becker	5,090	5,257	33	9
Beltrami	4,482	4,653	16	6
Benton	3,324	4,175	14	2
Big Stone	1,834	2,437	9	2
Blue Earth	11,328	8,052	25	8
Brown	7,084	5,353	13	3
Carlton	4,613	7,576	30	5
Carver	6,231	3,982	8	6
Cass	4,399	3,578	12	2
Chippewa	3,915	3,643	13	3
Chisago	3,822	2,907	18	7
Clay	8,278	7,241	19	6
Clearwater	1,651	2,466	15	3
Cook	987	650	4	0
Cottonwood	5,087	2,768	11	6
Crow Wing	7,727	6,835	41	11
Dakota	15,032	20,150	72	19
Dodge	3,769	2,170	3	1
Douglas	5,594	4,871	32	9
Faribault	6,975	4,301	8	3
Fillmore	7,507	3,926	7	4
Freeborn	8,970	8,018	13	9
Goodhue	10,473	5,562	26	12
Grant	2,239	2,333	4	0
Hennepin	198,992	188,250	645	294
Houston	4,807	3,080	3	0
Hubbard	2,749	2,029	8	1
Isanti	3,067	2,599	17	11
Itasca	6,615	10,761	23	9
Jackson	3,591	3,898	5	8
Kanabec	2,278	1,890	20	5
Kandiyohi	6,786	6,738	35	8

President 1960

County	R Richard M. Nixon	DFL JOHN F. KENNEDY	SW Farrell Dobbs	InG Eric Hass
Kittson	1,937	2,218	8	2
Koochiching	3,055	4,578	22	1
Lac qui Parle	3,185	3,253	9	2
Lake	2,276	3,888	13	3
Lake of the Woods	835	1,053	15	1
Le Sueur	4,426	5,234	9	1
Lincoln	2,147	2,500	7	3
Lyon	4,740	5,550	13	2
McLeod	7,214	4,276	16	5
Mahnomen	880	1,864	4	1
Marshall	3,006	3,759	6	6
Martin	8,479	4,194	13	6
Meeker	4,857	3,678	21	4
Mille Lacs	3,913	2,886	22	9
Morrison	4,403	7,337	17	7
Mower	11,040	9,961	57	10
Murray	3,357	3,009	6	5
Nicollet	5,283	3,961	4	7
Nobles	5,636	4,947	9	2
Norman	2,642	2,932	5	7
Olmsted	16,080	10,918	59	8
Otter Tail	13,747	8,054	30	12
Pennington	2,537	3,204	11	7
Pine	3,450	4,211	18	8
Pipestone	3,677	2,443	8	3
Polk	7,528	9,346	26	9
Pope	3,062	2,883	9	4
Ramsey	77,408	108,464	557	98
Red Lake	679	1,865	2	3
Redwood	5,893	3,839	8	6
Renville	5,885	4,958	11	3
Rice	8,248	6,752	22	9
Rock	3,469	1,823	2	3
Roseau	2,274	3,198	8	2
St. Louis	39,620	69,270	507	125
Scott	3,671	6,061	7	4
Sherburne	2,837	2,568	10	2
Sibley	4,987	2,541	12	2
Stearns	13,522	19,026	22	11
Steele	6,795	4,491	14	1
Stevens	2,710	2,405	6	5
Swift	2,848	4,062	15	3
Todd	5,255	5,051	21	7
Traverse	1,463	2,122	4	1
Wabasha	4,566	3,628	3	0
Wadena	3,082	2,240	6	1
Waseca	4,838	2,793	3	2
Washington	11,202	11,870	46	15
Watonwan	4,173	2,412	10	0
Wilkin	2,340	2,319	7	1
Winona	9,271	8,484	14	11
Wright	7,180	6,452	19	7
Yellow Medicine	3,800	3,649	22	4
TOTALS	757,915	779,933	3,077	962

Kennedy plurality 22,018. He carried 35 counties; Nixon carried 52.

President 1964

County	R Barry M. Goldwater	DFL LYNDON B. JOHNSON	InG Eric Hass	SW Clifton DeBerry
Aitkin	2,000	3,874	9	7
Anoka	13,201	31,714	47	43
Becker	3,751	6,453	6	10
Beltrami	3,184	5,967	9	6
Benton	2,818	4,679	20	3
Big Stone	1,331	2,831	9	1
Blue Earth	8,009	10,687	96	5
Brown	5,851	6,069	10	7
Carlton	2,780	9,552	13	14
Carver	5,424	5,123	4	7
Cass	3,110	4,635	7	2
Chippewa	2,806	4,550	6	3
Chisago	2,525	4,347	9	8
Clay	6,085	10,161	35	4
Clearwater	1,137	2,596	2	4
Cook	764	976	2	0
Cottonwood	3,423	4,090	9	6
Crow Wing	5,131	9,197	9	12
Dakota	13,856	28,391	64	17
Dodge	2,474	3,138	6	2
Douglas	4,122	6,040	8	5
Faribault	4,817	5,946	8	4
Fillmore	4,824	5,813	11	3
Freeborn	6,136	10,554	16	3
Goodhue	6,539	9,035	9	6
Grant	1,734	2,631	0	1
Hennepin	154,736	241,020	623	348
Houston	3,433	3,885	7	1
Hubbard	2,283	2,553	6	1
Isanti	1,982	4,026	3	7
Itasca	4,137	12,054	19	21
Jackson	2,441	4,576	4	0
Kanabec	1,348	2,666	5	5
Kandiyohi	4,011	9,108	25	12
Kittson	1,153	2,790	2	0
Koochiching	1,602	5,878	6	5
Lac qui Parle	2,236	3,934	5	5
Lake	1,205	4,704	8	8
Lake of the Woods	489	1,266	5	5
Le Sueur	3,191	6,117	12	5
Lincoln	1,393	3,024	2	9
Lyon	3,165	6,649	7	1
McLeod	5,545	5,755	9	7
Mahnomen	648	1,967	3	1
Marshall	1,893	4,594	2	1
Martin	6,529	5,575	14	8
Meeker	3,099	5,270	7	2
Mille Lacs	2,474	4,369	15	14
Morrison	3,515	7,492	16	9
Mower	6,510	13,573	43	14
Murray	2,325	3,822	5	0
Nicollet	3,605	5,121	4	6
Nobles	3,517	6,431	9	3
Norman	1,662	3,631	5	3
Olmsted	12,699	16,195	47	9
Otter Tail	10,542	9,997	17	9
Pennington	1,630	3,894	3	7
Pine	2,279	5,123	10	8
Pipestone	2,481	3,365	3	2
Polk	5,039	11,052	11	9
Pope	2,213	3,549	1	1
Ramsey	56,898	133,948	579	167
Red Lake	573	1,861	9	7
Redwood	4,546	4,722	5	4
Renville	4,340	6,072	14	11
Rice	5,518	9,299	18	8
Rock	2,389	2,896	0	2
Roseau	1,651	3,636	3	3
St. Louis	25,246	79,529	275	133
Scott	3,311	7,248	9	2
Sherburne	2,132	3,787	17	4
Sibley	3,854	3,577	3	2

President 1964

County	R Barry M. Goldwater	DFL LYNDON B. JOHNSON	InG Eric Hass	SW Clifton DeBerry
Stearns	13,009	19,063	58	36
Steele	4,882	6,022	27	8
Stevens	2,220	2,910	6	1
Swift	2,132	4,380	6	6
Todd	4,006	5,673	17	6
Traverse	1,073	2,247	2	0
Wabasha	3,133	4,367	3	1
Wadena	2,418	2,908	7	1
Waseca	3,570	3,633	10	4
Washington	8,850	18,108	43	21
Watonwan	2,823	3,615	5	2
Wilkin	1,636	2,751	1	3
Winona	6,345	11,397	21	7
Wright	5,476	8,687	14	8
Yellow Medicine	2,751	4,707	5	1
TOTALS	559,624	991,117	2,544	1,177

Johnson plurality 431,493. He carried 83 counties; Goldwater carried 4.

President 1968

County	R RICHARD M. NIXON	DFL Hubert H. Humphrey	Am George C. Wallace	SW Fred Halstead	InG Henning A. Blomen	C Charlene Mitchell	P&F Leroy Eldridge Cleaver
Aitkin	2,254	3,094	286	9	0	3	4
Anoka	16,358	30,656	3,073	18	4	8	7
Becker	4,728	4,875	568	6	2	4	10
Beltrami	3,912	5,034	599	2	0	2	6
Benton	3,470	4,022	514	4	0	2	4
Big Stone	1,645	2,119	176	2	0	2	2
Blue Earth	9,571	9,254	686	12	1	2	11
Brown	7,039	4,585	703	4	3	2	7
Carlton	3,016	8,538	444	4	3	8	1
Carver	6,649	4,590	528	8	1	2	2
Cass	3,888	3,569	486	3	1	1	2
Chippewa	3,195	3,701	243	2	2	1	3
Chisago	3,053	4,102	492	1	1	0	2
Clay	7,910	7,987	640	5	1	2	11
Clearwater	1,284	2,046	217	4	0	5	3
Cook	853	777	96	0	0	1	2
Cottonwood	4,050	3,046	293	1	0	0	1
Crow Wing	6,687	7,411	672	3	2	6	6
Dakota	19,290	28,416	2,142	33	11	8	8
Dodge	3,064	2,437	201	2	0	2	3
Douglas	5,464	4,826	536	4	1	1	4
Faribault	5,662	4,335	379	5	1	1	1
Fillmore	6,257	3,918	426	0	0	1	2
Freeborn	7,315	8,671	558	8	1	1	9
Goodhue	8,283	7,220	451	2	1	0	6
Grant	1,929	1,982	179	0	0	0	3
Hennepin	170,002	220,078	15,659	214	94	141	412
Houston	4,450	2,703	521	2	0	0	1
Hubbard	2,720	1,920	304	4	0	2	0
Isanti	2,429	3,439	451	2	1	2	3
Itasca	4,898	10,512	780	3	3	5	5
Jackson	2,886	3,515	359	1	1	0	4
Kanabec	1,847	2,154	240	2	0	0	1

President 1968

County	R RICHARD M. NIXON	DFL Hubert H. Humphrey	Am George C. Wallace	SW Fred Halstead	InG Henning A. Blomen	C Charlene Mitchell	P&F Leroy Eldridge Cleaver
Kandiyohi	5,086	7,639	658	8	2	1	6
Kittson	1,436	1,894	179	2	1	1	0
Koochiching	2,104	4,697	299	3	1	1	4
Lac qui Parle	2,672	2,937	212	1	2	1	3
Lake	1,351	4,266	263	4	1	1	1
Lake of the Woods	607	875	69	4	1	2	0
Le Sueur	4,189	5,094	292	2	0	1	2
Lincoln	1,732	2,109	187	1	0	0	0
Lyon	4,331	5,317	306	3	0	2	6
McLeod	6,619	4,861	576	3	0	2	3
Mahnomen	893	1,508	201	2	0	0	1
Marshall	2,367	3,161	418	4	1	1	3
Martin	7,115	4,271	580	1	2	0	4
Meeker	4,044	4,213	438	3	1	3	2
Mille Lacs	2,990	3,494	399	3	2	0	2
Morrison	4,511	6,111	612	9	5	1	7
Mower	7,736	11,022	692	15	3	2	9
Murray	2,906	2,662	316	1	0	0	2
Nicollet	4,671	4,244	312	3	1	0	3
Nobles	4,451	5,171	477	3	1	2	2
Norman	1,981	2,828	200	2	1	0	0
Olmsted	17,292	13,417	1,103	12	4	2	8
Otter Tail	12,483	7,400	802	8	1	1	6
Pennington	2,247	2,998	212	3	0	0	5
Pine	2,591	4,044	463	3	1	8	4
Pipestone	3,241	2,234	260	1	0	0	2
Polk	6,074	8,380	700	4	3	2	3
Pope	2,504	2,592	265	4	0	1	2
Ramsey	64,068	122,568	8,543	170	29	64	113
Red Lake	718	1,467	130	0	0	0	3
Redwood	5,134	3,680	462	1	1	1	3
Renville	4,821	4,535	543	3	2	2	0
Rice	7,037	7,785	477	6	1	2	11
Rock	3,056	2,084	232	1	0	0	1
Roseau	2,048	2,649	326	3	2	2	4
St. Louis	25,981	72,267	3,255	60	40	62	71
Scott	4,632	6,656	540	2	2	1	2
Sherburne	2,737	3,481	369	0	2	0	1
Sibley	4,250	2,540	361	0	0	2	1
Stearns	15,422	15,990	2,081	35	7	5	21
Steele	6,193	4,631	358	2	2	0	4
Stevens	2,560	2,247	246	1	1	0	5
Swift	2,476	3,716	247	1	2	1	5
Todd	4,883	3,992	572	4	2	2	5
Traverse	1,277	1,669	137	0	1	0	0
Wabasha	4,081	3,452	346	4	1	0	1
Wadena	2,912	2,198	269	2	2	2	1
Waseca	4,292	3,057	244	2	2	2	3
Washington	10,921	16,449	1,527	19	3	5	21
Watonwan	3,446	2,701	278	0	1	1	2
Wilkin	2,037	1,946	181	0	1	0	0
Winona	7,998	8,627	781	3	9	7	14
Wright	6,321	8,793	627	5	1	2	4
Yellow Medicine	3,060	3,587	406	1	2	2	1
TOTALS	658,643	857,738	68,931	807	285	415	933

Humphrey plurality 199,095. He carried 56 counties; Nixon carried 31.

President 1972

County	R RICHARD M. NIXON	DFL George S. McGovern	InG Louis Fisher	SW Linda Jenness	C Gus Hall	Am John G. Schmitz	MnPeo Benjamin M. Spock
Aitkin	3,241	2,687	8	6	13	58	19
Anoka	29,546	28,031	214	19	8	1,312	90
Becker	6,033	4,695	10	5	2	123	16
Beltrami	5,947	5,194	7	10	7	210	18
Benton	4,652	4,282	32	4	5	438	13
Big Stone	1,748	2,185	5	0	4	71	4
Blue Earth	12,702	10,638	67	16	5	216	18
Brown	7,791	4,347	11	8	3	557	12
Carlton	5,445	7,116	10	6	13	111	29
Carver	8,546	4,852	7	4	3	446	25
Cass	4,906	3,347	10	2	2	219	17
Chippewa	3,787	3,630	3	3	2	114	8
Chisago	4,718	4,174	12	4	2	306	25
Clay	11,089	9,076	27	10	3	169	26
Clearwater	1,819	1,751	8	2	4	90	9
Cook	1,047	742	0	2	1	21	4
Cottonwood	4,396	2,802	2	3	2	94	4
Crow Wing	8,774	7,328	64	7	13	329	24
Dakota	34,967	28,479	171	29	18	951	114
Dodge	3,863	1,921	3	1	3	139	6
Douglas	6,678	5,501	10	4	5	389	13
Faribault	6,503	3,519	10	2	2	105	12
Fillmore	7,107	3,155	12	3	0	161	22
Freeborn	9,747	7,163	24	10	6	162	18
Goodhue	11,107	6,147	16	6	5	293	18
Grant	1,899	2,085	8	3	1	55	3
Hennepin	228,951	205,943	469	300	136	6,386	762
Houston	5,186	2,467	11	1	2	103	9
Hubbard	3,294	2,136	2	2	2	105	13
Isanti	3,715	3,660	5	1	3	223	9
Itasca	7,558	8,683	23	13	11	238	45
Jackson	3,599	3,304	8	1	4	65	8
Kanabec	2,395	1,969	12	2	2	243	4
Kandiyohi	6,624	7,241	61	6	3	511	27
Kittson	1,832	1,584	5	1	0	50	7
Koochiching	3,681	3,396	7	8	6	118	14
Lac qui Parle	2,773	2,845	4	0	1	96	7
Lake	2,575	3,640	10	2	1	65	9
Lake of the Woods	877	672	0	2	0	29	2
Le Sueur	5,388	4,725	10	8	6	107	18
Lincoln	1,881	2,148	6	1	2	55	2
Lyon	5,820	5,614	16	5	2	141	10
McLeod	7,820	4,538	6	8	1	321	26
Mahnomen	1,246	1,397	1	2	1	37	7
Marshall	3,264	2,790	10	3	4	100	19
Martin	7,569	3,816	13	0	2	311	7
Meeker	5,097	3,601	14	5	6	196	14
Mille Lacs	4,291	3,221	9	6	2	147	10
Morrison	5,714	5,993	18	7	4	568	25
Mower	9,929	10,286	83	8	8	193	13
Murray	2,959	2,893	6	2	1	58	8
Nicollet	6,230	4,680	13	4	2	110	14
Nobles	4,951	5,464	5	6	4	72	9
Norman	2,536	2,444	1	2	1	27	10
Olmsted	23,806	9,817	82	10	9	753	37
Otter Tail	13,519	7,881	32	8	4	264	23
Pennington	3,548	2,892	2	1	1	147	9
Pine	3,881	3,794	8	5	10	306	13
Pipestone	3,543	2,758	1	0	0	59	8
Polk	8,139	7,366	9	2	3	337	24
Pope	2,610	2,910	5	0	2	150	4
Ramsey	95,716	108,392	1,679	122	54	3,559	429
Red Lake	1,052	1,409	1	0	3	72	4
Redwood	5,776	3,177	9	3	2	275	9
Renville	5,329	4,499	17	4	3	177	15
Rice	9,195	8,065	10	11	7	156	31
Rock	3,470	2,089	3	0	0	44	5
Roseau	2,844	2,396	6	0	3	85	10
St. Louis	41,435	61,103	384	92	138	862	166
Scott	7,310	6,745	10	10	3	259	17
Sherburne	4,332	4,070	18	3	2	209	24

President 1972

County	R RICHARD M. NIXON	DFL George S. McGovern	InG Louis Fisher	SW Linda Jenness	C Gus Hall	Am John G. Schmitz	MnPeo Benjamin M. Spock
Sibley	4,543	2,433	4	4	3	77	9
Stearns	18,951	19,315	145	30	24	2,873	62
Steele	7,678	4,010	16	3	4	146	8
Stevens	2,830	2,870	5	3	3	92	8
Swift	2,673	3,823	3	0	0	116	2
Todd	5,387	4,270	12	5	5	447	11
Traverse	1,276	1,744	1	0	1	30	3
Wabasha	5,158	3,017	5	4	2	214	13
Wadena	3,408	2,430	6	0	2	124	4
Waseca	5,064	2,767	7	2	2	69	9
Washington	19,142	16,102	151	16	7	615	65
Watonwan	3,960	2,229	7	3	0	49	3
Wilkin	2,292	1,739	6	0	0	47	6
Winona	10,910	8,080	15	11	4	237	56
Wright	9,996	8,695	15	6	7	615	35
Yellow Medicine	3,683	3,462	8	7	5	128	8
TOTALS	898,269	802,346	4,261	940	662	31,407	2,805

Nixon plurality 95,923. He carried 67 counties; McGovern carried 20.

President 1976

County	I-R Gerald R. Ford	DFL JAMES E. CARTER, JR.	SW Peter Camejo	L Roger L. MacBride	C Gus Hall	InG Jules Levin	Am Thomas J. Anderson	M'76P Eugene J. McCarthy	IDB Lyndon H. LaRouche	S Frank P. Zeidler	Peo Margaret Wright
Aitkin	2,476	4,308	11	10	3	0	26	109	1	0	5
Anoka	27,863	48,173	278	163	21	7	472	1,298	20	5	15
Becker	5,611	6,597	2	25	1	1	104	215	6	3	1
Beltrami	5,214	7,540	6	46	5	0	175	289	7	0	3
Benton	4,099	6,235	34	12	4	8	271	285	11	2	4
Big Stone	1,332	2,581	0	0	4	1	42	45	0	0	2
Blue Earth	11,998	12,930	31	28	10	1	91	582	4	4	9
Brown	7,479	5,792	6	10	3	1	409	330	2	1	6
Carlton	4,371	9,247	10	22	24	2	29	239	3	3	2
Carver	8,199	7,574	8	19	0	2	201	336	3	2	3
Cass	4,443	5,424	4	23	2	0	159	173	1	1	4
Chippewa	3,254	4,648	2	8	2	0	56	75	0	0	1
Chisago	3,874	6,625	11	20	2	0	142	185	5	2	1
Clay	10,317	10,876	36	76	12	1	62	319	6	0	3
Clearwater	1,374	2,437	0	22	1	7	115	57	0	2	0
Cook	1,034	1,018	5	2	1	0	27	41	1	0	1
Cottonwood	3,906	3,813	5	2	1	0	46	85	0	1	0
Crow Wing	8,072	10,653	38	39	4	7	447	284	8	2	10
Dakota	37,542	44,253	151	150	22	16	400	1,500	20	13	13
Dodge	3,446	3,009	1	6	0	2	64	67	1	0	2
Douglas	5,910	7,097	4	13	3	1	143	138	2	0	3
Faribault	5,577	5,049	6	6	2	0	68	118	2	3	2
Fillmore	5,984	4,758	2	4	2	0	63	135	5	0	4
Freeborn	8,220	9,470	17	28	5	3	61	207	4	1	2
Goodhue	9,967	8,926	13	18	5	1	108	271	6	3	3
Grant	1,635	2,624	1	5	2	0	14	57	0	0	0
Hennepin	211,892	257,380	1,013	979	382	147	1,716	9,376	138	130	225
Houston	4,853	3,861	3	7	0	1	53	137	4	0	7
Hubbard	2,985	3,196	3	6	0	0	162	134	0	0	3
Isanti	3,159	6,013	2	11	10	1	84	135	1	0	1

President 1976

County	I-R Gerald R. Ford	DFL JAMES E. CARTER, JR.	SW Peter Camejo	L Roger L. MacBride	C Gus Hall	InG Jules Levin	Am Thomas J. Anderson	M'76P Eugene J. McCarthy	IDB Lyndon H. LaRouche	S Frank P. Zeidler	Peo Margaret Wright
Itasca	6,646	12,979	12	73	17	2	155	378	9	3	7
Jackson	2,870	4,311	5	3	2	0	13	82	1	0	0
Kanabec	1,943	3,188	2	3	2	0	93	78	1	0	1
Kandiyohi	6,664	9,992	27	15	1	1	170	254	3	2	1
Kittson	1,555	2,008	2	7	0	0	13	41	1	0	2
Koochiching	2,893	4,846	3	23	4	0	67	167	2	0	2
Lac qui Parle	2,292	3,647	1	4	2	0	60	58	0	0	1
Lake	2,313	3,973	3	11	2	0	132	158	1	1	5
Lake of the Woods	757	1,105	1	10	2	1	52	35	1	0	1
Le Sueur	4,565	6,556	6	28	1	0	75	143	3	2	2
Lincoln	1,599	2,594	0	1	0	0	31	40	2	0	0
Lyon	5,036	7,122	10	16	11	4	74	178	3	0	4
McLeod	6,519	6,249	81	24	3	2	140	198	11	4	7
Mahnomen	905	1,590	3	2	2	1	37	70	0	1	2
Marshall	2,605	3,744	4	10	1	0	45	78	2	0	0
Martin	6,484	5,672	3	8	2	0	155	160	1	1	2
Meeker	4,097	5,295	3	18	1	0	89	255	2	0	1
Mille Lacs	3,212	5,172	10	15	3	2	105	145	3	1	2
Morrison	4,590	8,176	12	24	5	1	195	256	27	1	7
Mower	8,163	12,837	75	23	6	2	81	290	3	0	7
Murray	2,605	3,685	1	2	0	0	17	86	2	0	1
Nicollet	6,071	5,777	10	29	3	0	85	258	5	1	6
Nobles	4,503	6,034	6	8	0	1	42	135	3	1	2
Norman	1,983	2,946	4	7	2	0	20	47	1	1	1
Olmsted	24,030	14,676	19	46	8	4	329	487	4	6	8
Otter Tail	12,113	11,881	29	40	5	4	117	312	2	4	3
Pennington	3,023	3,787	0	13	1	0	62	58	3	0	1
Pine	3,057	5,442	5	16	8	1	182	170	1	0	5
Pipestone	3,018	3,272	0	2	1	0	19	87	2	0	0
Polk	6,552	9,078	0	37	7	2	163	190	4	1	0
Pope	2,251	3,746	1	3	1	5	61	58	0	0	1
Ramsey	86,480	133,682	1,136	485	148	56	970	4,908	60	68	74
Red Lake	737	1,748	1	5	5	1	59	42	0	1	1
Redwood	4,926	4,525	4	6	2	0	200	151	4	2	2
Renville	4,482	5,762	6	7	2	0	116	166	0	0	4
Rice	8,311	10,590	130	26	4	1	112	419	6	5	3
Rock	2,892	2,769	2	6	3	1	15	47	3	1	0
Roseau	2,382	3,215	2	7	6	0	87	50	1	1	1
St. Louis	35,331	75,040	455	274	211	31	364	2,256	37	24	52
Scott	7,154	9,912	6	24	4	1	148	336	1	1	6
Sherburne	4,361	6,678	14	26	1	1	119	234	3	1	4
Sibley	3,871	3,752	0	8	4	0	84	138	1	0	2
Stearns	19,574	25,027	161	68	21	10	1,290	1,612	20	18	20
Steele	7,053	6,263	29	20	2	1	92	174	2	2	9
Stevens	2,484	3,171	7	8	1	0	17	99	1	1	0
Swift	2,190	4,428	5	5	0	6	51	77	0	0	0
Todd	4,278	6,530	11	31	1	2	200	186	5	0	4
Traverse	1,130	2,020	0	1	0	0	13	41	2	0	0
Wabasha	4,484	4,286	3	21	4	1	71	174	3	1	1
Wadena	3,048	3,164	4	16	0	0	110	80	1	0	1
Waseca	4,582	4,002	5	16	4	0	49	141	3	3	0
Washington	20,716	26,454	101	116	19	6	237	892	16	9	17
Watonwan	3,351	3,177	1	3	0	1	47	79	3	0	0
Wilkin	1,882	2,103	2	5	0	0	28	88	1	0	1
Winona	10,436	10,939	8	22	8	5	66	420	3	3	4
Wright	9,314	13,379	13	32	6	3	291	410	2	4	10
Yellow Medicine	2,946	4,337	2	10	0	0	67	96	1	1	2
TOTALS	819,395	1,070,440	4,149	3,529	1,092	370	13,592	35,490	543	354	635

Note: A total of 342 write-in votes was cast.

PRESIDENTS OF THE UNITED STATES 1789-1977

1. George Washington — 1789-97
2. John Adams — 1797-01
3. Thomas Jefferson — 1801-09
4. James Madison — 1809-17
5. James Monroe — 1817-25
6. John Quincy Adams — 1825-29
7. Andrew Jackson — 1829-37
8. Martin Van Buren — 1837-41
9. William Henry Harrison (died in office) — 1841-41
10. John Tyler — 1841-45
11. James K. Polk — 1845-49
12. Zachary Taylor (died in office) — 1849-50
13. Millard Fillmore — 1850-53
14. Franklin Pierce — 1853-57
15. James Buchanan — 1857-61
16. Abraham Lincoln* (assassinated) — 1861-65
17. Andrew Johnson — 1865-69
18. Ulysses S. Grant — 1869-77
19. Rutherford B. Hayes — 1877-81
20. James A. Garfield (assassinated) — 1881-81
21. Chester A. Arthur — 1881-85
22. S. Grover Cleveland — 1885-89
23. Benjamin H. Harrison — 1889-93
24. S. Grover Cleveland — 1893-97
25. William McKinley (assassinated) — 1897-01
26. Theodore Roosevelt — 1901-09
27. William Howard Taft — 1909-13
28. Woodrow Wilson — 1913-21
29. Warren G. Harding (died in office) — 1921-23
30. Calvin Coolidge — 1923-29
31. Herbert C. Hoover — 1929-33
32. Franklin D. Roosevelt (died in office) — 1933-45
33. Harry S Truman — 1945-53
34. Dwight D. Eisenhower — 1953-61
35. John F. Kennedy (assassinated) — 1961-63
36. Lyndon B. Johnson — 1963-69
37. Richard M. Nixon (resigned) — 1969-74
38. Gerald R. Ford — 1974-77
39. James E. (Jimmy) Carter — 1977-

*Elected in 1860, the first presidential election in which Minnesotans participated.

Elections for U.S. Senators

U.S. Senator 1912

County	KNUTE NELSON (R)	Daniel W. Lawler (D)
Aitkin	1,134	514
Anoka	1,311	581
Becker	1,690	775
Beltrami	1,392	703
Benton	880	645
Big Stone	790	594
Blue Earth	2,738	1,918
Brown	1,412	1,235
Carlton	1,291	643
Carver	1,543	940
Cass	1,040	536
Chippewa	1,517	736
Chisago	1,590	527
Clay	1,941	678
Clearwater	758	176
Cook	202	40
Cottonwood	1,093	477
Crow Wing	1,663	803
Dakota	1,970	1,847
Dodge	1,226	438
Douglas	1,796	791
Faribault	2,030	790
Fillmore	2,909	867
Freeborn	2,449	811
Goodhue	3,727	1,214
Grant	998	347
Hennepin	23,136	13,504
Houston	1,673	696
Hubbard	927	393
Isanti	1,210	420
Itasca	1,302	735
Jackson	1,449	797
Kanabec	656	333
Kandiyohi	1,697	1,036
Kittson	828	408
Koochiching	792	555
Lac qui Parle	1,556	599
Lake	563	285
Le Sueur	1,554	1,502
Lincoln	895	457
Lyon	1,503	926
McLeod	1,264	1,076
Mahnomen	263	239
Marshall	1,896	589
Martin	1,656	1,080
Meeker	1,674	1,147
Mille Lacs	1,117	502
Morrison	1,630	1,518
Mower	2,418	922
Murray	1,191	696
Nicollet	1,291	826
Nobles	1,419	976
Norman	1,426	413
Olmsted	2,035	1,327
Otter Tail	4,002	1,510
Pennington	1,149	386
Pine	1,587	838
Pipestone	863	501
Polk	3,343	1,496
Pope	1,597	400
Ramsey	14,995	14,241
Red Lake	449	322
Redwood	1,714	934
Renville	2,241	1,160
Rice	2,466	1,537
Rock	1,114	371
Roseau	1,116	319
St. Louis	10,383	6,123
Scott	792	1,072

U.S. Senator 1912

County	R KNUTE NELSON	D Daniel W. Lawler
Sherburne	865	400
Sibley	1,359	759
Stearns	2,092	3,149
Steele	1,569	1,130
Stevens	819	565
Swift	1,375	869
Todd	2,050	1,140
Traverse	645	433
Wabasha	1,549	1,318
Wadena	693	336
Waseca	1,398	934
Washington	2,347	1,258
Watonwan	1,248	557
Wilkin	808	406
Winona	2,551	2,509
Wright	2,305	1,359
Yellow Medicine	1,477	626
TOTALS	173,072	102,541

Note: A total of 19 scattered votes was cast.

The state archives owns no state canvassing board abstract for this election. County returns were obtained from county canvassing board reports and state totals were calculated by the compilers.

U.S. Senator 1916

County	R FRANK B. KELLOGG	D Daniel W. Lawler	Pro W. G. Calderwood
Aitkin	1,194	546	562
Anoka	1,272	704	595
Becker	1,884	870	686
Beltrami	1,798	1,168	725
Benton	1,144	653	307

U.S. Senator 1916

County	R FRANK B. KELLOGG	D Daniel W. Lawler	Pro W. G. Calderwood
Big Stone	894	503	371
Blue Earth	2,594	1,718	1,143
Brown	1,996	1,030	440
Carlton	1,158	749	611
Carver	1,819	1,076	323
Cass	1,078	710	613
Chippewa	1,313	545	915
Chisago	1,583	361	828
Clay	1,819	933	670
Clearwater	596	272	351
Cook	172	88	80
Cottonwood	1,172	355	751
Crow Wing	1,898	1,031	775
Dakota	1,904	2,021	715
Dodge	1,194	417	576
Douglas	1,722	641	984
Faribault	1,997	637	928
Fillmore	2,588	712	1,177
Freeborn	2,303	670	1,052
Goodhue	2,803	988	2,020
Grant	929	278	501
Hennepin	30,547	22,434	12,594
Houston	1,542	568	526
Hubbard	854	459	275
Isanti	984	306	905
Itasca	1,423	1,086	462
Jackson	1,448	745	608
Kanabec	804	314	362
Kandiyohi	1,602	715	1,551
Kittson	776	303	529
Koochiching	698	679	322
Lac qui Parle	1,655	490	702
Lake	462	344	435
Le Sueur	1,378	1,500	582
Lincoln	863	623	458
Lyon	1,599	938	872

U.S. Senator 1916

County	R FRANK B. KELLOGG	D Daniel W. Lawler	Pro W. G. Calderwood
McLeod	1,681	1,088	552
Mahnomen	319	275	102
Marshall	1,632	713	841
Martin	1,895	935	761
Meeker	1,707	801	903
Mille Lacs	1,255	495	702
Morrison	1,812	1,385	739
Mower	2,259	960	915
Murray	1,266	745	351
Nicollet	1,090	679	496
Nobles	1,453	815	425
Norman	1,120	440	921
Olmsted	2,116	978	1,146
Otter Tail	4,382	1,569	1,793
Pennington	1,005	457	641
Pine	1,414	1,002	897
Pipestone	953	468	438
Polk	2,944	1,722	1,745
Pope	1,486	395	658
Ramsey	14,828	17,895	5,190
Red Lake	661	396	200
Redwood	1,969	840	691
Renville	2,196	952	1,260
Rice	2,527	1,440	849
Rock	1,218	404	289
Roseau	877	424	720
St. Louis	11,689	9,568	3,938
Scott	885	1,342	245
Sherburne	1,036	349	376
Sibley	1,597	759	534
Stearns	3,725	3,311	959
Steele	1,855	1,043	592
Stevens	940	588	254
Swift	1,185	706	782
Todd	2,087	1,317	881
Traverse	834	482	189

U.S. Senator 1916

County	FRANK B. KELLOGG (R)	Daniel W. Lawler (D)	W. G. Calderwood (Pro)
Wabasha	1,750	1,138	557
Wadena	980	408	290
Waseca	1,511	926	507
Washington	2,265	1,070	755
Watonwan	1,215	442	419
Wilkin	816	497	246
Winona	3,145	2,220	812
Wright	2,539	1,406	1,199
Yellow Medicine	1,581	516	783
TOTALS	185,159	117,541	78,425

U.S. Senator 1918

Counties	KNUTE NELSON (R)	W. G. Calderwood (N)
Aitkin	1,127	633
Anoka	1,668	621
Becker	1,663	1,378
Beltrami	1,824	1,177
Benton	1,232	772
Big Stone	1,189	489
Blue Earth	3,163	1,775
Brown	1,541	2,085
Carlton	1,077	709
Carver	1,596	1,455
Cass	1,382	622
Chippewa	1,300	1,283
Chisago	1,546	1,142
Clay	1,906	1,206
Clearwater	561	557
Cook	276	78
Cottonwood	1,470	717

U.S. Senator 1918

Counties	KNUTE NELSON (R)	W. G. Calderwood (N)
Crow Wing	1,853	1,240
Dakota	2,631	1,895
Dodge	1,432	544
Douglas	1,285	2,141
Faribault	2,546	1,101
Fillmore	3,589	1,049
Freeborn	2,925	1,009
Goodhue	3,765	1,692
Grant	990	763
Hennepin	37,504	21,752
Houston	1,796	712
Hubbard	562	390
Isanti	900	1,518
Itasca	1,874	950
Jackson	1,777	934
Kanabec	851	748
Kandiyohi	1,622	2,221
Kittson	753	807
Koochiching	1,064	616
Lac qui Parle	1,756	1,062
Lake	611	587
Le Sueur	2,110	1,508
Lincoln	1,085	806
Lyon	1,954	1,083
McLeod	1,960	1,518
Mahnomen	450	408
Marshall	1,512	1,560
Martin	2,537	941
Meeker	1,841	1,469
Mille Lacs	1,203	1,045
Morrison	1,916	1,518
Mower	2,769	1,109
Murray	1,455	704
Nicollet	1,338	1,063
Nobles	1,742	882
Norman	1,220	1,150

U.S. Senator 1918

Counties	KNUTE NELSON (R)	W. G. Calderwood (N)
Olmsted	2,692	1,513
Otter Tail	3,996	3,012
Pennington	884	1,163
Pine	1,622	1,311
Pipestone	1,150	708
Polk	2,961	2,363
Pope	1,498	916
Ramsey	15,254	13,654
Red Lake	475	568
Redwood	2,051	1,290
Renville	2,254	2,143
Rice	2,938	995
Rock	1,333	433
Roseau	634	1,110
St. Louis	13,131	7,532
Scott	1,357	1,131
Sherburne	1,146	483
Sibley	1,424	1,536
Stearns	3,951	2,962
Steele	2,041	936
Stevens	1,056	606
Swift	1,272	1,216
Todd	2,107	1,820
Traverse	794	592
Wabasha	1,951	1,263
Wadena	941	631
Waseca	1,656	872
Washington	2,158	1,349
Watonwan	1,408	691
Wilkin	903	470
Winona	3,466	1,818
Wright	2,736	1,699
Yellow Medicine	1,489	1,354
TOTALS	206,428	137,334

The state archives owns no state canvassing board abstract for this election. County returns were obtained from county canvassing board reports and state totals were calculated by the compilers.

U.S. Senator 1922

County	Frank B. Kellogg (R)	HENRIK SHIPSTEAD (F-L)	Anna D. Olesen (D)
Aitkin	1,536	1,794	947
Anoka	1,717	1,549	978
Becker	1,939	3,320	1,176
Beltrami	2,611	3,493	1,063
Benton	1,316	1,495	1,358
Big Stone	1,250	1,681	590
Blue Earth	3,550	3,583	2,314
Brown	1,654	5,302	718
Carlton	1,525	2,213	1,218
Carver	1,778	3,595	1,050
Cass	1,985	2,443	1,035
Chippewa	1,465	3,169	367
Chisago	2,000	2,365	409
Clay	1,856	3,343	1,188
Clearwater	674	1,482	233
Cook	372	171	199
Cottonwood	1,954	1,701	513
Crow Wing	2,318	4,176	944
Dakota	2,373	4,498	2,169
Dodge	1,695	1,263	993
Douglas	1,967	3,378	585
Faribault	2,897	2,181	1,289
Fillmore	4,057	2,217	1,643
Freeborn	3,932	3,059	1,407
Goodhue	3,706	4,196	1,822
Grant	1,086	1,605	373
Hennepin	53,048	58,075	17,000
Houston	2,566	1,223	1,096
Hubbard	1,280	1,198	574
Isanti	817	2,791	328
Itasca	2,637	2,586	2,431
Jackson	1,441	2,250	1,259
Kanabec	993	1,525	454
Kandiyohi	1,997	4,784	612
Kittson	710	1,636	640
Koochiching	1,049	2,586	610
Lac qui Parle	1,817	2,793	593

U.S. Senator 1922

County	Frank B. Kellogg (R)	HENRIK SHIPSTEAD (F-L)	Anna D. Olesen (D)
Lake	610	1,595	355
Le Sueur	1,567	3,071	2,008
Lincoln	825	1,886	868
Lyon	2,141	2,676	1,276
McLeod	2,048	3,274	976
Mahnomen	444	1,316	202
Marshall	1,586	3,259	739
Martin	2,453	1,437	2,748
Meeker	1,743	3,528	857
Mille Lacs	1,601	2,491	653
Morrison	1,879	3,555	1,575
Mower	2,914	2,923	982
Murray	1,517	1,399	871
Nicollet	1,278	2,034	993
Nobles	1,705	1,825	1,333
Norman	1,335	2,242	484
Olmsted	3,108	2,528	2,088
Otter Tail	4,958	5,813	1,348
Pennington	872	2,991	370
Pine	1,357	2,380	699
Pipestone	1,274	1,801	601
Polk	2,693	6,202	1,449
Pope	1,676	2,645	350
Ramsey	19,169	29,081	11,593
Red Lake	713	1,076	275
Redwood	2,235	2,605	1,290
Renville	2,473	4,321	1,455
Rice	3,600	2,627	2,004
Rock	1,289	1,236	767
Roseau	1,049	2,190	332
St. Louis	15,034	19,903	9,143
Scott	865	2,631	1,109
Sherburne	1,260	881	908
Sibley	1,092	2,524	889
Stearns	3,824	6,903	3,139
Steele	2,534	1,552	1,900

U.S. Senator 1922

County	Frank B. Kellogg (R)	HENRIK SHIPSTEAD (F-L)	Anna D. Olesen (D)
Stevens	1,305	1,544	548
Swift	1,185	3,005	781
Todd	2,791	3,208	965
Traverse	916	1,283	418
Wabasha	2,263	2,186	1,784
Wadena	1,389	1,358	604
Waseca	1,316	2,361	1,781
Washington	3,060	3,085	1,530
Watonwan	1,222	1,688	447
Wilkin	786	1,395	459
Winona	3,054	5,439	1,158
Wright	2,549	3,746	1,974
Yellow Medicine	1,708	3,954	368
TOTALS	241,833	325,372	123,624

U.S. Senator 1923 †Special Election

County	J. A. O. Preus (R)	MAGNUS JOHNSON (F-L)	James A. Carley (D)
Aitkin	860	1,806	90
Anoka	1,370	1,671	98
Becker	1,853	3,443	91
Beltrami	1,870	3,013	102
Benton	1,051	1,601	92
Big Stone	896	1,566	77
Blue Earth	2,612	3,691	442
Brown	1,298	3,762	82
Carlton	1,267	2,162	113

U.S. Senator 1923 †Special Election

County	R J. A. O. Preus	F-L MAGNUS JOHNSON	D James A. Carley
Carver	1,131	2,389	134
Cass	972	1,820	104
Chippewa	1,119	2,654	74
Chisago	1,327	2,354	78
Clay	1,477	3,309	97
Clearwater	600	1,565	27
Cook	308	142	14
Cottonwood	1,727	1,451	80
Crow Wing	1,458	3,201	168
Dakota	1,802	3,108	337
Dodge	1,469	1,368	123
Douglas	1,902	3,252	81
Faribault	2,776	2,304	202
Fillmore	3,245	2,693	225
Freeborn	3,399	2,872	227
Goodhue	3,419	4,452	245
Grant	1,100	1,769	47
Hennepin	43,954	43,407	2,383
Houston	1,985	1,289	123
Hubbard	758	1,090	76
Isanti	715	2,474	37
Itasca	1,636	2,437	175
Jackson	1,386	2,480	83
Kanabec	667	1,627	67
Kandiyohi	1,673	4,636	73
Kittson	829	1,753	54
Koochiching	710	1,954	74
Lac qui Parle	1,596	2,488	40
Lake	484	1,214	36
Le Sueur	1,178	2,908	317
Lake of the Woods	466	699	50
Lincoln	722	1,688	82
Lyon	2,055	2,442	88
McLeod	1,353	3,048	121
Mahnomen	255	1,137	19
Marshall	1,251	3,321	83
Martin	1,736	1,897	213
Meeker	1,154	4,226	81
Mille Lacs	1,416	2,693	88
Morrison	1,018	3,608	243
Mower	2,428	2,453	192
Murray	1,092	1,655	96
Nicollet	1,239	2,342	104
Nobles	1,368	2,309	104
Norman	1,491	2,369	67
Olmsted	2,720	2,431	452
Otter Tail	3,272	5,908	235
Pennington	667	2,369	33
Pine	912	2,679	280
Pipestone	972	1,665	59
Polk	3,039	6,290	169
Pope	1,708	2,590	52
Ramsey	16,019	20,226	3,206
Red Lake	520	1,066	40
Redwood	1,577	2,737	149
Renville	2,283	3,896	246
Rice	2,755	2,418	243
Rock	969	1,397	46
Roseau	896	1,872	56
St. Louis	13,388	18,839	982
Scott	561	1,722	263
Sherburne	887	1,059	62
Sibley	690	2,829	203
Stearns	3,045	5,655	290
Steele	1,567	1,415	179
Stevens	881	1,625	36
Swift	1,041	3,252	92
Todd	2,630	3,006	164
Traverse	590	1,385	60
Wabasha	1,287	1,769	1,458
Wadena	911	1,241	69
Waseca	961	2,563	142
Washington	2,335	2,881	374
Watonwan	1,181	1,669	115
Wilkin	566	1,164	95
Winona	2,120	3,691	590
Wright	1,969	4,197	191
Yellow Medicine	1,477	3,597	61
TOTALS	195,319	290,165	19,311

†Election to fill the unexpired term of Senator Knute Nelson (July 16, 1923-Jan. 3, 1924).

U.S. Senator 1924

County	THOMAS D. SCHALL (R)	Magnus Johnson (F-L)	John J. Farrell (D)	Thomas Keefe (I)	Merle Birmingham (B-W-I)
Aitkin	2,511	2,436	149	27	33
Anoka	3,093	2,106	294	24	29
Becker	2,670	3,601	334	48	61
Beltrami	2,747	3,557	222	50	49
Benton	1,495	1,773	665	58	62
Big Stone	1,527	1,612	190	23	29
Blue Earth	6,286	4,539	1,268	94	125
Brown	2,105	4,306	562	52	164
Carlton	2,852	3,151	256	49	60
Carver	2,044	2,526	829	24	60
Cass	2,833	2,110	164	93	44
Chippewa	1,951	3,155	139	29	26
Chisago	2,408	2,831	59	6	22
Clay	2,663	4,011	237	46	67
Clearwater	912	1,849	53	26	11
Cook	403	263	27	4	12
Cottonwood	2,841	1,817	134	18	28
Crow Wing	3,793	4,231	402	62	67
Dakota	3,753	4,498	925	99	176
Dodge	2,636	1,527	138	14	17
Douglas	2,309	3,705	229	36	74
Faribault	4,440	3,051	475	32	41
Fillmore	5,244	3,318	377	61	87
Freeborn	5,634	3,687	442	54	66
Goodhue	6,160	4,932	618	23	106
Grant	1,397	2,121	64	14	9
Hennepin	98,638	64,911	7,366	743	1,557
Houston	2,631	1,913	552	49	65
Hubbard	1,899	1,250	114	13	40
Isanti	1,444	2,809	39	5	8
Itasca	4,277	3,576	397	54	74
Jackson	2,622	2,755	303	25	42
Kanabec	1,549	1,804	102	9	5
Kandiyohi	2,744	5,416	144	11	27
Kittson	1,139	1,937	139	18	26
Koochiching	1,387	2,557	178	35	48
Lac qui Parle	2,576	3,044	76	13	28
Lake	975	1,757	47	23	25
Lake of the Woods	628	1,005	60	13	14
Le Sueur	2,461	2,982	1,124	111	59
Lincoln	1,540	1,841	130	27	33
Lyon	3,291	3,143	218	25	39
McLeod	2,689	3,031	786	19	51
Mahnomen	551	1,294	63	23	12
Marshall	1,512	3,635	190	33	33
Martin	3,132	4,031	328	36	39
Meeker	2,006	4,034	255	22	23
Mille Lacs	2,423	2,585	133	17	27
Morrison	3,106	3,744	748	58	142
Mower	5,063	3,485	383	69	68
Murray	1,914	2,192	256	21	45
Nicollet	2,285	2,529	293	39	55
Nobles	2,753	2,921	307	47	49
Norman	1,970	2,423	96	17	24
Olmsted	5,371	3,968	629	61	95
Otter Tail	5,304	7,324	922	113	172
Pennington	982	2,654	138	19	24
Pine	2,870	3,430	341	24	61
Pipestone	2,038	1,972	114	41	28
Polk	4,694	6,459	441	56	95
Pope	2,047	2,593	136	16	18
Ramsey	34,041	36,955	10,106	531	1,483
Red Lake	608	1,032	221	17	24
Redwood	3,031	2,968	521	70	81
Renville	2,865	4,286	1,122	55	63
Rice	5,555	2,868	1,051	82	139
Rock	2,116	1,605	199	25	34
Roseau	1,318	2,019	128	23	34
St. Louis	31,787	29,980	2,318	430	820
Scott	1,083	2,118	1,306	33	54
Sherburne	1,799	1,071	214	14	20
Sibley	1,737	3,026	385	29	51
Stearns	5,568	8,051	3,438	130	309
Steele	3,167	2,187	679	44	48

U.S. Senator 1924

County	THOMAS D. SCHALL (R)	Magnus Johnson (F-L)	John J. Farrell (D)	Thomas Keefe (I)	Merle Birmingham (B-W-I)
Stevens	1,449	1,649	116	36	22
Swift	1,433	3,330	316	25	37
Todd	4,377	3,515	453	157	116
Traverse	984	1,471	140	20	17
Wabasha	2,845	3,045	494	39	74
Wadena	1,789	1,506	187	28	39
Waseca	1,922	2,987	721	20	43
Washington	4,197	3,637	691	46	150
Watonwan	2,132	1,878	279	20	26
Wilkin	1,127	1,449	167	28	43
Winona	5,731	5,973	1,103	70	141
Wright	4,504	4,489	469	33	54
Yellow Medicine	2,211	3,834	85	18	22
TOTALS	388,594	380,646	53,709	4,994	8,620

U.S. Senator 1928

County	Arthur E. Nelson (R)	HENRIK SHIPSTEAD (F-L)	Vincent R. Dunne (WC)
Aitkin	2,456	3,270	161
Anoka	2,530	4,321	42
Becker	2,421	5,708	103
Beltrami	2,382	4,440	59
Benton	1,693	3,755	74
Big Stone	1,089	2,958	25
Blue Earth	5,926	8,235	123
Brown	2,089	7,379	66
Carlton	2,242	4,750	337
Carver	2,665	4,788	57
Cass	1,960	3,841	39
Chippewa	1,728	4,380	26
Chisago	2,531	3,456	20
Clay	2,437	6,227	60
Clearwater	759	2,637	17
Cook	368	487	14
Cottonwood	1,790	3,639	16
Crow Wing	3,857	5,899	110
Dakota	4,078	9,665	109
Dodge	2,332	2,693	17
Douglas	2,359	5,314	28
Faribault	3,753	5,211	53
Fillmore	4,531	6,217	35
Freeborn	4,405	7,154	39
Goodhue	4,991	9,151	27
Grant	1,221	2,857	8
Hennepin	75,408	138,553	1,293
Houston	2,454	3,421	61
Hubbard	1,562	1,943	42
Isanti	1,452	3,314	4
Itasca	3,788	4,913	346
Jackson	1,583	4,493	43
Kanabec	1,366	2,387	13
Kandiyohi	2,331	6,873	14
Kittson	1,050	2,625	24
Koochiching	1,501	3,315	111
Lac qui Parle	1,810	4,340	23
Lake	657	2,291	63
Lake of the Woods	445	1,090	19
Le Sueur	2,289	6,293	111
Lincoln	1,073	3,171	24
Lyon	2,422	5,313	36
McLeod	2,512	5,479	70
Mahnomen	303	1,912	14
Marshall	1,666	4,772	42
Martin	3,430	5,279	48
Meeker	2,347	5,133	56
Mille Lacs	2,128	3,700	46
Morrison	2,628	6,727	152
Mower	3,790	6,466	51
Murray	1,452	3,654	27
Nicollet	2,027	4,464	35
Nobles	2,186	4,601	27
Norman	1,534	3,768	17
Olmsted	6,096	7,284	73
Otter Tail	6,843	10,255	299
Pennington	811	3,364	13
Pine	2,414	5,347	73
Pipestone	1,721	2,673	27
Polk	3,387	10,374	113
Pope	1,491	4,153	10
Ramsey	37,727	75,484	539
Red Lake	499	1,729	61
Redwood	3,058	5,255	38
Renville	2,770	6,927	50

U.S. Senator 1928

County	Arthur E. Nelson (R)	HENRIK SHIPSTEAD (F-L)	Vincent R. Dunne (WC)
Rice	5,252	6,218	190
Rock	1,488	2,722	21
Roseau	1,131	3,197	27
St. Louis	27,461	46,701	2,032
Scott	1,228	5,000	62
Sherburne	1,688	2,012	26
Sibley	1,707	4,560	46
Stearns	4,933	17,841	294
Steele	3,612	4,158	91
Stevens	1,482	2,427	26
Swift	1,510	4,426	28
Todd	3,979	5,813	117
Traverse	1,006	2,325	11
Wabasha	2,927	4,430	65
Wadena	1,821	2,325	100
Waseca	1,997	4,298	30
Washington	3,833	7,103	36
Watonwan	1,484	3,827	13
Wilkin	1,071	2,472	36
Winona	5,500	9,052	206
Wright	3,652	7,597	124
Yellow Medicine	1,626	5,098	26
TOTALS	342,992	665,169	9,380

U.S. Senator 1930

County	THOMAS D. SCHALL (R)	Ernest Lundeen (F-L)	Einar Hoidale (D)	Charles A. Lund (I)	Rudolph Harju (C)
Aitkin	2,750	1,204	1,135	137	122
Anoka	2,702	1,289	1,895	92	7
Becker	3,634	1,123	1,613	146	110
Beltrami	2,556	1,347	2,136	86	46
Benton	1,917	839	2,273	76	33
Big Stone	1,678	686	803	88	4
Blue Earth	5,109	1,976	3,566	364	32
Brown	2,491	1,288	3,487	123	26
Carlton	3,072	1,756	1,145	126	216
Carver	2,738	1,290	1,817	57	16
Cass	3,045	1,075	991	105	25
Chippewa	1,445	1,616	1,435	50	9
Chisago	1,418	1,663	1,519	45	5
Clay	3,423	1,970	1,672	178	22
Clearwater	1,298	1,262	668	51	7
Cook	533	156	244	24	5
Cottonwood	2,030	938	1,649	110	6
Crow Wing	4,229	1,817	2,134	232	119
Dakota	4,235	3,048	3,840	257	58
Dodge	1,695	835	1,180	255	6
Douglas	2,808	2,014	1,818	168	23
Faribault	3,004	1,694	1,955	513	15
Fillmore	2,320	1,411	2,839	464	25
Freeborn	3,572	2,508	2,351	368	16
Goodhue	3,718	3,976	3,341	184	16
Grant	1,061	1,028	1,040	79	5
Hennepin	38,890	23,418	74,913	3,532	506
Houston	2,229	1,498	1,453	258	14
Hubbard	2,140	429	629	89	15
Isanti	1,158	1,763	1,401	80	7
Itasca	3,917	2,474	2,046	190	333
Jackson	1,647	924	1,418	59	6
Kanabec	1,008	976	972	89	11
Kandiyohi	1,571	4,213	1,715	104	8
Kittson	1,452	869	1,073	45	7
Koochiching	2,841	932	974	95	69
Lac qui Parle	1,741	1,115	2,474	71	8
Lake	1,061	988	457	60	54
Lake of the Woods	663	393	438	9	12
Le Sueur	2,974	1,587	2,740	121	17
Lincoln	1,833	890	1,187	63	17
Lyon	2,829	1,310	2,647	103	10
McLeod	1,777	2,181	1,947	58	13
Mahnomen	1,254	646	365	29	9

U.S. Senator 1930

County	THOMAS D. SCHALL (R)	Ernest Lundeen (F-L)	Einar Hoidale (D)	Charles A. Lund (I)	Rudolph Harju (C)
Marshall	1,905	1,870	1,675	108	22
Martin	2,276	1,492	2,586	145	10
Meeker	1,344	2,894	2,273	102	21
Mille Lacs	1,787	1,703	1,560	103	15
Morrison	3,443	1,974	2,178	125	31
Mower	3,723	1,453	1,980	270	16
Murray	1,589	722	1,551	49	5
Nicollet	1,765	1,297	1,977	96	9
Nobles	2,256	1,082	1,597	222	10
Norman	2,234	890	1,195	59	14
Olmsted	3,565	2,508	2,211	584	23
Otter Tail	4,077	1,859	4,537	2,348	237
Pennington	1,472	1,474	1,089	111	10
Pine	2,408	2,348	1,612	105	31
Pipestone	2,095	697	781	92	6
Polk	4,293	3,604	3,513	220	28
Pope	1,453	960	2,384	79	7
Ramsey	24,595	15,289	34,378	1,373	459
Red Lake	1,104	585	552	36	24
Redwood	3,064	1,291	2,255	196	7
Renville	3,092	1,614	2,632	161	6
Rice	3,377	1,781	3,194	522	40
Rock	1,513	683	1,406	157	11
Roseau	1,503	1,285	882	50	16
St. Louis	28,489	17,353	14,882	1,253	2,014
Scott	1,622	1,132	2,486	109	24
Sherburne	1,341	708	1,173	92	13
Sibley	1,696	1,609	1,381	66	4
Stearns	5,715	2,611	8,669	367	44
Steele	2,924	1,099	1,990	158	30
Stevens	1,537	516	991	58	5
Swift	1,658	1,373	1,919	70	6
Todd	4,329	1,479	2,006	219	39
Traverse	1,790	589	438	42	6
Wabasha	2,334	1,676	1,746	167	4
Wadena	2,025	695	816	102	114

U.S. Senator 1930

County	THOMAS D. SCHALL (R)	Ernest Lundeen (F-L)	Einar Hoidale (D)	Charles A. Lund (I)	Rudolph Harju (C)
Waseca	1,916	1,210	1,949	127	20
Washington	2,829	1,816	2,763	162	25
Watonwan	1,781	966	1,456	74	4
Wilkin	1,480	523	761	127	14
Winona	5,743	1,627	3,865	346	59
Wright	3,420	2,504	3,164	286	65
Yellow Medicine	1,598	1,415	2,170	98	7
TOTALS	293,626	178,671	282,018	20,669	5,645

U.S. Senator 1934

County	HENRIK SHIPSTEAD (F-L)	N. J. Holmberg (R)	Einar Hoidale (D)	Alfred Tiala (C)	Morris Kaplan (S)
Aitkin	3,565	1,475	1,436	133	40
Anoka	3,843	1,548	2,157	13	13
Becker	4,826	1,531	2,204	75	46
Beltrami	3,162	1,202	1,757	95	1,260
Benton	2,040	1,179	2,459	20	15
Big Stone	2,344	543	1,575	8	7
Blue Earth	4,613	3,643	5,205	33	50
Brown	4,392	1,302	3,697	26	15
Carlton	5,310	1,311	1,362	147	29
Carver	2,543	2,221	2,207	11	13
Cass	3,693	1,391	1,570	26	50
Chippewa	3,607	1,163	1,732	17	29
Chisago	3,329	1,669	1,115	13	7
Clay	5,400	1,398	1,837	18	39
Clearwater	2,880	422	534	36	63
Cook	622	207	301	2	4
Cottonwood	3,184	1,377	1,270	5	11
Crow Wing	4,541	2,211	2,166	88	43
Dakota	4,947	2,378	5,292	46	43

U.S. Senator 1934

County	F-L HENRIK SHIPSTEAD	R N. J. Holmberg	D Einar Hoidale	C Alfred Tiala	S Morris Kaplan
Dodge	1,757	1,529	1,188	18	8
Douglas	4,998	1,322	1,609	9	15
Faribault	3,380	2,678	2,623	16	20
Fillmore	4,273	3,614	1,805	13	25
Freeborn	5,935	3,137	1,622	16	19
Goodhue	6,311	3,441	3,227	23	36
Grant	2,671	897	747	15	7
Hennepin	104,181	37,096	60,618	767	821
Houston	2,104	2,038	1,579	17	29
Hubbard	1,790	856	1,210	11	176
Isanti	3,676	925	588	19	4
Itasca	6,301	2,398	2,991	212	105
Jackson	3,005	1,053	2,362	15	41
Kanabec	2,650	855	713	9	10
Kandiyohi	5,925	1,425	1,903	7	61
Kittson	1,880	614	1,416	14	39
Koochiching	3,498	620	1,203	111	100
Lac qui Parle	3,804	927	1,562	8	10
Lake	2,338	375	377	26	7
Lake of the Woods	984	249	553	15	34
Le Sueur	2,784	2,028	4,172	37	30
Lincoln	2,525	652	1,204	8	18
Lyon	3,739	1,514	2,834	8	15
McLeod	3,091	1,884	2,811	19	26
Mahnomen	1,725	281	683	11	19
Marshall	3,889	1,084	1,332	27	22
Martin	3,627	2,388	2,936	20	30
Meeker	3,843	1,587	2,121	34	28
Mille Lacs	3,834	1,121	1,541	19	18
Morrison	4,258	1,711	3,919	51	54
Mower	6,192	3,402	2,302	13	46
Murray	2,521	1,145	1,727	12	9
Nicollet	2,989	1,490	1,992	11	19
Nobles	3,213	1,720	2,085	16	20
Norman	3,162	843	1,323	25	26
Olmsted	3,926	3,436	4,184	39	28

U.S. Senator 1934

County	F-L HENRIK SHIPSTEAD	R N. J. Holmberg	D Einar Hoidale	C Alfred Tiala	S Morris Kaplan
Otter Tail	7,566	6,352	3,743	188	52
Pennington	3,231	626	807	55	50
Pine	4,966	1,605	1,694	87	52
Pipestone	2,433	1,165	1,142	9	17
Polk	8,235	1,981	3,288	44	88
Pope	4,278	768	825	6	5
Ramsey	51,108	15,710	35,610	418	507
Red Lake	1,253	328	1,061	21	22
Red Wood	4,109	1,957	2,409	8	16
Renville	4,926	1,839	2,486	21	28
Rice	3,620	2,747	4,365	36	50
Rock	1,781	1,013	1,301	5	16
Roseau	3,326	814	705	14	11
St. Louis	45,621	13,538	20,228	1,819	567
Scott	2,150	874	3,050	17	17
Sherburne	1,846	968	1,078	10	9
Sibley	3,340	1,510	1,921	19	19
Stearns	7,908	2,699	11,958	74	66
Steele	2,355	2,458	2,445	11	30
Stevens	2,072	817	1,207	13	11
Swift	3,507	803	1,835	6	14
Todd	5,508	2,628	2,449	22	28
Traverse	1,868	456	1,028	6	4
Wabasha	2,237	1,997	2,971	16	24
Wadena	2,229	1,234	1,093	55	14
Waseca	2,359	1,658	2,207	13	19
Washington	4,882	2,095	2,953	25	16
Watonwan	3,124	1,172	1,170	10	7
Wilkin	1,584	814	1,088	9	9
Winona	4,332	3,169	5,051	29	58
Wright	5,735	2,613	3,017	43	27
Yellow Medicine	4,270	1,169	1,634	8	13
TOTALS	503,379	200,083	294,757	5,620	5,618

U.S. Senator 1936 †Special Election

County	GUY V. HOWARD (R)	N. J. Holmberg (I)	Andrew O. Devold (I-P)	John G. Alexander (I)
Aitkin	1,963	1,045	749	233
Anoka	2,269	1,424	1,024	381
Becker	2,331	1,670	928	382
Beltrami	2,052	1,482	1,000	368
Benton	1,564	1,118	458	333
Big Stone	931	893	458	174
Blue Earth	5,215	2,873	1,313	715
Brown	2,169	2,178	1,226	390
Carlton	2,082	2,194	1,389	452
Carver	2,300	1,220	410	217
Cass	2,219	1,159	695	252
Chippewa	1,912	1,155	1,062	185
Chisago	1,602	1,422	705	121
Clay	2,301	1,714	1,149	453
Clearwater	782	860	758	148
Cook	342	197	142	48
Cottonwood	2,203	1,261	400	176
Crow Wing	3,070	1,729	1,355	480
Dakota	3,824	2,804	1,301	871
Dodge	1,632	827	409	142
Douglas	1,945	1,495	925	201
Faribault	3,351	1,541	746	269
Fillmore	3,909	1,670	673	267
Freeborn	3,318	2,871	1,587	378
Goodhue	4,534	2,684	1,058	315
Grant	1,211	722	498	105
Hennepin	79,609	40,088	48,505	21,097
Houston	2,247	751	519	200
Hubbard	1,332	646	334	158
Isanti	1,000	987	1,168	92
Itasca	3,282	2,128	1,476	662
Jackson	1,683	1,488	596	286
Kanabec	1,020	1,040	676	133
Kandiyohi	1,889	2,142	1,653	230
Kittson	824	813	479	179
Koochiching	1,200	1,095	815	355
Lac qui Parle	1,594	1,202	849	166
Lake	648	786	610	183
Lake of the Woods	318	385	278	105
Le Sueur	2,557	1,508	597	373
Lincoln	1,012	864	465	187
Lyon	2,303	1,854	721	323
McLeod	2,447	1,460	651	225
Mahnomen	485	506	333	150
Marshall	1,585	1,614	790	247
Martin	3,259	1,892	394	358
Meeker	2,048	1,579	783	214
Mille Lacs	1,610	1,381	821	248
Morrison	2,402	2,008	1,133	574
Mower	4,344	2,517	1,228	465
Murray	1,438	1,247	513	212
Nicollet	1,916	1,568	774	276
Nobles	2,382	1,597	465	294
Norman	1,265	1,084	705	189
Olmsted	4,869	2,448	901	613
Otter Tail	6,880	3,106	2,083	701
Pennington	1,170	979	1,047	203
Pine	1,858	1,770	1,217	309
Pipestone	1,595	904	331	214
Polk	3,721	3,279	2,260	738
Pope	1,431	1,153	540	142
Ramsey	32,375	26,504	14,086	10,177
Red Lake	567	437	333	165
Redwood	2,421	2,169	666	365
Renville	2,258	2,453	1,257	347
Rice	4,136	1,926	787	636
Rock	1,617	840	298	140
Roseau	1,084	938	958	165
St. Louis	22,213	17,527	17,010	6,863
Scott	1,387	980	325	263
Sherburne	1,265	659	390	112
Sibley	1,713	1,310	699	198
Stearns	5,197	4,350	2,083	1,431
Steele	2,921	1,207	386	419

U.S. Senator 1936 †Special Election

County	R GUY V. HOWARD	I N. J. Holmberg	I-P Andrew O. Devold	I John G. Alexander
Stevens	1,349	690	316	181
Swift	1,400	1,219	887	209
Todd	3,124	1,801	1,090	405
Traverse	696	660	246	156
Wabasha	2,453	1,137	586	314
Wadena	1,558	784	391	178
Waseca	1,977	1,035	427	234
Washington	3,225	3,086	1,262	574
Watonwan	1,518	1,219	576	168
Wilkin	1,121	802	282	192
Winona	4,823	2,572	1,231	772
Wright	3,249	2,426	1,309	470
Yellow Medicine	1,556	1,556	849	202
TOTALS	317,457	210,364	147,858	64,493

†Election to fill the unexpired term of Senator Thomas D. Schall (Nov. 3, 1936–Jan. 3, 1937).

U.S. Senator 1936

County	F-L ERNEST LUNDEEN	R Theodore Christianson
Aitkin	3,825	2,443
Anoka	5,098	2,552
Becker	5,314	3,255
Beltrami	5,514	2,716
Benton	2,877	2,081
Big Stone	2,427	1,287
Blue Earth	7,161	6,656
Brown	6,195	3,023
Carlton	6,459	2,604
Carver	3,768	2,953
Cass	3,833	2,886
Chippewa	3,970	2,431
Chisago	3,534	2,317
Clay	5,706	3,069
Clearwater	3,009	1,047
Cook	636	465
Cottonwood	3,126	3,045
Crow Wing	6,327	3,732
Dakota	9,301	4,830
Dodge	2,240	2,380
Douglas	4,341	2,598
Faribault	4,634	4,560
Fillmore	4,213	5,359
Freeborn	6,575	5,169
Goodhue	6,985	6,475
Grant	2,263	1,664
Hennepin	151,764	87,438
Houston	2,378	3,156
Hubbard	1,832	1,863
Isanti	3,664	1,403
Itasca	7,640	4,323
Jackson	3,986	2,486
Kanabec	2,609	1,389
Kandiyohi	6,493	2,842
Kittson	2,535	1,286
Koochiching	4,395	1,537
Lac qui Parle	3,634	2,277
Lake	2,511	789
Lake of the Woods	1,472	425
Le Sueur	4,421	3,593
Lincoln	2,482	1,509
Lyon	4,397	3,382
McLeod	4,165	3,233
Mahnomen	1,821	605
Marshall	4,264	2,183
Martin	3,507	5,471
Meeker	4,496	2,783
Mille Lacs	3,841	2,087
Morrison	5,970	3,019
Mower	6,894	5,703
Murray	3,027	2,282
Nicollet	3,981	2,654
Nobles	4,012	3,157
Norman	3,221	1,875
Olmsted	7,211	6,344
Otter Tail	7,715	9,386
Pennington	3,450	1,554
Pine	5,711	2,458
Pipestone	2,504	2,202
Polk	9,630	4,962
Pope	3,123	1,942
Ramsey	84,774	39,504
Red Lake	1,407	880

U.S. Senator 1936

County	F-L ERNEST LUNDEEN	R Theodore Christianson
Redwood	4,797	3,620
Renville	5,637	3,312
Rice	5,418	5,842
Rock	2,359	2,028
Roseau	3,501	1,478
St. Louis	63,785	25,817
Scott	3,437	2,050
Sherburne	1,788	1,724
Sibley	3,968	2,236
Stearns	12,494	7,350
Steele	3,263	4,022
Stevens	1,912	1,753
Swift	4,075	1,667
Todd	5,096	4,195
Traverse	1,892	965
Wabasha	3,660	3,289
Wadena	2,332	2,082
Waseca	3,143	2,728
Washington	6,925	4,228
Watonwan	3,235	2,178
Wilkin	1,786	1,644
Winona	7,546	6,316
Wright	6,887	4,002
Yellow Medicine	4,159	2,299
TOTALS	663,363	402,404

U.S. Senator 1940

County	R HENRIK SHIPSTEAD	F-L Elmer A. Benson	D John E. Regan	TA-W Grace H. Carlson
Aitkin	4,039	1,831	1,366	68
Anoka	4,725	2,721	2,207	77
Becker	5,286	2,507	2,542	94

U.S. Senator 1940

County	R HENRIK SHIPSTEAD	F-L Elmer A. Benson	D John E. Regan	TA-W Grace H. Carlson
Beltrami	4,317	3,925	2,139	81
Benton	3,576	827	1,699	52
Big Stone	2,139	980	1,294	53
Blue Earth	9,334	1,319	4,802	112
Brown	7,426	1,232	2,215	63
Carlton	4,604	3,441	2,391	60
Carver	6,399	573	1,184	28
Cass	4,638	1,774	1,852	81
Chippewa	3,599	2,272	1,357	74
Chisago	3,752	1,452	1,025	71
Clay	5,655	2,504	2,142	63
Clearwater	1,791	2,028	748	33
Cook	782	305	236	4
Cottonwood	4,667	932	1,359	44
Crow Wing	6,131	3,306	2,881	74
Dakota	9,102	3,791	4,215	166
Dodge	3,542	712	1,028	57
Douglas	5,042	2,339	1,712	52
Faribault	7,175	1,084	2,377	79
Fillmore	8,157	1,386	1,639	78
Freeborn	7,914	3,107	2,374	93
Goodhue	10,210	2,688	2,231	94
Grant	2,652	1,285	624	34
Hennepin	127,456	86,379	53,175	1,755
Houston	4,978	726	1,040	53
Hubbard	2,806	806	890	47
Isanti	2,843	1,820	575	32
Itasca	6,383	4,566	3,946	134
Jackson	4,119	1,348	1,837	66
Kanabec	2,545	1,147	732	52
Kandiyohi	4,971	4,386	1,918	75
Kittson	1,781	1,487	1,021	45
Koochiching	2,671	2,267	2,225	51
Lac qui Parle	3,986	1,707	1,062	47
Lake	1,520	1,474	692	33
Lake of the Woods	1,097	1,021	419	31

U.S. Senator 1940

County	R HENRIK SHIPSTEAD	F-L Elmer A. Benson	D John E. Regan	TA-W Grace H. Carlson
Le Sueur	5,633	984	2,540	42
Lincoln	2,672	867	981	32
Lyon	5,212	1,654	2,346	83
McLeod	6,598	1,149	1,387	63
Mahnomen	1,301	782	857	30
Marshall	3,372	2,054	1,408	44
Martin	7,416	724	2,281	62
Meeker	5,230	1,679	1,668	91
Mille Lacs	3,692	1,876	1,325	57
Morrison	5,772	1,922	2,832	94
Mower	7,962	3,499	3,439	109
Murray	3,548	1,021	1,425	50
Nicollet	4,776	976	717	37
Nobles	5,429	1,202	2,068	67
Norman	2,870	1,756	1,043	47
Olmsted	9,895	2,627	4,236	124
Otter Tail	14,078	3,424	3,012	194
Pennington	2,478	2,232	990	40
Pine	4,738	2,521	1,813	69
Pipestone	3,688	752	1,115	53
Polk	7,077	5,370	3,168	107
Pope	3,208	1,512	1,333	50
Ramsey	57,587	41,469	21,170	1,034
Red Lake	1,177	634	881	36
Redwood	6,354	1,349	1,778	64
Renville	6,496	1,808	2,314	123
Rice	8,247	1,446	2,711	84
Rock	3,296	496	922	22
Roseau	2,297	2,603	965	40
St. Louis	38,373	36,855	21,777	525
Scott	4,225	535	1,966	37
Sherburne	2,598	680	650	34
Sibley	5,451	824	1,163	40
Stearns	15,258	2,891	6,434	170
Steele	5,726	781	2,273	55
Stevens	3,029	690	920	43

U.S. Senator 1940

County	R HENRIK SHIPSTEAD	F-L Elmer A. Benson	D John E. Regan	TA-W Grace H. Carlson
Swift	2,729	2,769	1,289	57
Todd	6,568	1,790	2,087	82
Traverse	1,717	754	903	34
Wabasha	5,535	760	1,706	54
Wadena	3,087	1,007	1,007	43
Waseca	4,586	706	1,874	54
Washington	7,413	2,687	2,660	76
Watonwan	4,034	879	1,212	24
Wilkin	2,324	582	1,066	34
Winona	9,830	2,003	4,563	91
Wright	8,250	1,817	2,009	100
Yellow Medicine	4,407	2,022	1,203	54
TOTALS	641,049	310,875	248,658	8,761

U.S. Senator 1942 †Special Election

County	R ARTHUR E. NELSON	F-L Al Hansen	D John E. O'Rourke
Aitkin	2,147	1,214	533
Anoka	2,280	1,271	706
Becker	2,737	1,479	801
Beltrami	2,616	2,012	821
Benton	2,161	687	1,049
Big Stone	1,273	639	457
Blue Earth	5,911	1,215	1,713
Brown	3,306	1,318	880
Carlton	3,086	2,202	1,203

U.S. Senator 1942 †Special Election

County	R ARTHUR E. NELSON	F-L Al Hansen	D John E. O'Rourke
Carver	3,398	786	671
Cass	2,345	954	726
Chippewa	2,383	1,685	464
Chisago	2,378	1,021	270
Clay	2,923	1,563	789
Clearwater	1,112	1,376	222
Cook	554	177	128
Cottonwood	2,415	749	497
Crow Wing	3,628	1,891	1,246
Dakota	5,755	2,474	2,526
Dodge	2,486	528	456
Douglas	2,649	1,689	559
Faribault	4,180	855	977
Fillmore	4,703	805	639
Freeborn	4,454	1,417	1,097
Goodhue	5,232	1,227	986
Grant	1,561	826	220
Hennepin	82,797	47,136	27,279
Houston	3,098	579	747
Hubbard	1,566	429	482
Isanti	1,691	1,161	174
Itasca	4,476	3,210	2,071
Jackson	2,383	987	716
Kanabec	1,321	625	233
Kandiyohi	3,298	3,202	636
Kittson	1,280	1,008	401
Koochiching	1,896	1,419	1,160
Lac qui Parle	2,199	1,041	398
Lake	943	957	375
Lake of the Woods	535	563	203
Le Sueur	3,467	930	1,322
Lincoln	1,189	440	358
Lyon	3,326	956	951
McLeod	3,247	987	531
Mahnomen	826	693	473
Marshall	1,845	1,323	474

County	R ARTHUR E. NELSON	F-L Al Hansen	D John E. O'Rourke
Martin	4,743	636	953
Meeker	3,088	1,164	680
Mille Lacs	2,177	1,470	519
Morrison	3,151	1,401	1,489
Mower	5,012	2,480	1,570
Murray	2,126	698	629
Nicollet	2,666	838	592
Nobles	3,372	1,139	905
Norman	1,741	1,167	326
Olmsted	5,473	1,172	*1,654
Otter Tail	6,670	1,937	906
Pennington	1,702	1,457	383
Pine	2,663	1,786	750
Pipestone	2,005	548	500
Polk	4,675	3,352	1,510
Pope	2,278	999	376
Ramsey	28,578	13,786	9,101
Red Lake	695	531	421
Redwood	3,401	1,192	820
Renville	3,347	1,601	926
Rice	5,346	913	1,479
Rock	1,567	293	278
Roseau	1,521	1,575	499
St. Louis	21,552	17,560	10,460
Scott	2,326	668	1,080
Sherburne	1,484	432	287
Sibley	2,161	780	415
Stearns	7,397	2,794	3,256
Steele	3,629	583	984
Stevens	1,592	313	462
Swift	1,805	1,347	550
Todd	3,712	1,285	919
Traverse	1,220	485	417
Wabasha	3,492	831	1,019
Wadena	1,722	618	407
Waseca	2,859	698	837

County	R ARTHUR E. NELSON	F-L Al Hansen	D John E. O'Rourke
Washington	4,760	1,574	1,258
Watonwan	1,946	606	393
Wilkin	1,377	392	452
Winona	6,254	1,524	2,512
Wright	3,474	1,189	1,621
Yellow Medicine	2,425	1,488	371
OFFICIAL TOTALS	372,240	177,008	114,086
CORRECTED TOTAL			114,586

†Election to fill the unexpired term of Senator Ernest Lundeen (Nov. 3, 1942-Jan. 3, 1943).

* The state canvassing board abstract incorrectly gives this figure as 1,154; the Olmsted County canvassing board reported 1,654.

U.S. Senator 1942

County	R JOSEPH H. BALL	F-L Elmer A. Benson	D Edward Murphy	IProg Martin A. Nelson
Aitkin	1,998	1,439	391	623
Anoka	2,190	1,400	565	614
Becker	2,745	1,778	620	609
Beltrami	2,712	2,386	552	469
Benton	1,761	956	738	922
Big Stone	1,091	701	390	472
Blue Earth	4,983	1,574	1,140	2,083
Brown	2,382	1,513	569	1,979
Carlton	3,037	2,625	755	744
Carver	1,667	1,031	435	2,721
Cass	2,342	1,246	508	633
Chippewa	2,004	1,727	369	983
Chisago	2,051	1,193	186	647
Clay	2,673	1,971	555	813
Clearwater	1,039	1,515	215	250
Cook	519	250	100	124
Cottonwood	2,043	963	315	882
Crow Wing	3,206	2,423	803	1,370
Dakota	5,439	3,420	1,417	1,683
Dodge	2,019	778	326	749
Douglas	2,303	2,068	461	979
Faribault	3,949	1,158	755	858
Fillmore	4,037	1,163	490	1,347
Freeborn	4,747	1,601	724	899
Goodhue	4,518	1,729	588	1,554
Grant	1,363	964	180	500
Hennepin	84,863	50,087	16,035	20,408
Houston	2,473	816	667	967
Hubbard	1,492	602	357	355
Isanti	1,353	1,332	106	611
Itasca	4,443	3,883	1,737	1,125
Jackson	2,241	1,285	531	576
Kanabec	1,018	699	192	572
Kandiyohi	2,505	3,592	477	1,369
Kittson	1,224	1,183	314	295
Koochiching	2,098	1,862	848	433
Lac qui Parle	1,783	1,264	313	880

U.S. Senator 1942

County	R JOSEPH H. BALL	F-L Elmer A. Benson	D Edward Murphy	IProg Martin A. Nelson
Lake	931	1,149	253	177
Lake of the Woods	512	650	163	133
Le Sueur	3,175	1,391	923	1,079
Lincoln	1,131	510	261	448
Lyon	2,911	1,212	775	1,032
McLeod	2,462	1,481	391	1,068
Mahnomen	903	839	339	171
Marshall	1,804	1,447	388	470
Martin	4,407	961	597	1,029
Meeker	2,282	1,426	499	1,315
Mille Lacs	1,756	1,740	323	863
Morrison	2,772	1,759	1,118	1,276
Mower	3,497	2,595	834	3,549
Murray	1,973	887	502	542
Nicollet	2,363	975	372	1,012
Nobles	2,992	1,536	754	761
Norman	1,567	1,362	263	510
Olmsted	5,302	1,604	1,086	1,342
Otter Tail	5,146	2,250	618	3,163
Pennington	1,597	1,634	267	392
Pine	2,234	2,092	567	1,054
Pipestone	1,980	699	403	362
Polk	5,076	3,446	976	1,134
Pope	2,041	1,189	267	641
Ramsey	33,735	19,871	6,853	5,986
Red Lake	749	586	314	159
Redwood	2,969	1,557	551	1,130
Renville	2,656	1,798	680	1,609
Rice	5,035	1,242	1,082	1,419
Rock	1,422	407	253	311
Roseau	1,485	1,866	360	350
St. Louis	26,026	22,893	7,810	3,871
Scott	2,375	884	750	814
Sherburne	1,320	578	169	478
Sibley	1,505	1,049	295	1,048
Stearns	6,650	3,409	2,719	2,944

U.S. Senator 1942

County	R JOSEPH H. BALL	F-L Elmer A. Benson	D Edward Murphy	IProg Martin A. Nelson
Steele	3,413	842	674	854
Stevens	1,437	436	360	408
Swift	1,466	1,721	380	641
Todd	3,098	1,727	661	1,194
Traverse	1,119	572	357	370
Wabasha	2,925	1,088	771	1,047
Wadena	1,635	840	283	417
Waseca	2,218	1,025	633	973
Washington	4,254	1,898	712	1,324
Watonwan	1,657	742	297	560
Wilkin	1,351	524	335	331
Winona	5,930	2,178	2,001	1,626
Wright	2,775	1,676	722	1,675
Yellow Medicine	1,967	1,545	274	1,066
TOTALS	356,297	213,965	78,959	109,226

U.S. Senator 1946

County	R EDWARD J. THYE	DFL Theodore Jorgenson	RevW Grace H. Carlson
Aitkin	2,988	2,348	92
Anoka	3,498	2,983	83
Becker	4,707	3,126	136
Beltrami	3,979	3,750	105
Benton	3,309	1,586	107
Big Stone	1,673	1,120	59
Blue Earth	8,472	2,704	145
Brown	4,005	1,548	95
Carlton	3,411	4,073	86
Carver	4,767	1,378	67
Cass	2,866	1,807	99
Chippewa	3,142	2,553	55
Chisago	2,836	1,499	44

U.S. Senator 1946

County	R EDWARD J. THYE	DFL Theodore Jorgenson	RevW Grace H. Carlson
Clay	5,138	2,602	103
Clearwater	1,256	1,703	36
Cook	814	385	22
Cottonwood	3,016	1,045	45
Crow Wing	4,422	3,610	129
Dakota	8,337	5,570	187
Dodge	2,638	977	62
Douglas	3,758	2,433	77
Faribault	5,625	1,712	94
Fillmore	5,798	1,452	78
Freeborn	5,999	3,610	74
Goodhue	7,596	3,096	81
Grant	1,749	1,513	50

U.S. Senator 1946

County	R EDWARD J. THYE	DFL Theodore Jorgenson	RevW Grace H. Carlson
Hennepin	111,173	91,777	1,851
Houston	4,268	981	70
Hubbard	2,454	1,191	77
Isanti	1,699	1,314	28
Itasca	5,801	7,496	262
Jackson	3,777	1,683	77
Kanabec	1,739	1,155	58
Kandiyohi	4,146	4,733	91
Kittson	1,261	1,407	27
Koochiching	2,592	2,736	74
Lac qui Parle	2,654	1,685	53
Lake	1,130	1,790	34
Lake of the Woods	943	786	39
Le Sueur	4,881	2,073	152
Lincoln	2,109	1,118	46
Lyon	4,522	2,047	84
McLeod	4,702	1,671	84
Mahnomen	1,267	1,276	46
Marshall	3,550	2,165	61
Martin	5,114	1,288	50
Meeker	4,268	2,109	102
Mille Lacs	2,750	2,086	77
Morrison	4,906	2,810	153
Mower	6,570	4,224	85
Murray	2,779	1,130	53
Nicollet	3,443	1,212	30
Nobles	4,697	1,646	91
Norman	2,490	1,659	50
Olmsted	8,132	3,772	151
Otter Tail	8,304	2,954	109
Pennington	1,870	1,687	36
Pine	3,358	3,073	70
Pipestone	3,228	1,236	54
Polk	6,438	4,398	129
Pope	2,248	1,567	32
Ramsey	50,239	35,619	1,442

U.S. Senator 1946

County	R EDWARD J. THYE	DFL Theodore Jorgenson	RevW Grace H. Carlson
Red Lake	982	889	23
Redwood	4,134	1,585	77
Renville	4,925	2,423	121
Rice	6,474	2,391	80
Rock	2,139	580	20
Roseau	2,186	2,200	60
St. Louis	31,280	43,694	1,421
Scott	3,683	1,728	73
Sherburne	1,981	1,045	44
Sibley	3,587	1,087	59
Stearns	12,650	5,657	257
Steele	5,094	1,788	84
Stevens	2,188	907	51
Swift	2,179	2,018	43
Todd	5,234	2,487	124
Traverse	1,456	864	25
Wabasha	4,453	1,519	109
Wadena	2,701	1,163	52
Waseca	3,928	1,390	75
Washington	6,244	3,367	161
Watonwan	2,423	1,132	45
Wilkin	2,057	869	32
Winona	6,955	3,101	113
Wright	4,688	2,006	84
Yellow Medicine	2,853	1,893	49
TOTAL	517,775	349,520	11,421

Note: A total of 15 scattered votes was cast.

U.S. Senator 1948

County	R Joseph H. Ball	DFL HUBERT H. HUMPHREY	SW Vincent R. Dunne
Aitkin	2,589	3,433	37
Anoka	3,856	8,336	64
Becker	3,674	6,073	41
Beltrami	3,266	6,372	51
Benton	2,339	3,840	21
Big Stone	1,427	2,625	13
Blue Earth	7,787	7,319	53
Brown	5,181	4,968	36
Carlton	2,758	7,418	33
Carver	4,615	2,931	30
Cass	3,409	3,898	38
Chippewa	2,850	4,065	46
Chisago	2,693	3,397	23
Clay	4,682	6,575	30
Clearwater	1,295	2,885	36
Cook	669	707	10
Cottonwood	3,421	3,276	24
Crow Wing	4,360	7,373	74
Dakota	6,806	13,196	79
Dodge	2,576	2,429	20
Douglas	3,986	5,074	20
Faribault	5,236	4,936	31
Fillmore	6,013	4,198	28
Freeborn	5,173	8,263	40
Goodhue	6,993	7,528	44
Grant	1,934	2,476	11
Hennepin	113,720	168,580	1,334
Houston	759	2,444	39
Hubbard	2,208	2,045	25
Isanti	1,906	3,031	33
Itasca	4,400	10,476	85
Jackson	2,694	4,341	23
Kanabec	1,565	2,435	16
Kandiyohi	3,634	7,985	43
Kittson	1,300	2,850	19
Koochiching	1,945	5,112	41

U.S. Senator 1948

County	R Joseph H. Ball	DFL HUBERT H. HUMPHREY	SW Vincent R. Dunne
Lac qui Parle	2,598	3,575	18
Lake	854	2,870	15
Lake of the Woods	743	1,241	22
Le Sueur	4,095	4,983	42
Lincoln	1,620	2,499	13
Lyon	3,753	5,561	37
McLeod	4,941	3,973	34
Mahnomen	741	2,070	10
Marshall	2,565	3,906	31
Martin	5,554	5,284	29
Meeker	3,881	4,321	31
Mille Lacs	2,567	3,530	30
Morrison	4,379	5,786	58
Mower	5,473	10,070	43
Murray	2,432	3,198	18
Nicollet	3,658	3,775	34
Nobles	3,351	5,071	19
Norman	1,901	3,222	26
Olmsted	8,114	9,443	61
Otter Tail	11,468	6,586	85
Pennington	2,069	3,548	30
Pine	3,136	5,332	50
Pipestone	2,299	2,819	19
Polk	5,391	9,316	65
Pope	2,327	3,166	12
Ramsey	44,610	93,978	438
Red Lake	685	1,821	7
Redwood	4,360	4,181	25
Renville	4,682	5,131	33
Rice	6,481	6,036	30
Rock	2,199	1,972	14
Roseau	1,773	3,665	45
St. Louis	26,093	69,782	377
Scott	2,746	4,313	34
Sherburne	1,905	2,017	12
Sibley	3,497	2,921	22

U.S. Senator 1948

County	R Joseph H. Ball	DFL HUBERT H. HUMPHREY	SW Vincent R. Dunne
Stearns	10,114	15,971	95
Steele	4,504	4,420	31
Stevens	2,173	2,150	15
Swift	2,292	4,172	19
Todd	4,596	5,102	56
Traverse	1,238	1,920	9
Wabasha	3,307	4,007	18
Wadena	2,356	2,588	19
Waseca	3,573	3,305	22
Washington	5,621	8,437	55
Watonwan	2,875	2,944	18
Wilkin	1,988	2,072	15
Winona	6,538	9,055	53
Wright	5,935	5,573	35
Yellow Medicine	3,031	3,926	31
TOTALS	485,801	729,494	4,951

Note: A total of 4 scattered votes was cast.

U.S. Senator 1952

County	R EDWARD J. THYE	DFL William E. Carlson	Prog Marian LeSueur	SW Vincent R. Dunne
Aitkin	3,655	2,527	59	18
Anoka	7,819	9,642	115	52
Becker	6,237	4,267	78	29
Beltrami	5,391	3,847	67	31
Benton	4,121	2,537	50	29
Big Stone	2,440	2,020	26	7
Blue Earth	12,456	4,458	97	57
Brown	8,562	2,939	28	17
Carlton	4,601	6,340	103	30
Carver	6,804	2,163	28	18
Cass	4,850	2,689	57	26
Chippewa	4,610	3,140	23	13
Chisago	4,059	2,593	38	18
Clay	7,548	4,969	48	23
Clearwater	2,078	2,058	61	6
Cook	1,011	445	6	5
Cottonwood	5,745	2,075	23	22
Crow Wing	7,486	5,807	94	41
Dakota	12,069	11,685	118	70
Dodge	4,198	1,468	32	11
Douglas	6,341	3,689	34	27
Faribault	8,295	2,884	46	21
Fillmore	8,784	2,464	38	25
Freeborn	9,028	6,504	51	23
Goodhue	10,987	4,807	47	24
Grant	2,798	1,688	23	9
Hennepin	183,261	155,061	2,105	1,026
Houston	5,583	1,650	30	29
Hubbard	3,205	1,372	36	14
Isanti	2,849	2,356	40	8
Itasca	6,790	9,386	107	41
Jackson	4,750	2,716	24	19
Kanabec	2,411	1,619	22	10
Kandiyohi	6,534	6,371	81	19
Kittson	2,170	2,115	30	20
Koochiching	2,980	4,260	33	18
Lac qui Parle	4,270	2,545	27	9
Lake	1,643	2,738	28	6
Lake of the Woods	1,016	1,006	17	8
Le Sueur	6,162	3,168	80	39
Lincoln	2,913	1,671	15	16
Lyon	6,512	3,780	49	24
McLeod	7,771	2,559	42	19
Mahnomen	1,367	1,345	17	11
Marshall	4,054	2,782	62	19
Martin	9,916	2,342	23	16

U.S. Senator 1952

County	R EDWARD J. THYE	DFL William E. Carlson	Prog Marian LeSueur	SW Vincent R. Dunne
Meeker	6,069	2,765	25	14
Mille Lacs	3,935	2,519	34	12
Morrison	5,969	4,866	62	29
Mower	10,062	8,101	65	45
Murray	4,221	2,126	24	11
Nicollet	5,998	2,364	38	25
Nobles	6,515	3,302	26	29
Norman	3,369	2,227	23	7
Olmsted	14,299	5,804	77	47
Otter Tail	16,369	4,972	82	105
Pennington	3,144	2,604	47	16
Pine	4,431	3,665	107	24
Pipestone	4,454	1,645	17	10
Polk	9,357	6,725	86	58
Pope	3,911	2,139	25	15
Ramsey	71,858	88,327	795	460
Red Lake	1,151	1,350	19	6
Redwood	7,225	2,733	33	25
Renville	7,199	3,628	51	33
Rice	9,954	4,164	48	38
Rock	3,806	1,264	20	8
Roseau	2,896	2,779	73	18
St. Louis	39,418	60,343	1,137	269
Scott	4,588	3,100	38	32
Sherburne	2,941	1,625	25	7
Sibley	5,435	1,826	36	22
Stearns	19,183	10,014	117	78
Steele	6,935	2,392	33	36
Stevens	3,516	1,462	7	5
Swift	3,738	3,236	40	20
Todd	7,061	3,370	40	35
Traverse	1,931	1,677	15	6
Wabasha	5,741	2,133	36	34
Wadena	3,731	1,677	24	10
Waseca	5,233	2,149	19	26
Washington	9,497	7,953	110	41

U.S. Senator 1952

County	R EDWARD J. THYE	DFL William E. Carlson	Prog Marian LeSueur	SW Vincent R. Dunne
Watonwan	4,758	1,780	18	8
Wilkin	3,030	1,553	10	17
Winona	11,349	5,755	71	66
Wright	8,581	4,296	83	50
Yellow Medicine	4,661	3,054	23	22
TOTALS	785,649	590,011	7,917	3,842

U.S. Senator 1954

County	DFL HUBERT H. HUMPHREY	SW Vincent R. Dunne	IL Frank P. Ryan	R Val Bjornson
Aitkin	3,214	24	60	2,215
Anoka	10,393	28	182	4,717
Becker	5,465	29	59	3,341
Beltrami	4,238	20	31	2,499
Benton	3,184	22	93	2,423
Big Stone	2,594	11	26	1,360
Blue Earth	5,810	29	214	7,916
Brown	3,776	23	141	5,450
Carlton	7,012	20	47	2,681
Carver	2,725	16	116	4,457
Cass	3,463	25	69	2,760
Chippewa	3,885	11	29	2,932
Chisago	3,161	14	28	2,595
Clay	5,851	13	41	4,038
Clearwater	2,644	16	22	1,105
Cook	689	4	20	676
Cottonwood	2,710	9	36	3,473
Crow Wing	6,813	35	95	4,849
Dakota	12,594	103	426	7,890
Dodge	2,019	15	40	2,500
Douglas	4,727	12	27	3,795
Faribault	3,868	21	77	5,140

U.S. Senator 1954

County	DFL HUBERT H. HUMPHREY	SW Vincent R. Dunne	IL Frank P. Ryan	R Val Bjornson
Fillmore	3,518	24	66	5,873
Freeborn	6,656	18	64	5,563
Goodhue	5,865	19	130	7,188
Grant	2,481	6	8	1,613
Hennepin	147,889	693	3,587	117,779
Houston	2,440	15	85	3,889
Hubbard	1,911	9	36	1,971
Isanti	3,132	15	35	1,750
Itasca	10,813	52	93	4,153
Jackson	3,191	11	60	2,795
Kanabec	2,148	10	39	1,457
Kandiyohi	7,392	26	89	3,717
Kittson	2,679	7	8	970
Koochiching	4,713	19	52	1,784
Lac qui Parle	3,091	10	15	2,302
Lake	3,168	10	27	1,003
Lake of the Woods	1,173	5	7	523
Le Sueur	4,238	24	196	3,671
Lincoln	2,525	17	27	1,667
Lyon	4,372	12	36	3,825
McLeod	4,053	17	174	4,524
Mahnomen	2,009	6	32	721
Marshall	3,850	13	15	1,752
Martin	3,501	10	57	6,319
Meeker	4,035	22	148	3,509
Mille Lacs	3,304	22	70	2,369
Morrison	5,590	41	164	3,611
Mower	7,797	76	74	5,946
Murray	2,861	15	38	2,341
Nicollet	2,945	11	98	3,567
Nobles	3,627	23	34	3,671
Norman	3,035	15	14	1,652
Olmsted	6,400	115	198	7,990
Otter Tail	7,184	68	94	9,684
Pennington	3,432	10	15	1,499
Pine	4,217	24	84	2,434
Pipestone	2,261	13	22	2,523
Polk	8,714	32	75	4,722
Pope	2,939	6	20	2,060
Ramsey	79,995	1,140	1,573	47,108
Red Lake	2,066	5	19	591
Redwood	3,124	14	67	4,576
Renville	4,407	31	113	4,171
Rice	5,450	35	192	6,345
Rock	1,445	6	11	2,068
Roseau	3,552	13	22	1,538
St. Louis	62,399	959	574	23,694
Scott	3,896	28	158	2,433
Sherburne	2,049	8	42	1,870
Sibley	2,581	18	105	3,352
Stearns	13,342	87	492	10,924
Steele	3,260	42	80	4,315
Stevens	2,124	7	47	2,011
Swift	4,227	16	60	2,038
Todd	4,501	37	85	4,013
Traverse	1,971	11	25	1,188
Wabasha	2,678	19	130	3,230
Wadena	1,982	25	40	2,259
Waseca	2,434	19	66	3,563
Washington	8,401	44	231	6,358
Watonwan	2,271	6	41	2,890
Wilkin	2,252	7	19	1,628
Winona	6,765	31	75	6,597
Wright	5,368	25	208	5,043
Yellow Medicine	3,669	9	17	2,617
TOTALS	642,193	4,683	12,457	479,619

U.S. Senator 1958

County	DFL EUGENE J. McCARTHY	R Edward J. Thye	SW William M. Curran
Aitkin	2,860	1,392	29
Anoka	11,627	6,665	58
Becker	3,982	3,395	28
Beltrami	3,498	3,400	35
Benton	3,262	2,580	20
Big Stone	2,313	1,556	9
Blue Earth	5,905	8,136	53
Brown	3,941	5,564	53
Carlton	6,541	3,257	31
Carver	2,937	4,685	27
Cass	3,507	3,676	41
Chippewa	3,035	3,019	17
Chisago	2,722	2,938	23
Clay	5,791	5,069	323
Clearwater	2,208	1,314	21
Cook	729	825	7
Cottonwood	2,345	3,954	22
Crow Wing	5,969	5,542	68
Dakota	14,338	10,541	77
Dodge	1,739	2,925	16
Douglas	4,214	4,286	17
Faribault	3,431	5,406	36
Fillmore	3,365	5,984	44
Freeborn	7,067	6,731	29
Goodhue	4,839	7,840	29
Grant	2,085	1,923	9
Hennepin	136,883	125,408	1,106
Houston	2,420	4,175	29
Hubbard	1,763	2,275	18
Isanti	2,374	2,045	10
Itasca	10,085	5,181	82
Jackson	2,970	3,007	19
Kanabec	1,878	1,675	18
Kandiyohi	6,941	4,756	40
Kittson	2,355	1,585	15
Koochiching	4,498	2,233	44

U.S. Senator 1958

County	DFL EUGENE J. McCARTHY	R Edward J. Thye	SW William M. Curran
Lac qui Parle	2,797	2,820	17
Lake	3,429	1,639	18
Lake of the Woods	979	720	14
Le Sueur	3,966	3,938	39
Lincoln	2,043	1,876	17
Lyon	4,189	3,998	34
McLeod	3,523	5,390	39
Mahnomen	1,838	829	23
Marshall	3,294	2,275	21
Martin	3,064	6,045	37
Meeker	3,610	3,743	21
Mille Lacs	2,914	2,836	37
Morrison	5,049	3,611	41
Mower	8,125	7,390	52
Murray	2,358	2,698	13
Nicollet	2,791	3,836	18
Nobles	3,922	4,154	45
Norman	2,750	1,889	25
Olmsted	7,104	10,035	101
Otter Tail	5,989	10,518	56
Pennington	2,995	1,845	21
Pine	3,666	2,701	18
Pipestone	1,780	2,524	17
Polk	8,123	5,431	65
Pope	2,446	2,503	13
Ramsey	82,745	52,868	501
Red Lake	1,553	643	16
Redwood	2,680	4,554	21
Renville	4,295	4,664	33
Rice	5,004	6,952	35
Rock	1,264	2,542	7
Roseau	3,095	1,877	17
St. Louis	59,611	28,829	924
Scott	3,940	2,886	36
Sherburne	1,718	1,884	11
Sibley	1,730	3,370	19

U.S. Senator 1958

County	DFL EUGENE J. McCARTHY	R Edward J. Thye	SW William M. Curran
Stearns	13,465	10,903	74
Steele	3,415	4,880	45
Stevens	2,137	2,560	19
Swift	3,812	2,510	21
Todd	3,763	4,072	48
Traverse	1,771	1,241	3
Wabasha	2,858	3,692	17
Wadena	1,860	2,500	15
Waseca	2,414	3,867	23
Washington	7,510	7,335	58
Watonwan	2,059	3,061	20
Wilkin	1,832	1,708	13
Winona	6,944	7,797	68
Wright	4,824	4,961	36
Yellow Medicine	3,387	3,286	22
TOTALS	608,847	535,629	5,407

U.S. Senator 1960

County	DFL HUBERT H. HUMPHREY	R P. Kenneth Peterson	SW Carl Feingold
Aitkin	3,473	2,698	16
Anoka	24,210	10,598	97
Becker	5,920	4,454	39
Beltrami	5,294	4,017	16
Benton	4,374	3,160	19
Big Stone	2,688	1,507	14
Blue Earth	9,370	10,106	37
Brown	5,169	7,326	29
Carlton	8,467	3,891	24
Carver	4,255	5,921	21
Cass	4,109	3,969	24

U.S. Senator 1960

County	DFL HUBERT H. HUMPHREY	R P. Kenneth Peterson	SW Carl Feingold
Chippewa	4,296	3,384	24
Chisago	3,794	3,046	11
Clay	8,581	7,048	34
Clearwater	2,883	1,325	13
Cook	717	940	4
Cottonwood	3,567	4,390	14
Crow Wing	7,797	6,920	40
Dakota	22,298	13,091	93
Dodge	2,685	3,353	15
Douglas	5,869	4,834	25
Faribault	4,930	6,417	16
Fillmore	4,773	6,763	25
Freeborn	9,185	7,766	32
Goodhue	7,221	8,845	39
Grant	2,746	1,932	3
Hennepin	221,303	156,254	740
Houston	3,641	4,215	24
Hubbard	2,340	2,466	14
Isanti	3,448	2,347	15
Itasca	11,290	6,210	66
Jackson	4,348	3,234	17
Kanabec	2,233	1,963	30
Kandiyohi	8,689	5,069	21
Kittson	2,695	1,539	9
Koochiching	5,370	2,416	24
Lac qui Parle	3,677	2,883	7
Lake	4,275	1,929	15
Lake of the Woods	1,224	710	6
Le Sueur	5,501	4,255	26
Lincoln	2,783	1,911	17
Lyon	5,766	4,618	23
McLeod	5,022	6,525	24
Mahnomen	1,962	614	12
Marshall	4,610	2,273	16
Martin	4,731	8,145	23
Meeker	4,467	4,181	20

U.S. Senator 1960

County	DFL HUBERT H. HUMPHREY	R P. Kenneth Peterson	SW Carl Feingold
Mille Lacs	3,671	3,193	29
Morrison	7,423	4,427	37
Mower	11,666	9,297	56
Murray	3,459	2,954	22
Nicollet	4,573	4,729	20
Nobles	5,822	4,752	33
Norman	3,631	2,050	12
Olmsted	12,573	14,483	66
Otter Tail	9,261	12,683	51
Pennington	3,839	1,983	7
Pine	4,851	2,911	18
Pipestone	3,018	3,125	23
Polk	10,973	6,082	21
Pope	3,461	2,589	13
Ramsey	120,037	63,276	641
Red Lake	2,025	565	10
Redwood	4,123	5,678	34
Renville	5,676	5,351	33
Rice	7,432	7,757	40
Rock	2,177	3,138	8
Roseau	3,669	1,940	20

U.S. Senator 1960

County	DFL HUBERT H. HUMPHREY	R P. Kenneth Peterson	SW Carl Feingold
St. Louis	72,362	36,519	503
Scott	6,081	3,651	31
Sherburne	2,975	2,498	15
Sibley	3,011	4,607	20
Stearns	18,124	14,396	94
Steele	5,070	6,197	35
Stevens	2,708	2,468	10
Swift	4,625	2,431	9
Todd	5,458	5,043	34
Traverse	2,352	1,282	15
Wabasha	3,869	4,355	26
Wadena	2,475	2,922	16
Waseca	3,280	4,456	14
Washington	13,881	9,249	73
Watonwan	2,932	3,747	9
Wilkin	2,627	2,026	17
Winona	9,064	8,783	46
Wright	7,600	6,180	33
Yellow Medicine	4,268	3,355	18
TOTALS	884,168	648,586	4,085

U.S. Senator 1964

County	DFL EUGENE J. McCARTHY	R Wheelock Whitney	InG William C. Braatz	SW Everett E. Luoma
Aitkin	3,553	2,360	11	20
Anoka	31,306	13,770	54	35
Becker	6,183	4,160	21	24
Beltrami	5,409	3,805	18	9
Benton	4,321	3,128	22	6
Big Stone	2,746	1,419	9	4
Blue Earth	9,442	9,004	105	28

U.S. Senator 1964

County	DFL EUGENE J. McCARTHY	R Wheelock Whitney	InG William C. Braatz	SW Everett E. Luoma
Brown	5,959	5,917	10	5
Carlton	8,839	3,538	13	47
Carver	4,937	5,651	17	10
Cass	4,234	3,550	13	9
Chippewa	4,278	3,105	8	4
Chisago	4,128	2,753	14	8
Clay	8,924	6,450	76	42
Clearwater	2,485	1,260	9	4
Cook	856	875	3	1
Cottonwood	3,574	4,010	14	6
Crow Wing	8,450	5,898	14	20
Dakota	27,320	14,699	94	37
Dodge	2,743	2,928	12	5
Douglas	5,710	4,525	9	5
Faribault	5,338	5,421	43	13
Fillmore	4,961	5,718	16	3
Freeborn	9,587	6,797	47	27
Goodhue	7,981	7,689	18	18
Grant	2,506	1,883	5	2
Hennepin	229,127	159,362	1,144	581
Houston	3,742	3,583	14	9
Hubbard	2,303	2,530	9	4
Isanti	3,833	2,190	8	5
Itasca	10,952	5,283	34	48
Jackson	4,088	2,937	13	7
Kanabec	2,513	1,514	2	3
Kandiyohi	8,738	4,259	43	23
Kittson	2,696	1,200	10	5
Koochiching	5,497	1,999	15	11
Lac qui Parle	3,688	2,521	8	7
Lake	4,344	1,587	4	9
Lake of the Woods	1,219	552	4	2
Le Sueur	5,659	3,721	15	9
Lincoln	2,854	1,521	13	4
Lyon	6,244	3,668	14	7
McLeod	5,362	5,923	18	8

County	DFL EUGENE J. McCARTHY	R Wheelock Whitney	InG William C. Braatz	SW Everett E. Luoma
Mahnomen	1,915	726	8	2
Marshall	4,484	1,989	13	6
Martin	5,068	7,096	8	7
Meeker	4,929	3,490	18	6
Mille Lacs	4,007	2,827	10	10
Morrison	7,090	3,974	30	9
Mower	12,576	7,336	54	14
Murray	3,503	2,614	10	6
Nicollet	4,603	4,194	12	5
Nobles	5,851	4,090	14	4
Norman	3,332	1,960	7	4
Olmsted	14,492	13,994	79	15
Otter Tail	9,006	11,463	48	26
Pennington	3,791	1,706	6	11
Pine	4,858	2,584	16	19
Pipestone	2,933	2,882	10	5
Polk	10,634	5,471	22	21
Pope	3,221	2,548	3	4
Ramsey	128,710	58,298	654	203
Red Lake	1,824	578	8	4
Redwood	4,324	5,005	18	1
Renville	5,657	4,777	18	9
Rice	8,513	6,507	11	11
Rock	2,618	2,612	14	7
Roseau	3,580	1,643	11	9
St. Louis	72,654	30,739	377	604
Scott	7,155	3,429	17	8
Sherburne	3,452	2,430	20	5
Sibley	3,233	4,219	15	3
Stearns	18,810	13,042	133	62
Steele	5,380	5,316	38	10
Stevens	2,790	2,381	3	2
Swift	4,327	2,240	3	7
Todd	5,208	4,500	17	12
Traverse	2,156	1,168	4	3
Wabasha	4,019	3,527	10	5

U.S. Senator 1964

County	DFL EUGENE J. McCARTHY	R Wheelock Whitney	InG William C. Braatz	SW Everett E. Luoma
Wadena	2,755	2,636	8	10
Waseca	3,241	4,041	15	4
Washington	17,228	9,701	47	24
Watonwan	3,164	3,347	4	5
Wilkin	2,528	1,821	8	6
Winona	10,432	7,386	52	15
Wright	8,254	5,902	23	17
Yellow Medicine	4,419	3,081	8	3
TOTALS	931,353	605,933	3,947	2,357

U.S. Senator 1966

County	DFL WALTER F. MONDALE	R Robert A. Forsythe	InG William C. Braatz	SW Joseph Johnson
Aitkin	2,943	2,175	10	41
Anoka	23,019	13,720	106	109
Becker	4,231	4,049	25	28
Beltrami	4,439	3,112	20	24
Benton	3,421	2,855	22	37
Big Stone	1,946	1,387	6	16
Blue Earth	6,903	8,157	64	72
Brown	4,357	6,076	18	40
Carlton	7,166	3,023	27	48
Carver	3,519	5,619	23	33
Cass	3,429	3,487	33	33
Chippewa	3,287	2,702	11	18
Chisago	3,550	2,755	18	36
Clay	5,998	6,014	56	36
Clearwater	1,833	958	7	14
Cook	768	786	0	9

U.S. Senator 1966

County	DFL WALTER F. MONDALE	R Robert A. Forsythe	InG William C. Braatz	SW Joseph Johnson
Cottonwood	2,829	3,517	14	22
Crow Wing	6,417	5,384	36	38
Dakota	20,882	16,337	174	93
Dodge	2,104	2,680	8	12
Douglas	4,557	4,373	16	32
Faribault	4,387	4,512	21	36
Fillmore	3,414	5,083	19	40
Freeborn	7,347	6,250	42	45
Goodhue	5,921	7,290	31	27
Grant	1,946	1,726	9	10
Hennepin	158,036	150,363	1,368	1,225
Houston	2,563	3,680	25	66
Hubbard	1,725	2,370	10	21
Isanti	3,006	2,104	15	21
Itasca	9,696	4,571	44	91
Jackson	3,173	2,557	9	15
Kanabec	2,028	1,527	8	15
Kandiyohi	6,551	4,566	53	75
Kittson	1,954	1,068	9	31
Koochiching	3,698	1,781	20	23
Lac qui Parle	2,833	2,347	6	21
Lake	3,820	1,339	8	10
Lake of the Woods	792	448	8	12
Le Sueur	4,738	3,575	33	58
Lincoln	2,122	1,455	7	22
Lyon	4,336	3,737	16	48
McLeod	3,999	5,518	15	41
Mahnomen	1,641	775	7	34
Marshall	3,368	1,846	12	47
Martin	4,025	5,931	16	29
Meeker	3,704	3,551	18	42
Mille Lacs	3,400	2,682	28	40
Morrison	5,904	4,071	53	68
Mower	9,248	7,059	80	65
Murray	2,613	2,465	7	26
Nicollet	3,434	3,990	19	35

U.S. Senator 1966

County	DFL WALTER F. MONDALE	R Robert A. Forsythe	InG William C. Braatz	SW Joseph Johnson
Nobles	4,707	3,930	20	49
Norman	2,548	1,646	8	11
Olmsted	9,769	13,999	127	63
Otter Tail	6,971	10,116	33	59
Pennington	2,632	1,496	4	15
Pine	4,015	2,329	21	26
Pipestone	2,336	2,625	17	32
Polk	7,263	4,805	33	47
Pope	2,463	2,260	10	24
Ramsey	91,676	60,047	1,007	495
Red Lake	1,208	582	8	10
Redwood	3,227	4,583	13	32
Renville	4,139	4,245	25	34
Rice	6,488	6,595	26	67
Rock	1,747	2,687	19	22
Roseau	2,578	1,591	25	32
St. Louis	58,780	25,720	550	507
Scott	5,615	3,758	22	47
Sherburne	2,517	2,357	19	17
Sibley	2,337	3,563	12	22
Stearns	14,084	12,876	129	169
Steele	3,757	4,836	63	26
Stevens	2,055	2,258	11	17
Swift	3,229	2,134	18	38
Todd	3,742	4,214	21	39
Traverse	1,699	1,069	9	15
Wabasha	3,223	3,582	24	48
Wadena	2,162	2,429	8	19
Waseca	2,513	3,580	17	26
Washington	12,587	9,807	87	76
Watonwan	2,519	2,978	4	13
Wilkin	1,856	1,410	10	6
Winona	6,727	6,629	66	183
Wright	6,276	5,945	34	53
Yellow Medicine	3,375	2,784	21	18
TOTALS	685,840	574,868	5,231	5,487

U.S. Senator 1970

County	DFL HUBERT H. HUMPHREY	R Clark MacGregor	SW Nancy Strebe	InG William C. Braatz
Aitkin	3,359	2,111	15	22
Anoka	*27,315	14,996	112	70
Becker	4,996	3,950	45	32
Beltrami	5,098	3,245	29	12
Benton	3,972	3,337	50	27
Big Stone	2,093	1,325	12	9
Blue Earth	8,875	7,944	118	29
Brown	4,658	5,871	20	18
Carlton	8,138	2,648	38	18
Carver	4,798	5,790	19	16
Cass	3,888	3,439	15	24
Chippewa	3,922	2,611	13	10
Chisago	4,454	3,095	14	19
Clay	7,412	6,163	42	26
Clearwater	1,959	1,046	16	12
Cook	891	865	5	1
Cottonwood	2,713	3,265	19	8
Crow Wing	8,196	5,631	144	26
Dakota	26,153	19,223	171	71
Dodge	2,460	2,584	14	11
Douglas	5,588	4,538	29	13
Faribault	4,239	4,615	11	4
Fillmore	3,858	4,846	19	10
Freeborn	7,705	5,831	29	10
Goodhue	6,964	7,406	31	17
Grant	2,048	1,493	6	9
Hennepin	186,424	141,540	1,865	508
Houston	3,124	3,667	34	30
Hubbard	2,456	2,396	15	7
Isanti	3,607	2,321	16	14
Itasca	10,500	4,581	62	37
Jackson	3,294	2,476	17	16
Kanabec	2,328	1,847	22	5
Kandiyohi	7,161	4,345	46	20
Kittson	2,079	1,212	12	8
Koochiching	4,149	1,685	27	19

U.S. Senator 1970

County	DFL HUBERT H. HUMPHREY	R Clark MacGregor	SW Nancy Strebe	InG William C. Braatz
Lac qui Parle	3,142	2,138	15	10
Lake	4,204	1,384	21	10
Lake of the Woods	817	479	8	5
Le Sueur	5,295	3,772	24	11
Lincoln	1,908	1,302	7	5
Lyon	5,376	3,738	37	22
McLeod	4,955	5,714	23	25
Mahnomen	1,544	834	11	15
Marshall	3,267	1,942	20	24
Martin	4,102	5,759	14	20
Meeker	4,381	3,583	24	25
Mille Lacs	3,789	2,867	37	26
Morrison	6,783	4,401	45	44
Mower	9,944	6,109	55	22
Murray	2,772	2,467	14	25
Nicollet	4,172	3,934	22	7
Nobles	4,943	3,381	21	18
Norman	3,107	1,677	12	13
Olmsted	12,154	14,202	101	18
Otter Tail	7,526	9,979	50	39
Pennington	3,085	1,885	25	8
Pine	4,403	2,695	30	18
Pipestone	2,490	2,587	16	15
Polk	8,291	4,959	28	22
Pope	2,867	2,020	11	4
Ramsey	100,275	58,714	934	208
Red Lake	1,704	627	5	11
Redwood	3,770	4,488	20	20
Renville	4,801	4,051	34	15
Rice	7,442	6,175	45	26
Rock	2,191	2,311	11	15
Roseau	3,124	1,947	33	24
St. Louis	64,906	23,197	558	177
Scott	6,916	4,487	20	13
Sherburne	3,484	2,605	24	9
Sibley	2,714	3,728	16	16

U.S. Senator 1970

County	DFL HUBERT H. HUMPHREY	R Clark MacGregor	SW Nancy Strebe	InG William C. Braatz
Stearns	15,404	14,135	163	89
Steele	4,310	5,051	92	13
Stevens	2,485	2,012	26	6
Swift	3,854	2,046	9	12
Todd	4,698	4,148	31	29
Traverse	1,682	1,009	7	4
Wabasha	3,447	3,418	19	17
Wadena	2,632	2,485	15	15
Waseca	2,805	3,460	15	5
Washington	14,485	10,637	97	38
Watonwan	2,773	2,965	13	3
Wilkin	1,851	1,558	11	3
Winona	7,680	6,645	58	45
Wright	8,983	5,794	24	21
Yellow Medicine	3,649	2,586	19	11
TOTALS	788,256	568,025	6,122	2,484

*The official state canvassing board manuscript report erroneously gives this figure as 27,135; the Anoka County canvassing board reported 27,315, the figure obviously used to calculate the official state totals in the state canvassing board's report.

U.S. Senator 1972

County	DFL WALTER F. MONDALE	R Phil Hansen	InG Karl Heck
Aitkin	3,399	2,673	26
Anoka	32,244	25,686	292
Becker	6,280	4,703	30
Beltrami	6,844	4,586	50
Benton	5,260	4,076	64
Big Stone	2,425	1,613	23
Blue Earth	13,513	10,036	97
Brown	5,330	7,415	68
Carlton	9,681	3,186	48

U.S. Senator 1972

County	WALTER F. MONDALE (DFL)	Phil Hansen (R)	Karl Heck (InG)
Carver	5,750	8,228	45
Cass	4,396	4,110	57
Chippewa	4,410	3,192	27
Chisago	5,079	4,236	36
Clay	12,339	7,541	80
Clearwater	2,487	1,215	19
Cook	1,054	773	9
Cottonwood	3,685	3,782	19
Crow Wing	9,400	6,951	113
Dakota	33,808	29,889	301
Dodge	2,646	3,359	12
Douglas	7,770	4,883	44
Faribault	4,677	5,637	31
Fillmore	4,325	6,277	37
Freeborn	8,650	8,266	52
Goodhue	8,248	9,505	57
Grant	2,602	1,449	17
Hennepin	237,449	198,942	1,571
Houston	3,498	4,266	55
Hubbard	3,079	2,515	28
Isanti	4,228	3,476	25
Itasca	11,319	5,403	110
Jackson	4,140	2,927	16
Kanabec	2,340	2,349	17
Kandiyohi	8,352	5,893	85
Kittson	2,452	1,036	15
Koochiching	4,676	2,614	51
Lac qui Parle	3,451	2,340	27
Lake	4,843	1,523	22
Lake of the Woods	988	600	7
Le Sueur	5,751	4,696	36
Lincoln	2,649	1,457	18
Lyon	7,152	4,689	36
McLeod	5,394	7,300	43
Mahnomen	1,896	814	15
Marshall	4,242	2,003	30
Martin	4,967	6,840	38
Meeker	4,346	4,691	33
Mille Lacs	3,530	4,234	24
Morrison	7,530	4,809	78
Mower	12,170	8,105	91
Murray	3,482	2,501	33
Nicollet	6,043	5,126	33
Nobles	6,751	3,825	45
Norman	3,502	1,599	14
Olmsted	15,870	18,368	139
Otter Tail	10,823	10,534	111
Pennington	4,327	2,325	28
Pine	4,817	3,281	28
Pipestone	3,619	2,753	24
Polk	10,765	5,251	48
Pope	3,606	2,108	19
Ramsey	125,416	76,892	1,624
Red Lake	1,995	598	5
Redwood	4,130	5,270	26
Renville	5,260	4,885	39
Rice	9,667	7,854	83
Rock	2,992	2,663	15
Roseau	3,348	2,025	24
St. Louis	77,011	25,635	563
Scott	8,002	6,505	61
Sherburne	4,819	3,829	44
Sibley	2,776	4,336	23
Stearns	23,860	16,669	349
Steele	4,897	6,810	68
Stevens	3,539	2,315	21
Swift	4,402	2,240	35
Todd	5,776	4,416	48
Traverse	2,072	999	14
Wabasha	3,932	4,537	34
Wadena	3,203	2,804	19
Waseca	3,445	4,564	21
Washington	19,684	16,139	209
Watonwan	2,990	3,354	15
Wilkin	2,584	1,541	17
Winona	10,643	8,397	94
Wright	10,263	9,238	76
Yellow Medicine	4,285	3,146	18
TOTALS	981,340	742,121	8,192

U.S. Senator 1976

County	I-R Gerald Brekke	DFL HUBERT H. HUMPHREY	SW William Peterson	L Robin E. Miller	C Matt Savola	Am Paul Helm
Aitkin	1,808	4,693	28	8	7	391
Anoka	13,657	57,571	167	198	26	6,890
Becker	3,900	8,295	85	32	10	335
Beltrami	3,392	9,031	53	64	17	708
Benton	2,294	6,667	79	32	9	1,673
Big Stone	868	2,882	7	5	5	208
Blue Earth	7,421	16,738	81	53	24	1,381
Brown	4,285	7,179	27	21	3	2,405
Carlton	2,370	11,265	41	36	43	170
Carver	4,724	9,297	38	25	5	2,171
Cass	2,900	6,092	39	20	11	1,132
Chippewa	2,180	5,361	9	7	0	434
Chisago	2,066	7,204	34	15	7	1,387
Clay	6,064	14,619	116	68	27	174
Clearwater	923	2,804	17	23	2	270
Cook	697	1,326	14	6	0	52
Cottonwood	2,586	4,705	29	12	3	431
Crow Wing	4,751	11,641	88	39	10	2,860
Dakota	20,418	55,377	326	231	116	5,885
Dodge	2,212	3,911	14	30	3	371
Douglas	3,712	8,471	31	17	11	1,207
Faribault	3,570	6,288	20	11	2	517
Fillmore	3,951	6,411	17	34	1	405
Freeborn	5,251	11,925	51	34	18	239
Goodhue	6,380	11,144	64	27	10	1,576
Grant	1,126	3,088	6	4	1	143
Hennepin	119,121	316,130	2,489	1,630	723	27,435
Houston	3,004	5,534	39	23	7	204
Hubbard	2,004	3,914	14	20	3	578
Isanti	1,907	6,424	13	10	7	1,053
Itasca	4,220	15,002	72	72	42	763
Jackson	1,926	5,034	17	14	5	266
Kanabec	1,198	3,378	14	12	1	717
Kandiyohi	3,563	11,405	73	30	11	1,740
Kittson	1,053	2,517	10	0	2	64
Koochiching	1,710	5,999	23	20	6	240

U.S. Senator 1976

County	I-R Gerald Brekke	DFL HUBERT H. HUMPHREY	SW William Peterson	L Robin E. Miller	C Matt Savola	Am Paul Helm
Lac qui Parle	1,567	4,152	9	6	11	277
Lake	1,465	4,627	11	8	10	493
Lake of the Woods	406	1,278	8	9	3	265
Le Sueur	2,887	7,467	22	23	2	960
Lincoln	1,032	3,169	11	5	0	47
Lyon	3,206	8,676	41	21	20	427
McLeod	3,947	7,165	142	30	5	1,456
Mahnomen	725	1,824	11	6	1	93
Marshall	1,671	4,697	16	10	4	146
Martin	4,577	6,443	38	26	3	1,291
Meeker	2,723	5,983	14	20	4	1,015
Mille Lacs	1,847	5,634	30	14	4	1,105
Morrison	2,951	8,801	53	52	6	1,488
Mower	4,644	15,351	139	43	15	423
Murray	1,617	4,060	19	14	1	91
Nicollet	4,087	7,265	33	30	5	841
Nobles	2,725	7,765	44	25	5	77
Norman	1,346	3,697	16	6	0	47
Olmsted	12,996	22,614	215	152	25	1,799
Otter Tail	8,443	14,434	171	74	17	827
Pennington	1,835	4,884	13	9	2	259
Pine	1,810	6,145	22	13	12	1,063
Pipestone	1,916	4,327	19	8	1	34
Polk	4,288	11,779	46	38	14	504
Pope	1,460	4,197	9	10	10	391
Ramsey	48,330	155,307	1,786	829	312	13,977
Red Lake	478	2,038	4	11	4	121
Redwood	3,182	5,346	32	11	3	591
Renville	2,724	6,630	27	14	6	1,157
Rice	5,120	12,597	258	39	48	1,166
Rock	1,937	3,633	14	13	6	29
Roseau	1,600	3,862	13	9	7	325
St. Louis	19,725	89,724	625	333	264	1,412
Scott	3,747	11,506	31	30	6	1,977
Sherburne	2,451	7,524	36	16	6	1,406
Sibley	2,610	4,330	61	19	3	783

U.S. Senator 1976

County	I-R Gerald Brekke	DFL HUBERT H. HUMPHREY	SW William Peterson	L Robin E. Miller	C Matt Savola	Am Paul Helm
Stearns	10,076	27,793	387	115	57	8,482
Steele	4,487	7,909	83	28	5	607
Stevens	1,495	3,955	21	19	2	334
Swift	1,259	5,118	18	7	3	404
Todd	2,670	7,201	29	46	4	1,293
Traverse	716	2,385	9	2	0	104
Wabasha	2,737	5,417	25	42	5	774
Wadena	2,028	3,751	38	18	5	632
Waseca	3,291	4,980	26	13	2	421
Washington	11,931	32,059	208	199	38	3,607
Watonwan	2,346	3,824	22	7	3	426
Wilkin	1,332	2,764	21	5	2	59
Winona	5,848	14,825	138	85	47	518
Wright	5,174	15,459	44	23	16	2,665
Yellow Medicine	1,934	5,043	27	8	2	448
TOTALS	478,602	1,290,736	9,380	5,476	2,214	125,612

Note: A total of 38 write-in votes was cast.

Elections for U.S. Congressmen

MINNESOTA'S CONGRESSIONAL DISTRICTS AND THE CHANGES
IN THEIR BOUNDARIES RESULTING FROM REAPPORTIONMENT
LAWS ARE ILLUSTRATED IN THE SERIES OF MAPS THAT
APPEARS ON PAGES 7 THROUGH 9.

U.S. Rep. 1857

County	GEORGE L. BECKER (D)	WILLIAM W. PHELPS (D)	JAMES M. CAVANAUGH (D)	Morton S. Wilkinson (R)	Henry A. Swift (R)	Cyrus Aldrich (R)
Anoka	233	227	226	276	277	280
Benton	143	142	142	156	156	156
Blue Earth	595	596	598	536	534	534
Brown	322	321	321	171	172	172
Carver	531	549	529	308	308	308
Cass	228	228	228	0	0	0
Chisago	200	195	195	206	207	208
Crow Wing	90	90	82	7	6	6
Dakota	1,261	1,303	1,238	862	843	890
Dodge	311	312	313	373	374	373
Faribault	48	84	140	172	94	118
Fillmore	927	969	1,017	930	930	931
Freeborn	209	207	207	438	425	426
Goodhue	654	680	653	1,172	1,154	1,166
Hennepin	1,668	1,667	1,668	2,058	2,063	2,087
Houston	697	694	692	544	539	536
Isanti	0	0	0	18	18	18
Le Sueur	532	535	524	421	423	411
Manomin	106	106	106	7	7	7
McLeod	218	219	219	172	171	171
Meeker	65	65	65	130	130	130
Mille Lacs	7	7	7	6	13	7
Morrison	210	210	205	110	110	110
Mower	236	234	238	422	422	420
Nicollet	548	548	534	414	449	411
Olmsted	692	695	691	932	929	932
Pembina	316	316	316	0	0	0
Pine	16	16	16	34	34	34
Ramsey	1,778	1,721	1,695	820	814	839
Rice	899	900	899	915	912	915
Scott	589	590	579	364	361	362
Sherburne	88	87	87	66	66	67
Sibley	439	547	535	131	130	135
Stearns	557	557	556	251	250	250
Steele	194	194	193	493	493	493
Todd	107	97	97	13	18	13

U.S. Rep. 1857 (continued)

County	GEORGE L. BECKER (D)	WILLIAM W. PHELPS (D)	JAMES M. CAVANAUGH (D)	Morton S. Wilkinson (R)	Henry A. Swift (R)	Cyrus Aldrich (R)
Wabasha	251	265	252	466	670	469
Waseca	256	256	256	292	291	292
Washington	878	877	861	1,033	1,022	1,022
Winona	671	666	670	802	805	804
Wright	249	246	214	417	417	452
TOTALS	18,019	18,218	18,064	16,938	16,937	16,955
CORRECTED TOTAL					17,037	

Note: Returns are in the *Daily Minnesotian* (St. Paul), December 19, 1857, p. 2. Although three men won this election, which was held before Minnesota was actually a state, only two representatives from Minnesota were allowed in the congressional bill creating the state in 1858. George L. Becker lost in the drawing of lots to decide who would present their credentials, therefore he did not serve in Congress. See Folwell, *A History of Minnesota*, 2:18 (Reprint ed., St. Paul, 1961).

U.S. Rep. 1859

County	CYRUS ALDRICH (R)	WILLIAM WINDOM (R)	James M. Cavanaugh (D)	Christopher C. Graham (D)
Anoka	329	328	222	222
Benton	146	138	86	93
Blue Earth	732	728	566	563
Brown	336	326	303	308
Carver	463	455	530	541
Chisago	283	283	156	156
Crow Wing	5	4	59	58
Dakota	1,004	977	1,072	1,073
Dodge	582	575	466	451
Faribault	209	206	107	109
Fillmore	1,388	1,366	1,228	1,170
Freeborn	433	427	239	230
Goodhue	1,198	1,211	712	730
Hennepin	2,164	1,984	1,126	957
Houston	672	677	720	710

U.S. Rep. 1859

County	R CYRUS ALDRICH	R WILLIAM WINDOM	D James M. Cavanaugh	D Christopher C. Graham
Jackson	20	20	20	18
Kanabec	9	9	6	6
Kandiyohi	19	19	3	3
Le Sueur	578	575	625	621
Martin	18	18	10	10
McLeod	196	194	94	96
Meeker	147	145	104	103
Monongalia	47	47	30	30
Morrison	88	87	117	116
Mower	414	415	189	190
Nicollet	424	419	488	487
Olmsted	1,124	1,120	732	769
Pine	3	3	31	31
Ramsey	1,523	1,491	1,729	1,755
Renville	8	8	37	37
Rice	1,041	1,040	832	834
Scott	522	517	947	954
Sherburne	128	126	71	72
Sibley	286	287	538	544
Stearns	396	369	635	656
Steele	447	449	176	175
Wabasha	783	791	502	506
Waseca	359	357	254	254
Washington	946	948	717	713
Winona	1,214	1,217	804	796
Wright	595	579	263	246
Carlton, St. Louis & Lake	81	81	120	121
TOTALS	21,360	21,016	17,668	17,417
CORRECTED TOTALS			17,666	17,514

Note: Returns are in Joseph A. Wheelock, <u>Minnesota: Its</u> Place Among the States, 159 (Minnesota Bureau of Statistics, <u>First Annual Report</u> -- Hartford, Conn., 1860).

U.S. Rep. 1860

County	R CYRUS ALDRICH	R WILLIAM WINDOM	D John M. Gilman	D James George	D(SF) James W. Taylor	D(SF) Alonzo J. Edgerton
Anoka	276	276	152	152	8	8
Benton	109	109	44	44	11	10
Blue Earth	689	688	403	402	24	24
Brown	406	406	93	93	11	11
Carver	504	504	325	325	1	1
Chisago	378	377	64	64	24	24
Dakota	1,023	1,023	876	872	17	17
Dodge	573	559	189	208	59	90
Faribault	267	267	65	62	2	2
Fillmore	1,664	1,662	848	847	24	23
Freeborn	594	595	189	188	2	2
Goodhue	1,349	1,348	431	432	17	15
Hennepin	1,893	1,774	657	630	46	46
Houston	692	690	711	707	0	0
Isanti	41	41	7	7	0	0
Kandiyohi	13	13	3	3	0	0
Kanabec	15	15	0	0	0	0
Le Sueur	564	561	557	557	9	7
Martin	35	35	6	6	0	0
McLeod	47	47	0	0	0	0
Meeker	166	166	80	80	10	10
Mille Lacs	18	18	1	1	0	0
Morrison	63	60	92	91	4	4
Mower	500	500	197	197	0	0
Monongalia	42	42	17	17	0	0
Nicollet	469	469	291	291	25	25
Olmsted	1,342	1,349	487	488	35	33
Otter Tail	5	5	6	6	0	0
Pine	31	31	7	7	1	1
Ramsey	1,239	1,217	1,140	1,106	120	122
Renville	91	91	41	41	17	15
Rice	993	992	537	536	9	8
St. Louis	48	48	30	30	7	7
Scott	533	533	640	639	39	38
Sherburne	120	120	58	58	2	2
Sibley	395	395	385	385	16	16

U.S. Rep. 1860

	R	R	D	D	D(SF)	D(SF)
County	CYRUS ALDRICH	WILLIAM WINDOM	John M. Gilman	James George	James W. Taylor	Alonzo J. Edgerton
Stearns	444	445	480	481	13	12
Steele	512	513	158	157	8	8
Wabasha	1,250	1,231	564	546	150	150
Waseca	337	337	152	188	0	0
Washington	743	742	426	427	18	18
Winona	1,286	1,298	570	566	36	34
Wright	574	573	189	188	4	4
TOTALS	22,333	22,165	12,168	12,125	768	787

Note: A total of 37 scattered votes was cast.

U.S. Rep. 1862 1st Dist.

	R	D
County	WILLIAM WINDOM	Andrew G. Chatfield
Blue Earth	479	452
Brown	154	23
Faribault	238	31
Fillmore	1,233	875
Freeborn	412	62
Le Sueur	396	592
Martin	26	1
Mower	470	134
Nicollet	251	244
Olmsted	1,093	413
Rice	784	542
Scott	288	734
Sibley	186	373
Steele	331	63
Watonwan	19	5
Winona	1,089	811
TOTALS	7,449	5,355

Note: A total of 3 scattered votes was cast.

U.S. Rep. 1862 2nd Dist.

	R	D
County	IGNATIUS DONNELLY	William J. Cullen
Anoka	241	57
Benton	48	45
Carver	331	388
Chisago	243	58
Dakota	847	761
Goodhue	1,249	397
Hennepin	1,235	786
Isanti	46	8
Kanabec	8	0
Meeker	38	25
Mille Lacs	38	7
Pine	33	2
Ramsey	668	1,168
St. Louis	29	5
Sherburne	79	48
Stearns	285	573
Wabasha	760	312
Washington	372	205
Wright	376	76
TOTALS	6,926	4,921

Note: A total of 71 scattered votes was cast.

U.S. Rep. 1864 1st Dist.

	R	D
County	WILLIAM WINDOM	Henry W. Lamberton
Blue Earth	950	582
Brown	331	52
Dodge	761	321
Faribault	637	161
Fillmore	1,637	1,033
Freeborn	649	223
Houston	797	640
Le Sueur	498	807
Martin	185	18
Mower	633	213
Nicollet	485	438
Olmsted	1,839	815
Rice	1,263	644
Scott	375	1,039
Sibley	304	556
Steele	629	209
Waseca	412	275
Watonwan	38	6
Winona	1,542	1,060
TOTALS	13,965	9,092

Note: A total of 3 scattered votes was cast.

U.S. Rep. 1864 2nd Dist.

	R	D
County	IGNATIUS DONNELLY	John M. Gilman
Anoka	281	170
Benton	51	54
Carver	475	609
Cass	3	4
Chisago	364	93
Dakota	1,165	1,161
Goodhue	1,861	680

U.S. Rep. 1864 2nd Dist.

County	IGNATIUS DONNELLY (R)	John M. Gilman (D)
Hennepin	1,708	1,216
Isanti	54	23
McLeod	203	142
Meeker	115	83
Mille Lacs	50	21
Morrison	37	46
Pine	17	1
Ramsey	1,244	1,409
St. Louis	40	5
Sherburne	107	77
Stearns	402	919
Todd	23	27
Wabashaw	1,380	614
Washington	775	501
Wright	519	356
TOTALS	10,874	8,211

Note: A total of 36 scattered votes was cast.

U.S. Rep. 1866 1st Dist.

County	WILLIAM WINDOM (R)	Richard A. Jones (D)
Nicollet	477	342
Olmsted	1,548	540
Redwood	56	2
Renville	43	2
Rice	1,080	595
Scott	320	849
Sibley	283	521
Steele	779	468
Waseca	427	330
Watonwan	93	12
Winona	1,497	878
OFFICIAL TOTALS	13,961	8,021
CORRECTED TOTALS	14,828	8,231

*Returns received too late for inclusion in official state canvass. See report of the Secretary of State, in Minnesota, Executive Documents, 1866, no. 4, p. 127.

Note: A total of 20 scattered votes was cast.

U.S. Rep. 1866 2nd Dist.

County	IGNATIUS DONNELLY (R)	William Colvill (D)
McLeod	437	164
Manomin	5	25
Meeker	299	142
Mille Lacs	57	42
Monongalia	91	102
Morrison	82	81
Pine	15	3
Pope	86	18
Ramsey	1,048	1,343
St. Louis	35	7
Sherburne	128	98
Stearns	580	943
Wabasha	1,419	493
Washington	651	372
Wright	595	254
TOTALS	12,022	7,754

Note: A total of 6 scattered votes was cast.

U.S. Rep. 1866 1st Dist.

County	WILLIAM WINDOM (R)	Richard A. Jones (D)
Blue Earth	1,159	647
Brown	451	97
Dodge	636	171
Faribault	1,026	201
Fillmore	1,452	720
*Freeborn	867	210
Houston	1,107	710
Jackson	118	
Le Sueur	500	787
Martin	337	7
Mower	572	142

U.S. Rep. 1866 2nd Dist.

County	IGNATIUS DONNELLY (R)	William Colvill (D)
Anoka	294	187
Benton	48	96
Carver	489	633
Chisago	342	67
Dakota	1,183	1,024
Douglas	103	69
Goodhue	1,837	475
Hennepin	2,008	1,095
Isanti	112	15
Kandiyohi	34	6
Lincoln	44	0

U.S. Rep. 1868 1st Dist.

County	MORTON S. WILKINSON (R)	George W. Batchelder (D)
Blue Earth	1,724	1,034
Brown	615	167
Dodge	1,097	437
Faribault	1,418	373
Fillmore	2,743	1,319
Freeborn	1,209	336
Houston	1,424	904
Jackson	199	16
Le Sueur	870	1,105
Martin	521	103
Mower	1,229	470

U.S. Rep. 1868 1st Dist.

County	MORTON S. WILKINSON (R)	George W. Batchelder (D)
Nicollet	740	469
Olmsted	2,404	1,272
Redwood	157	7
*Renville	311	65
Rice	1,759	1,277
Scott	480	1,446
Sibley	375	701
Steele	1,131	506
Waseca	799	537
Watonwan	197	58
Winona	2,362	2,044
OFFICIAL TOTALS	23,493	14,581
CORRECTED TOTALS	23,764	14,646

*Of these returns, 271 for Wilkinson and 65 for Batchelder were received too late for inclusion in official state canvass. See report of Secretary of State, in Minnesota, Executive Documents, 1868, p. 114.

U.S. Rep. 1868 2nd Dist.

County	Christopher C. Andrews (R)	Ignatius Donnelly (R†)	EUGENE M. WILSON (D)
Anoka	275	140	279
Benton	35	115	146
*Carlton	2	24	0
Carver	271	521	997
Chisago	280	249	111
Dakota	235	1,436	1,730
Douglas	164	402	107
Goodhue	1,356	1,484	930
Grant	6	41	2

U.S. Rep. 1868 2nd Dist.

County	Christopher C. Andrews (R)	Ignatius Donnelly (R†)	EUGENE M. WILSON (D)
Hennepin	1,730	1,302	2,227
Isanti	178	88	24
Kanabec	6	2	1
Kandiyohi	151	9	12
*Lake	1	12	0
McLeod	309	278	391
Manomin	0	4	23
Meeker	459	133	291
Mille Lacs	106	10	43
Monongalia	250	118	82
Morrison	11	55	140
Otter Tail	97	8	22
Pine	30	4	6
Pope	235	78	60
Ramsey	454	1,408	1,720
St. Louis	16	48	18
Sherburne	137	60	151
Stearns	476	576	1,484
Todd	84	82	30
Wabasha	202	1,628	1,127
Washington	530	509	715
Wright	512	441	637
OFFICIAL TOTALS	8,595	11,229	13,506
CORRECTED TOTALS	8,598	11,265	

†Donnelly ran as a Republican without party nomination.

*Returns received too late for inclusion in official state canvass. See report of the Secretary of State, in Minnesota, Executive Documents, 1868, p. 115.

Note: A total of 89 scattered votes was cast.

U.S. Rep. 1870 1st Dist.

County	MARK H. DUNNELL (R)	Cornelius F. Buck (D)
Blue Earth	1,146	1,019
Brown	530	342
Chippewa	295	5
Clay	0	0
Cottonwood	128	14
Dodge	791	300
Faribault	1,606	607
Fillmore	1,718	1,107
Freeborn	1,262	349
Houston	1,161	865
Jackson	329	46
Le Sueur	667	1,014
Martin	541	101
Mower	1,012	545
Nicollet	579	558
Olmsted	1,577	1,547
Redwood	360	61
Renville	542	148
Rice	1,156	948
Rock	0	0
Scott	341	1,054
Sibley	348	1,006
Steele	809	370
Waseca	740	803
Watonwan	363	116
Winona	1,605	1,979
TOTALS	19,606	14,904

Note: Returns are in Minnesota, Legislative Manual, 1871, p. 137.

A total of 111 scattered votes was reported by the Secretary of State in Minnesota, Executive Documents, 1870, vol. 2, p. 708.

69

U.S. Rep. 1870 2nd Dist.

County	JOHN T. AVERILL (R)	Ignatius Donnelly (I)
Anoka	375	351
Becker	68	2
Benton	102	154
Carlton	226	62
Carver	482	979
Cass	184	0
Chisago	503	103
Crow Wing	170	49
Dakota	640	1,816
Douglas	579	130
Goodhue	1,389	1,174
Grant	56	1
Hennepin	2,954	1,427
Isanti	303	35
Kanabec	23	16
Kandiyohi	294	139
Lake	23	0
McLeod	430	549
Meeker	577	379
Mille Lacs	98	108
Monongalia	387	137
Morrison	85	157
Otter Tail	486	57
Pine	200	27
Pope	390	55
Ramsey	1,722	1,888
St. Louis	606	210
Sherburne	186	148
Stearns	569	1,238
Todd	322	104
Wabasha	1,073	1,434
Washington	1,096	844

U.S. Rep. 1870 2nd Dist. (cont.)

County	JOHN T. AVERILL (R)	Ignatius Donnelly (I)
Wright	535	718
TOTALS	17,133	14,491

Note: Returns are in Minnesota, Legislative Manual, 1871, p. 137. A total of 28 scattered votes was reported by the Secretary of State in Minnesota, Executive Documents, 1870, vol. 2, p. 708.

U.S. Rep. 1872 1st Dist.

County	Morton S. Wilkinson (D-LR)	MARK H. DUNNELL (R)
Blue Earth	1,704	1,821
Cottonwood	46	446
Dodge	509	948
Faribault	503	1,596
Fillmore	1,296	2,721
Freeborn	322	1,507
Houston	1,065	1,730
Jackson	53	566
Martin	144	665
Mower	606	1,475
*Murray	16	161
*Nobles	43	274
Olmsted	1,143	2,060
Rock	5	181
Steele	626	1,042
Waseca	645	937
Watonwan	230	578
Winona	1,945	2,098
OFFICIAL TOTALS	10,822	20,372
CORRECTED TOTALS	10,901	20,806

*Returns received too late for inclusion in official state canvass. See Minnesota, Legislative Manual, 1873, p. 123.

U.S. Rep. 1872 2nd Dist.

County	HORACE B. STRAIT (R)	Christopher C. Graham (D-LR)
Brown	875	384
Carver	958	998
Chippewa	397	44
Dakota	1,112	1,718
Goodhue	2,586	1,447
Kandiyohi	992	196
Le Sueur	957	1,154
McLeod	662	456
Nicollet	981	566
Redwood	270	62
Renville	772	241
Rice	1,904	1,209
Scott	1,060	977
*Sibley	455	836
Swift	228	61
Wabasha	1,503	1,319
OFFICIAL TOTALS	15,257	10,832
CORRECTED TOTALS	15,712	11,668

*Returns received too late for inclusion in official state canvass. See Minnesota, Legislative Manual, 1873, p. 124.

U.S. Rep. 1872 3rd Dist.

County	JOHN T. AVERILL (R)	George L. Becker (D-LR)
Aitken	39	10
Anoka	331	115
Becker	160	15
Benton	155	161
Big Stone	32	0
Carlton	145	46
Cass	16	12
Clay	339	62

U.S. Rep. 1872 3rd Dist.

County	JOHN T. AVERILL (R)	George L. Becker (D-LR)
Chisago	777	108
Crow Wing	401	283
Douglas	1,004	257
Grant	178	18
Hennepin	4,162	2,891
*Isanti	460	92
Kanabec	22	13
Lac qui Parle	235	5
*Lake	21	1
Meeker	881	498
Mille Lacs	182	80
Morrison	161	241
Otter Tail	1,111	272
†Pembina	40	0
Pine	99	127
Polk	81	12
Pope	619	49
Ramsey	2,733	2,649
St. Louis	883	287
Sherburne	278	211
Stearns	1,013	2,037
Stevens	53	96
Todd	374	218
Washington	1,253	807
Wilkin	52	48
Wright	1,070	964
Yellow Medicine	303	27
OFFICIAL TOTALS	19,142	12,619
CORRECTED TOTALS	19,663	12,712

*Returns received too late for inclusion in official state canvass. See Minnesota, Legislative Manual, 1873, p. 125.

†Precinct return; not included in state canvass.

Note: A total of 3 scattered votes was cast.

U.S. Rep. 1874 1st Dist.

County	MARK H. DUNNELL (R)	Franklin H. Waite (D)
Blue Earth	1,165	2,276
Cottonwood	382	130
Dodge	713	602
Faribault	903	758
Fillmore	1,867	1,169
Freeborn	1,552	497
Houston	1,477	1,458
Jackson	379	164
Martin	350	201
Mower	1,173	959
Murray	163	50
Nobles	336	105
Olmsted	1,599	1,494
Rock	355	37
Steele	960	689
Waseca	1,032	602
Watonwan	540	259
Winona	1,770	2,271
TOTALS	16,716	13,721

U.S. Rep. 1874 2nd Dist.

County	HORACE B. STRAIT (R)	E. St. Julien Cox (D)
Brown	702	773
Carver	806	1,075
Chippewa	150	101
Dakota	1,198	1,953
Goodhue	2,190	878
Kandiyohi	617	150
Le Sueur	795	1,671
Lincoln	61	10
Lyon	398	49
McLeod	628	766
Nicollet	801	852

U.S. Rep. 1874 2nd Dist.

County	HORACE B. STRAIT (R)	E. St. Julien Cox (D)
Redwood	260	162
Renville	662	397
Rice	1,404	1,343
Scott	1,026	758
Sibley	479	1,028
Swift	253	29
Wabasha	1,312	1,526
OFFICIAL TOTALS	13,742	13,521
CORRECTED TOTALS	13,746	13,532

Note: A total of 23 scattered votes was cast.

These results were contested by Cox, who charged that 801 votes had been "wrongfully canvassed" or obtained by Strait through bribery. The U.S. House Committee on Elections decided in favor of Strait, though it did subtract 111 votes from his plurality. See 44 Congress, 1 session, House Reports, no. 391 (serial 1709).

U.S. Rep. 1874 3rd Dist.

County	WILLIAM S. KING (R)	Eugene M. Wilson (D)
Aitkin	24	18
Anoka	504	447
Becker	494	82
Benton	160	200
Big Stone	29	0
Carlton	123	47
Cass	52	37
Chisago	635	189
Clay	415	26
Crow Wing	151	99
Douglas	852	293
Grant	165	26
Hennepin	3,998	3,389

U.S. Rep. 1874 3rd Dist.

County	WILLIAM S. KING (R)	Eugene M. Wilson (D)
Isanti	411	118
Kanabec	75	20
Lac qui Parle	260	13
Lake	24	0
Meeker	724	875
Mille Lacs	152	135
Morrison	226	208
Otter Tail	885	621
Pine	172	135
Polk	176	25
Pope	630	80
Ramsey	1,721	3,752
St. Louis	758	186
Sherburne	224	327
Stearns	1,119	1,790
Stevens	77	38
Todd	239	80
Wadena	27	2
Washington	1,254	1,343
Wilkin	101	63
Wright	795	1,148
Yellow Medicine	527	49
TOTALS	18,179	15,861

Note: A total of 14 scattered votes was cast.

U.S. Rep. 1876 1st Dist.

County	MARK H. DUNNELL (R)	Edwin C. Stacy (D)
Blue Earth	2,398	2,060
Cottonwood	400	68
Dodge	1,621	702
Faribault	1,532	727
Fillmore	3,779	1,779
Freeborn	2,013	703
Houston	1,970	1,463
Jackson	520	64
Martin	623	165
Mower	1,939	1,043
Murray	237	38
Nobles	488	57
Olmsted	2,406	2,031
Rock	542	44
Steele	1,567	945
Waseca	821	1,031
Watonwan	553	185
Winona	2,601	2,960
TOTALS	26,010	16,065

Note: A total of 3 scattered votes was cast.

U.S. Rep. 1876 2nd Dist.

County	HORACE B. STRAIT (R)	Eli T. Wilder (D)	Ignatius Donnelly (G)
Brown	860	542	234
Carver	1,036	1,258	12
Chippewa	413	66	217
Dakota	1,325	1,868	690
Goodhue	3,287	2,056	277
Kandiyohi	1,382	172	122
Le Sueur	1,150	1,495	31
Lincoln	89	15	0
Lyon	521	73	9
McLeod	704	829	158
Nicollet	1,122	604	99
Redwood	417	109	45
Renville	878	271	115
Rice	2,389	1,348	505
Scott	852	1,517	14
Sibley	720	966	18
Swift	544	161	86
Wabasha	2,041	1,640	247
TOTALS	19,730	14,990	2,879

Note: A total of 18 scattered votes was cast.

U.S. Rep. 1876 3rd Dist.

County	JACOB H. STEWART (R)	William W. McNair (D)
Aitkin	41	13
Anoka	677	544
Becker	416	171
Benton	159	276
Big Stone	97	8
Carlton	110	138
Cass	28	10
Chisago	966	289
Clay	352	152
Crow Wing	140	121
Douglas	856	544
Grant	215	83
Hennepin	4,725	5,749
Isanti	639	165
Kanabec	105	33
Lac qui Parle	272	95
Lake	16	1
Meeker	1,094	787
Mille Lacs	137	146

U.S. Rep. 1876 3rd Dist.

County	JACOB H. STEWART (R)	William W. McNair (D)
Morrison	310	314
Otter Tail	1,380	694
Pembina	26	0
Pine	132	158
Polk	219	130
Pope	641	207
Ramsey	2,852	3,517
St. Louis	469	272
Sherburne	388	265
Stearns	1,145	2,388
Stevens	167	136
Todd	489	252
Wadena	54	20
Washington	1,641	1,444
Wilkin	88	44
Wright	1,326	1,435
Yellow Medicine	451	116
OFFICIAL TOTALS	22,823	20,727
CORRECTED TOTAL		20,717

Note: A total of 21 scattered votes was cast.

U.S. Rep. 1878 1st Dist.

County	MARK H. DUNNELL (R)	William Meighen (D-G)	George W. Green (Pro)
Blue Earth	1,583	1,544	0
Cottonwood	386	36	1
Dodge	1,241	625	0
Faribault	1,020	693	20
Fillmore	2,030	2,184	33
Freeborn	1,594	561	60
Houston	1,539	1,252	55
Jackson	412	55	2
Martin	572	185	0

U.S. Rep. 1878 1st Dist.

County	MARK H. DUNNELL (R)	William Meighen (D-G)	George W. Green (Pro)
Mower	1,113	1,119	0
Murray	249	26	1
Nobles	338	127	0
Olmsted	1,787	1,019	58
Pipestone	65	34	0
Rock	528	185	0
Steele	1,405	845	104
Waseca	556	743	586
Watonwan	639	177	0
Winona	1,556	1,435	6
TOTALS	18,613	12,845	926

Note: A total of 23 scattered votes was cast.

Returns are in Minnesota, House Journal, 1879, appendix, p. A.

U.S. Rep. 1878 2nd Dist.

County	Horace B. Strait (R)	HENRY POEHLER (D)	George C. Chamberlain (G)	Isaac C. Stearns (Pro)
Brown	570	723	0	7
Carver	654	1,200	0	0
Chippewa	340	92	0	0
Dakota	1,035	1,497	20	5
Goodhue	1,937	1,384	0	102
Kandiyohi	522	307	0	0
Le Sueur	837	1,484	133	2
Lincoln	180	39	0	0
Lyon	506	186	0	0
McLeod	717	1,032	0	0
Nicollet	611	487	0	5
Redwood	387	218	0	3
Renville	450	424	0	0
Rice	1,716	1,119	443	0

U.S. Rep. 1878 2nd Dist.

County	Horace B. Strait (R)	HENRY POEHLER (D)	George C. Chamberlain (G)	Isaac C. Stearns (Pro)
Scott	823	1,291	0	0
Sibley	322	1,266	0	0
Swift	499	302	0	0
Wabasha	1,637	1,416	0	0
TOTALS	13,743	14,467	596	124

Note: A total of 27 scattered votes was cast.

Returns are in Minnesota, House Journal, 1879, appendix, p. B.

U.S. Rep. 1878 3rd Dist.

County	WILLIAM D. WASHBURN (R)	Ignatius Donnelly (D-G)
Aitkin	22	21
Anoka	615	509
Becker	385	202
Benton	147	274
Big Stone	45	29
Carlton	124	150
Cass	22	3
Chisago	676	188
Clay	556	203
Crow Wing	160	153
Douglas	682	489
Grant	262	45
Hennepin	6,284	2,799
Isanti	538	137
Kanabec	109	24
Kittson	183	2
Lac qui Parle	273	114
Lake	29	0
Meeker	747	913
Mille Lacs	111	184

U.S. Rep. 1878 3rd Dist.

County	WILLIAM D. WASHBURN (R)	Ignatius Donnelly (D-G)
Morrison	145	396
Otter Tail	940	755
Pine	159	188
Polk	659	180
Pope	479	242
Ramsey	1,621	4,197
St. Louis	410	209
Sherburne	317	267
Stearns	558	1,951
Stevens	168	350
Todd	255	166
Wadena	126	50
Washington	1,396	1,179
Wilkin	131	79
Wright	1,114	1,220
Yellow Medicine	494	61
TOTALS	20,942	17,929

Note: A total of 45 scattered votes was cast.

Returns are in Minnesota, House Journal, 1879, appendix, p. C. These results were contested by Donnelly, and the election was investigated by a subcommittee of the U.S. House of Representatives. The majority report favored the seating of Donnelly; the minority report favored Washburn. Because the contest was never officially resolved, Washburn held the seat. See Folwell, Minnesota, 3:388-400 (Reprint ed., St. Paul, 1969); 46 Congress, 2 session, House Reports, no. 1791 (serial 1938).

U.S. Rep. 1880 1st Dist.

County	Henry R. Wells (D)	MARK H. DUNNELL (R)	William G. Ward (R†)	C. H. Roberts (G)	D. H. Roberts (Pro)
Blue Earth	1,706	1,897	929	10	0
Cottonwood	118	656	71	0	6
Dodge	583	999	676	0	0
Faribault	649	1,255	667	16	47
Fillmore	1,536	2,379	523	0	836
Freeborn	604	1,406	1,096	0	19
Houston	1,280	1,660	259	38	2
Jackson	125	619	154	0	0
Martin	174	810	64	63	0
Mower	890	1,545	524	204	0
Murray	167	458	117	0	1
Nobles	186	543	118	23	1
Olmsted	1,533	2,212	280	172	5
Pipestone	190	319	44	0	0
Rock	160	616	45	0	0
Steele	848	1,544	184	0	58
Waseca	467	484	1,366	11	1
Watonwan	202	531	225	0	0
Winona	2,350	2,459	314	191	0
TOTAL	13,768	22,392	7,656	728	976

†Ward ran as a Republican without party nomination.

Note: A total of 112 scattered votes was cast. The Rochester Record and Union, November 26, 1880, stated that "nearly 700 votes" cast in Fillmore County for C. H. Roberts were wrongfully credited to D. H. Roberts.

U.S. Rep. 1880 2nd Dist.

County	Henry Poehler (D)	HORACE B. STRAIT (R)	George C. Chamberlain (G)	Isaac C. Stearns (Pro)
Brown	814	1,202	0	0
Carver	1,284	1,155	0	0
Chippewa	196	824	26	6
Dakota	2,045	1,846	29	10
Goodhue	1,637	3,722	0	6
Kandiyohi	240	1,581	68	0

U.S. Rep. 1880 2nd Dist.

County	D Henry Poehler	R HORACE B. STRAIT	G George C. Chamberlain	Pro Isaac C. Stearns
Le Sueur	1,894	1,364	0	0
Lincoln	119	462	0	0
Lyon	227	1,103	0	0
McLeod	1,122	1,015	0	0
Nicollet	856	1,145	0	0
Redwood	288	795	6	0
Renville	835	1,208	0	0
Rice	1,813	2,416	176	16
Scott	1,596	1,013	0	0
Sibley	1,365	655	4	0
Swift	545	921	0	0
Wabasha	1,831	2,081	0	0
OFFICIAL TOTALS	18,707	24,508	309	39
CORRECTED TOTAL				38

Note: A total of 17 scattered votes was cast.

U.S. Rep. 1880 3rd Dist.

County	D Henry H. Sibley	R WILLIAM D. WASHBURN	G Ebenezer Ayers	Pro Miner Ball
Aitkin	26	43	0	0
Anoka	477	995	32	0
Becker	153	674	0	0
Benton	356	241	0	0
Big Stone	317	380	0	0
Carlton	246	198	0	0
Cass	62	136	0	0
Chisago	253	1,240	0	0
Clay	433	836	2	0
Crow Wing	229	324	0	0
Douglas	342	1,385	0	0
Grant	59	572	0	0
Hennepin	3,991	8,134	285	81
Isanti	67	835	0	0
Kanabec	51	97	0	0
Kittson	55	176	0	0
Lac qui Parle	71	851	0	0
Lake	0	20	0	0
Marshall	59	146	0	0
Meeker	664	1,292	329	0
Mille Lacs	86	265	0	0
Morrison	665	457	0	0
Otter Tail	1,041	2,355	0	0
Pine	247	208	0	0
Polk	746	1,550	0	0
Pope	148	878	0	0
Ramsey	5,156	3,256	0	0
St. Louis	450	672	0	0
Sherburne	226	429	0	0
Stearns	2,589	1,269	8	0
Stevens	563	581	0	0
Todd	372	633	48	0
Traverse	80	122	1	0
Wadena	169	304	0	0
Washington	1,719	1,845	1	0
Wilkin	110	243	0	0
Wright	1,400	1,988	1	2
Yellow Medicine	126	798	0	0
OFFICIAL TOTALS	23,804	36,428	707	84
CORRECTED TOTAL				83

Note: A total of 20 scattered votes was cast.

U.S. Rep. 1882 1st Dist.

County	MILO WHITE (R)	Adolph Biermann (D)	C. H. Roberts (G)
Dodge	898	545	0
Fillmore	1,744	1,236	541
Freeborn	1,568	895	36
Houston	1,254	1,024	0
Mower	1,298	984	209
Olmsted	1,574	1,427	306
Steele	1,199	999	0
Wabasha	1,070	1,745	0
Winona	1,853	2,933	52
TOTALS	12,458	11,788	1,144

Note: A total of 9 scattered votes was cast.

U.S. Rep. 1882 2nd Dist.

County	JAMES B. WAKEFIELD (R)	F. A. Bohrer (D)	Jacob A. Latimer (G-FA)
Blue Earth	1,807	1,204	581
Brown	1,326	848	158
Cottonwood	439	18	304
Faribault	1,633	53	667
Jackson	238	19	392
Lac qui Parle	856	2	0
Le Sueur	1,062	1,856	18
Lincoln	620	0	0
Lyon	1,088	1	24
Martin	522	0	395
Murray	588	53	99
Nicollet	963	739	37
Nobles	538	97	138
Pipestone	434	1	51
Redwood	967	46	110
Rock	688	77	19
Sibley	1,013	767	0
Waseca	1,048	850	3
Watonwan	625	112	89
Yellow Medicine	732	7	0
TOTAL	17,187	6,750	3,085

Note: A total of 13 scattered votes was cast.

U.S. Rep. 1882 3rd Dist.

County	HORACE B. STRAIT (R)	Charles P. Adams (D)	Porter Martin (G)
Carver	1,508	643	0
Chippewa	798	36	46
Dakota	1,371	1,345	34
Goodhue	3,146	1,035	0
Kandiyohi	1,781	42	144
McLeod	1,037	1,117	0
Meeker	1,385	438	360
Renville	1,294	345	0
Rice	2,195	1,340	112
Scott	1,374	674	0
Swift	694	32	0
TOTALS	16,583	7,047	696

Note: A total of 39 scattered votes was cast.

U.S. Rep. 1882 4th Dist.

County	WILLIAM D. WASHBURN (R)	Albert A. Ames (D)	Edwin Phillips (Pro)
Anoka	860	548	157
Chisago	1,103	199	3
Hennepin	7,210	5,677	1,119
Isanti	726	91	0
Kanabec	126	44	1
Pine	224	263	1
Ramsey	3,317	5,029	92
Sherburne	460	302	4
Washington	1,623	1,248	66
Wright	1,731	1,419	102
TOTALS	17,380	14,820	1,545

U.S. Rep. 1882 5th Dist.

County	C. F. Kindred (R†)	KNUTE NELSON (R)	Edward P. Barnum (D)
Aitkin	289	34	0
Becker	501	622	62
Big Stone	171	400	215
Benton	164	235	164
Carlton	750	389	40
Cass	463	59	51
Clay	315	1,196	350
Crow Wing	2,153	174	52
Douglas	221	1,507	237
Grant	102	684	30
Itasca	633	2	8
Kittson	241	369	0
Lake	1	34	1
Marshall	125	347	13
Mille Lacs	268	73	48
Morrison	726	279	442
Norman	261	1,044	14
Otter Tail	533	3,119	657
Polk	1,127	1,258	309
Pope	167	955	160
Stearns	903	1,359	2,123
Stevens	388	432	269
St. Louis	847	968	250
Todd	185	681	442
Traverse	149	266	75
Wadena	334	210	159
Wilkin	221	260	77
TOTAL	12,238	16,956	6,248

†Kindred ran as a Republican without party nomination.

Note: A total of 35 scattered votes was cast.

U.S. Rep. 1884 1st Dist.

County	MILO WHITE (R)	Adolph Biermann (D)	C. A. Bierce (Pro)
Dodge	1,095	660	132
Fillmore	2,918	1,650	110
Freeborn	1,677	1,304	67
Houston	1,656	1,174	13
Mower	1,582	1,092	20
Olmsted	2,116	1,641	110
Steele	1,184	1,100	55
Wabasha	1,652	1,974	4
Winona	2,724	3,366	83
TOTALS	16,604	13,961	594

Note: A total of 11 scattered votes was cast.

U.S. Rep. 1884 2nd Dist.

County	JAMES B. WAKEFIELD (R)	John J. Thornton (D)	William Copp (Pro)
Blue Earth	2,473	2,044	263
Brown	1,468	1,033	41
Cottonwood	589	163	32
Faribault	1,822	528	138
Jackson	681	158	6
Lac qui Parle	1,004	182	0
Le Sueur	1,720	1,653	23
Lincoln	653	165	1
Lyon	1,265	230	96
Martin	731	284	100
Murray	605	220	0
Nicollet	1,136	696	2
Nobles	523	238	146
Pipestone	617	273	10
Redwood	784	227	50
Rock	747	171	54
Sibley	1,053	1,114	4
Waseca	1,197	885	70
Watonwan	545	272	3
Yellow Medicine	1,200	103	40
TOTALS	20,813	10,639	1,079

Note: A total of 19 scattered votes was cast.

U.S. Rep. 1884 3rd Dist.

County	HORACE B. STRAIT (R)	Ignatius Donnelly (D)	Isaac C. Stearns (Pro)
Carver	1,379	1,399	45
Chippewa	580	616	41
Dakota	1,200	2,203	42
Goodhue	3,461	2,161	111
Kandiyohi	1,659	639	12
McLeod	989	1,667	91
Meeker	1,448	1,173	100
Renville	1,396	954	38
Rice	2,367	2,190	80
Scott	1,111	1,441	8
Swift	866	595	0
TOTALS	16,456	15,038	568

Note: A total of 15 scattered votes was cast.

U.S. Rep. 1884 4th Dist.

County	JOHN B. GILFILLAN (R)	Orlando C. Merriman (D)	John M. Douglas (Pro)
Anoka	1,186	784	78
Chisago	1,356	479	3
Hennepin	11,540	11,562	692
Isanti	1,054	297	2
Kanabec	276	44	0
Pine	319	365	0
Ramsey	7,598	7,119	68
Sherburne	581	412	8
Washington	2,675	1,743	20
Wright	2,345	1,691	107
TOTALS	28,930	24,496	978

Note: A total of 4 scattered votes was cast.

U.S. Rep. 1884 5th Dist.

County	KNUTE NELSON (R)	Luther L. Baxter (D)
Aitkin	380	53
Becker	1,001	103
Beltrami	13	6
Benton	342	539
Big Stone	645	229
Carlton	632	309
Cass	151	19
Clay	1,545	436
Cook	45	9
Crow Wing	1,010	480
Douglas	1,817	460
Grant	902	87
Hubbard	102	75
Kittson	346	155
Lake	68	11
Marshall	596	137
Mille Lacs	300	134
Morrison	752	967
Norman	1,059	173
Otter Tail	3,505	1,464
Polk	2,557	1,638
Pope	1,345	208
St. Louis	2,013	1,103
Stearns	1,577	2,886
Stevens	619	396
Todd	927	506
Traverse	454	237
Wadena	447	207
Wilkin	459	149
TOTALS	25,609	13,176

Note: A total of 61 scattered votes was cast.

U.S. Rep. 1886 1st Dist.

County	R John A. Lovely	D THOMAS WILSON	Pro D. H. Roberts
Dodge	1,148	912	210
Fillmore	2,188	2,451	287
Freeborn	1,828	1,143	232
Houston	1,306	1,490	38
Mower	1,452	1,620	170
Olmsted	1,800	2,269	145
Steele	1,261	1,355	129
Wabasha	1,427	2,253	140
Winona	2,253	3,998	107
TOTALS	14,663	17,491	1,458

U.S. Rep. 1886 2nd Dist.

County	R JOHN LIND	D A. H. Bullis	Pro George J. Day
Blue Earth	2,694	2,479	319
Brown	1,535	797	76
Cottonwood	732	162	98
Faribault	1,463	1,126	234
Jackson	1,065	257	1
Lac qui Parle	1,467	397	1
Le Sueur	1,671	1,963	298
Lincoln	706	131	19
Lyon	1,053	411	60
Martin	953	499	124
Murray	913	340	70
Nicollet	1,274	997	13
Nobles	769	334	132
Pipestone	647	141	9
Redwood	902	355	151
Rock	869	237	124
Sibley	1,053	827	0
Waseca	1,195	1,345	269
Watonwan	770	254	95
Yellow Medicine	1,177	208	21
TOTALS	22,908	13,260	2,114

Note: A total of 14 scattered votes was cast.

U.S. Rep. 1886 3rd Dist.

County	R Benjamin B. Herbert	D JOHN L. MacDONALD	Pro Noah Lathrop
Carver	735	1,999	51
Chippewa	630	604	73
Dakota	1,388	2,236	33
Goodhue	3,983	1,756	173
Kandiyohi	1,730	545	144
McLeod	869	1,619	137
Meeker	1,416	1,298	105
Renville	1,250	1,246	71
Rice	2,299	2,452	171
Scott	372	2,188	23
Swift	911	845	7
TOTALS	15,583	16,788	988

Note: 1 scattered vote was cast.

U.S. Rep. 1886 4th Dist.

County	R John B. Gilfillan	D EDMUND RICE	Pro Lyman W. Denton
Anoka	1,036	892	64
Chisago	1,284	595	75
Hennepin	14,007	14,605	1,283
Isanti	999	191	44
Kanabec	252	94	0
Pine	317	459	0
Ramsey	6,034	12,132	329
Sherburne	701	539	6
Washington	2,034	2,191	115
Wright	2,245	2,336	74
TOTALS	28,909	34,034	1,990

Note: A total of 16 scattered votes was cast.

U.S. Rep. 1886 5th Dist.

County	R KNUTE NELSON	D J. Henry Long
Aitkin	564	0
Becker	1,561	101
Benton	642	6
Big Stone	1,019	50
Carlton	1,089	0
Cass	316	0
Clay	1,990	69
Cook	19	0
Crow Wing	1,588	1
Douglas	2,010	82
Grant	1,079	19
Hubbard	159	18
Itasca	185	0
Kittson	854	42
Lake	272	0
Marshall	1,055	10
Mille Lacs	450	0
Morrison	1,232	14
Norman	1,504	0
Otter Tail	4,815	364
Polk	4,356	205
Pope	1,478	46
St. Louis	4,459	45
Stearns	4,944	0
Stevens	1,003	42
Todd	1,759	37
Traverse	972	26
Wadena	1,743	51
Wilkin	820	11
TOTALS	43,937	1,239

Note: A total of 111 scattered votes was cast.

U.S. Rep. 1888 1st Dist.

County	MARK H. DUNNELL (R)	Thomas Wilson (D)	Robert Taylor (Pro)
Dodge	1,446	909	191
Fillmore	3,117	2,209	389
Freeborn	2,142	1,335	287
Houston	1,579	1,453	63
Mower	2,252	1,481	138
Olmsted	2,311	2,243	110
Steele	1,529	1,178	123
Wabasha	1,598	2,128	150
Winona	2,855	4,049	117
TOTALS	18,829	16,985	1,568

Note: A total of 5 scattered votes was cast.

U.S. Rep. 1888 2nd Dist.

County	JOHN LIND (R)	Morton S. Wilkinson (D)	D. W. Edwards (Pro)
Blue Earth	3,315	2,739	393
Brown	1,367	1,461	98
Cottonwood	767	272	83
Faribault	2,104	1,038	290
Jackson	1,025	464	88
Lac qui Parle	1,314	529	82
Le Sueur	2,015	1,899	225
Lincoln	596	409	61
Lyon	1,152	473	188
Martin	1,166	490	163
Murray	826	448	96
Nicollet	1,414	1,174	110
Nobles	896	672	179
Pipestone	680	308	127
Redwood	1,036	526	203
Rock	993	327	96
Sibley	1,412	1,420	46
Waseca	1,500	1,168	171
Watonwan	933	322	86
Yellow Medicine	1,188	341	139
TOTALS	25,699	16,480	2,924

Note: A total of 15 scattered votes was cast.

U.S. Rep. 1888 3rd Dist.

County	DARWIN S. HALL (R)	John L. MacDonald (D)	Christopher A. Fosnes (Pro)
Carver	1,497	1,873	53
Chippewa	772	579	159
Dakota	1,715	2,342	173
Goodhue	3,800	1,758	311
Kandiyohi	2,088	427	288
McLeod	1,319	1,831	99
Meeker	1,766	1,251	253
Renville	1,823	1,199	115
Rice	2,507	2,332	247
Scott	846	2,051	33
Swift	1,126	748	112
TOTALS	19,259	16,391	1,843

Note: A total of 22 scattered votes was cast.

U.S. Rep. 1888 4th Dist.

County	SAMUEL P. SNIDER (R)	Edmund Rice (D)	James P. Pinkham (Pro)
Anoka	1,360	774	168
Chisago	1,375	525	170
Hennepin	22,039	14,319	1,624
Isanti	897	156	314
Kanabec	152	136	111
Pine	470	445	64
Ramsey	11,572	13,377	801
Sherburne	786	457	32
Washington	2,763	2,010	119
Wright	2,915	2,124	318
TOTALS	44,329	34,323	3,721

Note: A total of 7 scattered votes was cast.

U.S. Rep. 1888 5th Dist.

County	SOLOMON G. COMSTOCK (R)	Charles Canning (D)	Zar D. Scott (Pro)
Aitkin	427	195	38
Becker	1,405	467	278
Benton	505	766	52
Big Stone	656	436	101
Carlton	803	553	47
Cass	471	239	6
Clay	1,492	1,037	171
Cook	24	29	0
Crow Wing	1,063	800	57
Douglas	1,736	739	366
Grant	620	674	90
Hubbard	160	206	1
Itasca	58	100	8
Kittson	600	380	55
Lake	209	89	2
Marshall	1,149	402	125
Mille Lacs	239	136	19
Morrison	1,045	1,417	42
Norman	561	1,066	341
Otter Tail	3,442	2,237	689
Pope	1,163	460	271
Polk	3,095	1,712	639
St. Louis	4,807	2,156	337
Stearns	1,996	4,929	151
Stevens	617	550	62
Todd	1,465	868	97
Traverse	480	519	38
Wadena	516	307	124
Wilkin	546	362	47
TOTALS	31,350	23,831	4,254

Note: A total of 11 scattered votes was cast.

The 1888 returns for all congressional districts are in county canvassing board abstracts in the state archives. Totals were calculated by the compilers.

U.S. Rep. 1890 1st Dist.

County	Mark H. Dunnell (R)	WILLIAM H. HARRIES (D-FA)
Dodge	1,051	1,061
Fillmore	2,246	2,289
Freeborn	1,565	1,582
Houston	1,201	1,756
Mower	1,793	1,631
Olmsted	1,889	2,226
Steele	1,266	1,312
Wabasha	1,490	2,006
Winona	2,374	3,335
TOTALS	14,875	17,198

Note: A total of 6 scattered votes was cast.

U.S. Rep. 1890 2nd Dist.

County	JOHN LIND (R)	James H. Baker (D-FA)	Ira B. Reynolds (Pro)
Blue Earth	2,605	2,596	211
Brown	1,371	1,684	1
Cottonwood	616	484	34
Faribault	1,792	793	123
Jackson	781	754	26
Lac qui Parle	843	1,072	28
Le Sueur	1,719	2,242	111
Lincoln	329	675	43
Lyon	829	877	61
Martin	1,016	425	93
Murray	644	622	13
Nicollet	1,347	1,143	18
Nobles	688	852	56
Pipestone	495	595	19
Redwood	935	752	91
Rock	758	600	19
Sibley	1,190	1,746	0
Waseca	1,178	1,187	62
Watonwan	783	559	41
Yellow Medicine	869	648	96
TOTALS	20,788	20,306	1,146

Note: A total of 42 scattered votes was cast.

U.S. Rep. 1890 3rd Dist.

County	Darwin S. Hall (R)	OSEE M. HALL (D)	W. W. Gamble (FA)	Charles R. Sheppard (Pro)
Carver	1,073	2,079	36	0
Chippewa	542	736	109	78
Dakota	950	2,392	536	131
Goodhue	2,451	2,332	59	219
Kandiyohi	1,289	785	372	200
McLeod	1,001	1,622	320	66
Meeker	1,312	1,383	170	164
Renville	1,161	1,342	585	64
Rice	2,016	1,831	537	143
Scott	754	2,064	17	14
Swift	557	1,073	315	37
TOTALS	13,106	17,639	3,056	1,116

U.S. Rep. 1890 4th Dist.

County	Samuel P. Snider (R)	JAMES N. CASTLE (D)	William J. Dean (Pro)
Anoka	1,115	754	78
Chisago	1,179	534	69
Hennepin	13,438	16,491	1,615
Isanti	728	221	195
Kanabec	130	175	139
Pine	475	473	24
Ramsey	8,232	12,109	796
Sherburne	588	434	3
Washington	1,959	2,426	54
Wright	2,331	2,286	265
TOTALS	30,175	35,903	3,238

Note: A total of 4 scattered votes was cast.

U.S. Rep. 1890 5th Dist.

County	Solomon G. Comstock (R)	Alonzo J. Whiteman (D)	KITTEL HALVORSON (FA-Pro)
Aitkin	398	236	54
Becker	1,024	430	518
Beltrami	85	1	12
Benton	219	650	277
Big Stone	646	412	274
Carlton	549	426	305
Cass	212	91	6
Clay	705	379	1,142
Cook	38	9	0
Crow Wing	684	473	299
Douglas	875	321	1,407
Grant	413	104	1,003
Hubbard	83	96	197
Itasca	400	225	0
Kittson	403	115	599
Lake	190	132	79
Marshall	577	107	1,301
Mille Lacs	427	190	141
Morrison	888	1,612	58
Norman	346	175	1,154
Otter Tail	1,539	1,233	3,078
Pope	502	147	941
Polk	795	945	4,102
St. Louis	3,528	1,968	1,190
Stearns	1,339	3,947	902
Stevens	521	224	549
Todd	1,004	757	723
Traverse	309	306	532
Wadena	347	276	268
Wilkin	326	216	403
TOTALS	19,372	16,203	21,514

Note: A total of 42 scattered votes was cast.

U.S. Rep. 1892 1st Dist.

County	R JAMES A. TAWNEY	D William H. Harries	Peo James I. Vermilya	Pro P. H. Harsh
Dodge	1,221	578	368	139
Fillmore	2,750	1,368	536	349
Freeborn	1,854	781	278	214
Houston	1,422	1,309	158	77
Mower	2,137	1,309	176	215
Olmsted	2,118	1,944	157	144
Steele	1,361	1,348	45	84
Wabasha	1,526	1,697	187	113
Waseca	982	1,015	216	127
Winona	2,775	3,646	221	92
TOTALS	18,146	14,995	2,342	1,554

U.S. Rep. 1892 2nd Dist.

County	R JAMES T. McCLEARY	D Winfield S. Hammond	Peo Lionel C. Long	Pro Edward H. Bronson
Blue Earth	2,565	2,244	380	296
Brown	1,015	1,125	577	58
Chippewa	702	455	294	147
Cottonwood	712	165	360	93
Faribault	2,046	1,080	123	0
Jackson	883	690	344	0
Lac qui Parle	1,175	343	734	0
Lincoln	321	293	384	67
Lyon	981	452	353	282
Martin	1,126	646	102	125
Murray	544	454	524	....
Nicollet	1,101	920	166	74
Nobles	793	584	446	135
Pipestone	608	220	384	51
Redwood	1,109	603	292	112
Rock	846	314	211	116
Watonwan	796	443	107	82
Yellow Medicine	884	268	487	195
TOTALS	18,207	11,299	6,268	1,833

U.S. Rep. 1892 3rd Dist.

County	R Joel P. Heatwole	D OSEE M. HALL	Peo Ferdinand Borchert	Pro William B. Reed
Carver	1,141	1,480	209	41
Dakota	1,461	1,998	256	182
Goodhue	3,373	1,941	153	271
Le Sueur	1,465	1,869	280	140
McLeod	875	1,585	309	139
Meeker	1,174	1,220	410	244
Renville	1,293	951	1,061	112
Rice	2,243	1,729	331	191
Scott	701	1,938	69	39
Sibley	1,001	1,179	386	56
TOTALS	14,727	15,890	3,464	1,415

U.S. Rep. 1892 4th Dist.

County	R ANDREW R. KIEFER	D James N. Castle	Peo James G. Dougherty	Pro David Morgan
Chisago	1,413	323	44	142
Isanti	671	117	230	269
Kanabec	165	47	33	92
Ramsey	12,083	11,099	1,666	1,285
Washington	2,292	1,849	240	175
TOTALS	16,624	13,435	2,213	1,963

U.S. Rep. 1892 5th Dist.

County	R LOREN FLETCHER	D James W. Lawrence	Peo Thomas H. Lucas	Pro Thomas J. Caton
Hennepin TOTALS	18,463	15,960	3,151	2,458

U.S. Rep. 1892 6th Dist.

County	R Dolson B. Searle	D MELVIN R. BALDWIN	Peo A. C. Parsons	Pro Edward L. Curial
Aitkin	363	224	70	18
Anoka	936	706	42	156
Beltrami	53	42	24	6
Benton	392	607	222	31
Carlton	653	391	124	53
Cass	273	181	52	15
Cook	63	18	33	11
Crow Wing	778	490	216	68
Hubbard	166	128	186	9
Itasca	510	566	31	15
Lake	265	132	31	29
Mille Lacs	469	167	95	44
Morrison	1,012	1,521	158	88
Pine	486	544	63	50
St. Louis	4,332	4,178	767	536
Sherburne	605	284	210	36
Stearns	1,963	4,154	546	156
Todd	1,143	1,007	516	125
Wadena	442	299	190	47
Wright	2,037	1,678	397	199
TOTALS	16,941	17,317	3,973	1,692

Note: A total of 4 scattered votes was cast.

U.S. Rep. 1892 7th Dist.

County	R Henry Feig	D W. F. Kelso	Peo HALDOR E. BOEN	Pro L. F. Hampson
Becker	781	356	641	180
Big Stone	489	441	221	145
Clay	804	494	854	148
Douglas	1,135	435	590	264
Grant	696	207	283	131
Kandiyohi	1,334	245	857	269
Kittson	274	488	479	65
Marshall	485	352	1,078	110
Norman	635	206	728	286

U.S. Rep. 1892 7th Dist.

County	R Henry Feig	D W. F. Kelso	Peo HALDOR E. BOEN	Pro L. F. Hampson
Otter Tail	1,918	1,307	1,806	471
Polk	1,114	1,215	3,201	222
Pope	893	205	528	152
Stevens	579	436	215	55
Swift	671	594	592	129
Traverse	352	224	340	52
Wilkin	369	331	201	52
TOTALS	12,529	7,536	12,614	2,731

U.S. Rep. 1894 1st Dist.

County	R JAMES A. TAWNEY	D John Moonan	Peo Thomas J. Meighen	Pro I. Horcutt
Dodge	1,580	389	435	134
Fillmore	2,911	474	1,189	278
Freeborn	2,313	199	814	133
Houston	1,725	960	186	58
Mower	2,582	832	471	140
Olmsted	2,618	1,479	288	107
Steele	1,787	1,224	145	109
Wabasha	1,978	1,463	286	85
Waseca	1,369	888	302	110
Winona	3,788	2,571	559	100
TOTALS	22,651	10,479	4,675	1,254

Note: 1 scattered vote was cast.

U.S. Rep. 1894 2nd Dist.

County	R JAMES H. McCLEARY	D James H. Baker	Peo Lionel C. Long	Pro H. S. Kellom
Blue Earth	3,418	1,712	733	202
Brown	1,390	842	916	56
Chippewa	881	218	565	88
Cottonwood	870	67	559	76
Faribault	2,290	817	169	203
Jackson	1,195	416	685	52

U.S. Rep. 1894 2nd Dist.

County	R JAMES H. McCLEARY	D James H. Baker	Peo Lionel C. Long	Pro H. S. Kellom
Lac qui Parle	1,335	135	918	3
Lincoln	500	90	555	56
Lyon	1,318	206	893	161
Martin	1,300	507	283	97
Murray	774	245	653	49
Nicollet	1,385	777	375	38
Nobles	1,094	605	453	91
Pipestone	749	164	606	33
Redwood	1,217	442	536	83
Rock	1,155	263	315	39
Watonwan	1,093	259	174	45
Yellow Medicine	1,172	92	953	108
TOTALS	23,136	7,857	10,341	1,480

U.S. Rep. 1894 3rd Dist.

County	R JOEL P. HEATWOLE	D Osee M. Hall	Peo James M. Bowler	Pro Lucian W. Chaney
Carver	1,688	1,461	177	15
Dakota	1,674	1,871	656	111
Goodhue	4,131	1,679	164	167
Le Sueur	2,041	1,722	411	110
McLeod	1,384	1,402	380	79
Meeker	1,751	981	481	100
Renville	1,758	621	1,513	82
Rice	2,469	1,631	602	228
Scott	1,032	1,835	172	28
Sibley	1,533	990	432	28
TOTALS	19,461	14,193	4,988	948

U.S. Rep. 1894 4th Dist.

County	R ANDREW R. KIEFER	D Edward J. Darragh	Peo Francis H. Clark	Pro David Morgan
Chisago	1,899	208	145	36
Isanti	1,050	53	373	114
Kanabec	255	81	100	31
Ramsey	14,517	8,456	3,884	362
Washington	2,852	1,370	553	46
TOTALS	20,573	10,168	5,055	589

U.S. Rep. 1894 5th Dist.

County	R LOREN FLETCHER	D Oliver T. Erickson	Peo Ernest F. Clark	Pro Theodore S. Reimstad
Hennepin TOTALS	20,465	11,506	7,043	1,039

Note: 2 scattered votes were cast.

U.S. Rep. 1894 6th Dist.

County	R CHARLES A. TOWNE	D Melvin R. Baldwin	Peo Kittel Halvorson
Aitkin	679	296	94
Anoka	1,241	755	208
Beltrami	40	106	16
Benton	667	633	232
Carlton	757	477	308
Cass	176	170	99
Cook	67	16	54
Crow Wing	1,204	485	296
Hubbard	197	190	164
Itasca	734	522	143
Lake	459	71	73
Mille Lacs	771	259	120
Morrison	1,874	1,480	211
Pine	670	429	117
St. Louis	8,362	2,784	1,622

U.S. Rep. 1894 6th Dist.

County	CHARLES A. TOWNE (R)	Melvin R. Baldwin (D)	Kittel Halvorson (Peo)
Sherburne	816	260	203
Stearns	1,933	4,279	996
Todd	1,410	862	722
Wadena	675	335	174
Wright	2,755	1,427	623
TOTALS	25,487	15,836	6,475

U.S. Rep. 1894 7th Dist.

County	FRANK M. EDDY (R)	Thomas N. McLean (D)	Haldor E. Boen (Peo)	Ole Kron (Pro)
Becker	1,062	169	806	128
Big Stone	802	187	431	79
Clay	1,051	291	1,147	185
Douglas	1,542	205	930	301
Grant	830	40	628	131
Kandiyohi	1,678	48	1,341	251
Kittson	615	96	666	92
Marshall	794	130	1,083	120
Norman	815	63	1,167	157
Otter Tail	2,557	725	2,614	751
Polk	1,968	710	3,740	232
Pope	1,554	25	591	78
Stevens	796	187	337	54
Swift	1,016	273	963	68
Traverse	582	159	531	52
Wilkin	538	178	433	47
TOTALS	18,200	3,486	17,408	2,726

U.S. Rep. 1896 1st Dist.

County	JAMES A. TAWNEY (R)	Patrick Fitzpatrick (D-Peo)	H. Clark (Pro)
Dodge	1,842	905	119
Fillmore	4,024	1,882	193
Freeborn	3,263	1,174	156
Houston	2,053	1,192	3
Mower	3,385	1,379	0
Olmsted	3,131	1,905	118
Steele	2,001	1,495	92
Wabasha	2,449	1,824	90
Waseca	1,835	1,318	75
Winona	3,937	4,145	0
TOTALS	27,920	17,219	846

U.S. Rep. 1896 2nd Dist.

County	JAMES T. McCLEARY (R)	Frank A. Day (D-Peo)	Richard Price (Pro)
Blue Earth	3,965	2,801	138
Brown	1,807	1,591	41
Chippewa	1,270	1,034	46
Cottonwood	1,241	848	34
Faribault	3,097	1,156	104
Jackson	1,555	1,216	38
Lac qui Parle	1,597	993	77
Lincoln	639	738	54
Lyon	1,554	1,386	62
Martin	1,495	1,649	81
Murray	1,174	1,084	45
Nicollet	1,752	918	30
Nobles	1,558	1,193	71
Pipestone	843	877	18
Redwood	1,802	1,162	41
Rock	1,150	778	30
Watonwan	1,508	662	32
Yellow Medicine	1,474	1,046	93
TOTALS	29,481	21,132	1,035

Note: 1 scattered vote was cast.

U.S. Rep. 1896 3rd Dist.

County	JOEL P. HEATWOLE (R)	Harrison J. Peck (D-Peo)	C. T. Laugeson (Pro)
Carver	1,806	1,485	39
Dakota	2,083	2,445	122
Goodhue	5,677	1,469	131
Le Sueur	2,257	2,247	71
McLeod	1,612	1,917	78
Meeker	2,061	1,618	68
Renville	2,542	2,005	87
Rice	3,517	2,041	123
Scott	1,130	1,894	55
Sibley	1,798	1,411	27
TOTALS	24,483	18,532	801

Note: 1 scattered vote was cast.

U.S. Rep. 1896 4th Dist.

County	FREDERICK C. STEVENS (R)	Francis H. Clark (D-Peo)	George S. Innis (Pro)
Chisago	2,444	431	0
Isanti	1,409	698	46
Kanabec	461	264	0
Ramsey	16,828	11,562	405
Washington	3,712	1,685	0
TOTALS	24,854	14,640	451

Note: A total of 5 scattered votes was cast.

U.S. Rep. 1896 5th Dist.

County	LOREN FLETCHER (R)	Sidney M. Owen (D-Peo)	J. A. Sanborn (Pro)	H. T. Shaw (SL)
Hennepin TOTALS	24,508	21,521	742	509

Note: 1 scattered vote was cast.

U.S. Rep. 1896 6th Dist.

County	R [ROBERT] PAGE MORRIS	D-Peo Charles A. Towne
Aitkin	803	380
Anoka	1,479	945
Beltrami	202	191
Benton	756	994
Carlton	1,106	692
Cass	284	377
Cook	62	126
Crow Wing	1,340	1,104
Hubbard	344	397
Itasca	776	770
Lake	449	419
Mille Lacs	909	532
Morrison	1,855	1,978
Pine	1,088	1,055
St. Louis	8,871	8,679
Sherburne	966	597
Stearns	2,991	5,266
Todd	2,037	1,916
Wadena	826	635
Wright	3,173	2,545
TOTALS	30,317	29,598

Note: A total of 3 scattered votes was cast.

U.S. Rep. 1896 7th Dist.

County	R FRANK M. EDDY	D-Peo Edwin E. Lommen	Pro Jergen F. Heiberg
Becker	1,511	896	69
Big Stone	1,144	649	75
Clay	1,787	1,758	63
Douglas	2,039	1,386	71
Grant	1,040	695	32
Kandiyohi	2,175	1,646	59
Kittson	758	747	47

U.S. Rep. 1896 7th Dist. (continued)

County	R FRANK M. EDDY	D-Peo Edwin E. Lommen	Pro Jergen F. Heiberg
Marshall	1,200	1,260	40
Norman	1,358	1,266	134
Otter Tail	3,762	4,231	220
Polk	3,090	4,795	141
Pope	1,888	614	38
Roseau	348	506	21
Stevens	1,067	645	39
Swift	1,458	1,116	55
Traverse	645	911	46
Wilkin	733	811	23
TOTALS	26,003	23,932	1,173

U.S. Rep. 1898 1st Dist.

County	R JAMES A. TAWNEY	D-Peo Milo White	Pro Clarence Wedge
Dodge	1,082	357	93
Fillmore	2,269	1,460	183
Freeborn	1,961	580	210
Houston	1,466	876	45
Mower	1,933	690	91
Olmsted	2,430	1,682	118
Steele	1,535	1,009	73
Wabasha	1,971	1,425	118
Waseca	1,316	1,073	69
Winona	2,976	2,779	88
TOTALS	18,939	11,931	1,088

Note: A total of 22 scattered votes was cast.

U.S. Rep. 1898 2nd Dist.

County	R JAMES T. McCLEARY	D-Peo David H. Evans	Pro Thaddeus P. Grout
Blue Earth	2,868	2,043	110
Brown	1,301	1,154	29
Chippewa	947	712	55
Cottonwood	842	512	51
Faribault	2,179	795	128
Jackson	1,188	803	61
Lac qui Parle	1,300	765	96
Lincoln	459	494	44
Lyon	1,092	1,061	65
Martin	1,319	1,014	139
Murray	725	820	32
Nicollet	1,338	879	54
Nobles	954	874	103
Pipestone	687	590	34
Redwood	1,094	729	69
Rock	830	430	67
Watonwan	960	346	38
Yellow Medicine	1,213	763	90
TOTALS	21,296	14,784	1,265

Note: 1 scattered vote was cast.

U.S. Rep. 1898 3rd Dist.

County	R JOEL P. HEATWOLE	D-Peo Charles G. Hinds	Pro J. R. Lowe
Carver	1,534	1,100	36
Dakota	1,804	1,552	157
Goodhue	3,966	1,015	96
Le Sueur	1,940	1,801	109
McLeod	1,498	1,530	75
Meeker	1,673	1,065	138
Renville	2,010	1,041	531
Rice	2,518	1,235	177
Scott	811	1,724	51
Sibley	1,517	1,120	76
TOTALS	19,271	13,183	1,446

Note: 1 scattered vote was cast.

U.S. Rep. 1898 4th Dist.

County	R FREDERICK C. STEVENS	D John W. Willis	Pro Newton J. Bray	SL Henry Carling	IPeo N. S. Beardsley
Chisago	1,433	330	0	19	56
Isanti	943	484	0	41	38
Kanabec	296	141	0	9	25
Ramsey	11,134	9,381	461	674	538
Washington	2,146	1,266	0	36	37
TOTALS	15,952	11,602	461	779	694

Note: A total of 5 scattered votes was cast.

U.S. Rep. 1898 5th Dist.

County	R LOREN FLETCHER	D-Peo Thomas J. Caton	Pro Charles M. Way	SL Adolph Hirshfield	I Edward H. Blackburn
Hennepin TOTALS	18,736	12,896	885	912	399

Note: A total of 4 scattered votes was cast.

U.S. Rep. 1898 6th Dist.

County	R [ROBERT] PAGE MORRIS	D-Peo Charles A. Towne	SL Edward Kriz
Aitkin	542	276	5
Anoka	1,125	656	14
Beltrami	490	381	23
Benton	699	820	18
Carlton	670	491	7
Cass	635	393	30
Cook	95	76	1
Crow Wing	1,146	773	27
Hubbard	456	409	10
Itasca	552	521	11
Lake	264	296	12
Mille Lacs	849	489	16
Morrison	1,461	1,888	22
Pine	697	724	12
St. Louis	4,349	5,326	73
Sherburne	710	443	11
Stearns	2,456	3,671	38
Todd	1,850	1,507	36
Wadena	744	507	18
Wright	2,404	2,084	28
TOTALS	22,194	21,731	412

Note: 1 scattered vote was cast.

U.S. Rep. 1898 7th Dist.

County	R FRANK M. EDDY	D-Peo Peter M. Ringdal	Pro Engebret E. Løbeck
Becker	1,471	678	136
Big Stone	935	581	58
Clay	1,257	1,081	92
Douglas	1,680	1,155	85
Grant	725	529	48
Kandiyohi	1,561	1,353	84
Kittson	538	543	45
Marshall	1,046	924	46
Norman	1,113	746	207
Otter Tail	2,855	2,902	364
Polk	1,624	2,216	215
Pope	1,234	332	70
Red Lake	740	832	27
Roseau	369	331	19
Stevens	790	421	39
Swift	1,163	845	80
Traverse	624	685	38
Wilkin	684	561	40
TOTALS	20,409	16,715	1,693

U.S. Rep. 1900 1st Dist.

County	R JAMES A. TAWNEY	D-Peo L. L. Brown
Dodge	1,474	904
Fillmore	3,426	1,953
Freeborn	2,767	1,218
Houston	1,646	1,191
Mower	2,898	1,580
Olmsted	2,720	2,033
Steele	1,771	1,574
Wabasha	1,920	1,916
Waseca	1,621	1,486
Winona	2,869	4,275
TOTALS	23,112	18,130

Note: A total of 2 scattered votes was cast.

U.S. Rep. 1900 2nd Dist.

County	R JAMES T. McCLEARY	D-Peo M. E. Mathews	Pro Samuel D. Works
Blue Earth	3,632	2,510	204
Brown	1,722	1,662	40
Chippewa	1,395	866	0
Cottonwood	1,330	638	65
Faribault	2,906	1,063	174
Jackson	1,799	1,059	72
Lac qui Parle	1,832	825	85
Lincoln	756	701	42
Lyon	1,601	1,211	86
Martin	1,741	1,375	195
Murray	1,310	929	59
Nicollet	1,663	998	54
Nobles	1,618	1,158	137
Pipestone	1,041	783	42
Redwood	2,024	1,065	94
Rock	1,194	604	64
Watonwan	1,413	538	62
Yellow Medicine	1,581	948	129
TOTALS	30,558	18,933	1,604

Note: A total of 4 scattered votes was cast.

U.S. Rep. 1900 3rd Dist.

County	R JOEL P. HEATWOLE	D-Peo Albert Schaller	M-Pop J. R. Lowe
Carver	1,757	1,355	18
Dakota	2,055	1,989	73
Goodhue	4,828	1,381	31
Le Sueur	1,973	2,141	24
McLeod	1,699	1,779	31
Meeker	2,114	1,371	30
Renville	2,792	1,467	119
Rice	2,936	1,828	87
Scott	1,048	1,846	0
Sibley	1,908	1,341	19
TOTALS	23,110	16,498	432

U.S. Rep. 1900 4th Dist.

County	R FREDERICK C. STEVENS	D-Peo Alexander J. Stone	Pro Charles J. Scanlan
Chisago	2,199	501	0
Isanti	1,335	616	63
Kanabec	611	254	17
Ramsey	14,470	11,995	568
Washington	2,707	1,520	69
TOTALS	21,322	14,886	717

U.S. Rep. 1900 5th Dist.

County	R LOREN FLETCHER	D S. A. Stockwell	SL John W. Johnson	SD Adolph Hirshfield	IPro Edwin Phillips
Hennepin TOTALS	24,724	14,269	992	725	933

U.S. Rep. 1900 6th Dist.

County	R [ROBERT] PAGE MORRIS	D-Peo Henry Truelson	M-Pop Peter J. Seberger	SL John P. Johnson
Aitkin	910	344	9	11
Anoka	1,488	616	12	22
Beltrami	1,242	768	47	24
Benton	813	868	14	10
Carlton	1,027	549	14	14
Cass	977	531	22	25
Cook	87	67	1	3
Crow Wing	1,677	874	35	35
Hubbard	967	484	28	20
Itasca	695	463	7	15
Lake	555	412	2	29
Mille Lacs	1,084	410	28	26
Morrison	1,842	1,984	35	40
Pine	1,060	790	15	27
St. Louis	7,641	5,758	135	191

U.S. Rep. 1900 6th Dist.

County	[ROBERT] PAGE MORRIS (R)	Henry Truelson (D-Peo)	Peter J. Seberger (M-Pop)	John P. Johnson (SL)
Sherburne	909	416	22	10
Stearns	2,677	4,522	122	35
Todd	2,153	1,676	64	54
Wadena	938	517	14	10
Wright	3,050	2,170	45	27
TOTALS	31,792	24,219	671	628

U.S. Rep. 1900 7th Dist.

County	FRANK M. EDDY (R)	Michael J. Daly (D-Peo)	Hans H. Aaker (Pro)	Haldor E. Boen (Ref)
Becker	1,681	964	147	24
Big Stone	1,019	730	98	12
Clay	1,762	1,204	262	24
Douglas	1,750	1,403	85	12
Grant	971	547	78	17
Kandiyohi	2,151	1,401	93	13
Kittson	814	634	40	19
Marshall	1,393	1,050	58	12
Norman	1,360	1,004	362	17
Otter Tail	3,018	3,628	613	179
Polk	2,759	2,714	261	38
Pope	1,797	535	51	15
Red Lake	879	1,222	60	12
Roseau	672	525	20	8
Stevens	914	811	61	14
Swift	1,294	1,191	59	12
Traverse	729	768	53	8
Wilkin	775	681	82	12
TOTALS	25,738	21,012	2,483	448

U.S. Rep. 1902 1st Dist.

County	JAMES A. TAWNEY (R)	Peter McGovern (D)
Dodge	1,225	527
Fillmore	2,232	956
Freeborn	2,347	764
Houston	1,305	642
Mower	2,087	816
Olmsted	2,217	1,603
Steele	1,730	1,480
Wabasha	1,841	1,623
Waseca	1,217	1,460
Winona	3,360	2,674
TOTALS	19,561	12,545

Note: 1 scattered vote was cast.

U.S. Rep. 1902 2nd Dist.

County	JAMES T. McCLEARY (R)	Charles N. Andrews (D)
Blue Earth	2,647	2,199
Brown	1,441	1,151
Cottonwood	1,219	382
Faribault	1,712	884
Jackson	1,536	737
Martin	1,674	1,100
Murray	1,162	722
Nobles	1,596	848
Pipestone	1,021	494
Rock	1,016	375
Watonwan	1,076	424
TOTALS	16,100	9,316

Note: A total of 3 scattered votes was cast.

U.S. Rep. 1902 3rd Dist.

County	R CHARLES R. DAVIS	D Charles C. Kolars	Pro Charles H. Blood
Carver	1,574	1,044	50
Dakota	1,621	1,632	102
Goodhue	3,607	882	108
Le Sueur	1,929	1,906	0
McLeod	1,504	1,556	99
Nicollet	1,808	440	64
Rice	2,387	1,399	159
Scott	805	1,303	29
Sibley	1,465	834	36
TOTALS	16,700	10,996	647

Note: A total of 3 scattered votes was cast.

U.S. Rep. 1902 4th Dist.

County	R FREDERICK C. STEVENS	D John L. Gieske
Chisago	1,782	274
Ramsey	12,987	10,168
Washington	2,635	970
TOTALS	17,404	11,412

U.S. Rep. 1902 5th Dist.

County	R Loren Fletcher	D JOHN LIND	Soc Spencer M. Holman	Peo A. H. Nelson	Pro George D. Haggard	SL Martin Hanson
Hennepin TOTALS	17,809	19,863	215	76	350	421

Note: 1 scattered vote was cast.

U.S. Rep. 1902 6th Dist.

County	R CLARENCE B. BUCKMAN	D Julian A. Du Bois
Benton	824	844
Cass	1,079	419
Crow Wing	1,693	927
Douglas	1,669	905
Hubbard	951	452
Meeker	1,873	1,274
Morrison	2,040	1,826
Sherburne	720	312
Stearns	1,764	3,970
Todd	2,170	1,262
Wadena	919	340
Wright	2,192	1,174
TOTALS	17,894	13,705

Note: 1 scattered vote was cast.

U.S. Rep. 1902 7th Dist.

County	R ANDREW J. VOLSTEAD	Peo August O. Forsberg	Pro Knut Johnson
Big Stone	1,107	328	0
Chippewa	1,434	303	1
Grant	952	160	0
Kandiyohi	2,061	1,045	0
Lac qui Parle	1,600	293	0
Lincoln	977	325	0
Lyon	1,871	373	145
Pope	1,488	180	0
Redwood	1,772	314	0
Renville	2,637	588	141
Stevens	966	309	0
Swift	1,603	661	0
Traverse	653	256	1
Yellow Medicine	1,705	262	0
TOTALS	20,826	5,397	288

Note: A total of 7 scattered votes was cast.

U.S. Rep. 1902 8th Dist.

County	R J[AMES] ADAM BEDE	D Marcus L. Fay	S Vincent C. Koneczny
Aitkin	1,037	273	17
Anoka	1,466	481	0
Carlton	994	518	33
Cook	160	47	12
Isanti	1,119	511	32
Itasca	823	634	43
Kanabec	644	232	8
Lake	397	374	98
Mille Lacs	1,167	416	0
Pine	1,101	800	58
St. Louis	5,705	4,596	237
TOTALS	14,613	8,882	538

U.S. Rep. 1902 9th Dist.

County	HALVOR STEENERSON (R)	Alexander McKinnon (D)	Nels T. Moen (Peo)
Becker	1,832	318	249
Beltrami	2,299	388	383
Clay	1,544	486	412
Kittson	884	272	268
Marshall	1,261	415	554
Norman	1,177	142	755
Otter Tail	2,888	858	1,728
Polk	3,201	767	1,640
Red Lake	1,333	412	370
Roseau	934	152	317
Wilkin	702	362	108
TOTALS	18,055	4,572	6,784

Note: A total of 3 scattered votes was cast.

U.S. Rep. 1904 1st Dist.

County	JAMES A. TAWNEY (R)	H. C. Nelson (D)
Dodge	1,341	527
Fillmore	3,002	1,076
Freeborn	2,585	1,300
Houston	1,533	550
Mower	2,618	958
Olmsted	2,580	1,639
Steele	2,004	1,508
Wabasha	2,115	1,487
Waseca	1,572	1,094
Winona	3,838	2,631
TOTALS	23,188	12,770

Note: A total of 6 scattered votes was cast.

U.S. Rep. 1904 2nd Dist.

County	JAMES T. McCLEARY (R)	George P. Jones (D)
Blue Earth	3,220	2,204
Brown	2,016	1,404
Cottonwood	1,230	503
Faribault	2,753	947
Jackson	1,871	1,001
Martin	1,983	1,218
Murray	1,420	784
Nobles	1,593	879
Pipestone	1,047	566
Rock	895	638
Watonwan	1,218	640
TOTALS	19,246	10,784

Note: A total of 2 scattered votes was cast.

U.S. Rep. 1904 3rd Dist.

County	CHARLES R. DAVIS (R)	Joseph W. Craven (D)
Carver	1,565	1,182
Dakota	2,387	1,632
Goodhue	4,508	964
Le Sueur	2,260	1,548
McLeod	1,372	1,117
Nicollet	1,936	497
Rice	3,140	1,344
Scott	1,227	1,209
Sibley	1,721	893
TOTALS	20,116	10,386

Note: 1 scattered vote was cast.

U.S. Rep. 1904 4th Dist.

County	FREDERICK C. STEVENS (R)
Chisago	2,337
Ramsey	20,351
Washington	2,943
TOTALS	25,631

Note: A total of 6 scattered votes was cast.

U.S. Rep. 1904 5th Dist.

County	LOREN FLETCHER (R)	Christian H. Kohler (D)	Joseph H. Morton (Pro)	Adolph Hirshfield (PO)
Hennepin TOTALS	21,933	15,923	1,754	3,184

U.S. Rep. 1904 6th Dist.

County	CLARENCE B. BUCKMAN (R)	Cleve W. Van Dyke (D)
Benton	909	1,013
Cass	968	461
Crow Wing	1,757	1,130
Douglas	1,300	1,566
Hubbard	1,245	540
Meeker	1,639	1,666
Morrison	2,412	1,809
Sherburne	999	454
Stearns	1,956	3,857
Todd	2,415	1,781
Wadena	968	480
Wright	2,741	1,673
TOTALS	19,309	16,430

U.S. Rep. 1904 7th Dist.

County	ANDREW J. VOLSTEAD (R)	John H. Driscoll (D)
Big Stone	1,361	0
Chippewa	2,050	0
Grant	1,242	0
Kandiyohi	2,716	0
Lac qui Parle	1,953	0
Lincoln	1,339	341
Lyon	2,611	0
Pope	1,796	0
Redwood	2,278	0
Renville	3,260	0
Stevens	1,277	0
Swift	2,004	0
Traverse	976	0
Yellow Medicine	2,197	0
TOTALS	27,060	341

Note: A total of 10 scattered votes was cast.

U.S. Rep. 1904 8th Dist.

County	J[AMES] ADAM BEDE (R)	Martin Hughes (D)	John A. O'Malley (PO)
Aitkin	1,317	283	0
Anoka	1,577	355	0
Carlton	1,398	361	0
Cook	201	26	12
Isanti	1,534	303	0
Itasca	1,688	540	0
Kanabec	741	325	0
Lake	520	89	302
Mille Lacs	1,489	306	0
Pine	1,813	646	0
St. Louis	9,817	3,392	0
TOTALS	22,095	6,626	314

Note: A total of 6 scattered votes was cast.

U.S. Rep. 1904 9th Dist.

County	HALVOR STEENERSON (R)
Becker	2,127
Beltrami	2,278
Clay	2,383
Clearwater	1,010
Kittson	1,254
Marshall	2,031
Norman	2,080
Otter Tail	5,289
Polk	4,178
Red Lake	1,904
Roseau	1,360
Wilkin	1,167
TOTALS	27,061

Note: A total of 3 scattered votes was cast.

U.S. Rep. 1906 1st Dist.

County	JAMES A. TAWNEY (R)	Andrew French (D)
Dodge	1,056	553
Fillmore	1,904	808
Freeborn	1,914	830
Houston	1,031	494
Mower	1,574	913
Olmsted	2,314	1,601
Steele	1,804	1,472
Wabasha	1,438	1,848
Waseca	1,350	1,182
Winona	2,967	2,975
TOTALS	17,352	12,676

Note: A total of 4 scattered votes was cast.

U.S. Rep. 1906 2nd Dist.

County	James T. McCleary (R)	WINFIELD S. HAMMOND (D)	David A. Tucker (Pro)
Blue Earth	2,291	2,796	95
Brown	1,293	1,816	38
Cottonwood	662	711	69
Faribault	1,673	1,290	156
Jackson	1,469	1,151	60
Martin	1,328	1,362	136
Murray	859	856	44
Nobles	911	1,123	67
Pipestone	676	691	69
Rock	580	651	48
Watonwan	724	1,079	29
TOTALS	12,466	13,526	811

U.S. Rep. 1906 3rd Dist.

County	CHARLES R. DAVIS (R)
Carver	2,090
Dakota	2,421
Goodhue	3,570
Le Sueur	2,476
McLeod	1,819
Nicollet	1,678
Rice	2,668
Scott	867
Sibley	1,872
TOTALS	19,461

Note: A total of 12 scattered votes was cast.

U.S. Rep. 1906 4th Dist.

County	FREDERICK C. STEVENS (R)	Gustave Scholle (D)	Adolph Lando (PO)
Chisago	1,577	311	68
Ramsey	15,533	8,177	1,355
Washington	2,190	691	121
TOTALS	19,300	9,179	1,544

U.S. Rep. 1906 5th Dist.

County	FRANK M. NYE (R)	Frank D. Larrabee (D)	Frederick F. Lindsay (Pro)	Charles F. Dight (PO)
Hennepin TOTALS	23,742	16,448	1,157	1,386

Note: 1 scattered vote was cast.

U.S. Rep. 1906 6th Dist.

County	CHARLES A. LINDBERGH (R)	Merrill C. Tifft (D)
Benton	850	897
Cass	880	382
Crow Wing	1,489	892
Douglas	1,533	655
Hubbard	1,117	416
Meeker	1,722	1,117
Morrison	1,931	1,803
Sherburne	752	298
Stearns	2,003	3,381
Todd	1,893	1,651
Wadena	792	496
Wright	1,790	1,127
TOTALS	16,752	13,115

U.S. Rep. 1906 7th Dist.

County	ANDREW J. VOLSTEAD (R)
Big Stone	1,130
Chippewa	1,807
Grant	1,080
Kandiyohi	2,245
Lac qui Parle	1,618
Lincoln	1,051
Lyon	1,840
Pope	1,120
Redwood	1,855
Renville	2,712
Stevens	1,171
Swift	1,769
Traverse	726
Yellow Medicine	1,367
TOTALS	21,491

U.S. Rep. 1906 8th Dist.

County	J[AMES] ADAM BEDE (R)	George F. Peterson (PO)
Aitkin	842	326
Anoka	1,392	238
Carlton	1,273	413
Cook	215	69
Isanti	987	482
Itasca	2,235	779
Kanabec	495	222
Lake	437	357
Mille Lacs	811	280
Pine	1,489	351
St. Louis	8,464	2,508
TOTALS	18,640	6,025

U.S. Rep. 1906 9th Dist.

County	HALVOR STEENERSON (R)	Haldor E. Boen (PO)
Becker	1,554	285
Beltrami	1,713	315
Clay	2,106	407
Clearwater	750	236
Kittson	1,217	210
Marshall	2,147	351
Norman	1,642	446
Otter Tail	3,824	1,212
Polk	3,199	1,026
Red Lake	2,134	492
Roseau	1,122	306
Wilkin	737	204
TOTALS	22,145	5,490

U.S. Rep. 1908 1st Dist.

County	JAMES A. TAWNEY (R)	Andrew French (D)
Dodge	1,302	781
Fillmore	2,798	1,802
Freeborn	2,176	1,710
Houston	1,523	1,015
Mower	2,380	1,626
Olmsted	2,213	2,048
Steele	1,770	1,760
Wabasha	1,842	2,018
Waseca	1,421	1,358
Winona	3,039	3,490
TOTALS	20,464	17,608

U.S. Rep. 1908 2nd Dist.

County	James T. McCleary (R)	WINFIELD S. HAMMOND (D)
Blue Earth	2,726	3,365
Brown	1,193	2,380
Cottonwood	871	1,050
Faribault	1,868	1,923
Jackson	1,187	1,626
Martin	1,478	1,867
Murray	1,099	1,053
Nobles	1,100	1,487
Pipestone	838	796
Rock	973	847
Watonwan	758	1,322
TOTALS	14,091	17,716

U.S. Rep. 1908 3rd Dist.

County	CHARLES R. DAVIS (R)	William H. Leeman (D)
Carver	2,005	1,157
Dakota	2,469	1,952
Goodhue	4,194	1,258
Le Sueur	2,098	1,910
McLeod	1,698	1,608
Nicollet	1,782	655
Rice	2,892	1,751
Scott	1,247	1,533
Sibley	1,511	1,622
TOTALS	19,896	13,446

U.S. Rep. 1908 4th Dist.

County	FREDERICK C. STEVENS (R)	David F. Peebles (D)	Ernest W. Woodrich (PO)
Chisago	1,943	436	66
Ramsey	17,088	10,953	1,627
Washington	2,787	1,006	91
TOTALS	21,818	12,395	1,784

U.S. Rep. 1908 5th Dist.

County	FRANK M. NYE (R)	Thomas P. Dwyer (D)	Charles F. Dight (PO)
Hennepin TOTALS	24,542	13,429	1,816

U.S. Rep. 1908 6th Dist.

County	CHARLES A. LINDBERGH (R)	Andrew J. Gilkinson (D)
Benton	1,193	720
Cass	1,195	366
Crow Wing	1,963	673
Douglas	1,997	1,059
Hubbard	1,482	373
Meeker	2,114	1,128
Morrison	2,436	1,352
Sherburne	987	335
Stearns	2,399	4,046
Todd	2,707	1,413
Wadena	1,055	389
Wright	3,046	1,320
TOTALS	22,574	13,174

U.S. Rep. 1908 7th Dist.

County	ANDREW J. VOLSTEAD (R)
Big Stone	1,291
Chippewa	1,889
Grant	1,143
Kandiyohi	2,853
Lac qui Parle	2,202
Lincoln	1,333
Lyon	2,054
Pope	2,068
Redwood	2,437
Renville	3,190
Stevens	1,069
Swift	1,806
Traverse	956
Yellow Medicine	2,306
TOTALS	26,597

U.S. Rep. 1908 8th Dist.

County	CLARENCE B. MILLER (R)	Alexander Halliday (PO)
Aitkin	1,414	284
Anoka	1,794	218
Carlton	1,718	427
Cook	256	43
Isanti	1,500	279
Itasca	2,147	474
Kanabec	968	140
Koochiching	1,164	234
Lake	609	472
Mille Lacs	1,358	293
Pine	1,747	498
St. Louis	13,198	2,936
TOTALS	27,873	6,298

U.S. Rep. 1908 9th Dist.

County	HALVOR STEENERSON (R)	T. T. Braaten (PO)	Ole O. Sageng (IP)
Becker	1,839	195	1,063
Beltrami	1,898	427	556
Clay	1,705	139	1,211
Clearwater	566	148	474
Kittson	912	108	601
Mahnomen	293	67	135
Marshall	1,634	245	864
Norman	964	229	1,165
Otter Tail	2,608	244	3,944
Polk	2,606	424	2,808
Red Lake	1,445	364	930
Roseau	842	325	608
Wilkin	645	70	651
TOTALS	17,957	2,985	15,010

U.S. Rep. 1910 2nd Dist.

County	Franklin F. Ellsworth (R)	WINFIELD S. HAMMOND (D)	D. A. Thayer (S)
Blue Earth	2,290	3,164	82
Brown	1,255	2,053	120
Cottonwood	941	830	47
Faribault	1,565	1,165	31
Jackson	1,047	1,128	41
Martin	1,058	1,763	68
Murray	974	1,047	41
Nobles	1,060	1,295	50
Pipestone	765	597	50
Rock	795	598	20
Watonwan	676	1,105	6
TOTALS	12,426	14,745	556

U.S. Rep. 1910 4th Dist.

County	FREDERICK C. STEVENS (R)	John L. Gieske (D)	Charles H. Stratton (PO)
Chisago	1,169	512	117
Ramsey	15,431	10,873	1,679
Washington	2,230	1,110	157
TOTALS	18,830	12,495	1,953

U.S. Rep. 1910 5th Dist.

County	FRANK M. NYE (R)	Thomas P. Dwyer (D)	Frederick F. Lindsay (PO)
Hennepin TOTALS	17,433	15,113	2,323

U.S. Rep. 1910 1st Dist.

County	SYDNEY ANDERSON (R)	H. L. Buck (D)
Dodge	952	438
Fillmore	2,206	1,221
Freeborn	2,563	888
Houston	1,405	853
Mower	2,081	1,349
Olmsted	1,972	1,937
Steele	1,838	1,578
Wabasha	1,895	1,711
Waseca	1,544	937
Winona	1,859	3,904
TOTALS	18,315	14,816

U.S. Rep. 1910 3rd Dist.

County	CHARLES R. DAVIS (R)
Carver	2,510
Dakota	2,901
Goodhue	4,149
Le Sueur	2,719
McLeod	1,787
Nicollet	1,799
Rice	3,202
Scott	1,008
Sibley	1,788
OFFICIAL TOTAL	21,763
CORRECTED TOTAL	21,863

U.S. Rep. 1910 6th Dist.

County	CHARLES A. LINDBERGH (R)
Benton	1,460
Cass	1,238
Crow Wing	1,929
Douglas	2,571
Hubbard	1,322
Meeker	2,734
Morrison	2,930
Sherburne	892
Stearns	3,839
Todd	2,641
Wadena	913
Wright	2,803
TOTALS	25,272

U.S. Rep. 1910 7th Dist.

County	ANDREW J. VOLSTEAD (R)
Big Stone	1,151
Chippewa	1,884
Grant	1,104
Kandiyohi	2,365
Lac qui Parle	1,977
Lincoln	1,415
Lyon	1,844
Pope	1,764
Redwood	2,315
Renville	3,056
Stevens	1,035
Swift	1,949
Traverse	893
Yellow Medicine	1,643
TOTALS	24,395

U.S. Rep. 1910 9th Dist.

County	HALVOR STEENERSON (R)	David Sanders (PO)
Becker	2,009	749
Beltrami	1,581	935
Clay	2,412	626
Clearwater	696	323
Kittson	1,030	276
Mahnomen	445	116
Marshall	1,982	617
Norman	1,522	487
Otter Tail	3,801	1,248
Polk	4,512	1,376
Red Lake	2,456	906
Roseau	1,026	492
Wilkin	1,100	270
TOTALS	24,572	8,421

U.S. Rep. 1910 8th Dist.

County	CLARENCE B. MILLER (R)	Alfred Jaques (D)	O. S. Watkins (PO)
Aitkin	957	237	274
Anoka	1,129	547	82
Carlton	817	537	522
Cook	246	43	33
Isanti	1,005	423	223
Itasca	1,435	669	392
Kanabec	631	230	169
Koochiching	718	205	473
Lake	429	226	423
Mille Lacs	937	347	215
Pine	1,038	875	213
St. Louis	7,676	5,966	1,335
TOTALS	17,018	10,305	4,354

U.S. Rep. 1912 At Large

County	JAMES MANAHAN (R)	Carl Johnson Buell (D)	Willis G. Calderwood (Pro)	James S. Ingalls (PO)
Aitkin	895	306	190	395
Anoka	1,148	332	111	300
Becker	1,391	491	362	288
Beltrami	1,156	363	135	950
Benton	779	593	92	115
Big Stone	825	284	191	76
Blue Earth	2,402	1,641	368	189
Brown	1,146	1,128	96	436
Carlton	1,047	446	435	224
Carver	1,433	830	101	72
Cass	856	340	137	290
Chippewa	1,315	491	338	100
Chisago	1,354	275	227	144
Clay	1,509	565	285	197
Clearwater	479	110	241	133
Cook	128	48	32	59
Cottonwood	1,029	297	78	192
Crow Wing	1,350	468	204	821
Dakota	1,867	1,361	306	199
Dodge	1,083	296	175	49
Douglas	1,331	489	531	145
Faribault	1,700	582	110	462
Fillmore	2,362	601	598	139
Freeborn	2,013	506	526	260
Goodhue	3,088	831	793	178
Grant	808	214	190	44
Hennepin	20,421	6,760	3,612	6,074
Houston	1,582	590	116	47
Hubbard	689	305	164	251
Isanti	839	210	388	354
Itasca	1,166	417	99	579
Jackson	1,454	601	131	80
Kanabec	577	157	118	275
Kandiyohi	1,798	406	419	168
Kittson	701	242	192	124

U.S. Rep. 1912 At Large

County	R JAMES MANAHAN	D Carl Johnson Buell	Pro William G. Calderwood	PO James S. Ingalls
Koochiching	690	311	63	541
Lac qui Parle	1,324	383	349	129
Lake	389	141	107	466
Le Sueur	1,666	1,138	184	137
Lincoln	740	389	168	69
Lyon	1,510	556	274	129
McLeod	1,140	1,049	144	64
Mahnomen	247	141	15	100
Marshall	1,292	533	426	253
Martin	1,623	796	268	104
Meeker	1,857	684	210	67
Mille Lacs	820	307	222	318
Morrison	1,449	1,326	142	279
Mower	2,160	730	307	143
Murray	1,064	543	62	190
Nicollet	1,188	607	210	101
Nobles	1,282	796	237	112
Norman	1,052	230	313	264
Olmsted	2,131	955	311	96
Otter Tail	2,872	1,194	757	672
Pennington	797	232	147	456
Pine	1,317	632	250	327
Pipestone	778	332	151	122
Polk	2,514	920	669	864
Pope	1,272	242	356	65
Ramsey	16,111	8,507	1,164	3,098
Red Lake	353	291	51	61
Redwood	1,591	685	181	163
Renville	2,155	769	342	116
Rice	2,291	1,047	397	108
Rock	920	338	143	69
Roseau	789	188	146	479
St. Louis	9,212	3,763	1,552	3,028
Scott	778	908	91	44
Sherburne	770	242	193	68
Sibley	1,253	636	136	90
Stearns	1,933	2,988	245	213
Steele	1,435	1,044	252	69
Stevens	759	398	141	53
Swift	1,318	560	264	108
Todd	1,692	849	279	492
Traverse	638	316	78	35
Wabasha	1,614	1,087	144	68
Wadena	583	256	101	163
Waseca	1,321	701	228	67
Washington	2,149	822	239	236
Watonwan	1,130	402	49	156
Wilkin	680	355	120	63
Winona	2,320	2,452	192	288
Wright	2,263	941	386	142
Yellow Medicine	1,355	364	317	88
TOTALS	154,308	69,652	25,864	30,042

Note: A total of 3 scattered votes was cast. The 1912 returns for all congressional districts are in county canvassing board abstracts in the state archives. Totals were calculated by the compilers.

U.S. Rep. 1912 1st Dist.

County	R SYDNEY ANDERSON	D Clinton Robinson
Dodge	1,604	313
Fillmore	3,484	723
Freeborn	3,051	661
Houston	2,076	668
Mower	2,985	933
Olmsted	2,378	1,374
Steele	1,992	1,163
Wabasha	2,022	1,362
Waseca	1,899	730
Winona	3,190	2,859
TOTALS	24,681	10,786

Note: 1 scattered vote was cast.

U.S. Rep. 1912 2nd Dist.

County	R Franklin F. Ellsworth	D WINFIELD S. HAMMOND	PO John R. Hollister
Blue Earth	2,322	2,773	168
Brown	995	1,791	446
Cottonwood	977	771	100
Faribault	1,590	1,453	139
Jackson	1,291	1,195	125
Martin	1,326	1,751	0
Murray	933	1,090	170
Nobles	1,205	1,363	109
Pipestone	761	648	117
Rock	893	702	59
Watonwan	800	1,181	46
TOTALS	13,093	14,718	1,479

U.S. Rep. 1912 3rd Dist.

County	R CHARLES R. DAVIS	D Frank L. Glotzbach	Pro Frank F. Marzahn
Carver	1,847	858	103
Dakota	2,192	1,600	321
Goodhue	3,929	873	514
Le Sueur	2,009	1,328	247
McLeod	1,570	976	156
Nicollet	1,683	574	153
Rice	2,392	2,024	235
Scott	1,221	930	72
Sibley	1,693	600	118
TOTALS	18,536	9,763	1,919

Note: 1912 returns for all congressional districts are in county canvassing board abstracts in the state archives. Totals were calculated by the compilers.

U.S. Rep. 1912 4th Dist.

County	R FREDERICK C. STEVENS	D James J. Regan	PO Albert Rosenquist	Prog Hugh T. Halbert
Chisago	834	291	130	1,251
Ramsey	12,844	9,993	5,712	6,884
Washington	1,801	1,049	179	1,085
TOTALS	15,479	11,333	6,021	9,220

U.S. Rep. 1912 5th Dist.

County	R GEORGE R. SMITH	D Thomas P. Dwyer	PO Thomas E. Latimer	Prog Thomas D. Schall
Hennepin TOTALS	17,861	6,987	6,929	8,574

U.S. Rep. 1912 6th Dist.

County	R CHARLES A. LINDBERGH	D Andrew J. Gilkinson	PO A. W. Uhl
Benton	1,167	620	87
Cass	1,237	312	264
Crow Wing	1,774	521	822
Douglas	1,846	758	120
Hubbard	1,053	296	230
Meeker	2,308	725	84
Morrison	2,314	1,089	227
Sherburne	1,056	284	71
Stearns	2,504	3,106	219
Todd	2,321	938	405
Wadena	814	270	151
Wright	2,892	1,001	159
TOTALS	21,286	9,920	2,839

U.S. Rep. 1912 7th Dist.

County	R ANDREW J. VOLSTEAD
Big Stone	1,214
Chippewa	1,935
Grant	1,160
Kandiyohi	2,409
Lac qui Parle	2,110
Lincoln	1,165
Lyon	2,113
Pope	1,901
Redwood	2,226
Renville	2,859
Stevens	1,072
Swift	1,781
Traverse	976
Yellow Medicine	2,132
TOTALS	25,053

Note: A total of 10 scattered votes was cast.

U.S. Rep. 1912 8th Dist.

County	R CLARENCE B. MILLER	D John Jenswold, Jr.	PO Morris Kaplan
Aitkin	1,202	412	379
Anoka	1,492	499	142
Carlton	1,171	917	424
Cook	194	80	56
Isanti	1,326	272	414
Itasca	1,208	750	603
Kanabec	704	262	286
Koochiching	863	405	534
Lake	406	313	533
Mille Lacs	1,200	371	326
Pine	1,602	935	332
St. Louis	9,155	7,278	3,379
TOTALS	20,523	12,494	7,408

U.S. Rep. 1912 9th Dist.

County	HALVOR STEENERSON (R)	M. A. Brattland (PO)
Becker	2,019	786
Beltrami	1,521	1,292
Clay	2,114	757
Clearwater	580	515
Kittson	1,017	384
Mahnomen	313	305
Marshall	2,080	721
Norman	1,229	988
Otter Tail	4,240	1,565
Pennington	1,146	672
Polk	3,427	1,978
Red Lake	640	223
Roseau	1,148	709
Wilkin	957	295
TOTALS	22,431	11,190

Note: A total of 2 scattered votes was cast. Returns are in county canvassing board abstracts in the state archives. Totals were calculated by the compilers.

U.S. Rep. 1914 2nd Dist.

County	FRANKLIN F. ELLSWORTH (R)	Jean A. Flittie (D)	John R. Hollister (S)	Paul F. Dehnel (Prog)
Blue Earth	3,082	2,144	136	329
Brown	1,351	1,588	233	616
Cottonwood	1,315	535	96	151
Faribault	2,135	867	95	368
Jackson	1,360	734	110	163
Lincoln	935	526	65	159
Martin	1,704	853	119	182
Murray	1,014	718	79	115
Nobles	1,193	687	69	426
Pipestone	905	423	106	156
Redwood	1,707	687	113	306
Rock	1,029	402	50	68
Watonwan	1,158	596	55	167
TOTALS	18,888	10,760	1,326	3,206

U.S. Rep. 1914 4th Dist.

County	Frederick C. Stevens (R)	CARL C. VAN DYKE (D)	William Mahoney (S)	Charles E. Learned (Prog)
Ramsey TOTALS	11,058	16,988	2,221	519

U.S. Rep. 1914 5th Dist.

County	GEORGE R. SMITH (R)	John H. Long (D)	Thomas Van Lear (S)	Fred M. Powers (Prog)
*Hennepin TOTALS	12,576	4,423	10,312	3,618

*Wards 1, 2, 5-9, 11-13 of the city of Minneapolis and the town of St. Anthony.

U.S. Rep. 1914 1st Dist.

County	SYDNEY ANDERSON (R)	Horace H. Witherstine (D)
Dodge	1,575	546
Fillmore	2,953	959
Freeborn	3,124	740
Houston	1,923	787
Mower	2,810	963
Olmsted	2,074	2,173
Steele	1,983	1,284
Winona	3,538	2,689
Wabasha	2,168	1,508
Waseca	1,791	891
TOTALS	23,939	12,540

U.S. Rep. 1914 3rd Dist.

County	CHARLES R. DAVIS (R)	Carlos Avery (D)	John Q. Mackintosh (Prog)
Carver	1,935	1,244	62
Dakota	2,192	2,066	194
Goodhue	3,741	1,360	148
Le Sueur	2,231	1,652	90
McLeod	1,534	1,825	124
Nicollet	1,751	628	77
Rice	2,805	1,532	177
Scott	1,241	1,427	56
Sibley	2,042	922	80
Washington	1,679	1,135	891
TOTALS	21,151	13,791	1,899

U.S. Rep. 1914 6th Dist.

County	CHARLES A. LINDBERGH (R)	Julian A. Du Bois (D)	T. J. Sharkey (Prog)	Otto M. Thomason (S)
Aitkin	1,283	353	116	533
Benton	935	763	104	99
Beltrami	1,344	772	99	799
Cass	1,178	554	119	335
Crow Wing	1,706	793	254	683
Hubbard	870	382	37	213
Morrison	2,033	1,219	285	241
Sherburne	1,148	395	63	79
Stearns	2,029	4,777	303	234
Todd	2,043	1,042	357	406
Wadena	795	359	99	147
TOTALS	15,364	11,409	1,836	3,769

U.S. Rep. 1914 7th Dist.

County	ANDREW J. VOLSTEAD (R)
Big Stone	1,372
Chippewa	2,123
Douglas	1,924
Grant	1,269
Kandiyohi	2,746
Lac qui Parle	2,836
Lyon	2,066
Meeker	2,453
Pope	1,980
Renville	3,384
Stevens	1,286
Swift	2,078
Traverse	970
Yellow Medicine	2,328
TOTALS	28,815

U.S. Rep. 1914 9th Dist.

County	HALVOR STEENERSON (R)	M. A. Brattland (S)
Becker	2,240	662
Clay	2,501	556
Clearwater	714	372
Kittson	1,373	362
Mahnomen	530	252
Marshall	2,218	494
Norman	1,385	762
Otter Tail	4,349	1,214
Pennington	1,508	552
Polk	3,779	1,210
Red Lake	812	143
Roseau	1,579	655
Wilkin	1,185	255
TOTALS	24,173	7,489

U.S. Rep. 1916 1st Dist.

County	SYDNEY ANDERSON (R)	Henry M. Lamberton (D)
Dodge	1,637	658
Fillmore	3,571	997
Freeborn	3,009	1,017
Houston	1,894	846
Mower	2,848	1,256
Olmsted	2,685	1,612
Steele	2,242	1,290
Wabasha	2,114	1,401
Waseca	1,880	1,117
Winona	3,398	3,096
TOTALS	25,278	13,290

U.S. Rep. 1914 8th Dist.

County	CLARENCE B. MILLER (R)	Andrew Nelson (D)	William E. Towne (S)	Obadiah H. Higbee (Prog)
Carlton	1,073	805	393	75
Cook	164	129	61	8
Itasca	1,230	1,009	421	70
Koochiching	969	542	456	68
Lake	453	296	440	23
St. Louis	10,246	6,091	2,408	629
TOTALS	14,135	8,872	4,179	873

U.S. Rep. 1914 10th Dist.

County	Lowell E. Jepson (R)	Harry S. Swenson (D)	THOMAS D. SCHALL (Prog)
Anoka	1,061	545	741
Chisago	1,021	441	989
Isanti	596	257	895
Kanabec	401	155	763
Mille Lacs	660	550	725
Pine	927	754	876
Wright	1,880	1,047	1,739
*Hennepin	4,837	4,773	6,058
TOTALS	11,383	8,522	12,786

*Wards 3, 4, and 10 of the city of Minneapolis.

U.S. Rep. 1916 2nd Dist.

County	FRANKLIN F. ELLSWORTH (R)
Blue Earth	4,305
Brown	2,746
Cottonwood	1,926
Faribault	2,927
Jackson	2,040
Lincoln	1,511
Martin	2,633
Murray	1,816
Nobles	2,258
Pipestone	1,444
Redwood	2,482
Rock	1,540
Watonwan	1,764
TOTALS	29,392

U.S. Rep. 1916 3rd Dist.

County	CHARLES R. DAVIS (R)	E. F. Kelly, Jr. (D)
Carver	2,351	881
Dakota	2,619	1,905
Goodhue	4,463	1,093
Le Sueur	2,165	1,259
McLeod	2,284	973
Nicollet	1,423	461
Rice	3,739	983
Scott	1,404	1,070
Sibley	2,210	693
Washington	2,869	1,036
TOTALS	25,527	10,354

U.S. Rep. 1916 6th Dist.

County	HAROLD KNUTSON (R)	William F. Donohue (D)	John Knutsen (Pro)
Aitkin	1,550	528	267
Beltrami	2,410	1,075	408
Benton	1,284	769	97
Cass	1,410	822	247
Crown Wing	2,347	1,181	339
Hubbard	985	526	136
Morrison	2,256	1,558	266
Sherburne	1,343	326	155
Stearns	3,840	4,235	293
Todd	2,387	1,606	437
Wadena	1,077	481	121
TOTALS	20,889	13,107	2,766

U.S. Rep. 1916 8th Dist.

County	CLARENCE B. MILLER (R)	Bert N. Wheeler (D)	Juls J. Anderson (S)
Carlton	1,395	531	777
Cook	181	65	102
Itasca	1,637	471	995
Koochiching	1,011	235	520
Lake	535	307	521
St. Louis	12,999	6,012	6,119
TOTALS	17,758	7,621	9,034

U.S. Rep. 1916 4th Dist.

County	Darius F. Reese (R)	CARL C. VAN DYKE (D)	Hermon W. Phillips (S)	Hjalmar O. Peterson (Pro)
Ramsey TOTALS	11,737	23,516	1,854	1,305

U.S. Rep. 1916 7th Dist.

County	ANDREW J. VOLSTEAD (R)	Irve Townsend (D)	Engebret E. Lobeck (Pro)
Big Stone	917	539	364
Chippewa	1,573	350	906
Douglas	1,539	489	1,454
Grant	894	189	682
Kandiyohi	1,771	427	1,718
Lac qui Parle	1,827	322	797
Lyon	1,794	693	941
Meeker	1,668	685	1,040
Pope	1,503	285	838
Renville	2,601	770	1,132
Stevens	902	582	274
Swift	1,341	500	847
Traverse	962	438	156
Yellow Medicine	2,008	249	812
TOTALS	21,300	6,518	11,961

U.S. Rep. 1916 9th Dist.

County	HALVOR STEENERSON (R)	Carl E. Swanson (D)	T. A. Thompson (S)
Becker	2,262	945	333
Clay	2,205	927	224
Clearwater	845	224	215
Kittson	1,126	372	165
Mahnomen	387	176	160
Marshall	2,404	641	280
Norman	1,697	471	399
Otter Tail	5,233	1,541	936
Pennington	1,566	342	297
Polk	4,566	1,461	688
Red Lake	794	388	84
Roseau	1,351	334	465
Wilkin	993	491	101
TOTALS	25,429	8,313	4,347

U.S. Rep. 1916 5th Dist.

County	ERNEST LUNDEEN (R)	Madison C. Bowler (D)	Thomas E. Latimer (S)	Arthur Markve (Pro)
*Hennepin TOTALS	19,131	11,849	7,526	6,599

*Wards 1, 2, 5-9, 11-13 of the city of Minneapolis and the town of St. Anthony.

U.S. Rep. 1916 10th Dist.

County	Lowell E. Jepson (R)	Neil M. Cronin (D)	John G. Soltis (S)	THOMAS D. SCHALL (Prog)
Anoka	703	305	102	1,486
Chisago	983	139	110	1,677
Isanti	668	87	193	1,410
Kanabec	515	98	156	870
Mille Lacs	994	213	290	1,027
Pine	1,057	510	321	1,601
Wright	1,749	686	136	2,736
*Hennepin	6,501	5,110	2,474	8,889
TOTALS	13,170	7,148	3,782	19,696

*Wards 3, 4, and 10 of the city of Minneapolis.

U.S. Rep. 1918 1st Dist.

County	SYDNEY ANDERSON (R)
Dodge	1,838
Fillmore	3,634
Freeborn	3,245
Houston	2,236
Mower	3,332
Olmsted	3,418
Steele	2,516
Wabasha	2,516
Waseca	2,028
Winona	4,574
TOTALS	29,337

Note: A total of 3 scattered votes was cast.

The 1918 returns for all congressional districts are in county canvassing board abstracts in the state archives. Totals were calculated by the compilers.

U.S. Rep. 1918 2nd Dist.

County	FRANKLIN F. ELLSWORTH (R)	Frank Simon (D)
Blue Earth	3,583	1,386
Brown	1,958	1,701
Cottonwood	1,585	560
Faribault	2,820	838
Jackson	1,742	933
Lincoln	1,111	664
Martin	2,530	971
Murray	1,468	747
Nobles	1,715	947
Pipestone	1,274	522
Redwood	2,212	964
Rock	1,323	398
Watonwan	1,567	530
TOTALS	24,888	11,161

U.S. Rep. 1918 3rd Dist.

County	CHARLES R. DAVIS (R)	John J. Farrell (D)
Carver	2,023	1,259
Dakota	2,323	2,498
Goodhue	3,396	2,137
Le Sueur	1,780	2,100
McLeod	1,988	1,743
Nicollet	1,749	821
Rice	1,915	2,293
Scott	1,255	1,567
Sibley	1,936	1,189
Washington	1,727	1,923
TOTALS	20,092	17,530

Note: 1 scattered vote was cast.

U.S. Rep. 1918 4th Dist.

County	Walter Mallory (R)	CARL C. VAN DYKE (D)
Ramsey TOTALS	11,556	18,829

U.S. Rep. 1918 5th Dist.

County	WALTER H. NEWTON (R)	W. C. Robertson (D)
*Hennepin TOTALS	21,607	15,912

*Wards 1, 2, 5-9, 11-13 in the city of Minneapolis and the town of St. Anthony.

U.S. Rep. 1918 6th Dist.

County	HAROLD KNUTSON (R)	P. J. Russell (D)
Aitkin	1,329	449
Beltrami	2,046	1,035
Benton	1,587	518
Cass	1,447	588
Crow Wing	2,231	947
Hubbard	840	464
Morrison	2,546	1,030
Sherburne	1,315	293
Stearns	5,314	1,820
Todd	2,799	1,150
Wadena	1,179	366
TOTALS	22,633	8,660

U.S. Rep. 1918 7th Dist.

County	ANDREW J. VOLSTEAD (R)	Engebret E. Lobeck (N)
Big Stone	1,188	471
Chippewa	1,426	1,292
Douglas	1,333	2,133
Grant	970	765
Kandiyohi	1,684	2,198
Lac qui Parle	1,822	1,049
Lyon	1,970	1,078
Meeker	2,047	1,224
Pope	1,404	1,042
Renville	2,612	1,894
Stevens	1,167	573
Swift	1,298	1,142
Traverse	864	505
Yellow Medicine	1,621	1,221
TOTALS	21,406	16,587

Note: A total of 2 scattered votes was cast.

U.S. Rep. 1918 8th Dist.

County	Clarence B. Miller (R)	W. L. CARSS (I)
Carlton	1,018	814
Cook	212	150
Itasca	1,374	1,596
Koochiching	1,005	842
Lake	382	879
St. Louis	8,973	12,985
TOTALS	12,964	17,266

Note: 1 scattered vote was cast.

The 1918 returns for all congressional districts are in county canvassing board abstracts in the state archives. Totals were calculated by the compilers.

U.S. Rep. 1918 9th Dist.

County	HALVOR STEENERSON (R)
Becker	2,493
Clay	2,409
Clearwater	842
Kittson	1,398
Mahnomen	653
Marshall	2,458
Norman	1,564
Otter Tail	5,306
Pennington	1,645
Polk	4,364
Red Lake	780
Roseau	1,211
Wilkin	1,180
TOTALS	26,303

Note: A total of 48 scattered votes was cast.

U.S. Rep. 1918 10th Dist.

County	THOMAS D. SCHALL (R)	Henry A. Finlayson (D)
Anoka	1,938	399
Chisago	2,245	525
Isanti	1,438	788
Kanabec	1,115	510
Mille Lacs	1,602	495
Pine	2,141	924
Wright	3,365	1,167
*Hennepin	11,949	5,719
TOTALS	25,793	10,527

*Wards 3, 4, and 10 in the city of Minneapolis.

U.S. Rep. 1919 4th Dist. †Special Election

County	Carl W. Cummins (R)	Richard D. O'Brien (D)	OSCAR E. KELLER (I)	C. R. Carlgren (S)
Ramsey TOTALS	8,691	6,245	11,958	424

†Note: Special election held July 1, 1919, to complete the term of Congressman Carl C. Van Dyke, who died in 1918. Keller, a Republican, did not win his party's nomination but ran as an Independent in the general election. One scattered vote was cast.

U.S. Rep. 1920 1st Dist.

County	SYDNEY ANDERSON (R)	Julius J. Reiter (F-L)
Dodge	3,056	840
Fillmore	6,841	1,767
Freeborn	6,672	1,876
Houston	3,588	1,150
Mower	5,398	2,233
Olmsted	6,873	2,763
Steele	4,082	1,432
Wabasha	3,937	2,486
Waseca	2,915	2,080
Winona	7,025	4,531
TOTALS	50,387	21,158

Note: A total of 2 scattered votes was cast.

U.S. Rep. 1920 2nd Dist.

County	FRANK CLAGUE (R)	Frank Simon (D)	H. A. Fuller (I)
Blue Earth	7,289	1,506	2,453
Brown	3,949	328	3,727
Cottonwood	3,188	282	1,143
Faribault	5,852	781	1,148
Jackson	3,460	492	1,392
Lincoln	1,889	295	1,113
Martin	4,971	759	714
Murray	2,570	503	1,045
Nobles	3,220	679	1,470
Pipestone	2,580	247	1,210
Redwood	4,820	301	2,039
Rock	2,485	368	756
Watonwan	2,908	393	1,064
TOTALS	49,181	6,934	19,274

U.S. Rep. 1920 4th Dist.

County	OSCAR E. KELLER (R)	Thomas J. Brady (D)	Carl W. Cummins (I)
Ramsey TOTALS	38,792	22,610	4,702

U.S. Rep. 1920 5th Dist.

County	WALTER H. NEWTON (R)	T. O. Dahl (D)	Lynn Thompson (F-L)	Ernest Lundeen (I)
*Hennepin TOTALS	54,962	8,357	22,584	9,573

*Wards 1, 2, 5-9, 11-13 in the city of Minneapolis and the town of St. Anthony.

U.S. Rep. 1920 7th Dist.

County	ANDREW J. VOLSTEAD (R)	James C. Mitchell (D)	Ole J. Kvale (I)
Big Stone	1,893	374	1,036
Chippewa	2,294	268	2,966
Douglas	2,913	311	3,888
Grant	1,979	133	1,372
Kandiyohi	3,428	182	4,686
Lac qui Parle	3,258	203	1,997
Lyon	3,918	942	1,615
Meeker	3,116	577	2,890
Pope	2,640	198	2,061
Renville	3,806	764	4,197
Stevens	1,796	420	918
Swift	1,953	458	3,094
Traverse	1,343	364	937
Yellow Medicine	2,485	164	3,713
TOTALS	36,822	5,358	35,370

U.S. Rep. 1920 3rd Dist.

County	CHARLES R. DAVIS (R)	James M. Millett (D)	R. A. Pomadt (I)
Carver	3,815	1,260	1,129
Dakota	4,180	3,209	988
Goodhue	7,691	1,218	1,530
Le Sueur	3,221	2,176	1,393
McLeod	3,651	1,356	2,471
Nicollet	3,259	579	1,438
Rice	5,246	1,761	1,786
Scott	2,411	1,487	714
Sibley	3,042	676	1,454
Washington	5,162	1,424	1,131
TOTALS	41,678	15,146	14,034

U.S. Rep. 1920 6th Dist.

County	HAROLD KNUTSON (R)	Charles A. Lindbergh (I)
Aitkin	2,614	1,508
Beltrami	5,016	2,601
Benton	3,054	919
Cass	3,167	1,412
Crow Wing	4,718	2,867
Hubbard	2,206	906
Morrison	4,957	2,244
Sherburne	2,673	548
Stearns	11,818	4,136
Todd	5,327	3,207
Wadena	2,404	1,239
TOTALS	47,954	21,587

U.S. Rep. 1920 8th Dist.

County	OSCAR J. LARSON (R)	William L. Carss (D)
Carlton	2,688	2,030
Cook	343	289
Itasca	3,481	3,144
Koochiching	1,216	1,916
Lake	889	1,612
St. Louis	24,811	23,404
TOTALS	33,428	32,395

Note: 1 scattered vote was cast.

U.S. Rep. 1920 9th Dist.

County	HALVOR STEENERSON (R)	Frank Jeffers (D)	Nils E. Thormodson (I)
Becker	3,623	577	2,740
Clay	4,028	658	2,470
Clearwater	1,323	114	1,306
Kittson	2,106	250	1,166
Mahnomen	633	210	811
Marshall	3,818	458	2,421
Norman	2,824	215	2,107
Otter Tail	8,501	927	5,231
Pennington	1,561	403	2,057
Polk	6,237	1,412	4,860
Red Lake	645	905	803
Roseau	1,970	260	1,855
Wilkin	1,853	352	616
TOTALS	39,122	6,741	28,443

U.S. Rep. 1922 1st Dist.

County	SYDNEY ANDERSON (R)	James F. Lynn (D)
Dodge	2,143	1,686
Fillmore	4,994	2,452
Freeborn	5,240	2,870
Houston	3,119	1,610
Mower	4,073	2,570
Olmsted	4,449	2,970
Steele	3,544	2,195
Wabasha	3,222	2,674
Waseca	1,866	2,967
Winona	4,048	5,322
TOTALS	36,698	27,316

U.S. Rep. 1922 3rd Dist.

County	CHARLES R. DAVIS (R)	Lillien Cox Gault (D)
Carver	4,744	1,452
Dakota	5,107	3,178
Goodhue	5,261	1,674
Le Sueur	4,105	2,313
McLeod	4,780	1,331
Nicollet	2,631	1,524
Rice	4,863	2,624
Scott	3,024	1,286
Sibley	3,323	1,073
Washington	4,870	2,007
TOTALS	42,708	18,462

U.S. Rep. 1922 2nd Dist.

County	FRANK CLAGUE (R)
Blue Earth	6,243
Brown	4,814
Cottonwood	3,265
Faribault	4,634
Jackson	3,309
Lincoln	1,785
Martin	4,954
Murray	2,560
Nobles	3,512
Pipestone	2,544
Redwood	5,158
Rock	2,395
Watonwan	2,418
TOTALS	47,591

U.S. Rep. 1920 10th Dist.

County	THOMAS D. SCHALL (R)	Henry A. Finlayson (D)	John G. Soltis (F-L)
Anoka	3,800	390	664
Chisago	4,280	156	1,207
Isanti	2,625	96	1,954
Kanabec	2,434	151	845
Mille Lacs	3,395	186	1,377
Pine	3,748	501	1,458
Wright	6,494	758	1,908
*Hennepin	28,195	4,679	9,177
TOTALS	54,971	6,917	18,590

*Includes Hennepin County (except town of St. Anthony) plus wards 3, 4, and 10 in city of Minneapolis.

Note: A total of 3 scattered votes was cast.

U.S. Rep. 1922 4th Dist.

County	OSCAR C. KELLER (R)	Paul E. Doty (D)	P. J. McCartney (I)
Ramsey TOTALS	33,259	20,187	3,243

U.S. Rep. 1922 5th Dist.

County	WALTER H. NEWTON (R)	John R. Coan (D)
*Hennepin TOTALS	45,221	38,760

*Wards 1, 2, 5-9, 11-13 in the city of Minneapolis and the town of St. Anthony.

U.S. Rep. 1922 6th Dist.

County	HAROLD KNUTSON (R)	Peter J. Seberger (I)	John Knutsen (I)
Aitkin	2,546	844	495
Beltrami	4,665	1,643	533
Benton	1,725	1,322	257
Cass	3,480	1,219	481
Crow Wing	3,682	2,080	575
Hubbard	2,208	478	246
Morrison	3,929	2,292	545
Sherburne	2,062	522	209
Stearns	6,969	5,787	558
Todd	3,768	2,409	419
Wadena	2,167	769	232
TOTALS	37,201	19,365	4,550

U.S. Rep. 1922 8th Dist.

County	OSCAR J. LARSON (R)	William L. Carss (D)
Carlton	2,936	1,703
Cook	497	194
Itasca	4,432	3,042
Koochiching	1,824	2,263
Lake	903	1,550
St. Louis	21,828	20,005
TOTALS	32,420	28,757

U.S. Rep. 1922 10th Dist.

County	THOMAS D. SCHALL (R)	Henry B. Rutledge (Prog)
Anoka	3,298	562
Chisago	4,110	508
Isanti	3,359	376
Kanabec	2,382	365
Mille Lacs	3,889	626
Pine	3,430	671
Wright	6,670	1,160
*Hennepin	26,286	8,575
TOTALS	53,424	12,843

*Hennepin County (except town of St. Anthony) plus wards 3, 4, and 10 in city of Minneapolis.

U.S. Rep. 1922 7th Dist.

County	Andrew J. Volstead (R)	OLE J. KVALE (I)
Big Stone	1,643	1,831
Chippewa	1,706	3,358
Douglas	2,381	3,499
Grant	1,394	1,669
Kandiyohi	2,460	4,870
Lac qui Parle	2,262	2,953
Lyon	3,146	2,859
Meeker	2,385	3,467
Pope	1,879	2,782
Renville	3,452	4,745
Stevens	1,571	1,803
Swift	1,401	3,590
Traverse	1,165	1,467
Yellow Medicine	2,073	3,939
TOTALS	28,918	42,832

U.S. Rep. 1922 9th Dist.

County	Halvor Steenerson (R)	KNUD WEFALD (F-L)
Becker	2,746	3,495
Clay	2,428	3,966
Clearwater	918	1,375
Kittson	1,379	1,537
Mahnomen	628	1,264
Marshall	2,514	2,944
Norman	1,689	2,321
Otter Tail	6,175	5,393
Pennington	1,350	2,794
Polk	4,030	6,198
Red Lake	892	1,111
Roseau	1,633	1,845
Wilkin	1,208	1,308
TOTALS	27,590	35,551

U.S. Rep. 1924 1st Dist.

County	ALLEN J. FURLOW (R)	Julius J. Reiter (F-L)	Lindley B. Hanna (D)
Dodge	2,541	1,280	280
Fillmore	5,739	2,682	479
Freeborn	5,808	2,949	888
Houston	2,929	1,727	401
Mower	4,130	2,710	1,925
Olmsted	5,813	3,873	703
Steele	3,583	1,722	752
Wabasha	2,810	3,020	572
Waseca	2,127	2,851	504
Winona	6,004	5,744	1,155
TOTALS	41,484	28,558	7,659

U.S. Rep. 1924 2nd Dist.

County	FRANK CLAGUE (R)	O. F. Swanjord (F-L)
Blue Earth	7,639	4,039
Brown	3,229	3,693
Cottonwood	3,089	1,608
Faribault	4,952	2,715
Jackson	2,887	2,633
Lincoln	1,766	1,637
Martin	4,955	2,280
Murray	2,129	1,646
Nobles	3,152	2,625
Pipestone	2,307	1,891
Redwood	4,716	2,170
Rock	2,336	1,455
Watonwan	2,573	1,509
TOTALS	45,730	29,901

U.S. Rep. 1924 4th Dist.

County	OSCAR E. KELLER (R)	Julius F. Emme (F-L)	Daniel W. Lawler (D)
Ramsey TOTALS	39,217	12,629	30,277

U.S. Rep. 1924 5th Dist.

County	WALTER H. NEWTON (R)	Albert G. Bastis (F-L)	John S. Crosby (D)
*Hennepin TOTALS	68,333	36,804	10,967

*Wards 1, 2, 5-9, 11-13 in the city of Minneapolis and the town of St. Anthony.

U.S. Rep. 1924 7th Dist.

County	Gunnar B. Bjornson (R)	OLE J. KVALE (F-L)
Big Stone	1,578	1,688
Chippewa	1,982	3,262
Douglas	2,345	3,711
Grant	1,474	1,968
Kandiyohi	2,749	5,467
Lac qui Parle	2,652	3,000
Lyon	3,782	2,898
Meeker	2,526	3,545
Pope	2,002	2,754
Renville	3,628	4,389
Stevens	1,545	1,620
Swift	1,340	3,831
Traverse	1,085	1,457
Yellow Medicine	2,183	3,965
TOTALS	30,871	43,555

U.S. Rep. 1924 3rd Dist.

County	AUGUST H. ANDRESEN (R)	Anthony C. Welch (F-L)
Carver	2,735	2,900
Dakota	4,929	4,176
Goodhue	8,029	3,312
Le Sueur	3,205	3,327
McLeod	3,203	3,233
Nicollet	2,687	2,326
Rice	6,261	2,261
Scott	1,801	2,556
Sibley	2,276	2,856
Washington	5,272	3,146
TOTALS	40,398	30,093

U.S. Rep. 1924 6th Dist.

County	HAROLD KNUTSON (R)	Sam C. Shipstead (F-L)
Aitkin	2,708	2,303
Beltrami	3,072	3,361
Benton	1,880	1,971
Cass	3,085	2,272
Crow Wing	3,959	4,307
Hubbard	2,051	1,212
Lake of the Woods	961	754
Morrison	3,855	3,880
Sherburne	1,881	1,035
Stearns	9,470	7,689
Todd	4,855	3,600
Wadena	2,023	1,447
TOTALS	39,800	33,831

U.S. Rep. 1924 8th Dist.

County	Victor L. Power (R)	WILLIAM L. CARSS (F-L)
Carlton	2,472	3,733
Cook	392	296
Itasca	4,196	4,238
Koochiching	1,488	2,712
Lake	907	1,888
St. Louis	30,050	34,059
TOTALS	39,505	46,926

U.S. Rep. 1924 9th Dist.

County	F. H. Peterson (R)	KNUD WEFALD (F-L)
Becker	2,685	3,941
Clay	3,106	3,928
Clearwater	1,004	1,754
Kittson	1,360	1,848
Mahnomen	543	1,356
Marshall	1,996	3,359
Norman	1,931	2,310
Otter Tail	7,142	5,968
Pennington	1,112	2,607
Polk	4,820	6,697
Red Lake	689	1,068
Roseau	1,361	2,054
Wilkin	1,346	1,358
TOTALS	29,095	38,248

U.S. Rep. 1926 1st Dist.

County	ALLEN J. FURLOW (R)	Lindley B. Hanna (F-L)
Dodge	2,524	679
Fillmore	6,871	1,291
Freeborn	5,894	1,618
Houston	3,685	877
Mower	4,042	2,819
Olmsted	5,759	1,827
Steele	3,683	1,565
Wabasha	4,210	1,548
Waseca	3,038	1,115
Winona	7,250	2,731
TOTALS	46,956	16,070

U.S. Rep. 1926 3rd Dist.

County	AUGUST H. ANDRESEN (R)	August M. Gagen (F-L)	Charles C. Kolars (D)
Carver	3,500	1,180	431
Dakota	5,698	2,378	1,527
Goodhue	6,984	860	477
Le Sueur	3,661	1,322	2,061
McLeod	3,124	2,147	958
Nicollet	2,934	1,150	413
Rice	5,470	1,013	1,675
Scott	2,041	1,100	1,237
Sibley	2,334	1,161	402
Washington	4,738	1,325	644
TOTALS	40,484	13,636	9,825

U.S. Rep. 1924 10th Dist.

County	GODFREY G. GOODWIN (R)	George D. Brewer (F-L)	Frank Hicks (D)
Anoka	3,259	1,773	337
Chisago	2,968	2,132	86
Isanti	2,307	1,983	23
Kanabec	1,913	1,444	90
Mille Lacs	2,536	2,397	125
Pine	2,811	3,142	422
Wright	4,584	4,073	452
*Hennepin	27,371	19,546	2,950
TOTALS	47,749	36,490	4,485

*Hennepin County (except town of St. Anthony) plus wards 3, 4, and 10 in the city of Minneapolis.

U.S. Rep. 1926 2nd Dist.

County	FRANK CLAGUE (R)
Blue Earth	8,137
Brown	5,435
Cottonwood	3,753
Faribault	5,472
Jackson	3,703
Lincoln	2,706
Martin	6,645
Murray	3,042
Nobles	3,917
Pipestone	2,719
Redwood	4,782
Rock	2,835
Watonwan	3,533
TOTALS	56,679

U.S. Rep. 1926 4th Dist.

County	MELVIN J. MAAS (R)	Thomas V. Sullivan (F-L)	Henry F. Wessel (D)	Albin S. Pearson (I)
Ramsey TOTALS	22,976	17,355	1,957	19,819

U.S. Rep. 1926 5th Dist.

County	WALTER H. NEWTON (R)	Albert G. Bastis (F-L)	Fred Jensen (D)
*Hennepin TOTALS	47,162	19,647	5,942

*Wards 1, 2, 5-9, 11-13 of the city of Minneapolis and the town of St. Anthony.

U.S. Rep. 1926 6th Dist.

County	HAROLD KNUTSON (R)	Joseph B. Himsl (F-L)
Aitkin	4,292	1,489
Beltrami	3,441	1,875
Benton	1,728	1,684
Cass	3,270	1,325
Crow Wing	4,625	2,593
Hubbard	2,135	771
Lake of the Woods	1,238	496
Morrison	4,219	3,366
Sherburne	1,616	705
Stearns	5,614	8,809
Todd	5,307	2,555
Wadena	2,085	1,408
TOTALS	39,570	27,076

Note: A total of 14 scattered votes was cast.

U.S. Rep. 1926 7th Dist.

County	Earl E. Howard (R)	OLE J. KVALE (F-L)
Big Stone	1,735	1,465
Chippewa	1,862	3,193
Douglas	2,375	4,085
Grant	1,150	1,704
Kandiyohi	2,354	5,064
Lac qui Parle	2,041	2,540
Lyon	3,491	2,768
Meeker	2,447	3,484
Pope	1,883	2,856
Renville	3,172	3,983
Stevens	1,549	1,396
Swift	1,304	3,557
Traverse	1,250	1,502
Yellow Medicine	2,028	3,554
TOTALS	28,641	41,151

U.S. Rep. 1926 8th Dist.

County	Oscar J. Larson (R)	WILLIAM L. CARSS (F-L)
Carlton	2,828	2,750
Cook	397	390
Itasca	3,560	4,923
Koochiching	1,670	2,822
Lake	914	1,697
St. Louis	24,237	29,184
TOTALS	33,606	41,766

U.S. Rep. 1926 9th Dist.

County	CONRAD G. SELVIG (R)	Knud Wefald (F-L)
Becker	3,175	2,788
Clay	2,871	3,892
Clearwater	1,063	1,622
Kittson	1,705	1,390
Mahnomen	753	1,343
Marshall	2,609	2,952
Norman	2,428	1,887
Otter Tail	7,155	4,496
Pennington	1,299	2,696
Polk	6,161	5,426
Red Lake	979	982
Roseau	1,607	1,719
Wilkin	1,672	1,312
TOTALS	33,477	32,505

U.S. Rep. 1926 10th Dist.

County	GODFREY G. GOODWIN (R)	Ernest Lundeen (F-L)	Henry A. Finlayson (D)
Anoka	2,695	1,319	233
Chisago	2,055	1,308	88
Isanti	2,389	1,243	28
Kanabec	1,877	1,063	62
Mille Lacs	2,601	1,476	126
Pine	2,881	1,788	307
Wright	3,834	2,670	386
*Hennepin	18,565	10,685	2,783
TOTALS	36,897	21,552	4,013

*Hennepin County (except town of St. Anthony) plus wards 3, 4, and 10 in the city of Minneapolis.

U.S. Rep. 1928 1st Dist.

County	VICTOR CHRISTGAU (R)	James F. Lynn (D)
Dodge	3,574	1,253
Fillmore	8,195	2,088
Freeborn	8,382	2,881
Houston	3,719	2,000
Mower	7,324	2,960
Olmsted	8,391	4,854
Steele	5,161	2,819
Wabasha	4,309	3,099
Waseca	2,783	3,597
Winona	7,790	6,847
TOTALS	59,628	32,398

U.S. Rep. 1928 2nd Dist.

County	FRANK CLAGUE (R)	John A. Cashel (D)
Blue Earth	9,853	4,105
Brown	5,068	3,872
Cottonwood	3,979	1,053
Faribault	6,458	1,959
Jackson	3,665	2,122
Lincoln	2,480	1,389
Martin	6,482	1,754
Murray	3,093	1,733
Nobles	3,506	3,208
Pipestone	2,972	1,245
Redwood	6,426	1,710
Rock	2,559	1,353
Watonwan	3,718	1,103
TOTALS	60,259	26,606

U.S. Rep. 1928 4th Dist.

County	MELVIN J. MAAS (R)	Howard Y. Williams (F-L)	John P. J. Dolan (D)	Maurice Powers (WC)	Fred A. Snyder (I)
Ramsey TOTALS	39,648	23,068	31,521	506	15,365

U.S. Rep. 1928 5th Dist.

County	WALTER H. NEWTON (R)	Ferdinand Johnson (F-L)	James Robertson (D)	O. R. Votaw (WC)
*Hennepin TOTALS	80,856	24,869	31,528	723

*Wards 1, 2, 5-9, 11-13 in the city of Minneapolis and the town of St. Anthony.

U.S. Rep. 1928 7th Dist.

County	Lawrence M. Carlson (R)	OLE J. KVALE (F-L)
Big Stone	1,224	2,531
Chippewa	1,912	4,051
Douglas	2,349	4,738
Grant	1,328	2,679
Kandiyohi	2,574	6,265
Lac qui Parle	1,897	3,837
Lyon	2,736	4,530
Meeker	2,722	4,255
Pope	1,694	3,742
Renville	3,592	5,662
Stevens	1,570	2,183
Swift	1,509	4,398
Traverse	910	2,307
Yellow Medicine	1,718	4,851
TOTALS	27,735	56,029

U.S. Rep. 1928 3rd Dist.

County	AUGUST H. ANDRESEN (R)	Henry M. Arens (F-L)	Charles C. Kolars (D)	E. B. Ford (WC)
Carver	4,286	1,938	1,190	22
Dakota	6,843	2,309	3,372	148
Goodhue	10,684	1,579	1,020	48
Le Sueur	4,008	1,366	3,127	63
McLeod	4,159	1,731	1,783	62
Nicollet	3,716	1,106	1,153	86
Rice	6,876	777	3,369	546
Scott	2,031	2,299	1,960	33
Sibley	3,566	1,239	986	69
Washington	6,357	1,405	1,884	77
TOTALS	52,526	15,749	19,844	1,154

U.S. Rep. 1928 6th Dist.

County	HAROLD KNUTSON (R)	John Knutsen (F-L)
Aitkin	3,942	1,583
Beltrami	4,462	1,934
Benton	3,208	1,917
Cass	3,894	1,680
Crow Wing	6,324	2,910
Hubbard	2,545	872
Lake of the Woods	1,120	424
Morrison	5,695	3,471
Sherburne	2,438	813
Stearns	12,621	8,464
Todd	6,531	2,952
Wadena	2,883	1,256
TOTALS	55,663	28,276

U.S. Rep. 1928 8th Dist.

County	WILLIAM A. PITTENGER (R)	William L. Carss (F-L)	Dana C. Reed (D)	Thomas Foley (WC)
Carlton	3,013	3,279	558	311
Cook	324	491	36	17
Itasca	3,797	3,667	1,132	288
Koochiching	2,428	1,727	527	133
Lake	933	1,803	106	66
St. Louis	33,282	31,541	7,425	2,174
TOTALS	43,777	42,508	9,784	2,989

U.S. Rep. 1928 9th Dist.

County	CONRAD G. SELVIG (R)	Knud Wefald (F-L)
Becker	4,404	3,661
Clay	3,729	4,624
Clearwater	1,719	1,760
Kittson	2,451	1,309
Mahnomen	852	1,315
Marshall	3,556	2,903
Norman	3,023	2,177
Otter Tail	10,646	6,006
Pennington	1,701	2,349
Polk	7,729	6,229
Red Lake	1,106	1,177
Roseau	2,553	1,831
Wilkin	1,850	1,512
TOTALS	45,319	36,853

U.S. Rep. 1928 10th Dist.

County	GODFREY G. GOODWIN (R)	C. R. Hedlund (F-L)	Ernest W. Erickson (D)
Anoka	3,643	1,424	1,304
Chisago	4,160	1,142	409
Isanti	3,571	865	245
Kanabec	2,480	880	288
Mille Lacs	3,553	1,408	569
Pine	4,223	1,601	1,423
Wright	5,741	2,700	2,188
*Hennepin	32,729	13,754	16,276
TOTALS	60,100	23,774	22,702

*Hennepin County (except town of St. Anthony) plus wards 3, 4, and 10 in city of Minneapolis.

U.S. Rep. 1929 5th Dist. †Special Election

County	WILLIAM I. NOLAN (R)	Einar Hoidale (D)	Ernest Lundeen (F-L)
*Hennepin TOTALS	23,304	19,916	6,822

*Wards 1, 2, 5-9, 11-13 of the city of Minneapolis and the town of St. Anthony.

†Note: Special election held June 17, 1929, after Congressman Walter H. Newton resigned.

U.S. Rep. 1929 7th Dist. †Special Election

County	J. C. Morrison (R)	PAUL J. KVALE (F-L)
Big Stone	327	962
Chippewa	587	2,025
Douglas	741	2,241
Grant	393	1,301
Kandiyohi	765	3,260
Lac qui Parle	919	1,698
Lyon	710	1,250
Meeker	588	1,390
Pope	772	1,920
Renville	824	1,982
Stevens	919	948
Swift	595	2,809
Traverse	314	812
Yellow Medicine	631	2,179
TOTALS	9,085	24,777

†Note: Special election held October 16, 1929, to complete the term of Congressman Ole J. Kvale, who died while in office. He was succeeded by his son.

U.S. Rep. 1930 1st Dist.

County	VICTOR CHRISTGAU (R)	Matthew Fitzpatrick (F-L)
Dodge	2,928	948
Fillmore	5,001	2,016
Freeborn	5,900	2,739
Houston	3,437	2,072
Mower	5,458	2,095
Olmsted	5,396	3,478
Steele	4,711	1,530
Wabasha	3,315	2,387
Waseca	2,653	2,360
Winona	6,531	4,732
TOTALS	45,330	24,357

U.S. Rep. 1930 2nd Dist.

County	FRANK CLAGUE (R)	L. A. Fritsche (F-L)
Blue Earth	6,414	4,547
Brown	2,050	5,559
Cottonwood	2,867	1,873
Faribault	4,265	2,658
Jackson	1,903	2,023
Lincoln	1,806	1,898
Martin	4,160	2,315
Murray	1,996	1,749
Nobles	2,629	2,395
Pipestone	1,962	1,613
Redwood	3,955	3,121
Rock	2,167	1,463
Watonwan	2,257	1,878
TOTALS	38,431	33,092

U.S. Rep. 1930 3rd Dist.

County	AUGUST H. ANDRESEN (R)	Francis H. Shoemaker (F-L)	Joseph J. Moriarity (D)
Carver	2,905	1,454	1,728
Dakota	4,683	3,790	2,942
Goodhue	5,507	4,151	1,284
Le Sueur	3,485	1,813	2,369
McLeod	2,724	2,294	1,006
Nicollet	2,688	1,488	977
Rice	5,382	1,888	1,522
Scott	1,726	616	3,446
Sibley	2,202	1,517	1,162
Washington	4,402	2,107	1,049
TOTALS	35,704	21,118	17,485

U.S. Rep. 1930 4th Dist.

County	MELVIN J. MAAS (R)	Claus V. Hammerstrom (F-L)	Frank Munger, Sr. (D)	A. N. Anderson (C)
Ramsey TOTALS	48,633	16,180	6,593	1,090

U.S. Rep. 1930 5th Dist.

County	WILLIAM I. NOLAN (R)	Silas M. Bryan (D)	Rebecca G. Reeve (C)
*Hennepin TOTALS	55,502	32,215	2,847

*Wards 1, 2, 5-9, 11-13 in the city of Minneapolis and the town of St. Anthony.

U.S. Rep. 1930 6th Dist.

County	HAROLD KNUTSON (R)	John Knutsen (F-L)	P. J. Russell (D)
Aitkin	3,206	1,614	367
Beltrami	3,317	1,517	1,288
Benton	2,626	1,226	753
Cass	3,370	1,378	437
Crow Wing	5,120	2,389	872
Hubbard	2,132	725	335
Lake of the Woods	1,071	368	91
Morrison	4,368	2,100	1,156
Sherburne	2,055	739	292
Stearns	9,418	4,322	2,421
Todd	4,924	2,138	857
Wadena	2,451	945	328
TOTALS	44,058	19,461	9,197

U.S. Rep. 1930 7th Dist.

County	Frank Hopkins (R)	PAUL J. KVALE (F-L)
Big Stone	576	2,552
Chippewa	779	3,766
Douglas	1,137	5,565
Grant	546	2,602
Kandiyohi	1,131	6,460
Lac qui Parle	945	4,107
Lyon	1,646	4,908
Meeker	1,111	5,499
Pope	964	3,954
Renville	2,106	5,423
Stevens	661	2,374
Swift	656	4,357
Traverse	368	2,463
Yellow Medicine	880	4,304
TOTALS	13,506	58,334

U.S. Rep. 1930 8th Dist.

County	WILLIAM A. PITTENGER (R)	William L. Carss (F-L)	Walter Harju (C)
Carlton	4,840	1,462	213
Cook	638	338	14
Itasca	4,883	3,620	431
Koochiching	3,332	1,624	108
Lake	1,803	779	65
St. Louis	40,306	21,178	2,487
OFFICIAL TOTALS	55,802	29,001	3,318
CORRECTED TOTAL	55,801		

U.S. Rep. 1930 9th Dist.

County	R CONRAD G. SELVIG	F-L Knud Wefald
Becker	3,527	3,017
Clay	2,882	4,446
Clearwater	1,559	1,798
Kittson	2,216	1,299
Mahnomen	1,017	1,273
Marshall	3,238	2,418
Norman	2,563	1,858
Otter Tail	7,495	4,992
Pennington	1,648	2,546
Polk	6,334	5,517
Red Lake	1,321	923
Roseau	2,311	1,460
Wilkin	1,420	1,327
TOTALS	37,531	32,874

U.S. Rep. 1930 10th Dist.

County	R GODFREY G. GOODWIN	F-L Erling Swenson	C David I. Moses
Anoka	3,161	2,180	254
Chisago	2,290	2,148	49
Isanti	2,245	1,957	39
Kanabec	1,657	1,297	47
Mille Lacs	2,521	2,328	71
Pine	2,696	3,303	152
Wright	4,250	4,127	283
*Hennepin	19,571	19,842	1,036
TOTALS	38,391	37,182	1,931

*Hennepin County (except the town of St. Anthony) plus wards 3, 4, and 10 in the city of Minneapolis.

U.S. Rep. 1932 At Large

County	August H. Andresen (R)	J. A. A. Burnquist (R)	Ray P. Chase (R)	Theodore Christianson (R)	Nathaniel J. Holmberg (R)	Harold Knutson (R)	William I. Nolan (R)	William A. Pittenger (R)	Conrad G. Selvig (R)	Henry M. Arens (F-L)	C. F. Gaarenstroom (F-L)	Magnus Johnson (F-L)	Paul J. Kvale (F-L)	Ernest Lundeen (F-L)	J. L. Peterson (F-L)	Francis H. Shoemaker (F-L)
Aitkin	1,652	1,607	1,834	1,781	1,589	2,516	1,627	2,155	1,690	2,496	1,751	2,370	2,201	2,148	1,871	1,874
Anoka	2,266	2,247	2,813	2,409	2,026	2,168	2,313	1,931	2,131	2,637	2,157	2,803	2,704	2,735	2,279	2,502
Becker	1,798	1,960	2,222	2,170	1,746	2,227	1,924	1,676	2,830	3,030	2,796	3,497	3,307	3,337	2,819	2,912
Beltrami	1,770	1,893	2,121	2,136	1,732	2,888	1,958	1,817	2,506	2,758	2,460	3,072	3,008	2,850	2,525	2,569
Benton	1,015	1,166	1,239	1,347	1,123	1,578	1,148	894	1,057	1,436	1,259	1,606	1,398	1,330	1,150	1,282
Big Stone	1,097	899	1,073	1,193	922	887	970	679	952	1,505	1,287	1,811	2,275	1,624	1,316	1,322
Blue Earth	4,645	4,699	4,981	5,179	4,498	4,308	4,771	3,933	4,517	2,585	2,105	3,072	2,649	2,478	2,008	2,434
Brown	1,977	1,589	1,930	2,039	1,656	1,805	1,707	1,703	1,569	3,828	2,717	3,312	3,055	3,048	2,466	2,825
Carlton	2,201	2,229	2,291	2,489	2,118	2,486	2,172	4,148	2,176	3,184	2,863	3,632	3,258	3,448	3,162	3,119
Carver	**3,343**	**1,856**	**2,131**	**2,244**	**2,029**	**2,182**	**2,058**	**1,725**	**1,799**	**2,725**	**1,152**	**1,970**	**1,604**	**1,645**	**1,266**	**1,680**
Cass	1,760	1,891	2,015	2,034	1,728	2,680	1,901	1,971	2,017	1,948	1,688	2,098	2,073	2,053	1,741	1,815
Chippewa	1,670	1,686	1,698	2,027	1,634	1,656	1,717	1,441	1,589	2,758	2,561	2,957	3,672	2,999	2,604	2,716
Chisago	2,109	2,015	2,012	2,284	2,175	1,993	2,055	1,756	1,913	2,465	2,192	2,791	2,616	2,651	2,226	2,007
Clay	1,825	2,086	2,165	2,487	1,871	2,163	2,115	1,614	2,951	3,602	3,399	4,490	4,274	4,008	3,621	3,321
Clearwater	592	619	678	784	613	719	623	554	1,361	2,140	2,240	2,317	2,366	2,246	2,113	2,018
Cook	247	272	319	277	228	306	253	565	260	335	322	432	418	377	388	312
Cottonwood	1,758	1,724	1,843	2,187	1,701	1,720	1,693	1,339	1,609	1,560	1,473	1,713	1,666	1,635	1,345	1,392
Crow Wing	2,829	3,145	3,193	3,241	2,875	4,039	3,161	2,970	3,036	3,164	2,803	3,573	3,356	3,200	2,902	3,156
Dakota	5,442	3,294	3,706	3,776	3,177	3,409	3,559	3,009	3,156	4,593	2,926	4,540	3,953	3,866	3,012	3,898
Dodge	1,695	1,714	1,858	1,958	1,638	1,511	1,723	1,336	1,680	1,320	1,063	1,462	1,457	1,228	1,143	1,271
Douglas	1,650	2,008	2,057	2,332	2,017	2,040	1,935	1,472	1,999	3,520	3,250	3,792	4,683	3,742	3,211	3,309
Faribault	3,020	3,578	3,729	4,033	3,447	3,026	3,565	2,611	3,456	2,046	1,942	2,254	2,225	2,021	1,734	1,835
Fillmore	3,874	4,229	4,297	4,850	3,860	3,828	4,208	3,252	4,548	3,056	2,470	3,546	3,405	2,735	2,755	2,715
Freeborn	3,731	3,871	4,109	4,310	3,684	3,660	3,923	3,266	3,850	4,148	3,842	4,550	4,558	4,361	4,054	4,032
Goodhue	6,203	4,313	4,623	4,972	4,224	4,264	4,336	3,841	4,234	5,307	3,546	5,442	5,030	4,832	3,695	5,556

U.S. Rep. 1932 At Large

County	Henry G. Teigan F-L	Arthur C. Townley F-L	Robert C. Bell D	James R. Bennett D	John Bowe D	Silas M. Bryan D	Donald A. Chapman D	John P. Coughlin D	EINAR HOIDALE D	Emil E. Holmes D	Hugh T. Kennedy D	J. W. Anderson C	Morris Karson C	Fred Lequier C	Victor Christgau †	Melvin J. Maas †
Aitkin	1,814	1,628	805	569	548	580	489	532	1,125	630	538	176	146	144	328	0
Anoka	2,192	1,997	1,574	1,352	1,311	1,433	1,279	1,378	2,198	1,371	1,298	119	53	51	549	0
Becker	2,916	2,686	4,056	999	877	1,001	951	1,084	1,684	1,114	912	151	108	106	159	0
Beltrami	2,543	2,325	1,259	851	811	916	861	846	1,549	955	802	168	134	135	624	0
Benton	1,205	1,067	2,028	2,160	1,798	1,861	1,821	1,929	2,422	1,952	1,796	80	45	44	291	0
Big Stone	1,380	1,183	1,365	1,068	1,015	1,099	992	1,042	1,683	1,144	1,068	83	40	27	334	0
Blue Earth	1,870	1,851	4,898	4,608	4,479	4,649	4,526	4,971	5,787	4,665	4,746	216	73	68	2,065	0
Brown	2,433	2,110	3,273	2,605	2,668	2,640	2,475	3,170	3,947	2,760	2,475	128	60	90	850	0
Carlton	3,007	2,821	914	776	709	779	776	825	1,231	906	739	184	143	139	505	0
Carver	1,117	996	2,187	1,709	1,624	1,801	1,669	2,030	2,582	1,880	1,519	158	51	39	415	0
Cass	1,793	1,576	1,220	862	784	864	811	814	1,271	988	849	95	51	53	264	0
Chippewa	2,804	2,288	813	597	634	673	597	649	1,417	773	613	66	26	28	403	0
Chisago	2,191	1,758	1,185	451	454	457	423	451	1,484	563	403	84	33	30	483	0
Clay	3,745	3,231	2,177	1,145	1,021	1,128	1,078	1,141	2,055	1,525	1,059	111	57	49	402	3
Clearwater	2,128	1,965	570	216	235	248	242	242	575	348	227	48	41	31	135	0
Cook	317	289	96	73	62	62	72	71	172	116	67	12	10	8	0	0
Cottonwood	1,477	1,242	881	633	606	689	632	864	1,302	728	622	59	27	18	818	0
Crow Wing	2,835	2,605	2,229	1,748	1,627	1,792	1,679	1,692	2,638	1,856	1,648	213	153	143	686	0
Dakota	2,888	2,704	3,899	3,629	3,340	3,597	3,441	3,966	5,216	3,637	3,611	235	116	104	1,296	0
Dodge	1,074	937	891	691	679	730	734	955	1,262	778	672	69	27	27	1,725	0
Douglas	3,299	2,958	1,447	895	801	881	825	840	1,661	1,028	823	88	42	45	816	0
Faribault	1,678	1,546	1,990	1,771	1,685	1,828	1,743	1,907	2,247	1,888	1,745	102	70	46	1,575	0
Fillmore	2,752	2,245	1,312	1,212	1,132	1,246	1,194	1,548	2,283	1,351	1,207	135	47	49	2,791	0
Freeborn	3,835	3,262	1,461	1,099	1,030	1,172	1,011	1,276	2,183	1,287	1,051	141	47	43	2,531	0
Goodhue	3,881	3,219	2,434	1,380	1,258	1,437	1,165	1,836	4,163	1,615	1,210	168	63	46	2,257	5

†Christgau and Maas lost in the Republican party primary election; their names were placed on the ballot on stickers.

114

U.S. Rep. 1932 At Large

County	August H. Andresen (R)	J. A. A. Burnquist (R)	RAY P. CHASE (R)	THEODORE CHRISTIANSON (R)	Nathaniel J. Holmberg (R)	HAROLD KNUTSON (R)	William I. Nolan (R)	William A. Pittenger (R)	Conrad G. Selvig (R)	HENRY M. ARENS (F-L)	C. F. Gaarenstroom (F-L)	MAGNUS JOHNSON (F-L)	PAUL J. KVALE (F-L)	ERNEST LUNDEEN (F-L)	J. L. Peterson (F-L)	FRANCIS H. SHOEMAKER (F-L)
Grant	957	1,085	1,205	1,509	992	1,136	1,065	849	1,120	1,707	1,578	2,008	2,512	1,913	1,616	1,591
Hennepin	77,604	79,122	80,991	80,557	73,203	77,996	80,435	72,462	74,499	74,879	56,191	79,184	83,924	77,064	59,450	64,376
Houston	1,993	1,992	1,985	2,208	1,858	1,941	1,944	1,718	2,001	1,362	1,083	1,593	1,315	1,225	1,152	1,175
Hubbard	1,028	1,095	1,226	1,239	1,017	1,674	1,125	1,049	1,304	1,227	991	1,346	1,361	1,173	1,027	1,129
Isanti	1,083	1,241	1,208	1,483	1,332	1,129	1,229	907	1,158	2,846	2,743	3,117	2,995	3,032	2,725	2,719
Itasca	2,732	2,779	3,153	2,977	2,621	3,208	2,838	4,251	3,033	3,956	3,224	4,326	3,854	3,974	3,635	3,707
Jackson	1,361	1,441	1,547	1,830	1,306	1,324	1,338	1,092	1,247	2,517	2,352	2,611	2,506	2,315	2,218	2,179
Kanabec	1,012	1,082	1,055	1,238	1,081	1,111	1,090	855	1,021	1,997	1,832	2,084	2,035	2,030	1,831	1,863
Kandiyohi	1,949	2,219	2,389	3,015	2,322	2,223	2,249	1,590	2,451	4,385	3,995	5,361	6,010	4,928	4,252	4,205
Kittson	688	834	976	1,025	799	774	776	559	1,700	1,246	1,415	1,701	1,557	1,445	1,200	1,103
Koochiching	1,000	1,041	1,293	1,202	933	1,410	1,052	2,216	1,173	1,970	1,743	2,252	2,128	2,093	1,917	1,890
Lac qui Parle	1,883	1,788	1,892	2,566	1,690	1,643	1,858	1,276	1,918	2,714	2,324	3,166	3,984	2,756	2,301	2,218
Lake	745	805	858	841	721	783	779	1,252	736	1,366	1,337	1,591	1,503	1,567	1,516	1,390
Lake of the Woods	294	340	400	381	278	674	314	422	469	710	710	803	756	764	697	673
Le Sueur	2,675	1,635	1,924	1,958	1,576	1,592	1,765	1,517	1,603	2,970	1,736	2,399	2,077	1,935	1,709	2,171
Lincoln	1,013	885	901	1,264	863	886	846	671	820	1,886	1,589	1,994	1,982	1,785	1,556	1,531
Lyon	1,939	2,067	2,232	2,593	1,966	1,839	2,068	1,480	1,898	2,970	2,616	3,380	3,763	2,890	2,622	2,669
McLeod	2,802	2,186	2,475	2,599	2,183	2,177	2,247	1,891	2,158	2,555	1,856	2,686	2,347	2,428	1,955	2,270
Mahnomen	307	328	464	416	313	465	326	344	734	1,013	960	1,103	1,035	1,039	954	943
Marshall	1,292	1,486	1,572	1,858	1,412	1,471	1,443	1,094	2,750	2,322	2,257	2,771	2,729	2,528	2,372	2,121
Martin	2,471	3,082	3,230	3,652	2,732	2,544	2,960	1,805	2,710	2,311	3,519	2,672	2,715	2,125	1,759	1,971
Meeker	1,813	1,866	1,938	2,380	1,873	1,917	1,967	1,418	1,854	3,165	2,360	4,217	3,853	3,132	2,502	2,638
Mille Lacs	1,520	1,623	1,737	1,998	1,598	1,804	1,711	1,452	1,607	2,928	2,594	3,054	3,054	3,002	2,646	2,704
Morrison	2,104	1,760	1,885	1,965	1,730	3,214	1,848	2,253	1,649	3,654	2,482	3,802	2,938	2,921	2,568	2,930
Mower	2,978	2,995	3,265	3,395	2,782	2,821	3,262	2,332	2,934	3,346	2,607	3,607	3,462	3,166	2,808	3,218

U.S. Rep. 1932 At Large

County	Henry G. Teigan (F-L)	Arthur C. Townley (F-L)	Robert C. Bell (D)	James R. Bennett (D)	John Bowe (D)	Silas M. Bryan (D)	Donald A. Chapman (D)	John P. Coughlin (D)	EINAR HOIDALE (D)	Emil E. Holmes (D)	Hugh T. Kennedy (D)	J. W. Anderson (C)	Morris Karson (C)	Fred Lequier (C)	Victor Christgau (+)	Melvin J. Maas (+)
Grant	1,703	1,439	617	366	320	412	333	322	983	462	345	56	32	34	316	1
Hennepin	57,574	51,000	49,604	43,531	42,572	53,746	45,270	46,294	79,474	43,992	39,868	2,518	1,678	1,516	9,447	65
Houston	1,128	1,023	1,214	1,160	1,124	1,189	1,149	1,331	1,475	1,238	1,210	81	39	47	959	0
Hubbard	1,093	949	1,477	537	490	559	516	521	848	605	482	47	26	17	409	0
Isanti	2,714	2,386	401	234	211	256	233	220	878	349	205	58	33	22	427	0
Itasca	3,489	3,374	1,564	1,382	1,303	1,438	1,392	1,420	2,079	1,553	1,324	291	235	221	303	0
Jackson	2,450	1,987	1,231	979	926	1,055	963	1,167	1,646	1,176	935	77	36	38	1,075	6
Kanabec	2,007	1,616	423	269	259	310	261	268	689	367	246	55	11	23	264	0
Kandiyohi	4,184	3,682	1,003	746	807	778	685	752	2,315	947	722	101	44	39	784	0
Kittson	1,178	1,190	1,075	364	329	408	336	313	1,168	559	332	64	26	22	207	0
Koochiching	1,851	1,798	727	601	569	623	585	585	1,045	720	579	145	114	127	102	0
Lac qui Parle	2,523	1,853	1,412	544	742	624	523	583	2,190	706	484	75	28	18	1,303	0
Lake	1,364	1,291	233	226	193	240	231	218	429	312	217	58	45	42	75	0
Lake of the Woods	710	675	262	164	163	189	174	157	323	209	181	32	19	16	0	0
Le Sueur	1,579	1,418	2,905	2,670	2,576	2,613	2,459	3,480	3,377	2,644	2,651	130	50	49	1,055	0
Lincoln	1,479	1,346	779	634	899	688	637	760	1,242	728	614	86	27	38	732	0
Lyon	2,602	2,376	1,537	1,147	1,290	1,158	1,224	1,265	2,393	1,325	1,132	84	34	22	705	0
McLeod	1,819	1,727	2,005	1,668	1,549	1,750	1,669	1,865	2,635	1,853	1,587	114	61	52	376	0
Mahnomen	920	912	844	371	338	365	343	382	506	404	335	36	13	24	34	0
Marshall	2,191	2,079	835	500	473	511	468	439	1,078	652	438	92	52	46	278	0
Martin	1,823	1,582	1,823	1,360	1,310	1,531	1,372	1,454	2,268	1,547	1,387	101	50	27	1,053	0
Meeker	2,506	2,123	1,505	1,156	1,129	1,246	1,104	1,280	2,294	1,299	1,163	100	50	53	849	0
Mille Lacs	2,999	2,251	790	595	625	621	566	576	1,346	903	540	66	41	43	240	0
Morrison	2,606	2,447	3,338	2,721	2,356	2,902	2,397	2,983	3,749	2,598	2,403	212	100	89	320	0
Mower	2,861	2,492	1,900	1,671	1,576	1,759	1,583	1,910	2,445	1,818	1,678	120	63	42	3,820	0

U.S. Rep. 1932 At Large

County	August H. Andresen (R)	J. A. A. Burnquist (R)	RAY P. CHASE (R)	THEODORE CHRISTIANSON (R)	Nathaniel J. Holmberg (R)	HAROLD KNUTSON (R)	William I. Nolan (R)	William A. Pittenger (R)	Conrad G. Selvig (R)	HENRY M. ARENS (F-L)	C. F. Gaarenstroom (F-L)	MAGNUS JOHNSON (F-L)	PAUL J. KVALE (F-L)	ERNEST LUNDEEN (F-L)	J. L. Peterson (F-L)	FRANCIS H. SHOEMAKER (F-L)
Murray	1,230	1,193	1,213	1,489	1,210	1,098	1,117	918	1,042	1,887	1,637	1,924	1,783	1,656	1,513	1,521
Nicollet	2,649	1,758	1,926	2,036	1,889	1,845	1,857	1,695	1,900	2,461	1,846	2,460	2,148	2,118	1,763	1,893
Nobles	1,993	2,204	2,244	2,523	2,113	1,862	2,141	1,639	2,071	2,435	1,958	2,444	2,392	2,140	1,964	1,994
Norman	1,129	1,196	1,213	1,456	1,099	1,255	1,124	810	2,012	2,675	2,578	2,789	2,956	2,725	2,536	2,274
Olmsted	4,156	4,445	4,648	4,943	4,196	3,941	4,470	3,675	4,142	2,837	2,298	3,353	3,134	2,859	2,511	2,806
Otter Tail	5,245	6,398	6,839	8,021	5,667	5,930	6,018	4,401	8,853	5,112	4,513	6,455	6,853	5,851	4,629	4,546
Pennington	817	956	1,051	1,208	918	895	908	669	1,480	2,491	2,392	2,643	2,897	2,568	2,490	2,251
Pine	1,679	1,874	1,921	2,134	1,927	1,897	1,833	1,917	1,770	3,653	3,186	3,911	3,616	3,618	3,400	3,253
Pipestone	1,353	1,322	1,429	1,593	1,269	1,306	1,306	1,141	1,252	1,803	1,670	1,954	1,856	1,764	1,719	1,619
Polk	3,216	3,247	3,592	4,057	2,982	3,623	3,140	2,838	5,637	6,193	5,618	6,817	6,652	6,136	5,494	5,194
Pope	1,572	1,632	1,800	2,277	1,615	1,810	1,703	1,258	1,710	2,111	1,787	2,333	3,396	2,118	1,846	1,840
Ramsey	36,332	31,719	33,914	34,324	30,466	33,461	32,762	30,774	30,104	37,993	29,418	39,064	35,946	33,496	27,945	32,213
Red Lake	368	372	467	474	323	398	394	329	754	971	1,062	1,090	1,139	1,013	939	942
Redwood	2,180	2,300	2,421	2,811	2,365	2,083	2,252	1,757	2,210	3,374	2,858	3,401	3,497	3,081	2,705	2,865
Renville	2,232	2,285	2,534	2,792	2,727	2,118	2,274	1,758	2,222	3,790	2,963	3,904	4,814	3,600	3,106	3,455
Rice	4,803	4,132	4,328	4,544	3,723	3,716	4,064	3,231	3,808	2,104	1,140	2,209	1,924	1,722	1,319	1,954
Rock	1,218	1,285	1,385	1,580	1,250	1,246	1,270	1,051	1,219	1,616	1,425	1,650	1,672	1,337	1,434	1,262
Roseau	851	902	971	1,133	860	1,027	848	843	1,595	2,506	2,536	2,545	2,627	2,570	2,501	2,431
St. Louis	23,813	25,194	26,386	26,174	23,326	25,094	25,609	41,357	23,656	29,210	25,698	33,481	30,347	31,273	29,373	28,950
Scott	1,922	861	1,161	1,175	849	949	932	804	811	3,400	1,017	1,791	1,207	1,316	991	1,298
Sherburne	1,216	1,312	1,375	1,534	1,221	1,501	1,273	1,072	1,221	1,095	899	1,233	1,092	1,056	872	914
Sibley	2,345	1,246	1,464	1,549	1,453	1,284	1,324	1,035	1,172	2,867	2,039	2,624	2,335	2,558	2,117	2,377
Stearns	3,840	4,080	4,614	4,826	3,733	8,065	4,161	3,992	3,656	6,674	3,332	6,569	4,779	4,024	3,213	4,340
Steele	2,839	2,549	2,645	2,821	2,408	2,507	2,469	2,174	2,339	1,471	1,029	1,688	1,463	1,294	1,155	1,236
Stevens	1,214	1,289	1,428	1,651	1,182	1,378	1,334	1,020	1,330	1,069	834	1,364	1,763	1,057	945	1,065

U.S. Rep. 1932 At Large

County	Henry G. Teigan (F-L)	Arthur C. Townley (F-L)	Robert C. Bell (D)	James R. Bennett (D)	John Bowe (D)	Silas M. Bryan (D)	Donald A. Chapman (D)	John P. Coughlin (D)	EINAR HOIDALE (D)	Emil E. Holmes (D)	Hugh T. Kennedy (D)	J. W. Anderson (C)	Morris Karson (C)	Fred Leguter (C)	Victor Christgau (†)	Melvin J. Maas (†)
Murray	1,517	1,417	1,120	954	875	940	880	1,008	1,453	972	944	56	36	20	444	0
Nicollet	1,712	1,376	1,558	1,347	1,210	1,314	1,234	1,629	2,187	1,423	1,277	79	42	39	978	0
Nobles	1,870	1,716	1,602	1,374	1,358	1,551	1,403	1,584	1,905	1,556	1,421	74	45	32	685	0
Norman	2,482	1,992	1,317	386	371	471	374	374	1,343	510	320	83	27	19	210	0
Olmsted	2,332	2,221	3,493	3,389	3,103	3,354	3,366	3,778	4,102	3,439	3,368	177	94	81	1,971	0
Otter Tail	4,706	5,042	2,963	1,778	1,626	1,890	1,829	1,904	3,583	2,174	1,725	347	225	207	2,302	0
Pennington	2,406	2,150	669	323	310	362	354	326	723	428	282	61	35	34	250	0
Pine	3,493	2,915	1,618	1,034	1,021	1,214	1,047	1,088	2,122	1,148	1,020	107	78	69	696	0
Pipestone	1,597	1,477	882	618	586	620	569	697	944	723	628	69	29	20	243	0
Polk	5,886	4,994	2,918	1,608	1,486	1,641	1,514	1,454	3,615	1,847	1,533	196	82	86	590	0
Pope	1,891	1,575	995	629	537	647	548	562	1,806	743	522	91	30	22	791	1
Ramsey	26,450	23,985	28,278	27,342	23,411	26,539	25,127	28,722	42,759	25,428	25,695	1,678	966	928	6,407	676
Red Lake	949	914	851	555	502	588	536	560	699	549	481	40	30	31	16	0
Redwood	2,648	2,387	1,379	1,124	1,048	1,160	1,059	1,411	2,090	1,241	1,117	88	33	26	1,114	0
Renville	3,027	2,655	2,182	1,686	1,541	1,692	1,522	1,752	2,809	1,858	1,568	126	63	59	1,510	0
Rice	1,167	1,146	3,809	3,072	2,983	3,108	3,023	4,772	4,242	3,270	3,100	192	82	63	1,479	3
Rock	1,261	1,248	904	628	564	811	603	807	1,219	726	649	37	26	24	349	0
Roseau	2,426	2,214	531	283	253	265	277	235	633	339	247	58	27	23	72	0
St. Louis	26,473	25,662	14,262	13,506	12,343	13,277	13,332	13,857	19,280	14,903	13,548	2,580	2,040	1,971	1,900	0
Scott	907	840	2,685	1,946	1,899	1,963	1,857	2,589	2,931	1,983	1,935	103	29	23	204	0
Sherburne	1,056	710	651	704	503	554	511	529	1,064	591	495	57	24	16	446	5
Sibley	2,053	1,695	1,558	1,268	1,169	1,321	1,245	1,354	2,136	1,265	1,214	124	49	49	367	0
Stearns	3,654	2,958	10,742	12,144	8,744	9,565	9,287	10,735	12,344	10,000	9,011	296	176	178	1,053	0
Steele	997	886	2,144	1,894	1,807	1,875	1,797	2,539	2,487	2,004	1,822	105	40	53	1,982	0
Stevens	910	817	1,107	806	755	843	777	823	1,281	897	847	83	35	34	389	0

†Christgau and Maas lost in the Republican party primary election; their names were placed on the ballot on stickers.

U.S. Rep. 1932 At Large

County	August H. Andresen (R)	J. A. A. Burnquist (R)	RAY P. CHASE (R)	THEODORE CHRISTIANSON (R)	Nathaniel J. Holmberg (R)	HAROLD KNUTSON (R)	William I. Nolan (R)	William A. Pittenger (R)	Conrad G. Selvig (R)	HENRY M. ARENS (F-L)	C. F. Gaarenstroom (F-L)	MAGNUS JOHNSON (F-L)	PAUL J. KVALE (F-L)	ERNEST LUNDEEN (F-L)	J. L. Peterson (F-L)	FRANCIS H. SHOEMAKER (F-L)
Swift	1,115	1,148	1,381	1,606	1,148	1,212	1,199	857	1,296	2,563	2,339	3,013	3,693	2,784	2,311	2,430
Todd	2,725	2,829	3,077	3,168	2,786	3,749	2,930	2,385	2,805	3,297	2,763	3,642	3,424	3,154	2,916	3,066
Traverse	529	541	622	732	492	571	530	380	568	1,391	1,125	1,570	1,830	1,408	1,134	1,080
Wabasha	2,548	1,935	2,136	2,251	1,925	1,955	2,042	1,961	1,841	1,980	1,324	2,081	1,566	1,658	1,371	1,947
Wadena	1,284	1,341	1,472	1,544	1,250	1,591	1,305	1,185	1,382	1,441	1,343	1,629	1,544	1,483	1,347	1,378
Waseca	1,565	1,567	1,733	1,802	1,506	1,433	1,555	1,174	1,629	1,492	908	1,638	1,382	1,329	959	1,114
Washington	4,935	3,208	3,633	3,633	3,377	3,298	3,454	3,091	3,025	3,892	2,948	4,266	3,490	3,544	3,060	3,263
Watonwan	1,518	1,466	1,524	1,689	1,494	1,413	1,468	1,282	1,458	1,978	1,988	2,116	2,100	1,987	1,755	1,807
Wilkin	887	963	1,078	1,237	899	1,038	943	781	1,443	929	712	1,184	1,166	1,001	803	759
Winona	4,973	3,645	3,858	4,109	3,615	4,426	3,616	4,305	3,717	3,641	2,238	3,512	2,197	2,010	1,720	2,033
Wright	2,911	3,075	3,217	3,399	2,971	2,936	3,120	2,336	2,749	3,864	2,943	4,696	3,744	3,805	3,051	3,445
Yellow Medicine	1,584	1,520	1,654	2,127	1,655	1,495	1,571	1,170	1,534	3,310	2,965	3,643	4,298	3,515	3,030	3,038
TOTALS	312,198	302,356	321,092	337,110	287,381	313,221	306,266	291,478	304,846	361,724	291,687	388,616	380,444	350,455	298,331	317,109

U.S. Rep. 1932 At Large

County	Henry G. Telgan (F-L)	Arthur C. Townley (F-L)	Robert C. Bell (D)	James R. Bennett (D)	John Bowe (D)	Silas M. Bryan (D)	Donald A. Chapman (D)	John P. Coughlin (D)	EINAR HOIDALE (D)	Emil E. Holmes (D)	Hugh T. Kennedy (D)	J. W. Anderson (C)	Morris Karson (C)	Fred Leguier (C)	Victor Christgau (+)	Melvin J. Maas (+)
Swift	2,438	2,222	1,374	1,028	1,042	1,164	1,025	1,141	2,108	1,093	1,353	88	28	30	566	0
Todd	2,879	2,620	2,467	1,874	1,728	1,841	1,764	1,898	2,715	1,947	1,728	124	60	67	610	0
Traverse	1,192	1,083	625	501	521	545	498	516	896	583	517	49	25	19	336	0
Wabasha	1,430	1,233	2,318	2,089	1,879	2,041	1,891	2,460	2,686	2,105	1,940	130	51	47	675	0
Wadena	1,292	1,097	884	545	581	545	539	584	917	603	553	97	67	50	181	4
Waseca	882	760	1,789	1,616	1,834	1,615	1,572	3,402	2,133	1,882	1,597	85	29	36	1,435	6
Washington	2,851	2,581	2,647	2,020	1,811	1,967	1,874	2,175	3,661	2,072	1,902	174	74	72	844	9
Watonwan	1,777	1,424	910	708	721	721	697	834	1,254	800	717	42	28	24	490	0
Wilkin	781	757	1,123	861	833	859	844	826	1,238	949	861	54	22	31	147	0
Winona	1,991	1,533	5,194	4,973	4,629	4,849	4,821	5,618	6,052	5,221	4,713	320	126	70	1,480	0
Wright	2,994	2,805	2,902	2,496	2,378	2,531	2,399	2,707	3,797	2,789	2,477	254	113	110	1,278	0
Yellow Medicine	2,983	2,508	962	617	1,308	642	576	608	1,723	788	581	87	37	34	901	0
TOTALS	291,887	261,120	237,881	198,421	184,587	207,419	190,530	214,462	321,949	205,673	186,466	16,299	9,573	8,927	82,826	784

+Christgau and Maas lost in the Republican party primary election; their names were placed on the ballot on stickers.

U.S. Rep. 1934 1st Dist.

County	Otto Baudler (F-L)	AUGUST H. ANDRESEN (R)	John W. Feller (D)
Dodge	1,046	2,418	940
Fillmore	2,597	5,517	1,581
Freeborn	4,367	4,975	1,139
Goodhue	3,409	6,624	1,922
Houston	1,224	2,840	1,725
Mower	6,168	4,382	1,582
Olmsted	2,136	4,353	5,191
Rice	1,594	5,425	3,994
Steele	1,286	3,659	2,252
Wabasha	1,451	3,230	2,348
Waseca	1,223	2,360	2,333
Winona	2,537	5,316	4,574
TOTALS	29,038	51,099	29,581

U.S. Rep. 1934 2nd Dist.

County	Henry M. Arens (F-L)	Louis P. Johnson (R)	ELMER J. RYAN (D)
Blue Earth	3,180	5,314	5,186
Brown	3,614	1,989	3,543
Carver	2,327	2,488	2,288
Cottonwood	2,134	2,187	1,386
Dakota	4,307	4,846	6,397
Faribault	2,486	3,391	2,795
Jackson	2,335	1,576	2,506
Le Sueur	2,249	2,536	4,333
McLeod	2,432	2,310	3,064
Martin	2,359	2,861	3,705
Nicollet	2,710	1,890	1,933
Scott	2,372	1,038	3,078
Sibley	2,876	1,849	2,124
Watonwan	2,282	1,693	1,339
TOTALS	37,663	35,968	43,677

U.S. Rep. 1934 3rd Dist.

County	ERNEST LUNDEEN (F-L)	Josiah H. Chase (R)	John W. Schmidt (D)	Peter O. Sjodin (C)
Anoka	3,553	1,935	2,078	24
Chisago	3,041	1,954	671	16
*Hennepin	44,632	20,467	17,021	515
Isanti	3,424	1,225	433	40
Washington	4,447	3,056	2,353	37
TOTALS	59,097	28,637	22,556	632

*All of Hennepin County outside the city of Minneapolis plus wards 1-3, 9, and 10 and precincts 1, 2, and 6-12 of ward 4 in the city of Minneapolis.

U.S. Rep. 1934 4th Dist.

County	A. E. Smith (F-L)	MELVIN J. MAAS (R)	John J. McDonough (D)	Charles J. Andre (I)	Thomas Tracy (C)
Ramsey TOTALS	30,354	37,933	24,122	10,180	497

U.S. Rep. 1934 5th Dist.

County	Dewey W. Johnson (F-L)	THEODORE CHRISTIANSON (R)	Sidney Benson (D)	Harry Mayville (C)	George Riedel (S)
*Hennepin TOTALS	42,322	45,875	27,814	507	317

*Wards 5-8 and 11-13 plus all of ward 4 except precincts 1, 2, and 6-12 in the city of Minneapolis.

U.S. Rep. 1934 6th Dist.

County	Magnus Johnson (F-L)	HAROLD KNUTSON (R)	Frank R. Weber (D)
Aitkin	2,619	3,378	666
Benton	1,526	2,779	1,211
Cass	2,399	4,013	597
Crow Wing	3,535	4,685	980
Hubbard	1,467	2,140	540
Kanabec	2,459	1,453	332
Meeker	4,075	2,611	1,013
Mille Lacs	3,318	2,305	703
Morrison	3,307	5,058	2,047
Pine	4,222	2,976	1,020
Sherburne	1,385	1,919	357
Stearns	4,942	11,332	6,491
Todd	3,779	5,413	1,501
Wadena	1,770	2,346	485
Wright	5,543	4,234	1,629
TOTALS	46,346	56,642	19,572

U.S. Rep. 1934 7th Dist.

County	PAUL J. KVALE (F-L)	Richard T. Daly (D)
Big Stone	2,588	1,656
Chippewa	3,998	2,275
Douglas	5,233	2,256
Grant	2,825	1,282
Kandiyohi	6,422	2,517
Lac qui Parle	4,093	1,774
Lincoln	2,371	1,569
Lyon	3,993	3,519
Murray	2,236	2,597
Nobles	2,835	3,439
Pipestone	2,148	2,063
Pope	3,836	1,658
Redwood	3,990	3,812
Renville	4,884	4,178
Rock	1,610	2,104
Stevens	1,998	1,921
Swift	3,950	2,118
Traverse	1,934	1,311
Yellow Medicine	4,317	2,713
TOTALS	65,261	44,762

U.S. Rep. 1934 9th Dist.

County	RICHARD T. BUCKLER (F-L)	Ole O. Sageng (R)	Martin O. Brandon (D)
Becker	3,524	2,588	2,426
Beltrami	3,397	1,920	1,827
Clay	3,556	2,274	2,646
Clearwater	2,389	704	761
Kittson	1,673	1,057	1,230
Lake of the Woods	855	374	493
Mahnomen	1,335	502	793
Marshall	2,826	1,850	1,497
Norman	2,384	1,574	1,250
Otter Tail	4,838	7,888	4,988
Pennington	2,474	1,144	992
Polk	7,900	2,787	3,015
Red Lake	962	411	1,208
Roseau	2,904	1,260	753
Wilkin	805	1,189	1,331
TOTALS	41,822	27,522	25,210

U.S. Rep. 1934 8th Dist.

County	A. L. Winterquist (F-L)	WILLIAM A. PITTENGER (R)	Jerry A. Harri (D)	Thomas Foley (C)	Francis H. Shoemaker (I)
Carlton	3,046	3,168	976	111	1,290
Cook	179	509	158	13	216
Itasca	3,604	4,502	2,196	263	1,473
Koochiching	1,808	1,980	952	101	781
Lake	963	1,076	303	26	767
St. Louis	15,424	28,278	14,122	1,455	20,859
TOTALS	25,024	39,513	18,707	1,969	25,386

U.S. Rep. 1936 1st Dist.

County	Chester Watson (F-L)	AUGUST H. ANDRESEN (R)	Richard W. Morin (D)	Duncan M. Quarles (U)
Dodge	1,290	2,457	846	132
Fillmore	2,168	5,674	1,654	325
Freeborn	3,415	4,968	3,519	228
Goodhue	2,960	8,254	2,540	199
Houston	1,121	3,190	1,267	112
Mower	4,581	5,975	1,913	306
Olmsted	3,793	6,304	3,434	503
Rice	1,670	6,711	2,522	1,004
Steele	1,170	4,115	2,042	287
Wabasha	1,387	3,551	1,621	743
Waseca	1,373	2,995	1,423	277
Winona	2,825	6,786	3,277	1,269
TOTALS	27,753	60,980	26,058	5,385

U.S. Rep. 1936 2nd Dist.

County	F-L Henry M. Arens	R Christian J. Laurisch	D ELMER J. RYAN
Blue Earth	3,984	5,390	5,257
Brown	3,939	2,026	3,792
Carver	2,359	2,578	2,377
Cottonwood	1,904	2,166	2,312
Dakota	5,449	3,049	6,385
Faribault	2,884	3,581	3,183
Jackson	2,546	1,438	3,053
Le Sueur	2,466	2,279	4,007
McLeod	2,285	2,321	3,209
Martin	1,770	2,962	4,673
Nicollet	2,607	2,039	2,280
Scott	2,965	1,076	2,512
Sibley	2,352	1,560	2,667
Watonwan	1,979	1,803	1,860
TOTALS	39,489	34,268	47,567

U.S. Rep. 1936 4th Dist.

County	F-L Howard Y. Williams	R MELVIN J. MAAS	D Arthur B. C. Doherty	I Otis A. Luce
Ramsey TOTALS	48,039	48,399	28,957	932

U.S. Rep. 1936 5th Dist.

County	F-L DEWEY W. JOHNSON	R Walter H. Newton	D Michael J. Dillon
*Hennepin TOTALS	67,349	58,110	15,337

*Wards 5-8 and 11-13 plus all of ward 4 except precincts 1, 2 and 6-12 in the city of Minneapolis.

U.S. Rep. 1936 6th Dist.

County	F-L C. A. Ryan	R HAROLD KNUTSON	D Joseph H. Kowalkowski
Aitkin	2,682	3,225	556
Benton	1,798	2,533	1,211
Cass	2,670	3,815	692
Crow Wing	5,225	4,517	664
Hubbard	1,232	2,242	454
Kanabec	1,972	1,655	445
Meeker	3,285	3,410	619
Mille Lacs	2,904	2,553	540
Morrison	3,535	4,007	2,129
Pine	4,113	3,175	1,032
Sherburne	1,237	2,030	319
Stearns	7,086	9,452	5,896
Todd	3,275	5,325	1,201
Wadena	1,814	2,453	347
Wright	4,879	5,112	1,130
TOTALS	47,707	55,504	17,235

U.S. Rep. 1936 3rd Dist.

County	F-L HENRY G. TEIGAN	R P. Milton Lindbloom	D Martin A. Hogan	I Mrs. Frank McConville
Anoka	3,027	2,771	1,238	758
Chisago	2,481	2,780	472	74
*Hennepin	46,384	27,220	12,182	9,854
Isanti	2,934	1,589	260	53
Washington	3,197	6,415	1,018	737
TOTALS	58,023	40,775	15,170	11,476

*All of Hennepin County outside the city of Minneapolis plus wards 1-3, 9, and 10 and precincts 1, 2, and 6-12 of ward 4 in the city of Minneapolis.

U.S. Rep. 1936 7th Dist.

County	PAUL J. KVALE (F-L)	H. Carl Andersen (R)	C. L. Cole (D)
Big Stone	1,851	1,036	880
Chippewa	3,758	2,228	590
Douglas	2,990	1,760	2,466
Grant	2,141	1,395	395
Kandiyohi	6,287	2,174	859
Lac qui Parle	3,273	1,914	617
Lincoln	1,773	1,929	513
Lyon	3,712	2,700	1,484
Murray	2,368	1,875	1,061
Nobles	2,637	2,766	2,110
Pipestone	2,005	1,975	979
Pope	2,784	1,740	684
Redwood	3,520	3,289	1,927
Renville	4,864	2,850	1,510
Rock	1,765	1,889	826
Stevens	1,731	1,475	600
Swift	3,552	1,490	830
Traverse	1,564	802	668
Yellow Medicine	3,735	1,903	879
TOTALS	56,310	37,190	19,878

U.S. Rep. 1936 8th Dist.

County	JOHN T. BERNARD (F-L)	William A. Pittenger (R)
Carlton	5,077	4,304
Cook	457	713
Itasca	6,622	6,218
Koochiching	3,839	2,496
Lake	1,914	1,437
St. Louis	51,879	38,746
TOTALS	69,788	53,914

U.S. Rep. 1936 9th Dist.

County	RICHARD T. BUCKLER (F-L)	Elmer A. Haugen (R)	Martin O. Brandon (D)
Becker	3,704	3,018	2,272
Beltrami	4,491	2,323	1,619
Clay	3,966	2,866	2,097
Clearwater	2,651	946	493
Kittson	2,075	1,116	986
Lake of the Woods	1,060	443	379
Mahnomen	1,446	480	580
Marshall	3,528	1,779	1,216
Norman	2,695	1,554	982
Otter Tail	5,509	8,617	3,447
Pennington	2,717	1,361	778
Polk	9,102	3,564	2,527
Red Lake	1,063	524	894
Roseau	2,992	1,339	799
Wilkin	1,257	1,251	1,096
TOTALS	48,256	31,181	20,165

U.S. Rep. 1938 1st Dist.

County	AUGUST H. ANDRESEN (R)	Ray G. Moonan (D)
Dodge	3,220	1,472
Fillmore	7,329	2,493
Freeborn	6,946	4,406
Goodhue	8,118	3,279
Houston	4,242	1,788
Mower	6,807	4,709
Olmsted	7,537	4,608
Rice	7,189	3,876
Steele	5,660	3,325
Wabasha	4,864	2,369
Waseca	2,797	3,463
Winona	9,784	4,552
TOTALS	74,493	40,340

U.S. Rep. 1938 2nd Dist.

County	C. F. Gaarenstroom (F-L)	Joseph P. O'Hara (R)	ELMER J. RYAN (D)
Blue Earth	2,545	5,309	5,771
Brown	2,514	3,069	4,321
Carver	915	3,470	3,588
Cottonwood	1,571	2,475	2,362
Dakota	4,020	4,451	7,782
Faribault	1,725	4,282	2,922
Jackson	1,764	1,966	2,945
Le Sueur	1,253	3,129	4,788
McLeod	1,144	3,883	3,985
Martin	2,297	3,607	3,383
Nicollet	1,627	2,334	2,871
Scott	850	1,701	3,788
Sibley	1,396	2,372	2,965
Watonwan	1,439	1,871	1,787
TOTALS	25,060	43,919	53,258

U.S. Rep. 1938 3rd Dist.

County	Henry G. Teigan (F-L)	JOHN G. ALEXANDER (R)	Martin A. Hogan (D)
Anoka	2,958	3,701	944
Chisago	1,959	2,668	355
*Hennepin	39,093	39,203	10,839
Isanti	2,692	2,040	204
Washington	3,803	5,830	1,731
TOTALS	50,505	53,442	14,073

*All of Hennepin County outside the city of Minneapolis plus wards 1-3, 9, and 10 and precincts 1, 2, and 6-12 of ward 4 in the city of Minneapolis.

U.S. Rep. 1938 4th Dist.

County	F-L Howard Y. Williams	R MELVIN J. MAAS	D A. B. C. Doherty
Ramsey TOTALS	40,558	60,252	12,619

U.S. Rep. 1938 5th Dist.

County	F-L Dewey W. Johnson	R OSCAR F. YOUNGDAHL	D John L. Gleason
*Hennepin TOTALS	45,568	67,722	10,598

*Wards 5-8 and 11-13 plus all of ward 4 except precincts 1, 2, and 6-12 in the city of Minneapolis.

U.S. Rep. 1938 6th Dist.

County	F-L Harry W. Christenson	R HAROLD KNUTSON	D Harold F. Deering
Aitkin	2,508	4,288	410
Benton	1,157	3,796	731
Cass	2,467	4,925	619
Crow Wing	3,813	6,334	853
Hubbard	950	2,870	322
Kanabec	1,634	2,333	292
Meeker	2,667	4,999	530
Mille Lacs	2,469	3,492	418
Morrison	2,611	6,793	1,186
Pine	3,442	4,412	552
Sherburne	917	2,687	270
Stearns	4,784	15,443	2,394
Todd	2,620	6,537	698
Wadena	1,253	3,327	336
Wright	2,731	7,664	837
TOTALS	36,023	79,900	10,448

U.S. Rep. 1938 7th Dist.

County	F-L Paul J. Kvale	R H. CARL ANDERSEN	D Jennings L. O'Connor	PFE Albert S. Falk
Big Stone	1,547	1,461	701	238
Chippewa	3,172	2,572	737	183
Douglas	3,473	3,236	923	184
Grant	1,950	2,022	213	170
Kandiyohi	5,237	3,270	1,007	253
Lac qui Parle	2,745	2,706	489	273
Lincoln	1,350	2,437	432	111
Lyon	2,830	4,017	1,112	344
Murray	1,394	2,485	895	283
Nobles	1,921	3,737	1,238	305
Pipestone	1,260	2,634	529	208
Pope	2,541	2,435	363	64
Redwood	2,158	3,862	1,602	660
Renville	1,908	1,996	5,652	129
Rock	992	2,488	513	265
Stevens	1,290	1,923	732	201
Swift	3,086	2,346	830	139
Traverse	958	1,096	376	393
Yellow Medicine	2,760	2,671	986	339
TOTALS	42,572	49,394	19,330	4,742

U.S. Rep. 1938 8th Dist.

County	F-L John T. Bernard	R WILLIAM A. PITTENGER	D Merle J. McKeon
Carlton	3,882	5,665	568
Cook	389	978	56
Itasca	5,856	7,699	1,146
Koochiching	2,845	3,310	595
Lake	1,438	1,951	218
St. Louis	39,971	48,357	6,362
TOTALS	54,381	67,960	8,945

U.S. Rep. 1938 9th Dist.

County	RICHARD T. BUCKLER (F-L)	Ole O. Sageng (R)	Martin O. Brandon (D)
Becker	3,456	3,825	2,036
Beltrami	4,924	2,734	1,457
Clay	3,814	3,556	1,693
Clearwater	2,791	1,223	605
Kittson	1,781	1,361	1,054
Lake of the Woods	1,174	555	424
Mahnomen	1,538	897	675
Marshall	2,950	2,180	1,268
Norman	2,365	2,055	1,121
Otter Tail	4,378	11,587	4,343
Pennington	2,655	1,666	773
Polk	7,288	4,763	2,383
Red Lake	1,014	707	991
Roseau	2,849	1,735	561
Wilkin	1,040	1,539	1,041
TOTALS	44,017	40,383	20,425

U.S. Rep. 1940 1st Dist.

County	AUGUST H. ANDRESEN (R)	Endre B. Anderson (F-L)	Francis L. Murphy (D)
Dodge	3,593	850	963
Fillmore	8,251	1,295	1,680
Freeborn	7,656	3,146	2,515
Goodhue	10,937	2,395	1,894
Houston	4,955	830	1,067
Mower	8,086	3,566	3,414
Olmsted	9,994	2,967	4,059
Rice	8,663	1,564	2,492
Steele	5,862	795	2,162
Wabasha	5,847	777	1,353
Waseca	4,602	682	1,708
Winona	10,368	1,833	4,172
TOTALS	88,814	20,700	27,479

U.S. Rep. 1940 2nd Dist.

County	JOSEPH P. O'HARA (R)	C. E. McNaught (F-L)	Elmer J. Ryan (D)
Blue Earth	7,869	1,320	6,516
Brown	4,835	808	5,367
Carver	5,113	298	3,046
Cottonwood	3,324	666	3,127
Dakota	6,869	2,648	8,187
Faribault	5,912	718	4,097
Jackson	2,844	779	3,857
Le Sueur	5,243	500	3,563
McLeod	4,972	363	4,179
Martin	5,803	572	4,201
Nicollet	3,491	690	3,165
Scott	3,507	326	3,192
Sibley	4,061	446	3,099
Watonwan	2,767	1,400	2,077
TOTALS	66,610	11,534	57,673

U.S. Rep. 1940 3rd Dist.

County	RICHARD P. GALE (R)	Henry G. Teigan (F-L)	Martin A. Hogan (D)	John G. Alexander (R†)
Anoka	4,318	2,872	2,098	273
Chisago	3,116	2,022	711	329
*Hennepin	47,908	39,758	22,393	3,283
Isanti	2,303	2,120	476	180
Washington	6,209	3,450	2,643	423
TOTALS	63,854	50,222	28,321	4,488

*All of Hennepin County outside the city of Minneapolis plus wards 1-3, 9, and 10 and precincts 1, 2, and 6-12 of ward 4 in the city of Minneapolis.

†Alexander ran as a Republican without party endorsement.

U.S. Rep. 1940 4th Dist.

County	MELVIN J. MAAS (R)	George L. Siegel (F-L)	Willard J. Moran (D)
Ramsey TOTALS	68,525	32,898	15,050

U.S. Rep. 1940 5th Dist.

County	OSCAR F. YOUNGDAHL (R)	Dewey W. Johnson (F-L)	LaMoine M. Dowling (D)
*Hennepin TOTALS	79,491	52,289	20,720

*Wards 5-8 and 11-13 plus all of ward 4 except precincts 1, 2, and 6-12 in the city of Minneapolis.

U.S. Rep. 1940 6th Dist.

County	HAROLD KNUTSON (R)	E. Thomas O'Brien (D)
Aitkin	4,296	3,002
Benton	3,732	2,435
Cass	4,918	3,659
Crow Wing	5,784	6,907
Hubbard	3,094	1,501
Kanabec	2,713	1,685
Meeker	5,587	3,031
Mille Lacs	3,848	3,039
Morrison	6,406	4,456
Pine	5,045	3,896
Sherburne	2,687	1,267
Stearns	16,854	8,530
Todd	7,226	3,536
Wadena	3,412	1,861
Wright	8,421	3,699
TOTALS	84,023	52,504

U.S. Rep. 1940 7th Dist.

County	R H. CARL ANDERSEN	F-L Harold L. Peterson	D Jennings L. O'Connor
Big Stone	2,107	1,183	1,038
Chippewa	3,332	3,146	797
Douglas	3,852	4,010	983
Grant	2,352	1,704	381
Kandiyohi	3,815	6,917	829
Lac qui Parle	3,607	2,304	696
Lincoln	3,222	943	505
Lyon	5,000	2,269	1,845
Murray	3,138	1,598	1,273
Nobles	5,106	1,856	1,870
Pipestone	3,405	1,133	931
Pope	2,732	2,526	636
Redwood	5,721	2,341	1,602
Renville	4,633	2,026	4,122
Rock	2,913	699	868
Stevens	2,703	929	805
Swift	2,761	3,017	877
Traverse	1,679	991	778
Yellow Medicine	3,880	2,764	960
TOTALS	65,958	42,356	21,796

U.S. Rep. 1940 8th Dist.

County	R WILLIAM A. PITTENGER	F-L John T. Bernard	D M. W. Raihala
Carlton	6,054	2,622	1,884
Cook	1,005	242	142
Itasca	7,863	4,211	3,247
Koochiching	3,696	2,027	1,611
Lake	2,150	1,119	469
St. Louis	53,753	29,031	16,492
TOTALS	74,521	39,252	23,845

U.S. Rep. 1940 9th Dist.

County	R Colvin G. Butler	F-L RICHARD T. BUCKLER	D Frank H. Timm
Becker	4,528	3,825	2,075
Beltrami	3,725	5,111	1,589
Clay	4,429	3,942	1,914
Clearwater	1,420	2,560	604
Kittson	1,397	2,201	669
Lake of the Woods	800	1,182	456
Mahnomen	926	1,559	480
Marshall	2,616	3,076	1,110
Norman	2,259	2,801	550
Otter Tail	14,772	4,895	1,483
Pennington	2,041	2,739	840
Polk	4,578	9,615	1,634
Red Lake	902	1,154	605
Roseau	1,882	2,993	939
Wilkin	2,049	1,346	559
TOTALS	48,324	48,999	15,507

U.S. Rep. 1942 1st Dist.

County	R AUGUST H. ANDRESEN	D Harold R. Atwood
Dodge	2,748	1,232
Fillmore	5,335	1,629
Freeborn	5,066	3,013
Goodhue	4,913	2,107
Houston	3,288	1,810
Mower	5,803	4,736
Olmsted	5,766	3,572
Rice	6,494	2,466
Steele	4,164	1,589
Wabasha	4,385	1,573
Waseca	4,186	1,341
Winona	7,239	4,703
TOTALS	58,387	29,771

U.S. Rep. 1942 2nd Dist.

County	R JOSEPH P. O'HARA	F-L Charles D. Peterson	D R. J. Neunsinger
Blue Earth	6,501	991	2,441
Brown	4,156	1,085	1,025
Carver	4,307	676	1,088
Cottonwood	2,955	720	506
Dakota	7,587	2,580	1,539
Faribault	5,030	707	1,021
Jackson	2,995	793	859
Le Sueur	5,037	737	929
McLeod	4,521	570	556
Martin	5,194	508	1,213
Nicollet	3,221	689	746
Scott	3,215	519	1,178
Sibley	3,078	584	363
Watonwan	2,231	660	402
TOTALS	60,028	11,819	13,866

U.S. Rep. 1942 3rd Dist.

County	R RICHARD P. GALE	F-L Charles Munn	D William J. Gallagher
Anoka	2,445	1,421	834
Chisago	2,086	1,063	312
*Hennepin	33,521	24,147	13,694
Isanti	1,739	1,390	286
Washington	4,871	1,915	1,379
TOTALS	44,662	29,936	16,505

*All of Hennepin County outside the city of Minneapolis plus wards 1-3, 9, and 10 and precincts 1, 2, and 6-12 of ward 4 in the city of Minneapolis.

U.S. Rep. 1942 4th Dist.

County	MELVIN J. MAAS (R)	William Mahoney (F-L)	Edward K. Delaney (D)	Rose Tillotson (C)
Ramsey TOTALS	45,903	17,071	6,938	650

U.S. Rep. 1942 5th Dist.

County	WALTER H. JUDD (R)	Joseph Gilbert (F-L)	Thomas P. Ryan (D)
*Hennepin TOTALS	60,883	18,566	15,976

*Wards 5-8 and 11-13 plus all of ward 4 except precincts 1, 2, and 6-12 in the city of Minneapolis.

U.S. Rep. 1942 6th Dist.

County	HAROLD KNUTSON (R)	E. Thomas O'Brien (D†)	Harry J. O'Brien (D†)
Aitkin	2,539	1,994	.....
Benton	2,282	1,973	6
Cass	2,180	2,660	17
Crow Wing	3,464	4,392	180
Hubbard	1,703	1,245	.....
Kanabec	1,411	954	.....
Meeker	3,596	2,012	.....
Mille Lacs	2,592	1,965	.....
Morrison	3,757	3,509	67
Pine	3,314	2,645	.....
Sherburne	1,573	892	.....
Stearns	10,003	6,491	.....
Todd	4,288	2,521	23
Wadena	2,045	1,114	3
Wright	4,548	2,403	2
TOTALS	49,295	36,770	298

†E. Thomas O'Brien was nominated by petition; Harry J. O'Brien, who had also run in the primary, was a write-in candidate.

Note: A total of 2 scattered votes was cast.

U.S. Rep. 1942 7th Dist.

County	H. CARL ANDERSEN (R)	Francis H. Shoemaker (F-L)	Theodor S. Slen (D)
Big Stone	1,423	404	788
Chippewa	2,459	1,326	1,254
Douglas	3,020	1,124	1,599
Grant	1,771	599	623
Kandiyohi	3,595	3,297	1,091
Lac qui Parle	1,735	491	2,120
Lincoln	1,610	217	702
Lyon	3,673	780	1,500
Murray	2,586	507	865
Nobles	3,631	959	1,653
Pipestone	2,267	334	871
Pope	2,257	568	1,322
Redwood	3,486	1,322	1,701
Renville	3,216	2,261	1,397
Rock	1,688	218	491
Stevens	1,836	243	563
Swift	2,216	1,076	874
Traverse	1,508	360	608
Yellow Medicine	2,593	1,155	1,170
TOTALS	46,570	17,241	21,192

U.S. Rep. 1942 8th Dist.

County	WILLIAM A. PITTENGER (R)	Rudolph Rautio (F-L)	Edward J. Larsen (D†)	Sanfrid B. Ruohoniemi (D†)
Carlton	3,824	2,736	387	420
Cook	781	111	99	20
Itasca	6,720	2,594	1,385	609
Koochiching	3,785	726	597	252
Lake	1,583	691	182	106
St. Louis	35,110	14,928	7,634	3,741
TOTALS	51,803	21,786	10,284	5,148

†Nominated by petition.

U.S. Rep. 1942 9th Dist.

County	John W. Padden (R)	HAROLD C. HAGEN (F-L)
Becker	2,934	2,758
Beltrami	2,742	3,308
Clay	3,016	3,055
Clearwater	1,177	1,836
Kittson	1,431	1,718
Lake of the Woods	624	840
Mahnomen	1,029	1,301
Marshall	1,843	2,254
Norman	1,743	2,035
Otter Tail	6,579	4,342
Pennington	1,653	2,263
Polk	5,371	5,532
Red Lake	1,133	793
Roseau	1,839	2,252
Wilkin	1,547	978
TOTALS	34,661	35,265

U.S. Rep. 1944 1st Dist.

County	AUGUST H. ANDRESEN (R)	Andrew Meldahl (DFL)
Dodge	3,288	1,679
Fillmore	6,807	2,908
Freeborn	6,623	6,183
Goodhue	8,534	5,770
Houston	4,366	1,727
Mower	7,269	7,081
Olmsted	9,249	6,702
Rice	7,585	4,258
Steele	5,335	2,884
Wabasha	4,790	2,142
Waseca	4,572	1,850
Winona	9,380	5,117
TOTALS	77,798	48,301

U.S. Rep. 1944 2nd Dist.

County	JOSEPH P. O'HARA (R)	L. J. Kilbride (DFL)
Blue Earth	11,272	3,320
Brown	8,056	1,821
Carver	6,579	1,018
Cottonwood	4,717	1,486
Dakota	9,728	6,760
Faribault	7,646	2,052
Jackson	4,007	2,391
Le Sueur	6,076	1,993
McLeod	7,347	1,356
Martin	7,566	1,926
Nicollet	5,330	1,461
Scott	4,351	1,714
Sibley	5,134	920
Watonwan	4,058	1,330
TOTALS	91,867	29,548

U.S. Rep. 1944 3rd Dist.

County	Richard P. Gale (R)	WILLIAM J. GALLAGHER (DFL)
Anoka	4,937	4,861
Chisago	3,567	1,948
*Hennepin	51,317	58,450
Isanti	2,550	1,874
Washington	6,906	4,723
TOTALS	69,277	71,856

*All of Hennepin County outside the city of Minneapolis plus wards 1-3, 9, and 10 and precincts 1, 2, and 6-12 of ward 4 in the city of Minneapolis.

U.S. Rep. 1944 4th Dist.

County	Melvin J. Maas (R)	FRANK T. STARKEY (DFL)
Ramsey TOTALS	59,994	64,434

U.S. Rep. 1944 5th Dist.

County	WALTER H. JUDD (R)	Edgar T. Buckley (DFL)
*Hennepin TOTALS	81,798	62,761

*Wards 5-8 and 11-13 plus all of ward 4 except precincts 1, 2, and 6-12 in the city of Minneapolis.

U.S. Rep. 1944 6th Dist.

County	HAROLD KNUTSON (R)	Edward L. Wurst (Fel)	Harry J. O'Brien (DFL)
Aitkin	3,419	107	2,116
Benton	3,642	130	1,745
Cass	3,710	152	2,808
Crow Wing	5,325	272	4,951
Hubbard	2,494	99	1,294
Kanabec	2,335	83	1,321
Meeker	5,208	217	2,281
Mille Lacs	3,428	113	2,220
Morrison	6,083	224	2,948
Pine	4,306	134	3,537
Sherburne	2,498	67	1,004
Stearns	16,101	832	5,938
Todd	6,747	173	2,774
Wadena	3,185	99	1,454
Wright	7,940	312	2,556
TOTALS	76,421	3,014	38,947

U.S. Rep. 1944 7th Dist.

County	H. CARL ANDERSEN (R)	Arthur F. Nellermoe (DFL)
Big Stone	2,273	1,471
Chippewa	3,981	2,498
Douglas	5,121	2,582
Grant	2,456	1,402
Kandiyohi	5,549	4,629
Lac qui Parle	3,598	2,393
Lincoln	2,750	1,229
Lyon	5,579	2,890
Murray	3,645	1,508
Nobles	5,295	2,241
Pipestone	3,593	1,229
Pope	3,379	1,959
Redwood	6,138	2,086
Renville	6,129	2,927
Rock	3,309	904
Stevens	3,050	1,012
Swift	3,176	2,506
Traverse	1,845	1,155
Yellow Medicine	4,449	2,328
TOTALS	75,315	38,949

U.S. Rep. 1944 8th Dist.

County	WILLIAM A. PITTENGER (R)	William McKinnon (DFL)
Carlton	4,847	4,378
Cook	797	290
Itasca	6,920	6,770
Koochiching	3,121	2,850
Lake	1,744	1,549
St. Louis	45,171	42,294
TOTALS	62,600	58,131

U.S. Rep. 1944 9th Dist.

County	HAROLD C. HAGEN (R)	Halvor Langslet (DFL)
Becker	5,335	3,755
Beltrami	4,313	4,117
Clay	6,045	3,742
Clearwater	1,596	2,296
Kittson	1,837	2,044
Lake of the Woods	1,041	836
Mahnomen	1,409	1,005
Marshall	3,424	2,616
Norman	2,957	1,894
Otter Tail	13,414	4,018
Pennington	2,672	2,504
Polk	7,847	5,810
Red Lake	1,118	1,299
Roseau	2,605	2,824
Wilkin	2,467	1,258
TOTALS	58,080	40,018

U.S. Rep. 1946 2nd Dist.

County	JOSEPH P. O'HARA (R)	L. J. Kilbride (DFL)
Blue Earth	9,011	2,216
Brown	4,421	1,152
Carver	5,315	970
Cottonwood	3,072	943
Dakota	8,443	5,346
Faribault	5,692	1,567
Jackson	3,760	1,666
Le Sueur	5,267	1,669
McLeod	5,244	1,264
Martin	5,258	1,045
Nicollet	3,674	935
Scott	3,813	1,434
Sibley	3,903	807
Watonwan	2,614	933
TOTALS	69,487	21,947

U.S. Rep. 1946 4th Dist.

County	EDWARD J. DEVITT (R)	Frank T. Starkey (DFL)	Dorothy Schultz (RevW)
Ramsey TOTALS	45,667	41,897	1,138

U.S. Rep. 1946 5th Dist.

County	WALTER H. JUDD (R)	Douglas Hall (DFL)
*Hennepin TOTALS	66,837	47,777

*Wards 5-8 and 11-13 plus all of ward 4 except precincts 1, 2, and 6-12 in the city of Minneapolis.

U.S. Rep. 1946 1st Dist.

County	AUGUST H. ANDRESEN (R)	Karl F. Rolvaag (DFL)
Dodge	2,494	1,121
Fillmore	5,710	1,503
Freeborn	5,567	3,967
Goodhue	7,146	3,725
Houston	4,056	1,191
Mower	6,239	4,587
Olmsted	8,150	3,909
Rice	5,957	2,856
Steele	4,871	1,952
Wabasha	4,674	1,274
Waseca	3,816	1,473
Winona	7,226	2,881
TOTALS	65,906	30,439

U.S. Rep. 1946 3rd Dist.

County	GEORGE MacKINNON (R)	Roy W. Wier (DFL)	Warren Creel (RevW)
Anoka	3,534	2,912	84
Chisago	2,811	1,493	33
*Hennepin	43,223	43,689	1,085
Isanti	1,676	1,285	19
Washington	6,153	3,418	104
TOTALS	57,397	52,797	1,325

*All of Hennepin County outside the city of Minneapolis plus wards 1-3, 9, and 10 and precincts 1, 2, and 6-12 of ward 4 in the city of Minneapolis.

U.S. Rep. 1946 6th Dist.

County	HAROLD KNUTSON (R)	J. Edward Anderson (DFL)
Aitkin	2,777	2,701
Benton	3,092	1,997
Cass	2,394	2,354
Crow Wing	3,817	4,323
Hubbard	2,143	1,610
Kanabec	1,490	1,424
Meeker	3,817	2,566
Mille Lacs	2,393	2,369
Morrison	4,687	3,333
Pine	3,057	3,423
Sherburne	1,847	1,201
Stearns	12,332	6,585
Todd	4,969	2,965
Wadena	2,293	1,686
Wright	4,293	2,510
TOTALS	55,401	41,147

U.S. Rep. 1946 7th Dist.

County	H. CARL ANDERSEN (R)	Donald M. Lawson (DFL)
Big Stone	1,706	1,109
Chippewa	3,361	2,370
Douglas	3,826	2,294
Grant	1,794	1,528
Kandiyohi	4,267	4,227
Lac qui Parle	2,776	1,447
Lincoln	2,352	955
Lyon	4,558	1,905
Murray	2,832	976
Nobles	4,765	1,562
Pipestone	3,241	1,154
Pope	2,311	1,493
Redwood	4,201	1,503
Renville	4,972	2,062
Rock	2,171	522
Stevens	2,267	890
Swift	1,914	2,174
Traverse	1,477	828
Yellow Medicine	3,078	1,668
TOTALS	57,869	30,667

U.S. Rep. 1946 9th Dist.

County	HAROLD C. HAGEN (R)	Verner Nelson (DFL)
Becker	5,027	2,886
Beltrami	4,369	3,328
Clay	5,258	2,402
Clearwater	1,391	1,627
Kittson	1,367	1,314
Lake of the Woods	1,015	765
Mahnomen	1,494	1,121
Marshall	3,493	2,244
Norman	2,735	1,420
Otter Tail	8,564	2,598
Pennington	2,104	1,494
Polk	7,518	3,431
Red Lake	1,051	815
Roseau	2,586	1,953
Wilkin	2,059	813
TOTALS	50,031	28,211

U.S. Rep. 1948 2nd Dist.

County	JOSEPH P. O'HARA (R)	Milton F. Maxwell (DFL)
Blue Earth	9,387	5,543
Brown	6,905	3,019
Carver	5,656	1,858
Cottonwood	4,260	2,258
Dakota	9,368	10,089
Faribault	6,923	3,013
Jackson	3,888	2,946
Le Sueur	5,453	3,518
McLeod	6,451	2,478
Martin	7,301	3,266
Nicollet	4,766	2,549
Scott	4,144	2,658
Sibley	4,757	1,629
Watonwan	3,627	2,070
TOTALS	82,886	46,894

U.S. Rep. 1946 8th Dist.

County	William A. Pittenger (R)	JOHN A. BLATNIK (DFL)
Carlton	3,559	4,103
Cook	828	410
Itasca	5,958	7,824
Koochiching	2,778	2,692
Lake	1,213	1,793
St. Louis	31,853	46,054
TOTALS	46,189	62,876

U.S. Rep. 1948 1st Dist.

County	AUGUST H. ANDRESEN (R)	Karl F. Rolvaag (DFL)
Dodge	3,230	1,659
Fillmore	7,113	2,819
Freeborn	6,601	6,291
Goodhue	9,258	5,216
Houston	4,395	1,749
Mower	7,268	8,012
Olmsted	10,282	7,021
Rice	7,868	4,392
Steele	5,767	2,881
Wabasha	5,022	2,091
Waseca	4,336	2,381
Winona	9,205	6,021
TOTALS	80,345	50,533

U.S. Rep. 1948 3rd Dist.

County	George MacKinnon (R)	ROY W. WIER (DFL)
Anoka	5,002	7,032
Chisago	3,334	2,636
*Hennepin	54,611	68,204
Isanti	2,457	2,337
Washington	6,998	6,962
TOTALS	72,402	87,171

*All of Hennepin County outside the city of Minneapolis plus wards 1-3, 9, and 10 and precincts 1, 2, and 6-12 of ward 4 in the city of Minneapolis.

U.S. Rep. 1948 4th Dist.

County	Edward J. Devitt (R)	EUGENE J. McCARTHY (DFL)
Ramsey TOTALS	53,574	78,476

U.S. Rep. 1948 5th Dist.

County	WALTER H. JUDD (R)	Marcella F. Killen (DFL)
*Hennepin TOTALS	76,313	65,113

*Wards 5-8 and 11-13 plus all of ward 4 except precincts 1, 2, and 6-12 in the city of Minneapolis.

U.S. Rep. 1948 6th Dist.

County	Harold Knutson (R)	FRED MARSHALL (DFL)
Aitkin	3,009	2,961
Benton	2,706	3,547
Cass	3,919	3,417
Crow Wing	5,580	6,324
Hubbard	2,470	1,779
Kanabec	1,667	2,303
Meeker	3,624	4,587
Mille Lacs	2,784	3,223
Morrison	4,899	5,265
Pine	3,464	4,993
Sherburne	2,185	1,782
Stearns	11,638	14,610
Todd	5,072	4,626
Wadena	2,615	2,341
Wright	6,562	4,843
TOTALS	62,194	66,601

Note: 1 scattered vote was cast.

U.S. Rep. 1948 7th Dist.

County	H. CARL ANDERSEN (R)	James M. Youngdale (DFL)
Big Stone	1,839	2,094
Chippewa	3,250	3,414
Douglas	4,504	4,357
Grant	2,236	2,102
Kandiyohi	4,794	6,690
Lac qui Parle	3,096	2,978
Lincoln	2,691	1,477
Lyon	4,992	4,086
Murray	2,938	2,573
Nobles	4,345	3,868
Pipestone	2,840	2,202
Pope	2,639	2,709
Redwood	5,055	3,282
Renville	5,538	4,184
Rock	2,509	1,617
Stevens	2,647	1,645
Swift	2,853	3,581
Traverse	1,536	1,625
Yellow Medicine	3,577	3,379
TOTALS	63,879	57,863

Note: A total of 4 scattered votes was cast.

U.S. Rep. 1948 8th Dist.

County	William A. Berlin (R)	JOHN A. BLATNIK (DFL)
Carlton	3,392	6,880
Cook	820	576
Itasca	5,137	9,872
Koochiching	2,454	4,654
Lake	1,051	2,698
St. Louis	31,452	63,821
TOTALS	44,306	88,501

Note: A total of 4 scattered votes was cast.

U.S. Rep. 1948 9th Dist.

County	HAROLD C. HAGEN (R)	Oscar A. Johnson (DFL)
Becker	4,797	4,833
Beltrami	4,636	4,957
Clay	5,895	5,131
Clearwater	1,726	2,436
Kittson	1,889	2,270
Lake of the Woods	1,008	952
Mahnomen	1,282	1,513
Marshall	3,450	3,093
Norman	2,856	2,260
Otter Tail	12,353	5,160
Pennington	2,859	2,731
Polk	8,374	6,316
Red Lake	1,039	1,399
Roseau	2,714	2,77
Wilkin	2,311	1,6 6
TOTALS	57,189	47,476

Note: 1 scattered vote was cast.

U.S. Rep. 1950 1st Dist.

County	AUGUST H. ANDRESEN (R)	Burton Chambers (DFL)
Dodge	3,032	1,371
Fillmore	7,115	1,964
Freeborn	6,667	4,583
Goodhue	8,045	3,675
Houston	4,744	1,380
Mower	6,016	4,909
Olmsted	9,233	4,355
Rice	7,554	3,308
Steele	4,496	3,066
Wabasha	4,807	1,776
Waseca	4,011	1,849
Winona	9,296	4,603
TOTALS	75,016	36,839

U.S. Rep. 1950 2nd Dist.

County	JOSEPH P. O'HARA (R)	Harry A. Sieben (DFL)
Blue Earth	7,430	5,097
Brown	5,181	2,982
Carver	5,263	2,188
Cottonwood	3,960	1,994
Dakota	7,828	9,438
Faribault	5,795	2,482
Jackson	2,846	2,619
Le Sueur	4,862	3,490
McLeod	5,939	2,761
Martin	6,323	3,400
Nicollet	3,773	2,878
Scott	3,247	3,429
Sibley	3,744	1,973
Watonwan	3,113	1,721
TOTALS	69,304	46,452

U.S. Rep. 1950 3rd Dist.

County	Alfred D. Lindley (R)	ROY W. WIER (DFL)
Anoka	4,542	5,850
Chisago	2,925	2,120
*Hennepin	52,508	57,322
Isanti	2,079	1,998
Washington	6,893	6,496
TOTALS	68,947	73,786

*All of Hennepin County outside the city of Minneapolis plus wards 1-3, 9, and 10 and precincts 1, 2, and 6-12 of ward 4 in the city of Minneapolis.

U.S. Rep. 1950 4th Dist.

County	Ward Fleming (R)	EUGENE J. McCARTHY (DFL)
Ramsey TOTALS	39,307	59,930

U.S. Rep. 1950 5th Dist.

County	WALTER H. JUDD (R)	Marcella F. Killen (DFL)	Grace H. Carlson (SW)
*Hennepin TOTALS	71,243	48,759	1,323

*Wards 5-8 and 11-13 plus all of ward 4 except precincts 1, 2, and 6-12 in the city of Minneapolis.

U.S. Rep. 1950 6th Dist.

County	Robert F. Lee (R)	FRED MARSHALL (DFL)
Aitkin	2,225	3,016
Benton	2,339	3,517
Cass	3,011	3,670
Crow Wing	4,431	5,704
Hubbard	2,164	1,897
Kanabec	1,644	1,813
Meeker	2,685	4,707
Mille Lacs	2,338	3,066
Morrison	4,116	5,051
Pine	2,771	4,143
Sherburne	1,689	1,840
Stearns	8,304	15,090
Todd	4,642	4,437
Wadena	2,297	1,982
Wright	5,223	3,978
TOTALS	49,879	63,911

U.S. Rep. 1950 7th Dist.

County	H. CARL ANDERSEN (R)	Carl J. Eastvold (DFL)
Big Stone	1,660	2,326
Chippewa	3,579	2,765
Douglas	5,183	2,751
Grant	2,338	1,542
Kandiyohi	5,115	4,624
Lac qui Parle	3,007	2,416
Lincoln	2,625	1,163
Lyon	4,877	2,765
Murray	3,349	1,774
Nobles	4,445	2,382
Pipestone	3,680	1,407
Pope	2,755	1,803
Redwood	4,522	1,923
Renville	5,401	2,943
Rock	2,765	896
Stevens	2,498	1,179
Swift	2,931	2,539
Traverse	1,765	1,332
Yellow Medicine	3,149	2,255
TOTALS	65,644	40,785

Note: A total of 6 scattered votes was cast.

U.S. Rep. 1950 8th Dist.

County	William A. Pittenger (R)	JOHN A. BLATNIK (DFL)
Carlton	3,655	5,794
Cook	782	462
Itasca	4,708	8,546
Koochiching	2,390	3,865
Lake	1,001	2,151
St. Louis	30,169	51,622
TOTALS	42,705	72,440

U.S. Rep. 1950 9th Dist.

County	HAROLD C. HAGEN (R)	Curtiss T. Olson (DFL)	August J. Duren (I)
Becker	5,382	3,223	309
Beltrami	4,763	3,052	270
Clay	6,113	3,053	454
Clearwater	2,010	1,758	101
Kittson	2,291	1,671	116
Lake of the Woods	1,079	639	49
Mahnomen	1,653	937	94
Marshall	2,948	2,035	192
Norman	3,245	1,580	123
Otter Tail	10,767	2,542	1,592
Pennington	2,431	1,771	84
Polk	8,297	4,220	311
Red Lake	1,042	1,086	46
Roseau	2,708	2,206	164
Wilkin	2,199	1,035	350
TOTALS	56,928	30,808	4,255

U.S. Rep. 1952 1st Dist.

County	AUGUST H. ANDRESEN (R)	George Alfson (DFL)
Dodge	4,255	1,462
Fillmore	8,384	2,707
Freeborn	9,130	6,496
Goodhue	11,226	4,492
Houston	5,439	1,652
Mower	10,110	7,823
Olmsted	14,493	5,590
Rice	9,953	3,682
Steele	6,883	2,373
Wabasha	6,099	1,829
Waseca	5,363	1,989
Winona	11,883	5,401
TOTALS	103,218	45,496

U.S. Rep. 1952 2nd Dist.

County	JOSEPH P. O'HARA (R)	Richard T. Malone (DFL)
Blue Earth	11,800	5,238
Brown	8,507	2,939
Carver	6,970	2,148
Cottonwood	5,544	2,276
Dakota	11,635	11,717
Faribault	8,213	2,973
Jackson	4,794	2,794
Le Sueur	6,274	3,417
McLeod	7,687	2,683
Martin	10,003	2,295
Nicollet	5,511	2,833
Scott	4,610	3,183
Sibley	5,237	2,189
Watonwan	4,856	1,719
TOTALS	101,641	48,404

U.S. Rep. 1952 3rd Dist.

County	Ed Willow (R)	ROY W. WIER (DFL)
Anoka	7,311	10,490
Chisago	3,650	3,033
*Hennepin	83,156	89,891
Isanti	2,534	2,688
Washington	8,669	8,906
TOTALS	105,320	115,008

*All of Hennepin County outside the city of Minneapolis plus wards 1-3, 9, and 10 and precincts 1, 2, and 6-12 of ward 4 in the city of Minneapolis.

U.S. Rep. 1952 4th Dist.

County	Roger G. Kennedy (R)	EUGENE J. McCARTHY (DFL)
Ramsey TOTALS	60,827	98,015

U.S. Rep. 1952 5th Dist.

County	WALTER H. JUDD (R)	Karl F. Rolvaag (DFL)
*Hennepin TOTALS	99,027	68,326

*Wards 5-8 and 11-13 plus all of ward 4 except precincts 1, 2, and 6-12 in the city of Minneapolis.

U.S. Rep. 1952 6th Dist.

County	J. Arthur Bensen (R)	FRED MARSHALL (DFL)
Aitkin	2,525	3,676
Benton	3,463	3,515
Cass	3,545	4,174
Crow Wing	5,951	7,456
Hubbard	2,725	1,924
Kanabec	1,761	2,196
Meeker	3,793	5,066
Mille Lacs	3,101	3,453
Morrison	5,069	5,947
Pine	3,412	4,789
Sherburne	2,410	2,153
Stearns	14,009	15,922
Todd	5,276	5,222
Wadena	3,057	2,387
Wright	6,667	6,161
TOTALS	66,764	74,041

U.S. Rep. 1952 7th Dist.

County	H. CARL ANDERSEN (R)	James M. Youngdale (DFL)
Big Stone	2,466	2,010
Chippewa	4,710	3,004
Douglas	6,157	3,885
Grant	2,752	1,871
Kandiyohi	6,856	6,146
Lac qui Parle	4,136	2,667
Lincoln	3,245	1,502
Lyon	6,776	3,687
Murray	4,087	2,180
Nobles	6,415	3,617
Pipestone	4,332	1,829
Pope	3,601	2,430
Redwood	6,924	2,794
Renville	6,984	3,869
Rock	3,736	1,432
Stevens	3,502	1,488
Swift	4,156	2,894
Traverse	1,991	1,629
Yellow Medicine	4,634	3,130
TOTALS	87,460	52,144

U.S. Rep. 1952 8th Dist.

County	Ernest R. Orchard (R)	JOHN A. BLATNIK (DFL)
Carlton	4,331	7,033
Cook	948	549
Itasca	6,289	10,459
Koochiching	2,496	4,972
Lake	1,434	3,073
St. Louis	39,258	65,379
TOTALS	54,756	91,465

U.S. Rep. 1952 9th Dist.

County	HAROLD C. HAGEN (R)	Curtiss T. Olson (DFL)
Becker	6,031	4,729
Beltrami	5,527	3,907
Clay	7,610	5,201
Clearwater	2,189	2,121
Kittson	2,202	2,204
Lake of the Woods	1,031	1,051
Mahnomen	1,538	1,279
Marshall	3,941	3,146
Norman	3,371	2,416
Otter Tail	16,159	4,921
Pennington	3,286	2,581
Polk	9,966	6,680
Red Lake	1,199	1,295
Roseau	3,294	2,737
Wilkin	3,058	1,606
TOTALS	70,402	45,874

U.S. Rep. 1954 1st Dist.

County	AUGUST H. ANDRESEN (R)	Robert C. Olson (DFL)
Dodge	2,876	1,722
Fillmore	6,456	2,851
Freeborn	6,218	6,121
Goodhue	8,463	4,715
Houston	4,498	1,862
Mower	6,774	6,988
Olmsted	9,319	5,284
Rice	7,385	4,547
Steele	4,683	2,960
Wabasha	4,067	1,915
Waseca	3,733	2,338
Winona	8,214	5,375
TOTALS	72,686	46,678

U.S. Rep. 1954 2nd Dist.

County	JOSEPH P. O'HARA (R)	Harry A. Sieben (DFL)
Blue Earth	8,224	5,642
Brown	6,269	3,158
Carver	4,874	2,365
Cottonwood	3,864	2,306
Dakota	8,680	12,086
Faribault	5,868	3,190
Jackson	3,233	2,754
Le Sueur	4,370	3,731
McLeod	5,422	3,400
Martin	6,838	3,082
Nicollet	3,874	2,730
Scott	3,115	3,448
Sibley	3,756	2,295
Watonwan	3,205	1,902
TOTALS	71,592	52,089

U.S. Rep. 1954 3rd Dist.

County	Ed Willow (R)	ROY W. WIER (DFL)
Anoka	5,756	9,432
Chisago	3,025	2,705
*Hennepin	64,158	75,811
Isanti	2,202	2,694
Washington	7,248	7,765
TOTALS	82,389	98,407

*All of Hennepin County outside the city of Minneapolis plus wards 1-3, 9, and 10 and precincts 1, 2, and 6-12 of ward 4 in the city of Minneapolis.

U.S. Rep. 1954 4th Dist.

County	Richard C. Hansen (R)	EUGENE J. McCARTHY (DFL)
Ramsey TOTALS	47,933	81,651

U.S. Rep. 1954 5th Dist.

County	WALTER H. JUDD (R)	Anders Thompson (DFL)
*Hennepin TOTALS	69,901	55,452

*Wards 5-8 and 11-13 plus all of ward 4 except precincts 1, 2, and 6-12 in the city of Minneapolis.

U.S. Rep. 1954 6th Dist.

County	Oscar J. Jerde (R)	FRED MARSHALL (DFL)
Aitkin	1,919	3,493
Benton	2,169	3,603
Cass	2,377	3,851
Crow Wing	4,331	7,354
Hubbard	1,800	2,085
Kanabec	1,256	2,296
Meeker	2,672	4,972
Mille Lacs	2,043	3,644
Morrison	3,299	6,063
Pine	2,250	4,390
Sherburne	1,733	2,178
Stearns	8,822	15,731
Todd	3,607	5,082
Wadena	2,033	2,244
Wright	4,539	5,936
TOTALS	44,850	72,922

U.S. Rep. 1954 7th Dist.

County	H. CARL ANDERSEN (R)	Douglas P. Hunt (DFL)
Big Stone	1,673	2,273
Chippewa	3,026	3,950
Douglas	4,380	4,142
Grant	1,904	2,154
Kandiyohi	4,578	6,530
Lac qui Parle	2,714	2,602
Lincoln	2,620	1,607
Lyon	4,577	3,525
Murray	2,950	2,234
Nobles	4,247	3,002
Pipestone	3,035	1,718
Pope	2,362	2,613
Redwood	5,114	2,543
Renville	4,873	3,778
Rock	2,516	1,099
Stevens	2,415	1,742
Swift	2,539	3,775
Traverse	1,470	1,700
Yellow Medicine	3,127	3,153
TOTALS	60,120	54,140

U.S. Rep. 1954 8th Dist.

County	Ernest R. Orchard (R)	JOHN A. BLATNIK (DFL)
Carlton	2,853	6,753
Cook	647	752
Itasca	4,075	11,084
Koochiching	1,682	4,935
Lake	1,032	3,159
St. Louis	24,952	63,095
TOTALS	35,241	89,778

U.S. Rep. 1954 9th Dist.

County	Harold C. Hagen (R)	COYA KNUTSON (DFL)
Becker	4,428	4,501
Beltrami	3,498	3,314
Clay	4,963	4,949
Clearwater	1,458	2,373
Kittson	1,374	2,280
Lake of the Woods	784	934
Mahnomen	1,139	1,684
Marshall	2,517	3,176
Norman	2,138	2,616
Otter Tail	10,850	6,216
Pennington	2,023	2,971
Polk	6,520	7,122
Red Lake	834	1,900
Roseau	2,152	3,057
Wilkin	1,986	1,906
TOTALS	46,664	48,999

U.S. Rep. 1956 1st Dist.

County	Arnold L. Fredriksen (DFL)	AUGUST H. ANDRESEN (R)
Dodge	2,275	3,191
Fillmore	3,558	7,397
Freeborn	8,102	7,709
Goodhue	5,256	10,219
Houston	2,258	5,038
Mower	9,213	8,672
Olmsted	7,775	13,233
Rice	4,617	9,200
Steele	3,530	6,345
Wabasha	2,243	5,462
Waseca	2,459	4,992
Winona	6,461	10,634
TOTALS	57,747	92,092

U.S. Rep. 1956 2nd Dist.

County	DFL Harold Zupp	R JOSEPH P. O'HARA
Blue Earth	6,120	11,514
Brown	3,082	8,688
Carver	2,402	6,631
Cottonwood	2,635	4,848
Dakota	12,931	13,238
Faribault	3,806	7,327
Jackson	3,334	4,014
Le Sueur	3,609	5,814
McLeod	3,313	7,239
Martin	3,455	8,610
Nicollet	2,901	5,624
Scott	3,456	4,643
Sibley	2,303	5,058
Watonwan	1,989	4,272
TOTALS	55,336	97,520

U.S. Rep. 1956 3rd Dist.

County	DFL ROY W. WIER	R George L. Mikan
Anoka	13,863	8,841
Chisago	3,368	3,190
*Hennepin	98,314	94,261
Isanti	3,160	2,177
Washington	8,651	9,247
TOTALS	127,356	117,716

*All of Hennepin County outside the city of Minneapolis plus wards 1-3, 9, and 10 and precincts 1, 2, and 6-12 of ward 4 in the city of Minneapolis.

U.S. Rep. 1956 4th Dist.

County	DFL EUGENE J. McCARTHY	R Edward C. Slettedahl
Ramsey TOTALS	103,320	57,947

U.S. Rep. 1956 5th Dist.

County	DFL Joseph Robbie	R WALTER H. JUDD
*Hennepin TOTALS	64,602	82,258

*Wards 5-8 and 11-13 plus all of ward 4 except precincts 1, 2, and 6-12 in the city of Minneapolis.

U.S. Rep. 1956 6th Dist.

County	DFL FRED MARSHALL	R Joseph L. Kaczmarek
Aitkin	3,634	2,259
Benton	3,376	3,491
Cass	4,263	3,058
Crow Wing	7,694	5,402
Hubbard	2,115	2,115
Kanabec	2,362	1,584
Meeker	5,564	3,171
Mille Lacs	3,624	2,661
Morrison	6,031	4,573
Pine	4,837	2,612
Sherburne	2,557	2,108
Stearns	15,692	13,892
Todd	5,467	4,219
Wadena	2,477	2,349
Wright	6,703	6,074
TOTALS	76,396	59,568

U.S. Rep. 1956 7th Dist.

County	DFL Clint Haroldson	R H. CARL ANDERSEN
Big Stone	2,323	1,927
Chippewa	3,449	4,231
Douglas	4,653	5,277
Grant	2,299	2,183
Kandiyohi	6,551	6,372
Lac qui Parle	2,972	3,574
Lincoln	1,955	2,723
Lyon	4,068	5,923
Murray	2,614	3,821
Nobles	4,538	5,503
Pipestone	2,366	3,626
Pope	2,581	2,974
Redwood	2,971	6,425
Renville	4,068	6,541
Rock	1,757	3,478
Stevens	1,855	2,927
Swift	3,847	3,099
Traverse	1,869	1,556
Yellow Medicine	3,432	4,111
TOTALS	60,168	76,271

U.S. Rep. 1956 8th Dist.

County	DFL JOHN A. BLATNIK	R Alfred J. Weinberg
Carlton	8,452	2,988
Cook	1,063	777
Itasca	11,995	4,669
Koochiching	5,393	1,819
Lake	4,166	1,359
St. Louis	77,496	28,183
TOTALS	108,565	39,795

U.S. Rep. 1956 9th Dist.

County	DFL COYA KNUTSON	R Harold C. Hagen
Becker	5,548	4,669
Beltrami	4,414	4,122
Clay	7,024	6,751
Clearwater	2,350	1,632
Kittson	2,742	1,476
Lake of the Woods	1,112	781
Mahnomen	1,603	1,106
Marshall	4,126	2,550
Norman	3,259	2,252
Otter Tail	7,253	12,476
Pennington	3,345	2,487
Polk	8,791	7,337
Red Lake	1,722	879
Roseau	3,380	2,113
Wilkin	2,247	2,306
TOTALS	58,916	52,937

U.S. Rep. 1958 1st Dist. †Special Election

County	DFL Eugene P. Foley	R ALBERT H. QUIE
Dodge	1,402	1,803
Fillmore	2,475	3,498
Freeborn	5,209	4,009
Goodhue	4,007	5,668
Houston	1,267	1,798
Mower	6,513	4,286
Olmsted	5,144	6,307
Rice	4,477	4,254
Steele	2,621	2,930
Wabasha	2,936	2,476
Waseca	1,793	2,189
Winona	5,830	5,058
TOTALS	43,674	44,276

†Special election held February 18, 1958, to complete the term of Congressman August H. Andresen.
Note: A total of 20 scattered votes was cast.

U.S. Rep. 1958 1st Dist.

County	DFL Eugene P. Foley	R ALBERT H. QUIE
Dodge	1,695	3,002
Fillmore	3,462	6,141
Freeborn	7,157	6,679
Goodhue	4,696	8,064
Houston	2,511	4,165
Mower	8,042	7,538
Olmsted	6,629	10,843
Rice	5,138	6,846
Steele	3,440	4,872
Wabasha	3,072	3,576
Waseca	2,452	3,853
Winona	7,151	7,766
TOTALS	55,445	73,345

U.S. Rep. 1958 2nd Dist.

County	DFL Conrad H. Hammar	R ANCHER NELSEN
Blue Earth	5,589	8,400
Brown	3,287	6,187
Carver	2,550	5,021
Cottonwood	2,322	3,938
Dakota	13,383	10,623
Faribault	3,401	5,468
Jackson	3,000	2,924
Le Sueur	3,825	4,039
McLeod	3,229	5,679
Martin	3,076	5,972
Nicollet	2,699	3,891
Scott	3,662	3,014
Sibley	1,637	3,448
Watonwan	2,209	3,019
TOTALS	53,869	71,623

U.S. Rep. 1958 3rd Dist.

County	DFL ROY W. WIER	R Leonard E. Lindquist
Anoka	11,317	6,982
Chisago	2,976	2,697
*Hennepin	74,074	73,502
Isanti	2,466	1,970
Washington	7,616	7,039
TOTALS	98,449	92,190

*All of Hennepin County outside the city of Minneapolis plus wards 1-3, 9, and 10 and precincts 1, 2, and 6-12 of ward 4 in the city of Minneapolis.

U.S. Rep. 1958 4th Dist.

County	DFL JOSEPH E. KARTH	R Frank S. Farrell
Ramsey TOTALS	72,952	56,484

U.S. Rep. 1958 5th Dist.

County	DFL Joseph Robbie	R WALTER H. JUDD
*Hennepin TOTALS	44,453	59,739

*Wards 5-8 and 11-13 plus all of ward 4 except precincts 1, 2, and 6-12 in the city of Minneapolis.

U.S. Rep. 1958 6th Dist.

County	DFL FRED MARSHALL	R Hugo Holmstrom
Aitkin	3,578	1,645
Benton	3,849	2,007
Cass	4,767	2,346
Crow Wing	7,218	4,356
Hubbard	2,288	1,693
Kanabec	2,148	1,384
Meeker	5,016	2,320
Mille Lacs	3,617	2,117
Morrison	5,852	2,755
Pine	4,320	2,021
Sherburne	2,127	1,456
Stearns	16,150	7,990
Todd	4,717	3,039
Wadena	2,412	1,923
Wright	5,822	3,966
TOTALS	73,881	41,018

U.S. Rep. 1958 7th Dist.

County	DFL Alfred I. Johnson	R H. CARL ANDERSEN
Big Stone	2,187	1,695
Chippewa	2,966	3,149
Douglas	4,128	4,299
Grant	2,009	1,989
Kandiyohi	6,576	5,112
Lac qui Parle	2,594	3,017
Lincoln	1,674	2,297
Lyon	3,671	4,513
Murray	2,061	3,005
Nobles	3,682	4,395
Pipestone	1,686	2,682
Pope	2,396	2,515
Redwood	2,436	4,792
Renville	3,850	5,049
Rock	1,231	2,568
Stevens	1,968	2,739
Swift	3,688	2,700
Traverse	1,662	1,331
Yellow Medicine	3,224	3,418
TOTALS	53,689	61,265

U.S. Rep. 1958 9th Dist.

County	DFL Coya Knutson	R ODIN LANGEN
Becker	3,709	3,755
Beltrami	3,242	3,688
Clay	5,068	6,160
Clearwater	2,090	1,484
Kittson	2,162	1,912
Lake of the Woods	1,029	697
Mahnomen	1,629	1,096
Marshall	3,182	2,497
Norman	2,591	2,146
Otter Tail	5,565	11,044
Pennington	2,801	2,110
Polk	7,392	6,343
Red Lake	1,533	735
Roseau	2,935	2,160
Wilkin	1,545	2,036
TOTALS	46,473	47,863

U.S. Rep. 1960 1st Dist.

County	DFL George Shepherd	R ALBERT H. QUIE
Dodge	2,174	3,848
Fillmore	3,771	7,690
Freeborn	7,850	8,933
Goodhue	5,334	10,810
Houston	2,770	5,088
Mower	10,474	10,356
Olmsted	10,148	16,688
Rice	5,863	9,228
Steele	4,132	7,038
Wabasha	3,056	5,120
Waseca	2,629	5,032
Winona	7,221	10,550
TOTALS	65,422	100,381

U.S. Rep. 1958 8th Dist.

County	DFL JOHN A. BLATNIK	R Roy W. Ranum
Carlton	7,279	2,630
Cook	995	581
Itasca	11,760	3,638
Koochiching	5,385	1,399
Lake	4,004	1,095
St. Louis	67,623	22,000
TOTALS	97,046	31,343

U.S. Rep. 1960 2nd Dist.

County	DFL Russel Schwandt	R ANCHER NELSEN
Blue Earth	7,751	11,522
Brown	4,449	7,956
Carver	3,362	6,573
Cottonwood	3,033	4,852
Dakota	18,827	15,179
Faribault	4,180	6,930
Jackson	4,000	3,528
Le Sueur	4,781	4,855
McLeod	3,873	7,568
Martin	4,253	8,575
Nicollet	3,742	5,328
Scott	5,120	4,342
Sibley	2,447	5,066
Watonwan	2,421	4,197
TOTALS	72,239	96,471

U.S. Rep. 1960 4th Dist.

County	DFL JOSEPH E. KARTH	R Joseph J. Mitchell
Ramsey TOTALS	108,738	69,635

U.S. Rep. 1960 5th Dist.

County	DFL George W. Matthews	R WALTER H. JUDD
*Hennepin TOTALS	55,377	86,223

*Wards 5-8 and 11-13 plus all of ward 4 except precincts 1, 2, and 6-12 in the city of Minneapolis.

U.S. Rep. 1960 7th Dist.

County	DFL Gordon E. Duenow	R H. CARL ANDERSEN
Big Stone	2,438	1,869
Chippewa	3,741	3,903
Douglas	5,287	5,289
Grant	2,429	2,190
Kandiyohi	7,279	6,360
Lac qui Parle	3,204	3,289
Lincoln	2,284	2,392
Lyon	4,822	5,506
Murray	2,848	3,455
Nobles	4,998	5,407
Pipestone	2,437	3,628
Pope	3,034	2,972
Redwood	3,398	6,245
Renville	4,788	6,064
Rock	1,736	3,538
Stevens	2,156	2,987
Swift	3,908	3,068
Traverse	2,048	1,541
Yellow Medicine	3,774	3,784
TOTALS	66,609	73,487

U.S. Rep. 1960 3rd Dist.

County	DFL Roy W. Wier	R CLARK MacGREGOR	I Al Bergsten
Anoka	19,772	14,154	663
Chisago	3,280	3,414	99
*Hennepin	102,487	123,528	4,183
Isanti	2,900	2,662	167
Washington	11,469	11,089	347
TOTALS	139,908	154,847	5,459

*All of Hennepin County outside the city of Minneapolis plus wards 1-3, 9, and 10 and precincts 1, 2, and 6-12 of ward 4 in the city of Minneapolis.

U.S. Rep. 1960 6th Dist.

County	DFL FRED MARSHALL	R Frank L. King
Aitkin	3,817	2,245
Benton	4,692	2,794
Cass	4,601	3,333
Crow Wing	8,220	6,333
Hubbard	2,419	2,304
Kanabec	2,422	1,738
Meeker	5,315	3,282
Mille Lacs	3,954	2,753
Morrison	7,618	4,019
Pine	4,995	2,617
Sherburne	3,057	2,329
Stearns	20,154	12,269
Todd	5,571	4,852
Wadena	2,705	2,624
Wright	7,792	5,813
TOTALS	87,332	59,305

U.S. Rep. 1960 8th Dist.

County	DFL JOHN A. BLATNIK	R Jerry H. Ketola
Carlton	8,833	3,561
Cook	851	806
Itasca	12,040	5,414
Koochiching	5,466	2,318
Lake	4,555	1,646
St. Louis	75,409	33,354
TOTALS	107,154	47,099

U.S. Rep. 1960 9th Dist.

County	DFL Coya Knutson	R ODIN LANGEN
Becker	5,056	5,364
Beltrami	4,207	5,127
Clay	6,493	9,167
Clearwater	2,513	1,730
Kittson	2,008	2,289
Lake of the Woods	1,094	841
Mahnomen	1,671	1,144
Marshall	3,903	3,072
Norman	2,902	2,822
Otter Tail	7,748	14,250
Pennington	3,352	2,531
Polk	9,226	7,935
Red Lake	1,837	797
Roseau	3,158	2,507
Wilkin	1,946	2,746
TOTALS	57,114	62,322

U.S. Rep. 1962 1st Dist.

County	DFL David L. Graven	R ALBERT H. QUIE
Dakota	15,750	12,953
Dodge	1,764	3,242
Fillmore	2,878	6,067
Freeborn	6,333	7,767
Goodhue	4,688	8,556
Houston	2,050	3,839
Mower	8,330	8,504
Olmsted	7,531	14,154
Rice	5,281	7,598
Steele	3,180	5,403
Wabasha	2,595	4,138
Winona	6,576	8,411
TOTALS	66,956	90,632

U.S. Rep. 1962 2nd Dist.

County	DFL Conrad H. Hammar	R ANCHER NELSEN
Blue Earth	5,109	8,315
Brown	3,198	6,777
Carver	2,661	5,190
Cottonwood	2,184	3,953
Faribault	3,054	5,722
Jackson	2,800	3,065
Le Sueur	3,764	4,145
McLeod	2,708	6,371
Martin	2,730	6,675
Murray	2,119	2,689
Nicollet	2,497	4,252
Nobles	3,436	3,984
Pipestone	1,731	2,825
Rock	1,345	2,584
Scott	4,460	3,874
Sibley	1,836	4,076
Waseca	1,875	3,798
Watonwan	2,036	3,262
TOTALS	49,543	81,557

U.S. Rep. 1962 3rd Dist.

County	DFL Irving R. Keldsen	R CLARK MacGREGOR
Anoka	15,176	11,370
Hennepin (suburban)	42,890	76,360
TOTALS	58,066	87,730

U.S. Rep. 1962 4th Dist.

County	DFL JOSEPH E. KARTH	R Harry Strong
Ramsey	82,932	55,422
Washington	10,587	8,344
TOTALS	93,519	63,766

U.S. Rep. 1962 5th Dist.

	DFL DONALD M. FRASER	R Walter H. Judd	SW Joseph Johnson
Minneapolis TOTALS	87,002	80,865	575

U.S. Rep. 1962 6th Dist.

County	DFL ALEC G. OLSON	R Robert J. Odegard
Benton	3,151	3,108
Big Stone	2,082	1,543
Chippewa	3,418	2,889
Crow Wing	5,826	5,844
Kandiyohi	6,478	4,519
Lac qui Parle	2,836	2,736
Lincoln	2,159	1,642
Lyon	3,739	4,152
Meeker	3,409	3,767
Mille Lacs	2,344	3,549
Morrison	5,673	4,243
Redwood	2,677	4,606
Renville	3,972	4,649
Sherburne	1,937	2,544
Stearns	13,630	13,200
Stevens	2,112	2,467
Swift	3,286	2,211
Wright	5,180	6,279
Yellow Medicine	3,401	3,014
TOTALS	77,310	76,962

U.S. Rep. 1962 7th Dist.

County	DFL Harding C. Noblitt	R ODIN LANGEN
Becker	3,797	4,131
Beltrami	3,530	3,875
Cass	3,116	3,546
Clay	5,835	7,104
Clearwater	1,992	1,290
Douglas	4,150	4,399
Grant	2,081	1,767
Hubbard	1,747	2,424
Kittson	1,626	1,817
Lake of the Woods	935	732
Mahnomen	1,654	1,026
Marshall	2,747	2,507
Norman	2,234	1,990
Otter Tail	5,742	11,244
Pennington	2,180	1,857
Polk	6,833	6,058
Pope	2,407	2,313
Red Lake	1,356	764
Roseau	2,569	2,038
Todd	3,736	4,114
Traverse	1,657	1,112
Wadena	1,817	2,634
Wilkin	1,420	1,804
TOTALS	65,161	70,546

U.S. Rep. 1962 8th Dist.

County	DFL JOHN A. BLATNIK	R Jerry H. Ketola
Aitkin	3,169	2,311
Carlton	7,382	3,256
Chisago	2,980	2,814
Cook	800	768
Isanti	2,660	2,036
Itasca	9,848	5,311
Kanabec	1,710	1,538
Koochiching	5,034	1,803
Lake	3,833	1,457
Pine	3,490	2,300
St. Louis	60,661	29,402
TOTALS	101,567	52,996

U.S. Rep. 1964 1st Dist.

County	DFL George Daley	R ALBERT H. QUIE
Dakota	22,503	17,754
Dodge	2,163	3,576
Fillmore	3,908	6,953
Freeborn	7,714	8,663
Goodhue	5,785	10,069
Houston	2,994	4,443
Mower	9,925	9,953
Olmsted	10,322	18,155
Rice	6,513	8,636
Steele	4,025	6,597
Wabasha	3,179	4,447
Winona	8,758	9,391
OFFICIAL TOTALS	87,789	108,639
CORRECTED TOTAL		108,637

U.S. Rep. 1964 2nd Dist.

County	DFL Charles V. Simpson	R ANCHER NELSEN
Blue Earth	7,650	10,434
Brown	4,200	7,798
Carver	3,740	6,842
Cottonwood	3,162	4,504
Faribault	4,214	6,584
Jackson	3,697	3,427
Le Sueur	4,990	4,465
McLeod	3,961	7,577
Martin	4,522	7,794
Murray	2,936	3,231
Nicollet	3,784	5,046
Nobles	4,875	5,075
Pipestone	2,518	3,358
Rock	2,129	3,169
Scott	5,536	5,012
Sibley	2,499	5,015
Waseca	2,716	4,577
Watonwan	2,672	3,896
TOTALS	69,801	97,804

U.S. Rep. 1964 3rd Dist.

County	DFL Richard J. Parish	R CLARK MacGREGOR
Anoka	25,734	19,430
Hennepin (suburban)	68,948	106,034
TOTALS	94,682	125,464

U.S. Rep. 1964 4th Dist.

County	JOSEPH E. KARTH (DFL)	John M. Drexler (R)	Harry Strong (R†)
Ramsey	126,412	44,519	1,182
Washington	18,389	7,702	129
OFFICIAL TOTALS	144,801	54,221	1,311
CORRECTED TOTALS		52,221	

†Strong, a Republican, was a write-in candidate.

U.S. Rep. 1964 5th Dist.

	DONALD M. FRASER (DFL)	John W. Johnson (R)
Minneapolis TOTALS	127,963	78,767

U.S. Rep. 1964 6th Dist.

County	ALEC G. OLSON (DFL)	Robert J. Odegard (R)
Benton	3,704	3,757
Big Stone	2,422	1,812
Chippewa	4,141	3,297
Crow Wing	7,527	7,004
Kandiyohi	7,945	5,053
Lac qui Parle	3,392	2,921
Lincoln	2,521	1,958
Lyon	5,314	4,730
Meeker	4,466	4,002
Mille Lacs	3,000	3,964
Morrison	6,358	4,776
Redwood	4,019	5,329
Renville	5,382	5,145
Sherburne	2,815	3,111
Stearns	15,248	16,453
Stevens	2,411	2,830
Swift	3,747	2,799
Wright	7,299	6,851
Yellow Medicine	4,137	3,436
TOTALS	95,848	89,228

U.S. Rep. 1964 7th Dist.

County	Ben M. Wichterman (DFL)	ODIN LANGEN (R)
Becker	5,061	5,360
Beltrami	4,577	4,689
Cass	3,732	4,046
Clay	7,314	8,231
Clearwater	2,303	1,512
Douglas	5,074	5,200
Grant	2,204	2,209
Hubbard	2,022	2,849
Kittson	2,030	1,994
Lake of the Woods	1,015	767
Mahnomen	1,631	1,067
Marshall	3,692	2,902
Norman	3,017	2,385
Otter Tail	7,704	12,827
Pennington	3,126	2,499
Polk	9,194	7,177
Pope	2,750	3,028
Red Lake	1,529	958
Roseau	3,091	2,326
Todd	4,449	5,291
Traverse	1,897	1,455
Wadena	2,295	3,109
Wilkin	2,011	2,423
TOTALS	81,718	84,304

U.S. Rep. 1964 8th Dist.

County	JOHN A. BLATNIK (DFL)	David W. Glossbrenner (R)
Aitkin	3,740	2,194
Carlton	9,269	3,320
Chisago	4,475	2,379
Cook	1,003	758
Isanti	4,040	1,952
Itasca	11,410	5,001
Kanabec	2,669	1,339
Koochiching	5,813	1,809
Lake	4,441	1,530
Pine	5,129	2,328
St. Louis	72,288	32,081
TOTALS	124,277	54,691

U.S. Rep. 1966 1st Dist.

County	George Daley (DFL)	ALBERT H. QUIE (R)
Dakota	14,890	21,118
Dodge	1,387	3,493
Fillmore	2,291	6,401
Freeborn	5,464	8,163
Goodhue	3,638	9,745
Houston	1,950	4,595
Mower	6,572	9,680
Olmsted	6,071	17,725
Rice	4,481	8,816
Steele	2,537	6,135
Wabasha	2,183	4,777
Winona	5,083	8,664
TOTALS	56,547	109,312

U.S. Rep. 1966 2nd Dist.

County	DFL Charles Christensen	R ANCHER NELSEN
Blue Earth	5,150	9,700
Brown	3,008	7,554
Carver	2,644	6,520
Cottonwood	1,907	4,530
Faribault	2,997	5,983
Jackson	2,297	3,472
Le Sueur	3,765	4,641
McLeod	2,676	6,993
Martin	2,783	7,291
Murray	1,777	3,364
Nicollet	2,567	4,922
Nobles	3,750	4,931
Pipestone	1,790	3,334
Rock	1,340	3,069
Scott	4,163	5,137
Sibley	1,530	4,464
Waseca	1,907	4,244
Watonwan	1,848	3,706
TOTALS	47,899	93,855

U.S. Rep. 1966 3rd Dist.

County	DFL Elva D. Walker	R CLARK MacGREGOR
Anoka	17,036	19,771
Hennepin (suburban)	47,825	103,004
TOTALS	64,861	122,775

U.S. Rep. 1966 4th Dist.

County	DFL JOSEPH E. KARTH	R Stephen L. Maxwell
Ramsey	79,994	68,630
Washington	11,277	11,037
TOTALS	91,271	79,667

U.S. Rep. 1966 5th Dist.

	DFL DONALD M. FRASER	R William L. Hathaway
Minneapolis TOTALS	86,953	58,816

U.S. Rep. 1966 6th Dist.

County	DFL Alec G. Olson	R JOHN M. ZWACH
Benton	3,075	3,274
Big Stone	1,893	1,514
Chippewa	3,293	2,822
Crow Wing	6,169	5,787
Kandiyohi	6,371	4,980
Lac Qui Parle	2,801	2,468
Lincoln	1,884	1,763
Lyon	3,061	5,087
Meeker	3,458	3,886
Mille Lacs	3,262	2,899
Morrison	5,711	4,576
Redwood	2,500	5,467
Renville	3,815	4,678
Sherburne	2,389	2,516
Stearns	12,588	14,770
Stevens	1,935	2,457
Swift	3,088	2,381
Wright	5,973	6,297
Yellow Medicine	3,173	3,088
TOTALS	76,439	80,710

U.S. Rep. 1966 7th Dist.

County	DFL Keith C. Davison	R ODIN LANGEN
Becker	2,907	5,466
Beltrami	3,033	4,575
Cass	2,618	4,388
Clay	4,105	7,744
Clearwater	1,324	1,525
Douglas	3,332	5,649
Grant	1,470	2,229
Hubbard	1,192	2,950
Kittson	1,079	2,050
Lake of the Woods	515	760
Mahnomen	1,135	1,342
Marshall	2,033	3,335
Norman	1,829	2,412
Otter Tail	4,746	12,356
Pennington	1,708	2,463
Polk	5,043	7,167
Pope	1,665	3,108
Red Lake	887	946
Roseau	1,796	2,532
Todd	2,515	5,524
Traverse	1,764	1,077
Wadena	1,534	3,136
Wilkin	1,158	2,180
TOTALS	49,388	84,914

U.S. Rep. 1966 8th Dist.

County	JOHN A. BLATNIK DFL	Norman Nelson R†
Aitkin	3,889	148
Carlton	8,395	1,029
Chisago	4,711	0
Cook	1,123	249
Isanti	3,793	16
Itasca	11,852	379
Kanabec	2,732	7
Koochiching	4,536	146
Lake	4,516	93
Pine	5,027	104
St. Louis	66,395	986
TOTALS	116,969	3,157

†Write-in candidate.

U.S. Rep. 1968 1st Dist.

County	ALBERT H. QUIE R	George Daley DFL
Dakota	26,948	19,328
Dodge	4,263	1,410
Fillmore	8,223	2,321
Freeborn	10,220	5,549
Goodhue	11,850	4,143
Houston	5,670	1,961
Mower	11,549	7,194
Olmsted	23,492	6,571
Rice	10,630	4,627
Steele	8,086	2,643
Wabasha	5,761	2,157
Winona	11,708	5,012
TOTALS	138,400	62,916

U.S. Rep. 1968 2nd Dist.

County	ANCHER NELSEN R	Jon Wefald DFL
Blue Earth	9,960	8,816
Brown	7,677	4,625
Carver	7,881	3,803
Cottonwood	4,384	2,989
Faribault	5,943	4,290
Jackson	3,437	3,270
Le Sueur	5,270	4,205
McLeod	8,474	3,610
Martin	7,367	4,497
Murray	3,422	2,383
Nicollet	5,061	4,132
Nobles	4,997	4,985
Pipestone	3,261	2,386
Rock	3,571	1,719
Scott	6,193	5,439
Sibley	4,956	2,154
Waseca	4,953	2,613
Watonwan	3,816	2,612
TOTALS	100,623	68,528

U.S. Rep. 1968 3rd Dist.

County	CLARK MacGREGOR R	Eugene E. Stokowski DFL
Anoka	25,874	22,830
Hennepin (suburban)	133,115	63,604
TOTALS	158,989	86,434

U.S. Rep. 1968 4th Dist.

County	Emery G. Barrette R	JOSEPH E. KARTH DFL
Ramsey	69,047	113,052
Washington	12,345	16,030
TOTALS	81,392	129,082

U.S. Rep. 1968 5th Dist.

	Harmon T. Ogdahl R	DONALD M. FRASER DFL	William C. Braatz InG	David Thorstad SW
Minneapolis TOTALS	78,819	108,588	747	552

U.S. Rep. 1968 6th Dist.

County	JOHN M. ZWACH R	J. Buford Johnson DFL
Benton	4,086	3,893
Big Stone	2,009	1,952
Chippewa	3,875	3,260
Crow Wing	8,421	6,340
Kandiyohi	6,388	6,726
Lac qui Parle	3,179	2,616
Lincoln	2,437	1,556
Lyon	6,904	3,047
Meeker	4,880	3,747
Mille Lacs	3,976	2,844
Morrison	5,744	5,617
Redwood	6,896	2,407
Renville	6,118	3,795
Sherburne	3,346	3,059
Stearns	17,875	15,259
Stevens	2,932	2,057
Swift	3,063	3,377
Wright	8,458	7,047
Yellow Medicine	4,077	2,979
TOTALS	104,664	81,578

U.S. Rep. 1968 7th Dist.

County	ODIN LANGEN (R)	Robert S. Bergland (DFL)
Becker	5,332	4,902
Beltrami	4,622	4,864
Cass	4,397	3,528
Clay	8,335	7,787
Clearwater	1,482	2,104
Douglas	5,554	5,266
Grant	2,013	2,074
Hubbard	2,964	2,006
Kittson	1,776	1,762
Lake of the Woods	710	865
Mahnomen	1,052	1,585
Marshall	2,606	3,424
Norman	2,190	2,865
Otter Tail	12,680	7,649
Pennington	2,486	3,033
Polk	6,892	8,443
Pope	2,732	2,651
Red Lake	807	1,549
Roseau	2,304	2,779
Todd	5,410	4,106
Traverse	1,313	1,741
Wadena	3,074	2,319
Wilkin	2,382	1,765
TOTALS	83,113	79,067

U.S. Rep. 1968 8th Dist.

County	James A. Hennen (R)	JOHN A. BLATNIK (DFL)
Aitkin	2,165	3,440
Carlton	3,725	8,524
Chisago	3,166	4,375
Cook	825	906
Isanti	2,377	3,882
Itasca	5,395	10,641
Kanabec	1,794	2,377
Koochiching	2,184	4,886
Lake	1,503	4,383
Pine	2,343	4,703
St. Louis	29,732	67,226
TOTALS	55,209	115,343

U.S. Rep. 1970 1st Dist.

County	B. A. Lundeen (DFL)	ALBERT H. QUIE (R)
Dakota	17,491	25,280
Dodge	1,315	3,781
Fillmore	2,021	6,837
Freeborn	4,723	8,304
Goodhue	3,372	11,005
Houston	1,902	5,002
Mower	5,261	10,088
Olmsted	5,133	20,213
Rice	4,404	9,274
Steele	2,362	6,883
Wabasha	1,948	4,972
Winona	4,063	10,163
TOTALS	53,995	121,802

U.S. Rep. 1970 2nd Dist.

County	Clifford R. Adams (DFL)	ANCHER NELSEN (R)
Blue Earth	6,579	9,924
Brown	3,100	7,338
Carver	3,703	6,801
Cottonwood	1,977	3,997
Faribault	2,891	5,970
Jackson	2,433	3,368
Le Sueur	4,051	4,899
McLeod	3,376	7,306
Martin	2,869	6,988
Murray	1,983	3,330
Nicollet	3,074	5,020
Nobles	3,759	4,565
Pipestone	1,882	3,151
Rock	1,502	2,998
Scott	5,585	5,715
Sibley	1,838	4,620
Waseca	1,997	4,253
Watonwan	1,899	3,837
TOTALS	54,498	94,080

U.S. Rep. 1970 3rd Dist.

County	George Rice (DFL)	WILLIAM E. FRENZEL (R)
Anoka	26,769	15,444
Hennepin (suburban)	81,372	95,477
TOTALS	108,141	110,921

U.S. Rep. 1970 4th Dist.

County	JOSEPH E. KARTH (DFL)	Frank L. Loss (R)
Ramsey	113,807	38,263
Washington	17,456	7,417
TOTALS	131,263	45,680

U.S. Rep. 1970 5th Dist.

	DONALD M. FRASER (DFL)	Dick Enroth (R)	Derrel Myers (SW)
Minneapolis TOTALS	83,207	61,682	783

U.S. Rep. 1970 6th Dist.

County	Terry Montgomery (DFL)	JOHN M. ZWACH (R)	Richard Martin (I)
Benton	3,531	3,763	104
Big Stone	1,822	1,598	24
Chippewa	3,271	3,285	47
Crow Wing	6,653	7,157	114
Kandiyohi	6,016	5,390	76
Lac qui Parle	2,657	2,640	38
Lincoln	1,559	1,654	28
Lyon	3,982	5,214	53
Meeker	4,112	3,848	73
Mille Lacs	3,411	3,199	68
Morrison	5,912	5,304	116
Redwood	2,692	5,580	66
Renville	3,954	4,875	68
Sherburne	3,128	2,873	102
Stearns	12,859	16,465	393
Stevens	2,119	2,396	30
Swift	3,129	2,758	54
Wright	7,361	7,351	118
Yellow Medicine	2,836	3,403	53
TOTALS	81,004	88,753	1,625

U.S. Rep. 1970 7th Dist.

County	ROBERT S. BERGLAND (DFL)	Odin Langen (R)
Becker	4,870	4,220
Beltrami	4,652	3,756
Cass	3,526	3,856
Clay	7,048	6,575
Clearwater	1,954	1,117
Douglas	5,461	4,763
Grant	2,093	1,507
Hubbard	2,256	2,667
Kittson	1,820	1,560
Lake of the Woods	797	527
Mahnomen	1,611	836
Marshall	3,220	2,033
Norman	2,981	1,877
Otter Tail	7,809	9,901
Pennington	3,000	2,056
Polk	8,053	5,395
Pope	2,768	2,160
Red Lake	1,727	668
Roseau	3,381	1,878
Todd	4,338	4,619
Traverse	1,667	1,035
Wadena	2,674	2,516
Wilkin	1,672	1,774
TOTALS	79,378	67,296

U.S. Rep. 1970 8th Dist.

County	JOHN A. BLATNIK (DFL)	Paul Reed (R)
Aitkin	3,816	1,665
Carlton	8,647	2,210
Chisago	5,134	2,329
Cook	1,134	631
Isanti	4,090	1,781
Itasca	11,449	3,734
Kanabec	2,781	1,316
Koochiching	4,319	1,596
Lake	4,643	982
Pine	5,226	1,788
St. Louis	66,910	20,337
TOTALS	118,149	38,369

U.S. Rep. 1972 1st Dist.

County	Charles S. Thompson (DFL)	ALBERT H. QUIE (R)
Dakota	14,231	22,101
Dodge	1,177	4,734
Fillmore	2,029	8,563
Goodhue	3,978	13,692
Houston	1,916	5,954
Olmsted	5,290	26,787
Rice	5,268	12,160
Steele	2,375	9,053
Wabasha	1,905	6,581
Washington	15,289	19,698
Winona	5,648	13,375
TOTALS	59,106	142,698

U.S. Rep. 1972 2nd Dist.

County	DFL Charles Turnbull	R ANCHER NELSEN
Blue Earth	11,146	11,259
Brown	4,339	8,368
Carver	4,954	8,894
Dakota	9,558	13,459
Faribault	3,860	6,404
Freeborn	7,737	8,563
Hennepin	7,079	10,725
Le Sueur	5,129	5,250
Martin	4,266	7,535
McLeod	4,631	8,148
Mower	10,596	9,043
Nicollet	5,265	5,789
Scott	7,206	7,176
Sibley	2,512	4,597
Waseca	2,892	5,088
Watonwan	2,263	4,052
TOTALS	93,433	124,350

U.S. Rep. 1972 3rd Dist.

County	DFL Jim Bell	R WILLIAM E. FRENZEL	MnT Donald O. Wright
Hennepin TOTALS	66,070	132,638	12,234

U.S. Rep. 1972 4th Dist.

County	DFL JOSEPH E. KARTH	R Steve Thompson
Ramsey TOTALS	138,292	52,786

U.S. Rep. 1972 5th Dist.

County	DFL DONALD M. FRASER	R Allan Davisson	SW William E. Peterson	MnT Norm Selby
Anoka	14,874	5,508	252	1,183
Hennepin	119,607	44,224	3,971	14,624
Ramsey	627	282	10	38
TOTALS	135,108	50,014	4,233	15,845

U.S. Rep. 1972 6th Dist.

County	DFL Richard M. Nolan	R JOHN M. ZWACH
Benton	4,577	4,839
Big Stone	2,103	1,957
Chippewa	3,750	3,897
Cottonwood	3,231	4,190
Hennepin	6,365	5,373
Jackson	3,906	3,186
Kandiyohi	7,143	6,870
Lac qui Parle	2,785	3,033
Lincoln	2,173	1,966
Lyon	5,853	6,001
Meeker	4,043	5,009
Mille Lacs	3,516	4,199
Murray	2,946	3,035
Nobles	6,302	4,276
Pipestone	3,156	3,228
Redwood	2,974	6,456
Renville	4,241	5,809
Rock	2,482	3,160
Sherburne	4,437	4,206
Stearns	20,756	20,151
Wright	9,615	9,861
Yellow Medicine	3,601	3,835
TOTALS	109,955	114,537

U.S. Rep. 1972 7th Dist.

County	DFL ROBERT S. BERGLAND	R Jon O. Haaven
Aitkin	3,543	2,469
Beltrami	6,653	4,787
Becker	6,408	4,614
Cass	3,897	4,636
Clay	11,914	8,267
Clearwater	2,647	1,113
Crow Wing	8,495	7,526
Douglas	7,318	5,418
Grant	2,459	1,638
Hubbard	2,694	2,935
Kittson	2,544	987
Lake of the Woods	1,091	502
Mahnomen	1,957	769
Marshall	4,625	1,697
Morrison	7,377	4,904
Norman	3,473	1,669
Otter Tail	10,624	10,968
Pennington	4,666	2,055
Polk	10,517	5,646
Pope	3,466	2,264
Red Lake	2,118	501
Roseau	4,143	1,322
Stevens	3,263	2,609
Swift	4,084	2,577
Todd	5,601	4,656
Traverse	1,999	1,081
Wadena	3,026	2,995
Wilkin	2,465	1,678
TOTALS	133,067	92,283

U.S. Rep. 1972 8th Dist.

County	DFL JOHN A. BLATNIK	R Edward Johnson
Anoka	25,829	11,177
Carlton	10,413	2,458
Chisago	6,282	2,929
Cook	1,335	500
Isanti	5,150	2,453
Itasca	12,495	4,222
Kanabec	2,992	1,672
Koochiching	5,295	2,008
Lake	5,265	1,100
Pine	5,776	2,272
St. Louis	80,991	20,523
TOTALS	161,823	51,314

U.S. Rep. 1974 1st Dist.

County	DFL Ulric Scott	R ALBERT H. QUIE
Dakota	11,646	15,240
Dodge	1,322	3,387
Fillmore	2,223	5,113
Goodhue	4,763	9,302
Houston	2,274	4,109
Olmsted	6,563	15,774
Rice	4,492	8,434
Steele	2,029	5,414
Wabasha	2,591	4,772
Washington	12,171	15,504
Winona	6,794	8,089
TOTALS	56,868	95,138

Note: A total of 5 write-in votes was cast.

U.S. Rep. 1974 2nd Dist.

County	DFL Steve Babcock	R THOMAS M. HAGEDORN
Blue Earth	7,195	9,004
Brown	4,455	6,264
Carver	4,746	5,705
Dakota	9,315	7,964
Faribault	3,267	5,460
Freeborn	6,102	6,492
Hennepin	5,835	7,101
Le Sueur	4,310	3,465
Martin	3,165	6,116
McLeod	3,717	5,133
Mower	8,039	5,539
Nicollet	3,605	4,880
Scott	7,138	4,399
Sibley	2,740	3,347
Waseca	2,206	3,616
Watonwan	1,945	3,586
TOTALS	77,780	88,071

Note: A total of 69 write-in votes was cast.

U.S. Rep. 1974 3rd Dist.

County	DFL Robert Riggs	R WILLIAM E. FRENZEL
Hennepin TOTALS	54,630	83,325

U.S. Rep. 1974 4th Dist.

County	DFL JOSEPH E. KARTH	R Joseph A. Rheinberger
Ramsey TOTALS	95,437	30,083

U.S. Rep. 1974 5th Dist.

County	DFL DONALD M. FRASER	R Phillip J. Ratté	SW Edmund A. Jurenas
Anoka	10,953	3,373	153
Hennepin	78,717	26,628	1,730
Ramsey	342	145	4
TOTALS	90,012	30,146	1,887

U.S. Rep. 1974 6th Dist.

County	DFL RICHARD M. NOLAN	R Jon Grunseth
Benton	3,932	3,351
Big Stone	1,721	917
Chippewa	3,468	2,928
Cottonwood	2,686	3,071
Hennepin	5,905	3,301
Jackson	2,884	2,009
Kandiyohi	6,510	4,504
Lac qui Parle	2,697	1,811
Lincoln	2,258	1,242
Lyon	4,811	3,847
Meeker	4,613	3,602
Mille Lacs	4,217	2,406
Murray	2,815	2,151
Nobles	4,362	3,067
Pipestone	2,522	2,197
Redwood	2,635	4,228
Renville	4,585	3,725
Rock	1,794	2,237
Sherburne	4,198	2,805
Stearns	16,258	15,785
Wright	8,528	6,018
Yellow Medicine	3,066	2,595
TOTALS	96,465	77,797

Note: 1 write-in vote was cast.

U.S. Rep. 1974 7th Dist.

County	ROBERT S. BERGLAND (DFL)	Dan Reber (R)
Aitkin	3,359	1,193
Beltrami	5,922	2,021
Becker	6,118	2,321
Cass	5,420	2,352
Clay	9,147	3,338
Clearwater	2,341	579
Crow Wing	9,624	3,443
Douglas	7,258	2,709
Grant	2,360	690
Hubbard	3,561	1,567
Kittson	2,575	610
Lake of the Woods	1,408	366
Mahnomen	1,781	422
Marshall	4,853	736
Morrison	8,169	2,180
Norman	2,710	774
Otter Tail	9,713	5,236
Pennington	3,695	833
Polk	9,157	2,393
Pope	3,453	928
Red Lake	1,790	259
Roseau	4,279	899
Stevens	2,921	1,058
Swift	4,404	1,006
Todd	5,601	1,823
Traverse	2,394	555
Wadena	3,264	1,571
Wilkin	1,930	1,192
TOTALS	129,207	43,054

Note: A total of 5 write-in votes was cast.

U.S. Rep. 1974 8th Dist.

County	JAMES L. OBERSTAR (DFL)	Jerome Arnold (R)	William R. Ojala (EJ)	Robert C. Bester (IV)
Anoka	19,109	5,630	822	560
Carlton	6,371	2,811	887	185
Chisago	4,824	2,036	204	142
Cook	879	613	154	24
Isanti	4,074	1,598	146	132
Itasca	9,050	4,249	1,619	263
Kanabec	2,538	1,014	91	81
Koochiching	4,065	2,336	287	109
Lake	3,493	1,251	441	65
Pine	4,515	1,728	230	127
St. Louis	45,822	21,032	12,051	1,299
TOTALS	104,740	44,298	16,932	2,987

Note: A total of 56 write-in votes was cast.

U.S. Rep. 1976 1st Dist.

County	ALBERT H. QUIE (I-R)	Robert C. Olson (DFL)	Lloyd Duwe (Am)
Dakota	24,923	16,780	664
Dodge	4,816	1,708	70
Fillmore	8,381	2,297	105
Goodhue	14,510	4,489	211
Houston	6,644	2,153	77
Olmsted	29,430	6,091	428
Rice	12,507	5,875	251
Steele	9,693	3,100	114
Wabasha	6,654	2,233	129
Washington	26,186	19,214	766
Winona	14,433	6,690	151
TOTALS	158,177	70,630	2,966

Note: A total of 7 write-in votes was cast.

U.S. Rep. 1976 2nd Dist.

County	THOMAS M. HAGEDORN (I-R)	Gloria Griffin (DFL)
Blue Earth	14,800	10,603
Brown	9,601	4,085
Carver	10,279	5,684
Dakota	20,397	13,860
Faribault	7,014	3,683
Freeborn	9,204	8,161
Hennepin	12,190	8,010
Le Sueur	6,215	4,917
Martin	8,306	4,162
McLeod	8,183	4,289
Mower	10,078	9,784
Nicollet	7,540	4,562
Scott	9,292	7,787
Sibley	5,145	2,593
Waseca	5,618	3,123
Watonwan	4,460	2,185
TOTALS	148,322	97,488

Note: A total of 6 write-in votes was cast.

U.S. Rep. 1976 3rd Dist.

County	WILLIAM E. FRENZEL (I-R)	Jerome W. Coughlin (DFL)	Clifford C. Mathias (Am)
Hennepin TOTALS	149,013	72,044	4,402

U.S. Rep. 1976 4th Dist.

County	I-R Andrew Engebretson	DFL BRUCE F. VENTO	SW Ralph Schwartz	† Alan W. Uhl	L Thomas F. Piotrowski
Ramsey TOTALS	59,767	133,282	1,790	3,040	2,720

†Uhl was nominated by petition; he had no political affiliation.

Note: A total of 36 write-in votes was cast.

U.S. Rep. 1976 5th Dist.

County	I-R Richard M. Erdall	DFL DONALD M. FRASER	SW Chris Frank	L Franklin H. Haws	W Jean T. Brust	Am Jack O. Kirkham
Anoka	6,051	16,250	159	117	47	838
Hennepin	44,369	121,287	1,659	920	483	2,343
Ramsey	344	676	6	33	6	8
TOTALS	50,764	138,213	1,824	1,070	536	3,139

U.S. Rep. 1976 6th Dist.

County	I-R James Anderson	DFL RICHARD M. NOLAN
Benton	4,604	6,050
Big Stone	1,298	2,679
Chippewa	2,904	5,096
Cottonwood	3,713	4,052
Hennepin	5,656	10,795
Jackson	2,781	4,447
Kandiyohi	6,017	10,262
Lac qui Parle	2,032	4,003
Lincoln	1,474	2,774
Lyon	4,932	7,339
Meeker	4,117	5,558
Mille Lacs	2,828	5,602
Murray	2,403	3,883
Nobles	3,510	5,945
Pipestone	2,433	3,863

U.S. Rep. 1976 6th Dist.

County	I-R James Anderson	DFL RICHARD M. NOLAN
Redwood	5,048	4,680
Renville	4,339	6,140
Rock	2,691	2,955
Sherburne	4,085	7,114
Stearns	21,470	24,655
Wright	7,985	15,041
Yellow Medicine	2,881	4,580
TOTALS	99,201	147,507

Note: A total of 2 write-in votes was cast.

U.S. Rep. 1976 7th Dist.

County	I-R Robert Leiseth	DFL ROBERT S. BERGLAND	L Stanley A. Carlson
Aitkin	1,493	5,015	107
Beltrami	3,317	9,458	278
Becker	4,283	7,957	164
Cass	3,327	6,464	219
Clay	5,809	14,793	163
Clearwater	887	3,055	97
Crow Wing	5,498	12,545	355
Douglas	3,597	9,511	136
Grant	969	3,331	41
Hubbard	2,161	4,162	106
Kittson	781	2,846	31
Lake of the Woods	396	1,542	37
Mahnomen	1,164	1,447	71
Marshall	1,052	5,498	40
Morrison	2,735	9,882	191
Norman	1,326	3,782	42
Otter Tail	8,078	15,247	210
Pennington	1,510	5,557	48
Polk	3,493	13,153	138
Pope	1,419	4,632	50
Red Lake	431	2,203	37
Roseau	1,231	4,630	64
Stevens	1,385	4,303	44
Swift	1,295	5,393	58
Todd	2,727	8,096	305
Traverse	642	2,534	18
Wadena	2,155	4,092	144
Wilkin	1,181	2,952	20
TOTALS	64,333	174,080	3,214

Note: A total of 37 write-in votes was cast.

U.S. Rep. 1976 8th Dist.

County	DFL JAMES L. OBERSTAR
Anoka	41,375
Carlton	12,634
Chisago	8,831
Cook	1,819
Isanti	7,791
Itasca	17,013
Kanabec	4,318
Koochiching	7,207
Lake	6,056
Pine	7,534
St. Louis	92,177
TOTALS	206,755

Note: A total of 89 write-in votes was cast.

U.S. Rep. 1977 7th Dist. †Special Election

County	Am James Born	I-R ARLAN I. STANGELAND	DFL Michael Sullivan	I Jack Bibeau
Aitkin	27	1,257	1,199	24
Beltrami	523	2,748	2,351	71
Becker	382	3,689	2,403	56
Cass	331	2,987	1,717	48
Clay	99	6,830	3,664	102
Clearwater	644	749	777	29
Crow Wing	732	4,286	3,256	69
Douglas	241	4,408	2,150	84
Grant	54	1,621	851	50
Hubbard	325	1,906	1,048	26
Kittson	35	1,162	837	11
Lake of the Woods	92	386	353	0
Mahnomen	118	933	526	13
Marshall	147	1,933	1,588	13
Morrison	179	2,973	2,647	25
Norman	44	1,673	1,182	13
Otter Tail	379	9,812	4,140	89
Pennington	248	1,643	1,208	14
Polk	476	4,985	3,618	45
Pope	83	2,201	1,011	49
Red Lake	168	544	584	9
Roseau	161	1,935	1,416	17
Stevens	42	1,704	956	14
Swift	32	1,341	1,339	13
Todd	275	3,004	2,118	41
Traverse	23	928	570	9
Wadena	213	2,213	1,190	21
Wilkin	32	1,489	791	8
TOTAL	6,105	71,340	45,490	963

†Special election held February 22, 1977, after Congressman Robert S. Bergland resigned.
Note: A total of 12 write-in votes was cast.

Elections for Governors

Governor 1857

County	Alexander Ramsey (R)	HENRY H. SIBLEY (D)
Anoka	300	207
Benton	159	140
Blue Earth	537	594
Brown	172	320
Carver	329	523
Cass	0	228
Chisago	410	193
Crow Wing	16	80
Dakota	876	1,261
Dodge	375	311
Faribault	135	85
Fillmore	935	1,012
Freeborn	439	207
Goodhue	1,171	649
Hennepin	2,080	1,657
Houston	538	696
Isanti	18	2
Le Sueur	424	529
McLeod	246	146
Manomin	8	105
Marker	130	65
Mille Lacs	5	15
Morrison	134	184
Mower	422	235
Nicollet	419	551
Olmsted	930	699
Pembina	0	316

Governor 1857

County	Alexander Ramsey (R)	HENRY H. SIBLEY (D)
Pine	35	16
Ramsey	1,004	1,548
Rice	923	889
Scott	362	588
Sherburne	70	85
Sibley	144	530
Stearns	255	552
Steele	495	192
Todd	18	97
Wabasha	479	246
Waseca	298	250
Washington	1,025	874
Winona	812	668
Wright	422	245
TOTALS	17,550	17,790

Note: Returns are in *Pioneer and Democrat* (St. Paul), September 4, 1859, p. 2.

Governor 1859

County	ALEXANDER RAMSEY (R)	George L. Becker (D)
Anoka	383	165
Benton	143	94
Blue Earth	734	560
Brown	343	300
*Carlton	88	119
Carver	473	523
Chisago	284	156
Crow Wing	8	55
Dakota	1,007	1,056
Dodge	593	444
Faribault	210	109
Fillmore	1,399	1,171
Freeborn	438	227
Goodhue	1,220	706
Hennepin	2,013	1,117
Houston	675	716
Jackson	21	18
Kanabec	9	6
Kandiyohi	19	3
Le Sueur	577	625
McLeod	197	95
Martin	18	10
Meeker	147	103
Monongalia	47	30
Morrison	88	115
Mower	412	227
Nicollet	424	488

Governor 1859

County	ALEXANDER RAMSEY (R)	George L. Becker (D)
Olmsted	1,119	777
Pine	6	28
Ramsey	1,485	1,773
Renville	8	37
Rice	1,045	828
Scott	552	917
Sherburne	131	68
Sibley	303	526
Stearns	375	660
Steele	448	178
Wabasha	793	512
Waseca	359	254
Washington	953	707
Winona	1,209	814
Wright	579	265
TOTALS	21,335	17,582

*Includes returns from St. Louis and Lake counties.

Note: Returns are in Joseph A. Wheelock, Minnesota: Its Place Among the States, 159 (Hartford, Conn., 1860).

Governor 1861

County	ALEXANDER RAMSEY (R)	E. O. Hamblin (D)
Anoka	234	135
Benton	31	57
Blue Earth	604	415
Brown	197	3
Carver	333	321
Cass	41	4
Chisago	224	27
Crow Wing	6	41
Dakota	945	960

Governor 1861

County	ALEXANDER RAMSEY (R)	E. O. Hamblin (D)
Dodge	485	184
Douglas	24	9
Faribault	433	61
Fillmore	1,047	733
Freeborn	409	118
Goodhue	889	261
Hennepin	1,035	286
Houston	631	660
Isanti	49	1
Kandiyohi	12	2
Le Sueur	474	608
McLeod	110	37
Martin	20	4
Meeker	121	87
Mille Lacs	45	21
Monongalia	54	9
Morrison	40	76
Mower	468	88
Nicollet	407	265
Olmsted	777	383
Pine	23	0
Ramsey	1,139	1,072
Renville	100	12
Rice	724	471
St. Louis	50	15
Scott	276	705
Sherburne	75	50
Sibley	239	363
Stearns	411	655
Steele	353	73
Todd	2	7
Wabasha	643	199
Waseca	244	145
Washington	455	166
Watonwan	44	0
Winona	819	457

Governor 1861

County	ALEXANDER RAMSEY (R)	E. O. Hamblin (D)
Wright	497	152
TOTALS	16,274	10,448
CORRECTED TOTALS	16,239	10,398

Note: A total of 45 scattered votes was cast. Returns are in Minnesota, Senate Journal, 1862, p. 399.

Governor 1863

County	STEPHEN MILLER (R)	Henry T. Welles (D)
Anoka	253	129
Benton	37	34
Blue Earth	708	431
Brown	111	20
Carver	443	486
Chisago	299	55
Crow Wing	0	16
Dakota	1,186	1,176
Dodge	611	233
Faribault	309	22
Fillmore	1,664	1,076
Freeborn	338	20
Goodhue	979	275
Hennepin	1,406	1,132
Houston	704	665
Isanti	59	14
Le Sueur	483	689
McLeod	133	125
Martin	13	1
Meeker	63	42
Mille Lacs	42	14
Morrison	38	77
Mower	469	93
Nicollet	500	308

Governor 1863

County	STEPHEN MILLER (R)	Henry T. Welles (D)
Olmsted	1,155	156
Pine	12	0
Ramsey	1,300	1,105
Rice	985	606
St. Louis	29	1
Scott	374	734
Sherburne	88	49
Sibley	190	453
Stearns	319	630
Steele	418	81
Wabasha	1,004	344
Waseca	292	150
Washington	491	181
Watonwan	21	0
Winona	1,684	910
Wright	418	204
OFFICIAL TOTALS	19,628	12,739
CORRECTED TOTAL		12,737

Governor 1865

County	WILLIAM R. MARSHALL (R)	Henry M. Rice (D)
Anoka	200	114
Benton	29	60
Blue Earth	802	597
Brown	255	61
Carver	355	516
Chisago	232	47
Dakota	864	1,089
Dodge	437	166
Faribault	501	138
Fillmore	1,134	709
Freeborn	559	149
Goodhue	769	419
Hennepin	1,120	836
Houston	691	679
Isanti	71	10
Jackson	37	0
Kanabec	9	3
Le Sueur	422	729
McLeod	214	207
Manomin	1	21
Martin	153	23
Meeker	105	92
Mille Lacs	43	22
Morrison	39	63
Mower	411	120
Nicollet	475	380
Olmsted	795	292
Pine	11	2
Ramsey	1,001	1,600
Redwood	65	4
Renville	24	1
Rice	868	528
St. Louis	30	5
Scott	252	734
Sherburne	85	72
Sibley	228	392
Stearns	335	812
Steele	521	118
Wabasha	688	432
Waseca	351	244
Washington	500	383
Watonwan	32	11
Winona	1,169	735
Wright	435	227
TOTALS	17,318	13,842

Governor 1867

County	WILLIAM R. MARSHALL (R)	Charles E. Flandrau (D)
Anoka	309	243
Benton	82	91
Blue Earth	1,498	1,079
Brown	382	260
Carver	668	1,031
Chisago	413	100
Crow Wing	8	21
Dakota	1,241	1,530
Dodge	845	488
Douglas	336	54
Faribault	919	301
Fillmore	1,801	1,212
Freeborn	889	234
Goodhue	1,949	854
Hennepin	2,662	2,024
Houston	1,099	920
Isanti	153	31
Jackson	164	6
Kandiyohi	60	10
Lake	17	0
Le Sueur	619	1,051
Lincoln	32	0
McLeod	411	261
Manomin	1	33
Marshall	386	74
Meeker	403	220
Mille Lacs	82	49
Monongalia	174	44
Morrison	43	132
Mower	733	321
Nicollet	630	500
Olmsted	1,910	1,217
Pine	28	0
Pope	175	19
Ramsey	1,324	2,064
Redwood	74	11

Governor 1867

County	R WILLIAM R. MARSHALL	D Charles E. Flandrau
Renville	94	29
Rice	1,424	1,233
St. Louis	28	13
Scott	404	1,359
Sherburne	157	131
Sibley	303	679
Stearns	794	1,336
Steele	996	570
Todd	108	17
Wabasha	4,045	3,915
Waseca	637	575
Washington	674	602
Watonwan	120	35
Winona	1,792	1,910
Wright	778	622
TOTALS	34,874	29,502
CORRECTED TOTAL		29,511

Note: Returns are in Minnesota, Legislative Manual, 1871, p. 134.

Governor 1869

County	R HORACE AUSTIN	D George L. Otis	Pro Daniel Cobb
Anoka	229	207	49
Benton	114	137	10
Blue Earth	1,146	1,028	56
Brown	204	466	21
Carver	635	1,023	8
Chippewa	154	2	0
Chisago	327	55	31
Crow Wing	6	5	0
Dakota	594	1,887	132
Dodge	983	343	4

Governor 1869

County	R HORACE AUSTIN	D George L. Otis	Pro Daniel Cobb
Douglas	622	121	2
Faribault	738	375	210
Fillmore	1,720	1,002	58
Freeborn	652	245	27
Goodhue	1,172	640	144
Grant	26	0	0
Hennepin	1,813	1,324	267
Houston	1,283	885	29
Isanti	270	36	0
Jackson	158	25	1
Kandiyohi	144	4	0
Lake	13	0	0
Le Sueur	568	1,012	33
McLeod	362	231	9
Manomin	4	16	0
Martin	383	80	0
Meeker	630	294	8
Mille Lacs	81	52	18
Monongalia	170	13	4
Morrison	76	203	1
Mower	952	357	21
Nicollet	554	571	14
Olmsted	1,110	639	97
Otter Tail	0	35	0
Pine	27	1	0
Pope	235	24	0
Ramsey	776	2,847	134
Redwood	246	40	0
Renville	237	94	0
Rice	1,043	943	246
St. Louis	240	128	1
Scott	237	1,199	58
Sherburne	183	128	7
Sibley	217	617	1
Stearns	612	1,430	31
Steele	637	361	75
Todd	187	92	0

Governor 1869

County	R HORACE AUSTIN	D George L. Otis	Pro Daniel Cobb
Wabasha	1,197	889	28
Waseca	538	437	35
Washington	493	514	6
Watonwan	135	51	1
Winona	1,713	1,873	47
Wright	502	420	50
OFFICIAL TOTALS	27,348	25,401	1,764
CORRECTED TOTAL			1,974

Note: A total of 11 scattered votes was cast.

Governor 1871

County	R HORACE AUSTIN	D Winthrop Young	Pro Samuel Mayall
Anoka	471	288	0
Becker	141	40	0
Benton	141	189	0
Blue Earth	1,563	1,557	23
Brown	848	327	0
Carlton	189	46	0
Carver	863	1,039	3
Chippewa	253	8	0
Chisago	703	162	1
Clay	62	2	0
Cottonwood	188	28	0
Crow Wing	161	122	0
Dakota	1,279	1,494	17
Dodge	1,085	434	0
Douglas	667	106	0
Faribault	1,565	438	0
Fillmore	2,576	1,246	4
Freeborn	1,204	271	0

Governor 1871

County	R HORACE AUSTIN	D Winthrop Young	Pro Samuel Mayall
Goodhue	2,011	1,044	0
Grant	31	0	0
Hennepin	2,226	1,690	78
Houston	1,440	722	0
Isanti	240	72	0
Jackson	477	48	0
Kanabec	15	9	0
Kandiyohi	1,116	180	0
Lake	12	14	0
Le Sueur	896	1,207	0
Lyon	72	13	0
McLeod	565	517	0
Martin	568	156	0
Meeker	710	447	0
Mille Lacs	136	80	4
Morrison	142	217	2
Mower	1,266	627	0
Murray	46	9	0
Nicollet	1,049	522	4
Nobles	71	1	0
Olmsted	1,792	1,577	0
Otter Tail	1,097	244	0
Pine	103	157	0
Pope	355	34	0
Ramsey	2,237	2,288	5
Redwood	614	69	0
Renville	561	162	0
Rice	1,732	1,379	0
Rock	56	0	0
St. Louis	535	185	0
Scott	477	1,277	0
Sherburne	345	177	0
Sibley	495	806	0
Stearns	523	1,728	0
Steele	1,195	494	15
Stevens	28	19	0

Governor 1871

County	R HORACE AUSTIN	D Winthrop Young	Pro Samuel Mayall
Swift	144	23	0
Todd	303	195	0
Wabasha	1,319	1,315	0
Waseca	839	576	0
Washington	993	594	0
Watonwan	502	167	0
Wilkin	142	23	0
Winona	2,178	1,860	0
Wright	868	923	0
TOTALS	46,481	31,644	156

Note: A total of 39 scattered votes was cast. These county returns are in a manuscript abstract of returns prepared by the state canvassing board and apparently corrected. The corrections, written in red, were used in this compilation. State totals were calculated by the compilers. Different returns are in Minnesota, House Journal, 1872, p. 15, and Senate Journal, 1872, p. 492.

Governor 1873

County	R CUSHMAN K. DAVIS	D-LR-AM Ara Barton	Pro Samuel Mayall
Aitkin	50	0	
Anoka	447	316	27
Becker	411	75	9
Benton	134	195	4
Blue Earth	1,354	1,899	4
Brown	479	444	0
Carlton	172	50	0
Carver	708	1,229	3
Cass	47	8	0
Chippewa	293	84	7

Governor 1873

County	R CUSHMAN K. DAVIS	D-LR-AM Ara Barton	Pro Samuel Mayall
Chisago	871	109	1
Clay	216	24	0
Cottonwood	255	50	1
Crow Wing	321	90	3
Dakota	659	2,038	75
Dodge	753	349	22
Douglas	443	46	8
Faribault	1,291	587	26
Fillmore	1,404	786	28
Freeborn	1,071	132	25
Goodhue	1,395	836	50
Grant	162	11	0
Hennepin	1,687	2,041	154
Houston	1,206	1,036	27
Isanti	217	37	1
Jackson	475	90	0
Kanabec	29	11	0
Kandiyohi	517	142	2
Lac Qui Parle	212	3	0
Lake	26	0	0
Le Sueur	443	1,411	11
Lyon	389	100	5
McLeod	477	459	27
Marshall	237	287	1
Meeker	839	419	0
Mille Lacs	93	131	1
Morrison	134	247	13
Mower	869	943	3
Murray	217	11	0
Nicollet	721	699	3
Nobles	383	101	40
Olmsted	1,215	1,444	42
Otter Tail	963	164	1
Pine	222	56	0
Polk	72	36	0
Pope	287	11	6

Governor 1873

County	R CUSHMAN K. DAVIS	D-LR-AM Ara Barton	Pro Samuel Mayall
Ramsey	3,130	2,167	6
Redwood	293	105	9
Renville	420	260	8
Rice	1,245	1,745	41
Rock	204	15	12
St. Louis	628	46	17
Scott	358	1,403	0
Sherburne	223	191	11
Sibley	356	990	0
Stearns	733	1,564	35
Steele	744	569	58
Stevens	82	24	0
Swift	192	26	0
Todd	242	185	2
Wabasha	1,031	1,250	103
Wadena	27	1	0
Waseca	787	621	3
Washington	1,332	1,109	3
Watonwan	998	646	0
Wilkin	87	13	0
Winona	1,532	1,835	47
Wright	799	1,129	49
Yellow Medicine	321	13	2
OFFICIAL TOTALS	40,741	35,245	1,036
CORRECTED TOTALS	40,633	35,144	

Note: A total of 46 scattered votes was cast. Returns are in Minnesota, *House Journal*, 1874, p. 632.

Governor 1875

County	R JOHN S. PILLSBURY	D D. G. Buell	Pro R. F. Humiston
Aitkin	18	3	0
Anoka	475	271	63
Becker	490	47	0
Benton	159	226	0
Big Stone	29	1	0
Blue Earth	1,562	1,389	10
Brown	795	578	3
Carlton	155	57	0
Carver	696	1,092	0
Cass	36	16	0
Chippewa	349	36	5
Chisago	898	173	7
Clay	179	87	0
Cottonwood	255	59	2
Crow Wing	148	115	1
Dakota	904	1,915	157
Dodge	756	283	4
Douglas	478	46	0
Faribault	1,188	465	55
Fillmore	1,522	819	42
Freeborn	1,650	324	135
Goodhue	1,727	723	61
Grant	199	21	0
Hennepin	4,737	1,605	96
Houston	864	1,257	7
Isanti	429	48	3
Jackson	563	52	8
Kanabec	68	40	0
Kandiyohi	819	185	3
Lac qui Parle	105	2	0
Lake	21	0	0
Le Sueur	766	1,580	0
Lincoln	31	4	0
Lyon	188	50	0
McLeod	694	607	0

Governor 1875

County	R JOHN S. PILLSBURY	D D. G. Buell	Pro R. F. Humiston
Martin	386	130	2
Meeker	720	665	7
Mille Lacs	177	73	0
Morrison	154	293	0
Mower	1,063	440	0
Murray	126	10	0
Nicollet	1,020	623	19
Nobles	242	77	109
Olmsted	1,455	1,381	43
Otter Tail	917	328	0
Pembina	31	0	0
Pine	126	56	0
Polk	155	1	0
Pope	293	12	4
Ramsey	2,666	3,464	0
Redwood	415	94	9
Renville	590	314	0
Rice	1,640	1,543	31
Rock	167	3	0
St. Louis	637	134	0
Scott	377	1,276	0
Sherburne	355	182	24
Sibley	510	888	0
Stearns	677	1,885	19
Steele	847	627	48
Stevens	91	70	0
Swift	253	60	0
Todd	375	216	5
Wabasha	1,349	1,403	43
Wadena	44	0	0
Waseca	547	546	334
Washington	1,109	1,000	3
Watonwan	481	173	51
Wilkin	89	24	0
Winona	1,722	1,953	25

Governor 1875

County	R JOHN S. PILLSBURY	D D. G. Buell	Pro R. F. Humiston
Wright	1,130	1,140	138
Yellow Medicine	184	15	13
OFFICIAL TOTALS	46,175	35,373	1,669
CORRECTED TOTALS	47,073	35,275	1,589

Governor 1877

County	R JOHN S. PILLSBURY	D William L. Banning	G William Meighen	Pro Austin Willey
Aitkin	25	2	-	0
Anoka	500	376	-	8
Becker	722	9	-	0
Benton	157	243	-	0
Big Stone	87	0	-	0
Blue Earth	1,768	1,581	-	104
Brown	755	469	-	0
Carlton	146	102	-	0
Carver	923	888	-	0
Cass	17	3	-	0
Chippewa	487	21	-	12
Chisago	750	175	-	0
Clay	150	29	-	0
Cottonwood	381	61	-	0
Crow Wing	205	89	-	0
Dakota	1,319	1,717	-	28
Dodge	1,045	493	-	0
Douglas	855	120	-	0
Faribault	1,271	591	-	32
Fillmore	1,923	1,241	-	0
Freeborn	1,826	366	-	66
Goodhue	2,385	936	-	7
Grant	305	1	-	0

Governor 1877

County	R JOHN S. PILLSBURY	D William L. Banning	G William Meighen	Pro Austin Willey
Hennepin	4,465	2,224	-	69
Houston	1,402	1,039	-	42
Isanti	491	82	-	0
Jackson	512	32	-	0
Kanabec	66	20	-	0
Kandiyohi	1,229	46	-	0
Lac qui Parle	149	0	-	0
Lake	19	0	-	0
Le Sueur	929	1,652	-	26
Lincoln	63	16	-	0
Lyon	374	25	-	0
McLeod	769	644	-	13
Marshall	480	162	-	0
Meeker	832	826	-	4
Mille Lacs	129	132	-	0
Morrison	289	298	-	0
Mower	1,375	990	-	0
Murray	175	12	-	0
Nicollet	1,009	636	-	0
Nobles	467	52	-	4
Olmsted	1,744	1,698	-	157
Otter Tail	1,352	257	-	0
Pine	118	90	-	0
Polk	238	19	-	0
Pope	485	3	-	0
Ramsey	2,906	3,078	-	7
Redwood	477	117	-	0
Renville	738	191	-	0
Rice	2,189	1,676	-	35
Rock	265	75	-	0
St. Louis	291	285	-	0
Scott	507	1,636	-	20
Sherburne	352	207	-	0
Sibley	693	788	-	0
Stearns	1,051	2,041	-	0
Steele	1,004	828	-	48

Governor 1877

County	R JOHN S. PILLSBURY	D William L. Banning	G William Meighen	Pro Austin Willey
Stevens	248	109	-	0
Swift	606	135	-	0
Todd	387	232	-	0
Wabasha	1,752	1,762	-	8
Wadena	123	1	-	0
Waseca	595	817	-	595
Washington	1,469	1,090	-	0
Watonwan	552	147	-	0
Wilkin	72	36	-	0
Winona	1,831	2,254	-	51
Wright	1,479	1,272	-	69
Yellow Medicine	321	5	-	16
OFFICIAL TOTALS	57,071	39,147	2,396	1,421
CORRECTED TOTALS	57,076	39,160		

Note: Returns are in Minnesota, House Journal, 1878, p. 546; on p. 18 only the state-wide total vote for Meighen is reported. Some county returns for Meighen may be found in Minnesota newspapers for November, 1877; see, for example, the Ramsey County returns in St. Paul Dispatch, November 13, 1877, p. 1.

Governor 1879

County	R JOHN S. PILLSBURY	D Edmund Rice	Pro W. W. Satterlee	G William Meighen
Aitkin	14	1	0	0
Anoka	371	266	39	32
Becker	653	133	0	0
Benton	191	279	0	0
Big Stone	128	41	0	0
Blue Earth	2,013	1,794	40	26
Brown	292	699	0	53
Carlton	51	64	0	0
Carver	502	1,577	0	0
Chippewa	681	156	15	18
Chisago	636	203	3	0

Governor 1879

County	R JOHN S. PILLSBURY	D Edmund Rice	Pro W. W. Satterlee	G William Meighen
Clay	340	85	6	0
Cottonwood	443	62	6	8
Crow Wing	259	196	1	0
Dakota	1,256	1,633	74	0
Dodge	1,173	395	44	0
Douglas	643	133	13	0
Faribault	1,035	615	300	0
Fillmore	2,330	507	107	1,435
Freeborn	2,258	402	119	106
Goodhue	1,890	783	101	4
Grant	389	44	1	0
Hennepin	3,744	998	326	265
Houston	1,165	1,122	39	0
Isanti	327	45	8	0
Jackson	723	60	1	2
Kanabec	79	22	0	0
Kandiyohi	1,419	176	6	134
Lac qui Parle	591	17	1	0
Lake	4	11	0	0
Le Sueur	948	1,941	74	1
Lincoln	425	53	2	0
Lyon	421	100	15	0
McLeod	534	688	39	6
Marshall	9	22	0	0
Martin	609	159	3	0
Meeker	870	363	14	710
Mille Lacs	106	56	36	11
Morrison	328	492	0	0
Mower	1,899	598	111	529
Murray	287	53	18	0
Nicollet	983	767	3	0
Nobles	581	201	2	0
Olmsted	2,072	1,030	59	328
Otter Tail	1,517	653	8	0
Pine	61	105	20	0
Pipestone	96	70	7	0

Governor 1879

County	R JOHN S. PILLSBURY	D Edmund Rice	Pro W. W. Satterlee	G William Meighen
Polk	730	338	3	0
Pope	621	56	4	0
Ramsey	1,098	3,318	23	7
Redwood	668	206	41	46
Renville	919	532	10	1
Rice	1,910	1,483	129	182
Rock	366	69	0	1
St. Louis	213	177	4	0
Scott	532	1,803	14	0
Sherburne	319	166	16	25
Sibley	519	916	5	0
Stearns	913	2,270	28	16
Steele	1,175	766	131	0
Stevens	374	403	1	0
Swift	677	584	12	0
Todd	573	350	0	20
Traverse	18	3	0	0
Wabasha	1,492	1,699	86	0
Wadena	321	57	0	0
Waseca	868	992	481	0
Washington	1,183	1,472	31	4
*Watonwan	606	261	0	0
Wilkin	198	99	1	0
Winona	1,718	2,403	82	294
Wright	1,347	1,326	74	0
Yellow Medicine	722	87	31	0
TOTALS	57,524	41,844		
CORRECTED TOTALS	57,426	41,706	2,868	4,264

*Returns not officially received and not canvassed by state canvassing board.

Note: Returns for Pillsbury and Rice are in Minnesota, Legislative Manual, 1881, p. 267. Returns for Satterlee and Meighen are in Tribune Almanac (New York), 1880, p. 61.

Governor 1881

County	R LUCIUS F. HUBBARD	D Richard W. Johnson	G C. H. Roberts	Pro Isaac C. Stearns
Anoka	493	381	33	7
Becker	717	80	0	0
Benton	187	254	0	0
Big Stone	479	157	0	0
Blue Earth	2,109	1,401	0	23
Brown	1,083	611	0	0
Carlton	451	264	0	0
Carver	815	762	0	0
Chippewa	967	120	0	38
Chisago	619	114	0	0
Clay	709	343	0	0
Cottonwood	379	72	25	2
Crow Wing	527	231	2	19
Dakota	1,057	1,809	0	19
Dodge	1,020	444	2	99
Douglas	913	118	0	0
Faribault	1,010	536	0	0
Fillmore	1,567	296	960	0
Freeborn	2,096	219	0	41
Goodhue	1,523	364	0	95
Grant	773	94	0	0
Hennepin	3,264	1,518	111	0
Houston	1,081	711	18	4
Isanti	386	24	0	0
Jackson	467	7	0	0
Kanabec	74	23	0	0
Kandiyohi	1,273	169	95	0
Kittson	267	105	0	0
Lac qui Parle	561	11	0	0
Lake	19	11	0	0
Le Sueur	1,227	1,793	4	5
Lincoln	752	96	0	0
Lyon	481	79	0	41
McLeod	702	714	0	45
Marshall	485	66	0	0
Martin	697	141	23	0

Governor 1881

County	R LUCIUS F. HUBBARD	D R. W. Johnson	G C. H. Roberts	Pro Isaac C. Stearns
Meeker	1,061	296	459	0
Mille Lacs	192	28	0	0
Morrison	343	553	0	0
Mower	1,284	363	372	0
Murray	375	131	2	0
Nicollet	950	518	0	11
Nobles	632	281	0	12
Olmsted	1,793	1,096	284	63
Otter Tail	2,336	479	0	15
Pine	68	95	0	0
Pipestone	264	94	0	1
Polk	1,719	278	0	0
Pope	487	30	0	0
Ramsey	2,360	3,620	0	0
Redwood	801	112	31	0
Renville	823	346	0	0
Rice	1,979	1,319	118	26
Rock	497	107	0	2
St. Louis	481	248	0	0
Scott	576	1,388	0	28
Sherburne	188	134	0	1
Sibley	505	511	0	0
Stearns	914	2,211	0	0
Steele	1,163	627	0	26
Stevens	536	388	2	0
Swift	770	488	0	9
Todd	718	355	43	0
Traverse	387	205	0	0
Wabasha	1,547	1,198	0	0
Wadena	366	86	13	0
Waseca	1,250	746	8	5
Washington	1,487	1,158	0	37
Watonwan	681	186	0	0
Wilkin	229	23	0	0
Winona	1,789	2,079	65	14
Wright	1,514	1,229	0	18

Governor 1881

County	R LUCIUS F. HUBBARD	D R. W. Johnson	G C. H. Roberts	Pro Isaac C. Stearns
Yellow Medicine	730	34	0	2
OFFICIAL TOTALS	65,025	37,168	2,676	708
CORRECTED TOTALS			2,670	

Note: A total of 109 scattered votes was cast.

Governor 1883

County	R LUCIUS F. HUBBARD	D Adolph Biermann	Pro Charles E. Holt
Aitkin	94	29	0
Anoka	836	539	173
Becker	1,040	304	3
Benton	239	469	67
Big Stone	526	206	3
Blue Earth	1,772	2,169	97
Brown	767	1,106	30
Carlton	592	190	0
Carver	941	1,156	127
Cass	292	24	0
Chippewa	686	339	57
Chisago	1,079	258	0
Clay	454	514	34
Cook	17	0	0
Cottonwood	421	113	48
Crow Wing	1,124	576	7
Dakota	1,337	1,683	143
Dodge	1,056	532	248
Douglas	889	377	81
Faribault	1,189	521	190
Fillmore	1,667	1,697	169
Freeborn	1,310	945	118
Goodhue	2,667	1,490	207

Governor 1883

County	R LUCIUS F. HUBBARD	D Adolph Biermann	Pro Charles E. Holt
Grant	547	198	35
Hennepin	5,108	4,545	1,092
Houston	940	892	30
Hubbard	114	47	0
Isanti	508	84	9
Itasca	254	5	0
Jackson	560	173	1
Kanabec	161	16	0
Kandiyohi	1,214	660	8
Kittson	566	106	0
Lac qui Parle	614	219	9
Lake	60	0	0
Le Sueur	1,001	1,878	193
Lincoln	342	180	2
Lyon	567	140	39
McLeod	785	722	25
Marshall	556	329	18
Martin	701	156	2
Meeker	1,066	1,123	53
Mille Lacs	110	320	0
Morrison	539	771	0
Mower	1,127	954	72
Murray	428	185	14
Nicollet	816	737	32
Nobles	547	311	41
Norman	573	323	0
Olmsted	1,409	1,381	182
Otter Tail	2,084	1,319	10
Pine	146	212	5
Pipestone	330	19	0
Polk	1,254	882	0
Pope	631	236	10
Ramsey	5,317	3,719	47
Redwood	767	239	52
Renville	625	537	83
Rice	2,005	1,765	140

Governor 1883

County	R LUCIUS F. HUBBARD	D Adolph Biermann	Pro Charles E. Holt
Rock	314	132	12
St. Louis	537	267	8
Scott	526	1,482	48
Sherburne	181	134	34
Sibley	688	867	3
Stearns	1,107	2,542	143
Steele	1,161	950	86
Stevens	543	422	4
Swift	722	666	7
Todd	940	511	0
Traverse	477	222	4
Wabasha	1,124	1,615	113
Wadena	492	191	4
Waseca	1,044	1,247	12
Washington	2,227	1,379	109
Watonwan	474	160	21
Wilkin	279	146	0
Winona	1,626	2,727	149
Wright	1,996	1,640	111
Yellow Medicine	637	331	50
TOTALS	72,462	58,251	4,924

Note: A total of 138 scattered votes was cast.

Governor 1886

County	R ANDREW R. McGILL	D Albert A. Ames	Pro James E. Child
Aitkin	213	354	0
Anoka	1,019	914	68
Becker	1,170	484	147
Benton	254	809	8
Big Stone	516	512	72
Blue Earth	2,539	2,677	304
Brown	916	1,418	82

Governor 1886

County	R ANDREW R. McGILL	D Albert A. Ames	Pro James E. Child
Carlton	502	600	0
Carver	792	1,940	58
Cass	214	103	0
Chippewa	679	543	86
Chisago	1,389	503	72
Clay	1,100	902	82
Cook	13	6	0
Cottonwood	698	193	101
Crow Wing	708	908	1
Dakota	1,355	2,208	106
Dodge	1,307	712	249
Douglas	1,280	789	101
Faribault	1,762	825	261
Fillmore	2,768	1,884	370
Freeborn	1,694	1,162	359
Goodhue	3,904	1,811	207
Grant	689	298	91
Hennepin	14,177	14,573	1,133
Houston	1,592	1,203	40
Hubbard	105	129	17
Isanti	937	229	64
Itasca	26	178	0
Jackson	936	352	36
Kanabec	237	90	21
Kandiyohi	1,722	557	147
Kittson	494	374	39
Lac qui Parle	1,279	599	0
Lake	225	47	0
Le Sueur	1,257	2,409	296
Lincoln	588	254	29
Lyon	1,109	332	84
McLeod	892	1,618	131
Marshall	911	544	15
Martin	952	495	131
Meeker	1,377	1,316	113
Mille Lacs	244	203	0

163

Governor 1886

County	R ANDREW R. McGILL	D Albert A. Ames	Pro James E. Child
Morrison	835	1,340	14
Mower	1,799	1,284	147
Murray	836	422	75
Nicollet	1,164	1,108	33
Nobles	758	503	122
Norman	716	634	165
Olmsted	2,109	1,952	178
Otter Tail	2,922	1,927	401
Pine	303	469	0
Pipestone	604	349	9
Polk	2,625	2,019	234
Pope	1,086	388	53
Ramsey	6,830	11,699	287
Redwood	831	401	161

Governor 1886

County	R ANDREW R. McGILL	D Albert A. Ames	Pro James E. Child
Renville	1,393	1,095	78
Rice	2,204	2,546	162
Rock	839	267	135
St. Louis	2,858	1,849	53
Scott	513	2,036	49
Sherburne	679	549	6
Sibley	867	1,596	3
Stearns	1,361	3,869	52
Steele	1,339	1,290	115
Stevens	558	461	37
Swift	890	842	32
Todd	849	894	85
Traverse	440	649	39
Wabasha	1,435	2,226	162

Governor 1886

County	R ANDREW R. McGILL	D Albert A. Ames	Pro James E. Child
Wadena	981	944	54
Waseca	938	1,442	421
Washington	2,015	2,230	109
Watonwan	721	313	86
Wilkin	407	414	20
Winona	2,378	3,845	139
Wright	2,393	2,231	73
Yellow Medicine	1,027	324	56
OFFICIAL TOTALS	107,064	104,464	8,966
CORRECTED TOTAL	107,044		

Note: A total of 37 scattered votes was cast.

Governor 1888

County	R WILLIAM R. MERRIAM	D Eugene M. Wilson	Pro Hugh Harrison	F&L J. H. Paul
Aitkin	414	205	43	0
Anoka	1,305	817	175	0
Becker	1,310	523	322	0
Benton	400	831	88	2
Big Stone	548	535	111	0
Blue Earth	3,191	2,838	428	8
Brown	1,212	1,574	110	17
Carlton	756	606	49	0
Carver	1,366	1,996	62	0
Cass	474	235	7	0
Chippewa	738	576	192	0
Chisago	1,459	431	181	0
Clay	1,442	1,009	262	0
Cook	24	29	0	0
Cottonwood	744	277	103	0

Governor 1888

County	R WILLIAM R. MERRIAM	D Eugene M. Wilson	Pro Hugh Harrison	F&L J. H. Paul
Crow Wing	1,087	743	84	0
Dakota	1,584	2,413	261	8
Dodge	1,505	812	235	0
Douglas	1,632	748	388	63
Faribault	2,116	1,074	324	0
Fillmore	3,329	1,938	363	0
Freeborn	2,393	986	395	0
Goodhue	3,708	1,800	374	0
Grant	665	550	165	0
Hennepin	19,696	15,999	2,128	0
Houston	1,589	1,382	108	0
Hubbard	175	189	4	8
Isanti	903	180	320	0
Itasca	55	107	10	0
Jackson	932	519	120	0

Governor 1888

County	R WILLIAM R. MERRIAM	D Eugene M. Wilson	Pro Hugh Harrison	F&L J. H. Paul
Kanabec	155	90	116	0
Kandiyohi	1,896	505	399	0
Kittson	577	381	79	0
Lac qui Parle	1,240	581	115	0
Lake	215	95	3	0
Le Sueur	1,688	2,224	223	1
Lincoln	575	414	67	11
Lyon	1,098	485	234	0
McLeod	1,282	1,846	124	0
Marshall	1,091	439	134	0
Martin	1,112	495	205	0
Meeker	1,730	1,278	265	0
Mille Lacs	402	237	23	0
Morrison	951	1,484	59	3
Mower	2,305	1,371	197	0
Murray	759	507	110	0
Nicollet	1,312	1,230	149	0
Nobles	859	710	159	22
Norman	1,093	367	515	0
Olmsted	2,398	2,138	135	0
Otter Tail	3,368	2,170	809	0
Pine	402	500	65	0
Pipestone	647	321	41	0
Polk	3,073	1,711	674	0
Pope	1,160	461	280	0
Ramsey	10,875	13,886	1,042	158
Redwood	987	552	222	0
Renville	1,761	1,149	237	0
Rice	2,425	2,264	304	82
Rock	982	330	101	2
St. Louis	4,763	2,176	303	0
Scott	780	2,116	56	0
Sherburne	701	513	69	0
Sibley	1,281	1,537	55	0
Stearns	1,870	4,982	220	0
Steele	1,471	1,216	143	0

Governor 1888

County	R WILLIAM R. MERRIAM	D Eugene M. Wilson	Pro Hugh Harrison	F&L J. H. Paul
Stevens	613	525	91	0
Swift	1,046	805	126	0
Todd	1,437	907	134	0
Traverse	488	506	41	0
Wabasha	1,672	2,026	181	0
Wadena	516	350	142	0
Waseca	1,414	1,231	196	0
Washington	2,635	2,132	129	0
Watonwan	912	335	95	0
Wilkin	533	362	58	0
Winona	3,127	3,789	146	0
Wright	2,824	2,178	351	0
Yellow Medicine	1,102	422	116	0
OFFICIAL TOTALS	134,355	110,251	17,026	385
CORRECTED TOTAL			17,150	

Note: A total of 72 scattered votes was cast.

Governor 1890

County	R WILLIAM R. MERRIAM	D Thomas Wilson	Pro James P. Pinkham	A Sidney M. Owen
Aitkin	299	276	5	109
Anoka	1,049	703	91	101
Becker	867	421	113	584
Beltrami	80	5	0	12
Benton	200	558	17	392
Big Stone	522	394	0	388
Blue Earth	2,309	1,856	222	1,202
Brown	1,115	1,177	16	801
Carlton	612	251	20	414
Carver	991	1,892	18	299
Cass	201	97	4	7

Governor 1890

County	R WILLIAM R. MERRIAM	D Thomas Wilson	Pro James P. Pinkham	A Sidney M. Owen
Chippewa	473	415	71	514
Chisago	1,182	291	77	236
Clay	613	370	1	1,210
Cook	38	9	0	0
Cottonwood	392	127	47	563
Crow Wing	661	402	24	396
Dakota	817	2,019	139	1,043
Dodge	948	427	112	690
Douglas	736	286	118	1,463
Faribault	1,640	818	119	334
Fillmore	2,133	1,400	311	879
Freeborn	1,562	490	86	1,025
Goodhue	2,731	1,345	328	657
Grant	314	176	61	972
Hennepin	11,006	14,044	1,704	6,540
Houston	1,124	1,195	74	587
Hubbard	81	83	5	200
Isanti	625	103	204	259
Itasca	381	274	0	3
Jackson	434	504	35	595
Kanabec	190	109	124	21
Kandiyohi	1,050	406	246	945
Kittson	374	47	0	694
Lac qui Parle	473	178	41	1,244
Lake	219	103	60	17
Le Sueur	1,384	2,038	112	539
Lincoln	219	121	51	650
Lyon	605	404	66	714
McLeod	862	1,614	73	414
Marshall	487	91	15	1,393
Martin	809	358	73	429
Meeker	1,241	1,084	173	528
Mille Lacs	392	178	18	167
Morrison	846	1,325	0	369
Mower	1,652	1,100	40	653
Murray	432	238	20	706

Governor 1890

County	R WILLIAM R. MERRIAM	D Thomas Wilson	Pro James P. Pinkham	A Sidney M. Owen
Nicollet	1,066	867	25	582
Nobles	611	498	57	423
Norman	309	182	144	1,046
Olmsted	1,836	1,922	72	333
Otter Tail	1,496	1,042	131	3,179
Pine	502	414	34	21
Pipestone	426	113	21	586
Polk	683	854	38	4,284
Pope	445	161	36	946
Ramsey	8,956	11,146	1,017	1,506
Redwood	849	378	94	463
Renville	1,092	771	97	1,200
Rice	1,838	1,670	180	857
Rock	626	238	22	500
St. Louis	3,210	2,098	182	1,303
Scott	703	2,061	18	71
Sherburne	535	232	12	282
Sibley	1,023	1,373	13	515
Stearns	1,245	3,915	69	889
Steele	1,190	1,134	77	212
Stevens	453	242	21	585
Swift	468	577	45	890
Todd	962	725	29	777
Traverse	278	288	8	579
Wabasha	1,382	1,781	95	273
Wadena	324	268	24	283
Waseca	705	904	120	790
Washington	1,806	1,774	59	1,017
Watonwan	621	278	42	436
Wilkin	314	226	5	393
Winona	2,090	3,562	103	225
Wright	2,157	2,125	308	346
Yellow Medicine	539	223	92	763
TOTALS	88,111	85,844	8,424	58,513

Note: A total of 63 scattered votes was cast.

Governor 1892

County	R KNUTE NELSON	D Daniel W. Lawler	Pro William J. Dean	Peo Ignatius Donnelly
Aitkin	385	169	21	111
Anoka	846	686	128	96
Becker	849	396	144	609
Beltrami	42	44	9	23
Benton	342	496	23	340
Big Stone	476	519	118	245
Blue Earth	2,369	2,347	329	463
Brown	991	1,103	48	577
Carlton	525	406	46	167
Carver	1,063	1,445	41	224
Cass	227	204	9	67
Chippewa	730	437	136	334
Chisago	1,334	337	111	100
Clay	982	460	81	869
Cook	64	10	12	34
Cottonwood	636	178	100	385
Crow Wing	728	535	60	268
Dakota	1,162	1,720	227	867
Dodge	1,159	541	130	375
Douglas	1,303	434	234	601
Faribault	1,769	1,062	262	108
Fillmore	2,775	1,298	322	536
Freeborn	1,917	692	170	298
Goodhue	3,303	1,564	310	346
Grant	790	303	96	194
Hennepin	18,248	14,800	2,113	3,589
Houston	1,413	1,197	63	203
Hubbard	155	120	10	193
Isanti	619	92	203	333
Itasca	451	622	21	56
Jackson	839	680	54	312
Kanabec	158	42	69	83
Kandiyohi	1,389	298	246	779
Kittson	337	291	68	607
Lac qui Parle	1,202	375	67	653
Lake	242	138	23	33

Governor 1892

County	R KNUTE NELSON	D Daniel W. Lawler	Pro William J. Dean	Peo Ignatius Donnelly
Le Sueur	1,199	1,875	134	409
Lincoln	307	312	72	377
Lyon	1,009	516	257	319
McLeod	819	1,515	111	377
Marshall	502	313	76	1,145
Martin	1,044	639	117	143
Meeker	1,090	1,114	228	547
Mille Lacs	396	203	38	128
Morrison	944	1,555	80	210
Mower	2,054	1,297	209	183
Murray	513	529	57	439
Nicollet	979	949	65	213
Nobles	810	614	126	373
Norman	783	199	172	731
Olmsted	2,052	1,943	131	150
Otter Tail	2,025	1,344	358	1,844
Pine	465	495	46	104
Pipestone	559	289	44	359
Polk	1,267	1,310	175	3,183
Pope	1,070	205	95	491
Ramsey	8,887	12,304	846	3,578
Redwood	1,010	608	111	333
Renville	1,243	890	103	1,120
Rice	2,037	1,750	222	424
Rock	868	351	63	200
St. Louis	4,674	3,089	524	1,262
Scott	648	1,853	43	158
Sherburne	559	271	33	254
Sibley	850	1,181	45	455
Stearns	1,417	4,347	158	681
Steele	1,276	1,268	106	51
Stevens	587	484	51	188
Swift	708	686	99	568
Todd	1,094	1,069	104	565
Traverse	315	257	40	388
Wabasha	1,348	1,698	119	230

Governor 1892

County	R KNUTE NELSON	D Daniel W. Lawler	Pro William J. Dean	Peo Ignatius Donnelly
Wadena	408	287	45	237
Waseca	960	1,018	117	205
Washington	2,029	1,650	109	553
Watonwan	920	366	76	93
Wilkin	374	339	41	211
Winona	2,426	3,600	118	272
Wright	1,984	1,674	208	558
Yellow Medicine	890	304	163	473
OFFICIAL TOTALS	109,220	94,600	12,239	39,863
CORRECTED TOTALS	109,219	94,601		39,860

Note: A total of 4 scattered votes was cast.

Governor 1894

County	R KNUTE NELSON	D George L. Becker	Pro Hans S. Hilleboe	Peo Sidney M. Owen
Aitkin	694	118	12	246
Anoka	1,226	331	48	669
Becker	1,125	190	92	810
Beltrami	54	91	2	18
Benton	733	405	16	395
Big Stone	728	218	59	555
Blue Earth	3,196	1,598	225	1,142
Brown	1,303	704	45	1,220
Carlton	857	305	14	340
Carver	1,736	1,137	12	466
Cass	227	91	0	140
Chippewa	910	114	55	734
Chisago	1,838	169	31	291
Clay	1,109	248	101	1,328
Cook	70	13	4	57
Cottonwood	842	67	98	563
Crow Wing	1,144	311	50	559

Governor 1894

County	R KNUTE NELSON	D George L. Becker	Pro Hans S. Hilleboe	Peo Sidney M. Owen
Dakota	1,623	1,261	124	1,367
Dodge	1,627	334	85	549
Douglas	1,546	197	95	1,200
Faribault	2,293	750	202	329
Fillmore	2,970	418	255	1,292
Freeborn	2,371	128	142	893
Goodhue	4,226	1,145	191	608
Grant	822	34	47	745
Hennepin	22,293	5,090	584	16,080
Houston	1,726	849	58	333
Hubbard	215	85	10	239
Isanti	1,046	49	69	489
Itasca	667	339	18	402
Jackson	1,242	428	43	701
Kanabec	248	28	15	190
Kandiyohi	1,547	67	200	1,526
Kittson	610	85	32	816
Lac qui Parle	1,285	99	99	983
Lake	439	70	5	109
Le Sueur	1,838	1,332	112	1,060
Lincoln	496	83	51	593
Lyon	1,272	166	149	1,052
McLeod	1,302	1,298	66	575
Marshall	837	96	39	1,200
Martin	1,289	412	88	423
Meeker	1,717	428	82	1,161
Mille Lacs	821	123	20	205
Morrison	1,815	1,133	49	576
Mower	2,442	711	139	858
Murray	770	168	35	776
Nicollet	1,345	688	42	677
Nobles	1,112	632	112	427
Norman	824	64	93	1,234
Olmsted	2,526	1,375	108	562
Otter Tail	2,504	595	311	3,286
Pine	649	307	30	255

Governor 1894

County	R KNUTE NELSON	D George L. Becker	Pro Hans S. Hilleboe	Peo Sidney M. Owen
Pipestone	743	171	30	652
Polk	2,062	520	125	4,097
Pope	1,398	90	72	716
Ramsey	13,277	6,324	231	7,673
Redwood	1,321	414	97	694
Renville	1,783	417	106	1,764
Rice	2,515	1,088	189	1,224
Rock	1,162	256	43	332
St. Louis	7,581	1,917	180	3,076
Scott	1,018	1,457	38	588
Sherburne	777	141	31	353
Sibley	1,309	828	20	752
Stearns	2,032	3,657	119	1,479
Steele	1,740	1,149	108	305
Stevens	715	214	51	428
Swift	1,022	208	55	1,077
Todd	1,495	668	81	995
Traverse	460	266	10	623
Wabasha	1,826	1,296	69	730
Wadena	654	197	0	335
Waseca	1,367	478	97	751
Washington	2,574	742	32	1,661
Watonwan	1,082	225	45	287
Wilkin	546	124	18	567
Winona	3,338	2,494	119	1,102
Wright	2,804	980	78	1,329
Yellow Medicine	1,195	86	119	1,004
OFFICIAL TOTALS	147,943	53,584	6,832	87,890
CORRECTED TOTALS			6,827	87,898

Note: A total of 11 scattered votes was cast.

Governor 1896

County	R DAVID M. CLOUGH	D-Peo John Lind	Pro William J. Dean	I Albert A. Ames	S William B. Hammond
Aitkin	744	441	12	12	4
Anoka	1,546	852	22	31	1
Becker	1,360	1,130	45	3	5
Beltrami	193	218	2	2	1
Benton	745	904	11	9	3
Big Stone	909	871	45	28	12
Blue Earth	3,428	3,310	148	40	14
Brown	1,359	1,986	23	13	4
Carlton	987	688	11	3	7
Carver	1,647	1,535	18	15	5
Cass	303	283	7	11	2
Chippewa	1,064	1,271	26	8	8
Chisago	2,244	677	10	14	0
Clay	1,352	2,152	58	37	17
Cook	57	123	1	1	0
Cottonwood	1,076	970	33	5	1
Crow Wing	1,550	1,194	31	45	19
Dakota	1,746	2,719	111	33	21
Dodge	1,711	998	74	8	4
Douglas	1,682	1,696	44	12	3
Faribault	2,770	1,377	92	21	4
Fillmore	3,803	2,138	163	10	5
Freeborn	2,962	1,426	135	24	4
Goodhue	5,073	1,991	92	21	12
Grant	795	932	31	3	1
Hennepin	21,170	24,375	956	1,219	254
Houston	1,853	1,152	48	4	3
Hubbard	318	361	15	7	2
Isanti	1,137	1,062	11	9	1
Itasca	750	683	18	27	12
Jackson	1,328	1,326	26	5	4
Kanabec	368	371	5	6	1
Kandiyohi	1,778	2,054	32	9	3
Kittson	514	995	21	7	6
Lac qui Parle	1,230	1,363	58	18	4
Lake	452	456	4	5	8

Governor 1896

County	R DAVID M. CLOUGH	D-Peo John Lind	Pro William J. Dean	I Albert A. Ames	S William B. Hammond
Le Sueur	2,051	2,260	67	20	9
Lincoln	478	843	33	3	10
Lyon	1,384	1,560	56	3	13
McLeod	1,473	1,828	51	16	11
Marshall	890	1,540	15	6	3
Martin	1,417	1,573	72	8	6
Meeker	1,698	1,925	45	17	9
Mille Lacs	957	473	12	19	1
Morrison	1,722	2,096	61	27	10
Mower	2,970	1,620	92	34	6
Murray	986	1,297	22	8	3
Nicollet	1,521	1,133	24	25	3
Nobles	1,430	1,315	54	9	7
Norman	1,261	1,370	88	13	5
Olmsted	2,925	2,013	103	26	9
Otter Tail	3,071	4,785	212	59	18
Pine	994	985	11	7	11
Pipestone	786	972	20	3	6
Polk	2,526	5,308	107	43	38
Pope	1,527	865	45	11	1
Ramsey	15,811	13,319	274	248	250
Redwood	1,570	1,356	38	11	4
Renville	2,189	2,315	51	16	6
Rice	3,104	2,342	113	40	17
Rock	1,038	896	29	8	5
Roseau	265	549	11	14	4
St. Louis	8,276	8,283	109	72	40
Scott	1,091	1,734	47	17	10
Sherburne	928	574	25	11	8
Sibley	1,520	1,443	28	16	7
Stearns	2,675	5,185	73	80	27
Steele	1,849	1,448	83	23	6
Stevens	851	829	37	10	2
Swift	1,016	1,553	34	17	4
Todd	1,852	1,912	93	27	9
Traverse	436	1,099	27	19	12

Governor 1896

County	R DAVID M. CLOUGH	D-Peo John Lind	Pro William J. Dean	I Albert A. Ames	S William B. Hammond
Wabasha	2,147	1,952	69	19	8
Wadena	796	575	20	9	2
Waseca	1,561	1,493	51	15	6
Washington	3,275	2,090	28	25	8
Watonwan	1,338	822	34	2	9
Wilkin	569	890	19	14	5
Winona	3,450	3,916	83	52	30
Wright	2,895	2,620	62	37	10
Yellow Medicine	1,133	1,212	87	6	2
OFFICIAL TOTALS	165,906	162,254	5,154	2,890	1,125
CORRECTED TOTAL	165,706				

Note: A total of 25 scattered votes was cast.

Governor 1898

County	R William H. Eustis	D-Peo JOHN LIND	Pro George W. Higgins	M-Pop Lionel C. Long	SL William B. Hammond
Aitkin	398	406	7	9	2
Anoka	871	893	18	7	4
Becker	1,117	992	95	48	9
Beltrami	441	417	11	8	2
Benton	634	836	36	10	15
Big Stone	623	887	35	20	5
Blue Earth	2,428	2,568	105	42	9
Brown	904	1,550	21	6	5
Carlton	516	597	15	3	4
Carver	1,143	1,477	18	8	4
Cass	588	410	13	18	17
Chippewa	755	934	26	26	2
Chisago	1,103	784	9	1	4
Clay	932	1,412	59	27	5
Cook	78	83	2	0	1
Cottonwood	710	646	36	6	2

Governor 1898

County	R William H. Eustis	D-Peo JOHN LIND	Pro George W. Higgins	M-Pop Lionel C. Long	SL William B. Hammond
Crow Wing	1,010	904	31	21	18
Dakota	1,191	2,186	99	36	31
Dodge	1,026	459	77	16	3
Douglas	1,202	1,617	52	21	10
Faribault	1,899	1,110	107	3	9
Fillmore	2,219	1,527	156	16	12
Freeborn	1,766	864	111	20	17
Goodhue	3,107	1,878	113	11	22
Grant	518	761	27	5	2
Hennepin	14,455	19,633	710	99	420
Houston	1,383	910	48	16	6
Hubbard	437	384	10	20	3
Isanti	483	1,106	9	6	7
Itasca	461	573	14	4	10
Jackson	1,052	964	35	8	11
Kanabec	166	347	1	0	2
Kandiyohi	995	1,932	45	8	1
Kittson	367	753	20	6	4
Lac qui Parle	893	1,198	61	15	3
Lake	233	336	6	3	16
Le Sueur	1,620	2,082	78	18	16
Lincoln	378	565	35	25	5
Lyon	976	1,141	62	32	3
McLeod	1,374	1,623	62	18	17
Marshall	721	1,233	32	26	8
Martin	957	1,472	89	5	4
Meeker	1,033	1,795	38	14	13
Mille Lacs	634	678	22	19	10
Morrison	1,187	2,058	62	12	24
Mower	1,783	928	80	10	7
Murray	634	892	26	30	0
Nicollet	988	1,318	32	3	5
Nobles	812	993	63	77	7
Norman	1,059	919	113	20	4
Olmsted	2,268	1,759	122	34	15
Otter Tail	2,314	3,427	282	85	41
Pine	535	931	13	0	11
Pipestone	686	559	25	46	4
Polk	1,472	2,389	116	36	23
Pope	978	576	50	27	4
Ramsey	9,876	11,770	324	77	385
Red Lake	422	1,084	20	30	12
Redwood	1,028	834	49	29	2
Renville	1,528	1,908	75	65	6
Rice	2,095	1,733	121	35	16
Rock	780	490	32	39	3
Roseau	283	401	17	1	6
St. Louis	4,409	4,966	108	38	70
Scott	753	1,730	49	20	12
Sherburne	611	522	20	7	7
Sibley	1,110	1,553	18	22	8
Stearns	1,900	4,061	63	61	42
Steele	1,435	1,091	72	8	9
Stevens	595	681	18	13	11
Swift	777	1,272	39	24	7
Todd	1,623	1,548	172	38	26
Traverse	387	975	23	7	3
Wabasha	1,770	1,787	73	21	19
Wadena	677	525	18	16	5
Waseca	1,118	1,315	36	13	10
Washington	1,626	1,899	30	14	13
Watonwan	764	588	34	1	3
Wilkin	472	777	26	13	17
Winona	2,372	3,233	98	44	63
Wright	1,911	2,530	60	26	10
Yellow Medicine	961	1,035	64	10	2
TOTALS	111,796	131,980	5,299	1,802	1,685

Note: A total of 15 scattered votes was cast.

Governor 1900

County	R SAMUEL R. VAN SANT	D-Peo John Lind	Pro Bernt B. Haugan	M-Pop Sylvester M. Fairchild	S-D Thomas H. Lucas	SL Edward Kriz
Aitkin	797	461	11	3	3	3
Anoka	1,269	835	24	1	31	5
Becker	1,438	1,201	83	18	25	6
Beltrami	1,004	1,017	29	9	9	7
Benton	732	813	11	18	36	5
Big Stone	864	878	61	11	20	3
Blue Earth	3,136	2,817	145	20	54	2
Brown	1,287	1,966	25	10	22	0
Carlton	888	670	15	5	10	3
Carver	1,478	1,406	11	7	40	1
Cass	849	640	8	4	23	5
Chippewa	1,067	1,142	49	14	27	1
Chisago	1,941	812	25	1	9	4
Clay	1,439	1,718	68	9	17	3
Cook	64	84	0	1	1	0
Cottonwood	1,079	872	36	1	6	0
Crow Wing	1,481	1,080	34	11	17	12
Dakota	1,563	2,286	75	17	85	17
Dodge	1,390	893	122	4	20	3
Douglas	1,468	1,697	49	9	9	1
Faribault	2,617	1,364	157	5	22	1
Fillmore	3,247	1,806	166	6	33	6
Freeborn	2,386	1,383	126	6	10	2
Goodhue	4,160	1,915	122	5	24	13
Grant	700	859	58	0	4	0
Hennepin	21,115	20,558	537	73	503	177
Houston	1,556	971	54	2	40	1
Hubbard	825	630	9	8	10	6
Isanti	1,083	1,033	14	3	7	3
Itasca	599	521	6	2	25	8
Jackson	1,433	1,302	45	6	39	4
Kanabec	478	396	3	0	3	4
Kandiyohi	1,822	1,755	48	6	2	0
Kittson	572	930	8	7	9	3
Lac qui Parle	1,383	1,280	70	1	8	0

Governor 1900

County	R SAMUEL R. VAN SANT	D-Peo John Lind	Pro Bernt B. Haugan	M-Pop Sylvester M. Fairchild	S-D Thomas H. Lucas	SL Edward Kriz
Lake	423	545	8	0	5	5
Le Sueur	1,783	1,947	81	3	137	14
Lincoln	648	773	42	4	5	0
Lyon	1,466	1,308	66	17	4	3
McLeod	1,429	1,736	58	5	81	0
Marshall	977	1,485	39	4	5	0
Martin	1,381	1,767	130	6	30	3
Meeker	1,520	1,822	71	9	30	2
Mille Lacs	816	678	32	9	3	6
Morrison	1,649	2,003	38	6	104	14
Mower	2,589	1,576	94	2	37	2
Murray	1,030	1,178	32	5	18	1
Nicollet	1,350	1,225	27	4	25	1
Nobles	1,369	1,311	109	5	26	2
Norman	1,141	1,452	122	5	11	1
Olmsted	2,491	1,867	72	7	63	5
Otter Tail	2,776	3,966	383	40	82	31
Pine	844	993	14	1	34	10
Pipestone	933	840	28	2	8	0
Polk	2,115	3,361	131	27	71	8
Pope	1,424	894	37	6	4	1
Ramsey	11,984	13,899	264	44	427	189
Red Lake	554	1,535	25	10	32	5
Redwood	1,722	1,338	62	6	19	2
Renville	2,179	2,003	82	20	29	2
Rice	2,402	2,166	100	23	92	5
Rock	1,075	696	57	4	17	1
Roseau	467	722	15	5	14	4
St. Louis	6,978	6,044	104	41	106	136
Scott	918	1,613	17	4	97	9
Sherburne	797	490	30	6	14	1
Sibley	1,385	1,658	17	5	50	1
Stearns	2,190	4,552	77	24	201	6
Steele	1,617	1,295	75	5	62	6
Stevens	842	902	29	10	6	2

Governor 1900

County	R SAMUEL R. VAN SANT	D-Peo John Lind	Pro Bernt B. Haugan	M-Pop Sylvester M. Fairchild	S-D Thomas H. Lucas	SL Edward Kriz
Swift	1,089	1,411	33	7	7	3
Todd	1,882	1,854	122	12	29	3
Traverse	584	948	19	5	14	1
Wabasha	1,820	1,666	62	4	52	9
Wadena	858	561	19	3	21	1
Waseca	1,414	1,447	27	7	33	1
Washington	2,109	2,097	24	9	35	1
Watonwan	1,127	893	42	0	8	1
Wilkin	628	837	39	3	22	1
Winona	3,052	3,538	44	15	65	72
Wright	2,596	2,474	55	18	91	5
Yellow Medicine	1,272	1,294	72	3	17	1
TOTALS	152,905	150,651	5,430	763	3,546	886

Note: A total of 2 scattered votes was cast.

Governor 1902

County	R SAMUEL R. VAN SANT	D Leonard A. Rosing	Pro Charles Scanlan	Peo Thomas J. Meighen	S Jay E. Nash	SL Thomas Van Lear
Aitkin	879	425	29	13	5	8
Anoka	1,317	610	36	12	3	10
Becker	1,556	697	82	71	36	25
Beltrami	1,993	789	31	160	52	49
Benton	964	698	9	20	7	6
Big Stone	988	530	59	27	2	9
Blue Earth	2,903	1,757	154	50	29	21
Brown	1,402	1,110	28	30	31	15
Carlton	961	528	12	9	27	27
Carver	1,488	1,123	17	16	7	2
Cass	1,002	398	22	31	40	21
Chippewa	1,167	603	51	35	12	7
Chisago	1,657	456	8	3	20	6
Clay	1,561	696	77	131	16	24

Governor 1902

County	R SAMUEL R. VAN SANT	D Leonard A. Rosing	Pro Charles Scanlan	Peo Thomas J. Meighen	S Jay E. Nash	SL Thomas Van Lear
Cook	128	59	9	6	5	6
Cottonwood	1,203	352	49	19	4	0
Crow Wing	1,822	725	44	40	15	48
Dakota	1,621	1,744	75	28	26	17
Dodge	1,359	372	77	15	3	3
Douglas	1,515	1,041	44	29	11	8
Faribault	1,849	677	113	9	1	3
Fillmore	2,200	665	117	229	36	12
Freeborn	2,240	736	128	25	9	5
Goodhue	3,232	1,372	100	6	4	13
Grant	849	249	57	30	1	5
Hennepin	21,905	15,177	576	150	636	648
Houston	1,303	580	50	6	8	4
Hubbard	905	427	32	29	45	9
Isanti	931	817	23	5	17	11
Itasca	876	544	18	16	13	28
Jackson	1,502	690	69	27	4	9
Kanabec	559	329	9	5	2	3
Kandiyohi	2,026	751	71	311	12	8
Kittson	754	610	37	36	13	11
Lac qui Parle	1,475	442	59	39	3	5
Lake	395	444	13	4	22	43
Le Sueur	1,883	1,835	83	47	45	26
Lincoln	846	334	51	100	6	5
Lyon	1,784	534	91	69	3	11
McLeod	1,509	1,533	119	19	3	4
Marshall	1,173	839	73	144	18	10
Martin	1,580	1,131	110	14	26	7
Meeker	1,675	1,415	56	19	6	1
Mille Lacs	951	591	27	23	13	9
Morrison	1,780	1,919	55	20	15	16
Mower	2,090	597	64	35	68	72
Murray	1,098	761	29	25	2	2
Nicollet	1,380	887	47	10	6	9
Nobles	1,515	871	83	20	4	8
Norman	1,268	362	152	212	87	19

Governor 1902

County	R SAMUEL R. VAN SANT	D Leonard A. Rosing	Pro Charles Scanlan	Peo Thomas J. Meighen	S Jay E. Nash	SL Thomas Van Lear
Olmsted	2,157	1,569	108	27	11	12
Otter Tail	2,940	1,589	332	678	27	75
Pine	982	896	23	13	11	20
Pipestone	986	400	43	114	10	5
Polk	2,993	1,440	213	615	261	78
Pope	1,388	262	41	30	2	1
Ramsey	11,973	10,439	235	75	313	416
Red Lake	1,080	766	25	143	57	50
Redwood	1,690	509	67	31	5	7
Renville	2,394	1,229	83	55	9	8
Rice	2,386	1,505	80	24	63	18
Rock	974	369	39	19	1	3
Roseau	723	516	38	104	23	25
St. Louis	5,901	4,270	114	69	44	140
Scott	768	1,331	16	8	3	7
Sherburne	745	264	20	15	3	4
Sibley	1,305	1,021	23	16	4	4
Stearns	2,350	3,492	49	49	33	20
Steele	1,705	1,370	84	14	7	5
Stevens	894	566	29	33	6	4
Swift	1,419	1,041	60	41	2	8
Todd	2,150	1,160	135	31	16	16
Traverse	523	419	61	8	1	8
Wabasha	1,930	1,443	78	13	31	16
Wadena	881	369	17	10	2	5
Waseca	1,430	1,129	45	25	3	12
Washington	1,989	1,739	23	9	7	5
Watonwan	1,059	448	31	6	2	2
Wilkin	763	342	36	32	1	19
Winona	2,919	2,807	44	32	53	233
Wright	2,026	1,345	77	18	16	7
Yellow Medicine	1,407	485	71	35	15	9
TOTALS	155,849	99,362	5,765	4,821	2,521	2,570

Note: A total of 4 scattered votes was cast.

Governor 1904

County	R Robert C. Dunn	D JOHN A. JOHNSON	Pro Charles W. Dorsett	P O Jay E. Nash	SL A. W. M. Anderson
Aitkin	913	634	57	41	9
Anoka	1,188	764	22	10	6
Becker	1,081	1,226	108	43	16
Beltrami	1,612	760	41	74	36
Benton	834	1,011	23	11	10
Big Stone	892	814	53	27	10
Blue Earth	2,493	2,817	116	45	15
Brown	1,375	1,840	27	30	14
Carlton	1,072	607	23	121	34
Carver	1,326	1,314	21	11	6
Cass	958	489	24	70	29
Chippewa	1,084	1,242	71	10	7
Chisago	1,338	1,316	17	17	2
Clay	1,081	1,575	111	61	25
Clearwater	546	481	20	26	29
Cook	168	51	11	7	3
Cottonwood	864	916	61	7	4
Crow Wing	1,398	1,315	75	137	74
Dakota	1,928	2,103	105	34	27
Dodge	1,092	753	104	9	3
Douglas	1,299	1,440	69	30	10
Faribault	1,984	1,597	183	12	9
Fillmore	2,407	1,436	163	42	12
Freeborn	1,930	1,708	208	34	32
Goodhue	3,285	2,148	120	7	20
Grant	679	686	42	3	2
Hennepin	15,677	23,959	1,081	2,086	403
Houston	1,410	557	48	7	2
Hubbard	1,050	663	21	42	19
Isanti	905	1,018	42	43	13
Itasca	1,349	750	42	91	52
Jackson	1,505	1,190	43	13	13
Kanabec	522	534	25	3	8
Kandiyohi	1,556	1,510	124	47	10
Kittson	614	675	82	6	12
Lac qui Parle	972	1,229	107	10	2

Governor 1904

County	R Robert C. Dunn	D JOHN A. JOHNSON	Pro Charles W. Dorsett	PO Jay E. Nash	SL A. W. M. Anderson
Lake	391	330	10	140	28
Le Sueur	1,676	1,995	68	53	19
Lincoln	931	716	62	5	8
Lyon	1,658	1,268	82	15	14
McLeod	1,077	1,284	91	14	13
Marshall	1,022	1,159	125	48	29
Martin	1,274	1,696	162	30	7
Meeker	1,145	2,006	74	13	9
Mille Lacs	1,315	556	22	15	5
Morrison	1,685	2,300	66	23	18
Mower	1,847	1,569	95	79	29
Murray	1,155	923	26	5	4
Nicollet	559	1,858	22	6	2
Nobles	1,167	1,153	79	6	8
Norman	1,148	943	154	141	34
Olmsted	1,976	2,051	100	14	9
Otter Tail	2,548	3,245	358	299	99
Pine	1,214	1,167	36	53	32
Pipestone	788	681	44	19	10
Polk	2,215	2,321	286	189	83
Pope	925	1,045	33	5	4
Ramsey	12,771	13,885	386	482	255
Red Lake	987	999	63	99	48
Redwood	1,500	1,218	67	7	8
Renville	1,845	2,068	95	13	11
Rice	1,792	2,681	92	56	29
Rock	695	785	53	5	7
Roseau	845	433	54	116	40
St. Louis	7,759	4,924	173	253	165
Scott	862	1,469	30	6	7
Sherburne	834	611	32	10	6
Sibley	1,048	1,492	51	2	8
Stearns	1,469	4,303	71	56	25
Steele	1,543	1,735	95	19	19
Stevens	854	839	25	7	2
Swift	1,112	1,285	54	7	15

Governor 1904

County	R Robert C. Dunn	D JOHN A. JOHNSON	Pro Charles W. Dorsett	PO Jay E. Nash	SL A. W. M. Anderson
Todd	2,048	1,914	140	48	20
Traverse	607	586	9	6	0
Wabasha	1,666	1,774	82	22	9
Wadena	746	636	33	14	13
Waseca	1,249	1,252	50	15	5
Washington	1,936	1,841	31	15	9
Watonwan	937	898	57	1	11
Wilkin	691	687	40	20	15
Winona	2,785	3,164	66	59	113
Wright	2,203	2,072	131	23	7
Yellow Medicine	1,243	1,047	112	10	4
TOTALS	140,130	147,992	7,577	5,810	2,293

Note: A total of 5 scattered votes was cast.

Governor 1906

County	R A. L. Cole	D JOHN A. JOHNSON	Pro Charles W. Dorsett	PO O. E. Loftus
Aitkin	573	639	36	54
Anoka	774	1,070	25	14
Becker	828	1,078	84	47
Beltrami	968	1,224	35	77
Benton	556	1,180	28	8
Big Stone	468	925	75	14
Blue Earth	1,992	2,970	117	40
Brown	850	2,213	50	46
Carlton	728	957	28	103
Carver	1,033	1,656	41	11
Cass	794	541	20	42
Chippewa	723	1,294	139	6
Chisago	911	1,193	16	11
Clay	858	1,748	80	59

175

Governor 1906

County	R A. L. Cole	D JOHN A. JOHNSON	Pro Charles W. Dorsett	PO O. E. Loftus
Clearwater	355	604	14	49
Cook	139	126	13	12
Cottonwood	513	881	68	3
Crow Wing	1,036	1,259	52	189
Dakota	1,195	2,592	88	33
Dodge	718	912	89	5
Douglas	812	1,394	89	21
Faribault	1,500	1,445	176	5
Fillmore	1,318	1,472	118	12
Freeborn	1,071	1,605	224	41
Goodhue	1,926	2,292	156	38
Grant	360	898	45	4
Hennepin	14,010	28,404	824	939
Houston	818	694	96	12
Hubbard	828	737	40	15
Isanti	389	1,125	65	106
Itasca	1,297	1,671	55	208
Jackson	1,253	1,355	68	22
Kanabec	314	424	14	8
Kandiyohi	986	1,889	140	27
Kittson	428	972	60	17
Lac qui Parle	635	1,118	120	2
Lake	223	529	21	82
Le Sueur	1,202	2,545	123	49
Lincoln	351	788	52	11
Lyon	815	1,288	112	19
McLeod	814	1,919	76	19
Marshall	711	1,760	118	32
Martin	972	1,737	124	28
Meeker	862	1,955	66	9
Mille Lacs	529	656	53	22
Morrison	1,091	2,546	57	37
Mower	1,116	1,454	63	37
Murray	619	1,110	34	3
Nicollet	451	1,712	30	2
Nobles	769	1,255	60	22
Norman	746	1,282	103	123
Olmsted	1,517	2,145	124	12
Otter Tail	1,450	3,846	240	169
Pine	632	1,210	52	76
Pipestone	557	843	53	5
Polk	1,072	3,066	158	214
Pope	553	705	42	5
Ramsey	8,862	16,561	307	442
Red Lake	803	1,833	59	130
Redwood	926	1,363	61	8
Renville	1,281	1,989	133	9
Rice	1,456	2,483	95	25
Rock	549	718	40	7
Roseau	513	789	50	118
St. Louis	5,109	6,522	182	316
Scott	329	1,247	27	9
Sherburne	505	514	69	9
Sibley	761	1,675	47	14
Stearns	1,247	4,158	108	54
Steele	1,346	1,833	75	7
Stevens	575	904	39	8
Swift	668	1,516	91	11
Todd	1,343	2,022	148	55
Traverse	334	530	26	2
Wabasha	1,301	2,126	80	18
Wadena	532	766	27	17
Waseca	879	1,688	48	10
Washington	1,264	1,936	29	16
Watonwan	706	1,037	46	5
Wilkin	411	638	24	6
Winona	1,848	3,951	75	47
Wright	1,082	1,819	106	20
Yellow Medicine	523	954	82	7
TOTALS	96,162	168,480	7,223	4,746

Note: A total of 49 scattered votes was cast.

Governor 1908

County	R Jacob F. Jacobson	D JOHN A. JOHNSON	Pro George D. Haggard	PO Beecher Moore	I William W. Allen
Aitkin	796	869	37	78	5
Anoka	1,409	1,246	36	17	2
Becker	1,546	1,535	126	77	6
Beltrami	1,306	1,387	42	186	15
Benton	805	1,055	17	32	4
Big Stone	670	948	69	15	2
Blue Earth	2,708	3,113	127	54	6
Brown	1,371	2,023	23	92	3
Carlton	930	1,147	35	190	9
Carver	1,234	1,811	20	12	7
Cass	774	798	39	85	5
Chippewa	1,309	1,054	94	12	0
Chisago	1,257	1,377	30	23	0
Clay	1,490	1,588	60	35	4
Clearwater	628	430	29	93	2
Cook	172	136	5	7	0
Cottonwood	1,070	731	77	7	3
Crow Wing	1,219	1,334	38	246	12
Dakota	1,834	2,622	111	39	16
Dodge	1,232	846	70	9	0
Douglas	1,341	1,691	82	27	0
Faribault	2,181	1,363	195	8	2
Fillmore	3,003	1,620	94	21	4
Freeborn	2,310	1,433	215	72	1
Goodhue	3,394	2,568	85	50	0
Grant	896	668	50	4	1
Hennepin	17,804	27,456	856	984	137
Houston	1,485	976	41	9	1
Hubbard	1,086	742	27	46	11
Isanti	739	1,204	94	116	3
Itasca	1,195	1,503	39	150	14
Jackson	1,364	1,289	37	15	4
Kanabec	680	482	16	30	1
Kandiyohi	1,802	1,731	122	51	3
Kittson	684	928	44	19	3
Koochiching	602	722	34	106	7

Governor 1908

County	R Jacob F. Jacobson	D JOHN A. JOHNSON	Pro George D. Haggard	PO Beecher Moore	I William W. Allen
Lac qui Parle	2,017	791	63	2	2
Lake	348	571	28	197	2
Le Sueur	1,592	2,223	52	68	9
Lincoln	742	888	54	10	3
Lyon	1,500	1,209	106	19	3
McLeod	1,137	2,045	52	23	7
Mahnomen	173	308	5	34	3
Marshall	1,165	1,462	97	108	1
Martin	1,422	1,713	114	38	6
Meeker	1,327	1,894	38	7	1
Mille Lacs	918	849	48	70	5
Morrison	1,361	2,323	440	51	6
Mower	2,161	1,807	88	49	5
Murray	1,028	1,068	40	14	1
Nicollet	858	1,546	36	14	1
Nobles	982	1,429	74	27	2
Norman	1,301	843	106	100	3
Olmsted	2,033	2,163	124	13	2
Otter Tail	2,931	3,669	214	104	14
Pine	968	1,544	74	101	10
Pipestone	825	731	26	12	0
Polk	2,705	2,932	100	296	13
Pope	1,596	760	37	11	0
Ramsey	11,132	18,753	299	619	62
Red Lake	1,121	1,475	35	153	5
Redwood	1,632	1,474	46	11	2
Renville	2,072	1,943	64	15	1
Rice	2,073	2,607	87	19	5
Rock	966	816	27	4	2
Roseau	747	769	37	259	6
St. Louis	8,369	9,082	285	622	38
Scott	758	1,995	41	11	4
Sherburne	772	657	49	27	5
Sibley	1,087	1,878	40	8	2
Stearns	1,881	4,879	87	72	7
Steele	1,631	1,723	65	5	0

177

Governor 1908

County	R Jacob F. Jacobson	D JOHN A. JOHNSON	Pro George D. Haggard	PO Beecher Moore	I William W. Allen
Stevens	767	798	13	7	0
Swift	1,140	1,259	57	14	4
Todd	2,027	1,863	130	108	12
Traverse	501	734	23	2	1
Wabasha	1,546	2,135	59	16	10
Wadena	800	698	22	35	4
Waseca	1,210	1,458	45	17	5
Washington	1,845	2,180	39	25	3
Watonwan	1,119	930	28	3	3
Wilkin	648	792	21	19	2
Winona	2,220	3,794	74	32	6
Wright	2,114	2,337	142	22	11
Yellow Medicine	1,763	913	77	6	1
TOTALS	147,357	175,136	7,024	6,516	593

Governor 1910

County	R ADOLPH O. EBERHART	D James Gray	Pro J. F. Heiberg	PO George E. Barrett	SL C. W. Brandborg
Aitkin	807	413	51	168	52
Anoka	1,041	690	69	36	29
Becker	1,648	765	165	167	109
Beltrami	1,350	607	76	470	101
Benton	972	729	36	58	35
Big Stone	808	709	82	16	11
Blue Earth	3,034	2,248	120	42	56
Brown	1,982	1,195	54	98	66
Carlton	914	643	59	206	68
Carver	1,993	793	43	37	36
Cass	788	377	47	118	98
Chippewa	1,193	777	139	49	39
Chisago	1,309	511	30	49	19
Clay	1,924	985	126	58	63

Governor 1910

County	R ADOLPH O. EBERHART	D James Gray	Pro J. F. Heiberg	PO George E. Barrett	SL C. W. Brandborg
Clearwater	611	187	42	144	34
Cook	208	54	31	24	8
Cottonwood	1,127	544	68	34	35
Crow Wing	1,420	699	67	312	102
Dakota	2,628	1,570	115	65	78
Dodge	932	410	40	15	11
Douglas	1,799	1,041	96	27	31
Faribault	1,841	786	144	21	18
Fillmore	2,556	1,057	106	29	28
Freeborn	2,162	1,055	208	81	44
Goodhue	3,289	1,389	266	51	65
Grant	800	416	51	13	12
Hennepin	20,020	15,226	861	2,496	1,098
Houston	1,457	704	41	20	12
Hubbard	881	388	67	92	109
Isanti	879	679	85	128	26
Itasca	1,390	800	89	235	124
Jackson	1,345	800	42	26	27
Kanabec	586	284	27	105	36
Kandiyohi	1,889	1,110	148	58	47
Kittson	699	525	65	25	28
Koochiching	655	321	35	369	55
Lac qui Parle	1,342	666	197	20	19
Lake	471	272	47	277	49
Le Sueur	1,902	1,698	82	65	41
Lincoln	935	715	67	34	32
Lyon	1,158	1,091	90	24	33
McLeod	1,270	1,160	40	27	20
Mahnomen	263	217	13	53	26
Marshall	1,636	747	146	113	45
Martin	1,684	1,183	83	43	24
Meeker	2,096	1,190	53	18	25
Mille Lacs	699	586	93	117	64
Morrison	1,679	1,523	81	173	84
Mower	2,259	991	117	46	50
Murray	1,221	714	81	23	28

Governor 1910

County	R ADOLPH O. EBERHART	D James Gray	Pro J. F. Heiberg	PO George E. Barrett	SL C. W. Brandborg
Nicollet	1,288	806	35	23	24
Nobles	1,291	995	73	24	32
Norman	1,096	546	265	130	22
Olmsted	2,043	1,702	83	34	34
Otter Tail	2,656	2,158	302	241	165
Pine	1,026	712	85	104	66
Pipestone	885	418	66	22	30
Polk	3,048	2,308	283	469	107
Pope	1,450	533	83	10	25
Ramsey	17,616	9,292	230	842	955
Red Lake	1,843	1,246	98	236	82
Redwood	1,698	945	101	41	45
Renville	2,333	1,252	141	39	45
Rice	2,512	1,591	158	40	84
Rock	902	408	70	18	16
Roseau	877	293	73	274	59
St. Louis	7,608	6,232	517	726	497
Scott	856	794	34	17	21
Sherburne	585	477	63	24	16
Sibley	1,396	709	60	21	10
Stearns	3,124	2,297	151	75	93
Steele	1,757	1,430	87	32	29
Stevens	749	563	42	17	16
Swift	1,244	1,066	96	22	22
Todd	1,608	1,032	147	398	70
Traverse	705	513	20	14	8
Wabasha	2,066	1,448	51	25	23
Wadena	713	259	31	65	45
Waseca	1,305	1,041	50	23	24
Washington	2,372	1,049	82	50	64
Watonwan	1,102	572	49	5	22
Wilkin	873	521	51	21	23
Winona	2,842	2,335	92	45	329
Wright	2,042	1,330	132	52	42
Yellow Medicine	1,122	666	77	19	15
OFFICIAL TOTALS	164,185	103,779	8,960	11,173	6,510
CORRECTED TOTAL			8,959		

Governor 1912

County	R ADOLPH O. EBERHART	D Peter M. Ringdal	Pro Engebret E. Løbeck	PO David Morgan	Prog Paul V. Collins
Aitkin	634	508	235	338	235
Anoka	1,022	455	390	92	189
Becker	1,228	639	426	238	362
Beltrami	1,001	644	144	869	198
Benton	690	646	106	108	244
Big Stone	588	522	201	70	183
Blue Earth	2,070	2,059	358	184	430
Brown	1,162	1,314	88	374	172
Carlton	734	641	299	389	312
Carver	1,446	932	87	55	180
Cass	829	404	107	291	184
Chippewa	873	809	513	83	231
Chisago	1,213	429	229	112	522
Clay	1,336	764	295	141	318
Clearwater	375	169	246	173	107
Cook	132	66	29	50	35
Cottonwood	736	471	276	78	290
Crow Wing	1,229	653	208	725	277
Dakota	1,778	1,510	250	175	453
Dodge	926	464	144	35	285
Douglas	909	476	1,105	92	271
Faribault	1,359	817	576	78	370
Fillmore	1,944	827	867	103	447
Freeborn	1,553	992	513	187	416
Goodhue	2,179	1,678	808	149	758
Grant	521	284	323	28	288
Hennepin	19,569	12,428	3,064	6,060	4,887
Houston	1,422	711	127	37	300
Hubbard	637	459	134	233	120
Isanti	878	242	493	330	156
Itasca	886	727	89	537	237
Jackson	1,072	896	204	61	296
Kanabec	515	233	135	267	111
Kandiyohi	1,199	896	720	149	275
Kittson	502	423	211	61	219
Koochiching	624	453	54	512	101

Governor 1912

County	R ADOLPH O. EBERHART	D Peter M. Ringdal	Pro Engebret E. Løbeck	PO David Morgan	Prog Paul V. Collins
Lac qui Parle	839	660	523	70	384
Lake	357	203	118	433	64
Le Sueur	1,307	1,538	163	138	301
Lincoln	628	473	178	96	199
Lyon	940	1,038	327	122	299
McLeod	1,101	1,215	134	50	195
Mahnomen	181	247	23	87	37
Marshall	1,005	746	542	175	347
Martin	1,162	1,321	239	89	327
Meeker	1,413	995	218	62	449
Mille Lacs	817	394	228	297	143
Morrison	1,340	1,494	113	232	286
Mower	2,046	1,009	277	135	360
Murray	966	685	192	62	201
Nicollet	1,027	884	201	84	167
Nobles	1,143	940	188	111	337
Norman	778	482	535	213	165
Olmsted	1,600	1,404	247	71	436
Otter Tail	2,183	1,845	936	496	762
Pennington	648	437	296	322	114
Pine	1,099	866	228	293	311
Pipestone	652	438	106	101	182
Polk	1,762	1,657	1,063	689	400
Pope	996	290	679	33	203
Ramsey	14,592	11,012	771	2,556	3,245
Red Lake	302	423	48	45	65
Redwood	1,276	1,040	185	144	351
Renville	1,718	1,180	392	86	384
Rice	1,900	1,496	437	127	474
Rock	768	470	201	61	150
Roseau	765	311	194	390	153
St. Louis	6,706	6,707	1,568	2,517	2,111
Scott	837	1,049	96	38	118
Sherburne	663	326	197	70	214
Sibley	1,137	793	112	68	298
Stearns	1,759	3,137	298	200	600

Governor 1912

County	R ADOLPH O. EBERHART	D Peter M. Ringdal	Pro Engebret E. Løbeck	PO David Morgan	Prog Paul V. Collins
Steele	1,148	1,364	256	63	251
Stevens	601	522	198	33	160
Swift	851	867	496	78	210
Todd	1,450	1,053	341	428	321
Traverse	483	441	92	19	169
Wabasha	1,261	1,482	122	43	351
Wadena	519	303	119	148	136
Waseca	1,110	922	273	68	215
Washington	1,989	1,109	218	174	573
Watonwan	865	623	244	33	202
Wilkin	536	449	135	41	183
Winona	2,236	2,790	127	213	445
Wright	1,737	1,219	460	130	555
Yellow Medicine	764	669	488	71	393
TOTALS	129,734	99,659	29,876	25,769	33,455

Note: A total of 12 scattered votes was cast. The county returns are in county canvassing board abstracts in the state archives. The state totals were calculated by the compilers.

Governor 1914

County	R William E. Lee	D WINFIELD S. HAMMOND	Pro Willis G. Calderwood	S Thomas J. Lewis	InL Herbert Johnson	Prog Hugh T. Halbert
Aitkin	1,115	635	144	407	36	35
Anoka	1,140	881	275	84	29	17
Becker	1,372	1,193	236	169	30	34
Beltrami	1,186	1,066	121	782	58	33
Benton	853	917	88	83	55	19
Big Stone	734	783	227	64	28	18
Blue Earth	2,660	2,835	200	73	27	19
Brown	1,451	2,283	46	140	26	18
Carlton	807	837	264	409	18	49
Carver	1,320	1,728	84	44	59	27
Cass	897	931	184	274	55	48

Governor 1914

County	R William E. Lee	D WINFIELD S. HAMMOND	Pro Willis G. Calderwood	S Thomas J. Lewis	InL Herbert Johnson	Prog Hugh T. Halbert
Chippewa	1,380	823	285	74	21	22
Chisago	1,472	708	121	69	36	104
Clay	1,696	1,283	168	120	54	37
Clearwater	489	403	81	109	21	14
Cook	168	85	40	72	6	5
Cottonwood	1,126	911	102	61	11	14
Crow Wing	1,291	1,185	382	524	83	44
Dakota	1,608	2,604	183	144	69	42
Dodge	1,575	670	168	4	22	21
Douglas	1,346	943	393	83	20	22
Faribault	1,806	1,432	269	67	26	44
Fillmore	2,266	1,213	417	68	42	33
Freeborn	2,134	1,381	363	83	19	26
Goodhue	2,809	2,152	484	92	52	34
Grant	895	558	106	48	8	27
Hennepin	18,984	24,943	2,195	2,934	388	365
Houston	1,457	998	220	27	45	28
Hubbard	702	345	89	197	20	15
Isanti	882	480	204	176	20	50
Itasca	1,007	1,247	156	412	69	67
Jackson	1,290	1,085	53	22	14	19
Kanabec	671	378	73	170	18	18
Kandiyohi	1,561	1,337	476	130	10	24
Kittson	868	628	162	64	28	32
Koochiching	617	1,068	71	399	45	22
Lac qui Parle	1,452	933	257	59	16	25
Lake	330	373	123	392	9	13
Le Sueur	1,655	2,125	114	68	50	31
Lincoln	839	761	130	39	30	27
Lyon	1,472	1,107	130	87	17	26
McLeod	1,412	1,828	113	42	69	43
Mahnomen	336	429	17	52	23	10
Marshall	1,399	911	270	143	41	22
Martin	1,401	1,493	189	37	19	22
Meeker	1,685	1,420	153	44	31	17

Governor 1914

County	R William E. Lee	D WINFIELD S. HAMMOND	Pro Willis G. Calderwood	S Thomas J. Lewis	InL Herbert Johnson	Prog Hugh T. Halbert
Mille Lacs	920	737	131	191	26	36
Morrison	1,582	1,782	196	168	86	49
Mower	2,104	1,588	217	83	32	28
Murray	908	927	96	46	16	19
Nicollet	1,002	1,324	118	30	23	21
Nobles	1,166	1,091	75	50	10	36
Norman	1,086	738	226	118	16	20
Olmsted	2,178	1,850	199	46	70	32
Otter Tail	3,178	2,053	406	348	86	55
Pennington	1,031	683	156	213	24	12
Pine	1,090	1,025	226	240	52	55
Pipestone	841	705	71	61	8	15
Polk	2,465	2,038	360	320	53	31
Pope	1,497	705	246	34	12	11
Ramsey	7,569	20,113	765	1,727	368	559
Red Lake	449	569	14	34	15	11
Redwood	1,621	1,230	74	60	22	30
Renville	2,430	1,566	151	68	34	28
Rice	1,967	2,247	248	68	90	45
Rock	824	726	73	40	16	19
Roseau	987	659	204	348	65	28
St. Louis	7,087	9,144	1,119	2,090	182	260
Scott	720	1,902	58	34	41	23
Sherburne	918	619	172	52	28	26
Sibley	1,419	1,462	126	30	47	13
Stearns	1,811	5,280	226	149	96	40
Steele	1,473	1,585	144	55	23	24
Stevens	798	826	104	17	15	8
Swift	1,285	1,081	219	64	26	18
Todd	2,021	1,409	234	243	56	26
Traverse	609	672	41	18	3	4
Wabasha	1,564	1,933	124	48	48	33
Wadena	698	534	77	112	27	23
Waseca	1,417	1,128	75	39	38	8
Washington	1,448	1,839	214	112	57	98

Governor 1914

County	R William E. Lee	D WINFIELD S. HAMMOND	Pro Willis G. Calderwood	S Thomas J. Lewis	InL Herbert Johnson	Prog Hugh T. Halbert
Watonwan	844	1,177	63	22	6	6
Wilkin	805	691	63	46	12	9
Winona	2,648	3,340	75	114	83	46
Wright	2,214	2,108	331	83	54	48
Yellow Medicine	1,440	889	239	63	22	18
OFFICIAL TOTALS	143,730	156,304	18,582	17,225	3,861	3,553
CORRECTED TOTAL				17,325		

Governor 1916

County	R J. A. A. BURNQUIST	D Thomas P. Dwyer	Pro Thomas J. Anderson	S J. O. Bentall	InL John P. Johnson
Aitkin	1,487	385	126	398	44
Anoka	1,767	540	171	114	37
Becker	2,306	697	222	224	50
Beltrami	2,226	787	180	773	78
Benton	1,343	563	82	92	37
Big Stone	1,175	413	139	83	33
Blue Earth	3,797	1,229	311	127	60
Brown	2,370	725	115	254	66
Carlton	1,451	549	208	510	34
Carver	2,298	731	79	40	48
Cass	1,460	564	128	302	46
Chippewa	1,951	407	219	293	39
Chisago	2,468	226	83	126	32
Clay	2,254	831	201	144	54
Clearwater	846	143	81	178	33
Cook	216	48	27	60	10
Cottonwood	1,744	305	167	103	19
Crow Wing	2,318	824	178	517	62
Dakota	2,507	1,507	224	205	85
Dodge	1,623	333	145	51	16
Douglas	2,372	506	330	186	47

Governor 1916

County	R J. A. A. BURNQUIST	D Thomas P. Dwyer	Pro Thomas J. Anderson	S J. O. Bentall	InL John P. Johnson
Faribault	2,564	542	308	105	49
Fillmore	3,477	615	303	82	41
Freeborn	2,952	560	363	119	53
Goodhue	4,522	725	345	144	68
Grant	1,346	199	125	68	11
Hennepin	39,756	19,790	2,414	6,206	663
Houston	1,898	533	122	37	39
Hubbard	956	378	98	188	18
Isanti	1,748	166	162	249	37
Itasca	1,636	890	112	527	54
Jackson	1,965	632	138	84	39
Kanabec	1,085	214	56	209	18
Kandiyohi	2,784	488	399	216	40
Kittson	1,217	211	117	87	27
Koochiching	917	545	64	295	36
Lac qui Parle	2,224	357	222	101	18
Lake	574	205	93	520	11
Le Sueur	2,022	1,184	115	73	58
Lincoln	1,262	517	145	42	42
Lyon	2,216	748	230	207	49
McLeod	2,224	824	151	120	55
Mahnomen	391	212	21	61	28
Marshall	2,279	507	248	214	56
Martin	2,651	683	201	90	49
Meeker	2,462	578	158	258	34
Mille Lacs	1,739	339	133	278	47
Morrison	2,354	1,100	179	229	79
Mower	3,001	827	190	91	64
Murray	1,615	584	100	79	18
Nicollet	1,526	429	119	46	25
Nobles	1,860	668	104	64	25
Norman	1,597	371	305	227	22
Olmsted	2,886	931	240	95	59
Otter Tail	5,524	1,155	571	560	148
Pennington	1,365	368	155	273	46
Pine	2,117	737	159	356	57

Governor 1916

County	R J. A. A. BURNQUIST	D Thomas P. Dwyer	Pro Thomas J. Anderson	S J. O. Bentall	InL John P. Johnson
Pipestone	1,235	364	116	158	20
Polk	4,180	1,381	473	505	101
Pope	1,984	301	234	37	49
Ramsey	21,260	12,789	1,010	2,467	482
Red Lake	762	362	69	56	22
Redwood	2,508	636	158	138	49
Renville	3,133	753	357	150	65
Rice	3,299	1,075	254	82	132
Rock	1,396	355	95	54	22
Roseau	1,187	307	185	425	42
St. Louis	13,681	7,829	1,539	2,954	368
Scott	1,185	1,100	97	28	56
Sherburne	1,279	274	134	59	27
Sibley	2,094	583	120	45	45
Stearns	4,743	2,502	389	187	159
Steele	2,308	936	122	48	45
Stevens	1,182	453	91	37	20
Swift	1,793	603	176	87	38
Todd	2,544	1,075	313	409	83
Traverse	1,086	368	43	34	17
Wabasha	2,152	973	184	52	47
Wadena	1,118	368	71	132	32
Waseca	1,962	738	118	60	54
Washington	2,910	801	196	154	41
Watonwan	1,667	354	76	32	23
Wilkin	1,009	403	79	64	25
Winona	3,711	1,816	284	183	135
Wright	3,591	1,111	289	156	107
Yellow Medicine	2,191	377	231	133	57
TOTALS	245,841	93,112	19,884	26,306	5,476

Governor 1918

County	R J. A. A. BURNQUIST	D Fred E. Wheaton	S L. P. Berot	F-L David H. Evans	N Olaf O. Stageberg
Aitkin	943	270	92	546	63
Anoka	1,490	577	40	309	33
Becker	1,446	404	28	1,346	63
Beltrami	1,427	579	131	989	80
Benton	1,012	376	33	747	38
Big Stone	973	384	24	384	38
Blue Earth	2,618	1,036	54	1,524	70
Brown	960	733	39	2,296	59
Carlton	925	349	104	506	64
Carver	984	639	38	1,521	66
Cass	1,136	504	74	396	54
Chippewa	1,055	344	37	1,296	65
Chisago	1,350	374	32	1,078	51
Clay	1,346	480	35	1,400	73
Clearwater	468	121	21	554	36
Cook	231	49	23	57	15
Cottonwood	1,272	305	12	733	34
Crow Wing	1,443	697	129	1,016	68
Dakota	1,728	1,559	93	1,509	103
Dodge	1,235	475	9	340	41
Douglas	1,133	228	30	2,071	76
Faribault	2,429	617	46	698	73
Fillmore	3,197	704	38	770	85
Freeborn	2,447	898	52	698	83
Goodhue	3,124	812	74	1,562	165
Grant	890	214	13	695	31
Hennepin	30,919	15,052	1,786	13,638	600
Houston	1,663	425	27	434	68
Hubbard	705	314	41	278	44
Isanti	710	176	14	1,643	32
Itasca	1,627	783	175	436	71
Jackson	1,396	665	33	859	43
Kanabec	780	171	15	731	17
Kandiyohi	1,435	448	34	2,069	100
Kittson	624	173	21	777	39
Koochiching	781	423	73	584	48

Governor 1918

County	R J. A. A. BURNQUIST	D Fred E. Wheaton	S L. P. Berot	F-L David H. Evans	N Olaf O. Stageberg
Lac qui Parle	1,481	382	25	958	107
Lake	466	270	277	248	49
Le Sueur	1,486	1,335	41	976	73
Lincoln	929	320	7	731	38
Lyon	1,788	404	20	1,032	38
McLeod	1,675	474	48	1,535	66
Mahnomen	367	163	24	364	19
Marshall	1,181	349	29	1,566	86
Martin	2,193	1,021	51	492	73
Meeker	1,547	446	32	1,449	55
Mille Lacs	1,095	353	36	918	35
Morrison	1,509	762	62	1,308	54
Mower	2,247	909	30	896	83
Murray	1,250	401	16	684	37
Nicollet	1,038	404	15	1,107	40
Nobles	1,497	587	25	791	44
Norman	1,087	264	38	1,123	56
Olmsted	2,376	854	39	1,288	76
Otter Tail	3,298	820	137	3,096	111
Pennington	565	358	28	1,138	90
Pine	1,398	659	79	1,008	66
Pipestone	1,103	271	13	659	29
Polk	2,360	883	82	2,106	172
Pope	1,312	261	18	856	63
Ramsey	10,163	10,084	735	9,981	367
Red Lake	292	248	8	546	19
Redwood	1,845	512	23	1,266	39
Renville	2,002	503	29	2,145	71
Rice	2,460	1,015	40	615	101
Rock	1,229	239	11	387	29
Roseau	499	231	49	1,040	56
St. Louis	10,661	6,216	1,543	3,571	563
Scott	807	971	36	970	31
Sherburne	1,025	271	17	383	35
Sibley	1,001	473	26	1,598	60
Stearns	2,647	1,414	75	3,454	141

Governor 1918

County	R J. A. A. BURNQUIST	D Fred E. Wheaton	S L. P. Berot	F-L David H. Evans	N Olaf O. Stageberg
Steele	1,615	1,031	28	517	83
Stevens	751	466	18	499	49
Swift	1,011	355	15	1,228	60
Todd	1,652	643	35	1,871	72
Traverse	619	324	9	493	15
Wabasha	1,525	860	25	1,003	78
Wadena	764	199	13	690	30
Waseca	1,297	682	43	721	66
Washington	1,603	1,099	89	924	90
Watonwan	1,164	391	10	676	26
Wilkin	669	386	17	375	30
Winona	2,631	1,723	131	1,377	130
Wright	2,377	944	46	1,312	96
Yellow Medicine	1,159	250	32	1,505	63
TOTALS	166,618	76,838	7,795	111,966	6,649

Note: County returns are in county canvassing board abstracts in the state archives. State totals were calculated by the compilers.

Governor 1920

County	R JACOB A. O. PREUS	D L. C. Hodgson	S Peter J. Sampson	I Henrik Shipstead
Aitkin	2,358	262	82	1,684
Anoka	3,274	505	27	1,303
Becker	3,295	496	35	3,248
Beltrami	3,948	492	130	3,311
Benton	2,440	380	26	1,212
Big Stone	1,829	377	13	1,126
Blue Earth	6,430	2,632	26	2,888
Brown	2,935	540	25	4,827
Carlton	2,220	361	114	2,314
Carver	3,057	561	28	2,693

Governor 1920

County	R JACOB A. O. PREUS	D L. C. Hodgson	S Peter J. Sampson	I Henrik Shipstead
Cass	2,802	327	53	1,669
Chippewa	2,335	273	18	2,904
Chisago	3,373	210	19	2,255
Clay	3,528	422	28	3,303
Clearwater	1,159	93	19	1,559
Cook	500	35	22	112
Cottonwood	3,090	263	8	1,432
Crow Wing	4,287	498	62	3,067
Dakota	3,142	3,114	53	2,531
Dodge	3,105	324	11	856
Douglas	2,917	236	20	4,059
Faribault	5,506	1,260	19	1,423
Fillmore	6,687	604	17	1,851
Freeborn	6,109	890	21	1,900
Goodhue	7,092	740	32	3,783
Grant	1,883	237	3	1,469
Hennepin	82,263	11,245	845	50,723
Houston	3,638	517	10	903
Hubbard	1,981	242	34	985
Isanti	1,735	124	10	3,095
Itasca	4,016	977	252	1,767
Jackson	3,210	560	23	1,761
Kanabec	1,910	165	9	1,432
Kandiyohi	3,329	233	23	4,809
Kittson	1,729	262	15	1,638
Koochiching	1,607	346	68	1,437
Lac qui Parle	3,332	253	22	1,849
Lake	849	148	51	1,525
Le Sueur	2,546	1,908	30	2,546
Lincoln	1,732	323	9	1,592
Lyon	3,796	711	26	2,044
McLeod	3,433	720	18	3,697
Mahnomen	628	91	9	963
Marshall	3,092	498	36	3,184
Martin	4,432	1,320	10	1,165
Meeker	3,106	464	20	3,055

Governor 1920

County	R JACOB A. O. PREUS	D L. C. Hodgson	S Peter J. Sampson	I Henrik Shipstead
Mille Lacs	2,526	204	34	2,422
Morrison	4,203	834	50	2,372
Mower	5,531	657	23	1,957
Murray	2,549	584	11	1,186
Nicollet	2,653	515	16	2,241
Nobles	3,313	688	21	1,815
Norman	2,554	180	18	2,511
Olmsted	6,463	787	25	2,598
Otter Tail	8,309	762	61	6,281
Pennington	1,316	325	7	2,518
Pine	3,170	566	79	2,286
Pipestone	2,558	196	11	1,446
Polk	5,941	847	71	5,850
Pope	2,559	139	9	2,218
Ramsey	33,310	12,368	373	25,004
Red Lake	939	388	12	1,006
Redwood	3,693	1,031	8	2,605
Renville	3,729	869	28	4,337
Rice	5,655	1,878	51	1,644
Rock	2,667	432	9	818
Roseau	1,595	189	50	2,329
St. Louis	28,780	4,879	1,309	15,430
Scott	1,356	1,583	14	1,979
Sherburne	2,432	284	14	671
Sibley	2,062	403	19	2,816
Stearns	8,986	1,458	67	6,321
Steele	3,685	1,272	23	879
Stevens	1,746	452	7	967
Swift	2,021	747	12	2,720
Todd	4,699	590	28	3,478
Traverse	1,251	378	9	1,040
Wabasha	3,528	1,144	28	2,227
Wadena	2,027	241	14	1,531
Waseca	2,290	1,268	21	1,854
Washington	4,627	1,103	30	2,615
Watonwan	2,886	393	8	1,357

Governor 1920

County	R JACOB A. O. PREUS	D L. C. Hodgson	S Peter J. Sampson	I Henrik Shipstead
Wilkin	1,726	323	21	888
Winona	6,832	1,746	59	3,512
Wright	5,419	1,148	31	3,115
Yellow Medicine	2,578	201	6	3,613
OFFICIAL TOTALS	415,805	81,293	5,124	281,402
CORRECTED TOTALS	415,829	81,291	5,118	281,406

Governor 1922

County	R JACOB A. O. PREUS	D Edward Indrehus	F-L Magnus Johnson
Aitkin	1,864	532	1,873
Anoka	2,196	568	1,482
Becker	2,358	722	3,210
Beltrami	3,237	565	3,354
Benton	1,322	1,557	1,320
Big Stone	1,661	302	1,522
Blue Earth	4,802	1,407	3,039
Brown	2,351	562	4,727
Carlton	2,021	532	2,294
Carver	3,002	741	2,592
Cass	2,500	479	2,297
Chippewa	1,793	229	3,018
Chisago	2,284	240	2,271
Clay	2,516	479	3,377
Clearwater	840	111	1,449
Cook	476	71	208
Cottonwood	2,487	282	1,377
Crow Wing	2,675	613	4,167
Dakota	3,280	1,616	3,998
Dodge	2,235	504	1,181
Douglas	2,350	316	3,293
Faribault	3,707	748	1,746
Fillmore	5,187	819	1,979
Freeborn	4,853	868	2,388
Goodhue	4,973	827	3,878
Grant	1,374	180	1,547
Hennepin	64,573	12,458	49,815
Houston	3,161	613	1,083
Hubbard	1,580	357	1,131
Isanti	1,142	174	2,718
Itasca	3,651	1,135	2,685
Jackson	2,247	657	1,951
Kanabec	1,168	264	1,543
Kandiyohi	2,396	335	4,663
Kittson	1,027	237	1,693
Koochiching	1,443	392	2,383
Lac qui Parle	2,697	397	2,099
Lake	856	166	1,512
Le Sueur	2,197	1,431	2,964
Lincoln	1,407	464	1,607
Lyon	3,148	575	2,288
McLeod	2,537	690	3,059
Mahnomen	564	104	1,267
Marshall	2,218	345	3,023
Martin	4,031	1,511	1,034
Meeker	1,952	329	3,938
Mille Lacs	1,804	517	2,431
Morrison	2,600	1,426	2,985
Mower	3,560	620	2,663
Murray	2,031	442	1,262
Nicollet	1,899	482	1,919
Nobles	2,434	584	1,786
Norman	1,696	243	2,151
Olmsted	4,276	875	2,514
Otter Tail	5,935	849	5,312
Pennington	1,168	223	2,814
Pine	1,663	511	2,235
Pipestone	1,684	253	1,673
Polk	3,648	694	6,063
Pope	2,009	205	2,469
Ramsey	23,708	10,452	24,976
Red Lake	827	173	1,063
Redwood	3,122	643	2,299
Renville	3,173	909	4,174
Rice	4,886	1,190	2,119
Rock	1,704	394	1,162
Roseau	1,282	206	2,077
St. Louis	18,515	5,355	19,566
Scott	1,332	949	2,170
Sherburne	1,587	555	872
Sibley	1,626	463	2,387
Stearns	5,433	2,978	5,253
Steele	3,399	1,227	1,263
Stevens	1,691	431	1,261
Swift	1,541	484	2,973
Todd	3,272	654	3,054
Traverse	1,107	266	1,249
Wabasha	2,799	1,269	2,096
Wadena	1,750	322	1,282
Waseca	2,117	1,095	2,090

Governor 1922

County	R JACOB A. O. PREUS	D Edward Indrehus	F-L Magnus Johnson
Washington	3,779	837	2,957
Watonwan	1,620	253	1,461
Wilkin	1,041	427	1,244
Winona	3,999	819	4,742
Wright	3,536	917	3,722
Yellow Medicine	2,164	207	3,647
TOTALS	309,756	79,903	295,479

Governor 1924

County	R THEODORE CHRISTIANSON	D Carlos Avery	IProg Michael Ferch	F-L Floyd B. Olson	SIn Oscar Anderson
Aitkin	2,461	274	71	2,223	40
Anoka	2,872	395	39	2,216	20
Becker	2,597	494	86	3,365	42
Beltrami	2,662	350	94	3,411	38
Benton	1,601	592	97	1,652	29
Big Stone	1,595	159	64	1,531	9
Blue Earth	6,493	1,020	149	4,591	65
Brown	2,240	275	154	4,551	18
Carlton	2,932	394	98	2,845	40
Carver	2,304	410	84	2,833	54
Cass	2,632	292	87	2,148	36
Chippewa	2,105	87	22	3,101	16
Chisago	2,650	101	23	2,516	15
Clay	2,812	331	55	3,689	42
Clearwater	992	73	25	1,746	19
Cook	380	119	9	179	12
Cottonwood	2,909	152	46	1,687	11
Crow Wing	3,903	456	114	3,939	49
Dakota	3,798	1,013	135	4,431	91

Governor 1924

County	R THEODORE CHRISTIANSON	D Carlos Avery	IProg Michael Ferch	F-L Floyd B. Olson	SIn Oscar Anderson
Dodge	2,830	212	24	1,207	9
Douglas	2,469	305	73	3,444	20
Faribault	4,679	517	59	2,894	32
Fillmore	5,786	338	67	2,801	55
Freeborn	6,286	450	64	3,048	44
Goodhue	6,876	621	51	4,282	58
Grant	1,649	75	12	1,856	9
Hennepin	96,990	5,501	1,013	69,915	434
Houston	2,745	403	82	1,894	33
Hubbard	1,919	203	70	1,083	18
Isanti	1,489	48	12	2,708	9
Itasca	4,596	597	107	2,931	85
Jackson	2,909	308	45	2,457	18
Kanabec	1,651	102	14	1,685	8
Kandiyohi	3,031	136	22	5,028	11
Kittson	1,201	166	17	1,884	10
Koochiching	1,345	299	74	2,410	30
Lac qui Parle	3,087	46	16	2,754	10
Lake	1,259	88	23	1,439	24
Lake of the Woods	731	72	28	862	13
Le Sueur	2,373	1,214	64	2,996	74
Lincoln	1,550	150	29	1,800	30
Lyon	3,380	183	25	3,106	27
McLeod	2,640	957	49	2,918	40
Mahnomen	486	131	21	1,280	21
Marshall	1,848	192	52	3,297	22
Martin	4,095	511	32	2,896	25
Meeker	2,418	401	41	3,450	27
Mille Lacs	2,273	147	31	2,693	8
Morrison	3,038	834	231	3,571	51
Mower	5,068	435	67	3,379	49
Murray	2,193	236	42	1,929	20
Nicollet	2,381	292	65	2,412	37
Nobles	2,908	318	78	2,684	30
Norman	1,948	107	18	2,426	20

Governor 1924

County	R THEODORE CHRISTIANSON	D Carlos Avery	IProg Michael Ferch	F-L Floyd B. Olson	SIn Oscar Anderson
Olmsted	5,796	711	90	3,419	43
Otter Tail	7,113	673	160	5,836	68
Pennington	1,136	118	17	2,511	17
Pine	2,707	422	77	3,375	30
Pipestone	1,985	152	57	2,017	13
Polk	4,793	532	88	6,281	38
Pope	2,116	125	18	2,501	12
Ramsey	38,072	8,321	1,007	35,817	285
Red Lake	640	181	18	1,020	7
Redwood	3,376	333	80	2,853	28
Renville	3,848	459	74	3,985	27
Rice	5,886	1,043	116	2,428	108
Rock	2,208	217	42	1,501	14
Roseau	1,293	136	46	1,954	24
St. Louis	33,064	3,045	1,059	27,273	469
Scott	1,144	964	81	2,257	45
Sherburne	1,931	174	50	918	11
Sibley	1,742	348	67	3,027	46
Stearns	6,061	1,943	847	8,130	96
Steele	3,656	697	70	1,677	28
Stevens	1,604	163	28	1,465	20
Swift	1,542	241	38	3,295	12
Todd	4,542	532	106	3,366	37
Traverse	1,021	194	32	1,372	16
Wabasha	2,787	681	48	2,898	24
Wadena	1,752	186	42	1,550	14
Waseca	1,995	395	37	3,215	22
Washington	4,277	726	90	3,368	49
Watonwan	2,332	207	45	1,701	9
Wilkin	1,324	185	57	1,227	22
Winona	5,985	1,135	208	5,622	94
Wright	4,532	464	74	4,331	76
Yellow Medicine	2,367	68	13	3,766	15
TOTALS	406,692	49,353	9,052	366,029	3,876

Governor 1926

County	R THEODORE CHRISTIANSON	D Alfred Jaques	F-L Magnus Johnson
Aitkin	2,472	298	2,098
Anoka	2,740	262	1,506
Becker	3,438	230	2,383
Beltrami	2,673	222	2,610
Benton	2,219	377	1,632
Big Stone	2,121	161	1,042
Blue Earth	6,715	718	2,773
Brown	3,456	414	3,560
Carlton	2,827	324	2,456
Carver	3,447	274	1,522
Cass	2,632	265	1,767
Chippewa	2,376	168	2,569
Chisago	2,755	71	1,834
Clay	3,476	251	3,285
Clearwater	1,150	69	1,535
Cook	486	49	281
Cottonwood	3,224	110	1,144
Crow Wing	3,802	516	3,288
Dakota	5,771	792	3,755
Dodge	2,475	126	885
Douglas	3,044	198	3,450
Faribault	4,734	352	1,821
Fillmore	6,416	281	1,968
Freeborn	5,954	399	1,971
Goodhue	6,939	319	2,777
Grant	1,576	27	1,297
Hennepin	71,085	6,027	34,837
Houston	3,432	301	1,484
Hubbard	1,902	148	970
Isanti	1,686	24	1,944
Itasca	3,935	718	3,886
Jackson	2,779	173	2,283
Kanabec	1,629	72	1,360
Kandiyohi	3,374	105	4,136
Kittson	1,709	67	1,363

Governor 1926

County	R THEODORE CHRISTIANSON	D Alfred Jaques	F-L Magnus Johnson
Koochiching	1,904	304	2,546
Lac qui Parle	3,002	62	1,730
Lake	1,151	89	1,456
Lake of the Woods	912	58	775
Le Sueur	4,082	658	2,480
Lincoln	1,994	164	1,327
Lyon	4,116	249	2,212
McLeod	3,657	430	2,410
Mahnomen	694	94	1,325
Marshall	2,522	140	2,991
Martin	4,916	218	2,947
Meeker	2,469	182	3,524
Mille Lacs	2,409	150	1,804
Morrison	3,596	780	3,247
Mower	5,166	374	1,689
Murray	2,665	198	1,384
Nicollet	2,675	189	1,772
Nobles	3,128	248	1,942
Norman	2,689	113	1,685
Olmsted	5,052	414	2,258
Otter Tail	7,805	321	3,895
Pennington	1,500	95	2,521
Pine	2,684	261	2,416
Pipestone	2,055	154	1,349
Polk	5,921	489	5,160
Pope	2,505	121	2,169
Ramsey	34,808	3,930	23,873
Red Lake	965	140	919
Redwood	3,580	196	1,751
Renville	3,842	264	3,214
Rice	5,781	784	2,214
Rock	2,369	204	1,097
Roseau	1,635	120	1,638
St. Louis	24,491	4,237	25,503
Scott	2,177	561	1,898

Governor 1926

County	R THEODORE CHRISTIANSON	D Alfred Jaques	F-L Magnus Johnson
Sherburne	1,743	123	846
Sibley	2,328	206	1,596
Stearns	6,705	1,402	6,673
Steele	3,367	535	1,775
Stevens	1,802	118	1,112
Swift	2,124	207	2,507
Todd	4,955	421	2,717
Traverse	1,578	109	1,066
Wabasha	3,704	473	2,069
Wadena	2,019	147	1,413
Waseca	2,476	410	1,891
Washington	4,656	349	2,142
Watonwan	2,929	166	1,321
Wilkin	1,776	177	1,150
Winona	5,608	809	4,063
Wright	3,834	376	3,095
Yellow Medicine	2,809	81	2,816
TOTALS	395,779	38,008	266,845

Governor 1928

County	R THEODORE CHRISTIANSON	D Andrew Nelson	In Harris A. Brandborg	F-L Ernest Lundeen	WC J. O. Bentall
Aitkin	3,489	756	14	1,234	123
Anoka	3,525	1,213	13	1,962	19
Becker	4,406	1,341	27	2,123	63
Beltrami	3,914	933	24	1,800	31
Benton	2,451	1,939	47	909	18
Big Stone	1,974	1,122	9	853	6
Blue Earth	8,620	3,579	55	1,902	33
Brown	3,587	3,573	32	2,067	20
Carlton	3,897	1,238	21	1,728	313

Governor 1928

County	R THEODORE CHRISTIANSON	D Andrew Nelson	In Harris A. Brandborg	F-L Ernest Lundeen	WC J. O. Bentall
Carver	4,144	1,746	31	1,492	21
Cass	3,309	988	19	1,261	24
Chippewa	3,213	620	15	2,195	17
Chisago	3,788	682	10	1,400	12
Clay	4,743	997	18	2,746	20
Clearwater	1,763	236	11	1,477	25
Cook	510	230	5	134	4
Cottonwood	3,737	607	12	854	5
Crow Wing	5,799	1,717	30	1,975	89
Dakota	6,507	4,357	49	2,712	47
Dodge	3,657	551	14	673	11
Douglas	3,667	1,062	35	2,585	17
Faribault	6,174	1,324	27	1,259	16
Fillmore	7,958	1,129	14	1,238	15
Freeborn	8,208	1,282	32	1,754	28
Goodhue	9,747	1,433	18	2,466	23
Grant	2,352	435	5	1,121	6
Hennepin	116,266	41,983	483	55,033	771
Houston	3,973	953	12	852	19
Hubbard	2,295	439	11	692	17
Isanti	2,522	288	3	1,810	5
Itasca	4,835	2,102	127	1,656	279
Jackson	3,403	1,080	19	1,427	13
Kanabec	2,300	346	8	1,026	3
Kandiyohi	4,836	704	12	3,463	17
Kittson	2,112	402	4	1,151	6
Koochiching	2,275	1,027	39	1,327	61
Lac qui Parle	3,755	747	11	1,622	8
Lake	1,428	459	16	966	78
Lake of the Woods	783	294	2	470	6
Le Sueur	3,945	2,739	38	1,780	22
Lincoln	2,327	909	9	905	7
Lyon	4,479	1,718	15	1,526	9
McLeod	4,095	1,710	29	2,035	45
Mahnomen	648	542	16	847	11

County	R THEODORE CHRISTIANSON	D Andrew Nelson	In Harris A. Brandborg	F-L Ernest Lundeen	WC J. O. Bentall
Marshall	3,347	830	13	2,192	13
Martin	6,039	1,219	16	1,218	15
Meeker	3,849	1,125	22	2,300	69
Mille Lacs	3,479	533	12	1,689	15
Morrison	4,121	3,275	51	1,900	50
Mower	6,594	2,072	21	1,420	12
Murray	3,115	1,184	16	758	8
Nicollet	3,742	1,313	24	1,245	8
Nobles	3,920	1,384	10	1,278	12
Norman	3,420	354	20	1,362	6
Olmsted	8,258	2,755	17	1,883	35
Otter Tail	11,683	2,061	185	3,275	146
Pennington	1,941	333	11	1,818	11
Pine	4,080	1,574	34	1,897	46
Pipestone	2,725	759	12	787	8
Polk	7,562	2,262	54	3,807	43
Pope	3,448	649	12	1,357	4
Ramsey	53,043	31,858	343	24,749	501
Red Lake	921	663	18	633	12
Redwood	5,285	1,419	15	1,377	11
Renville	5,215	1,828	22	2,475	31
Rice	6,890	3,598	49	1,269	58
Rock	2,728	740	8	630	12
Roseau	2,261	422	8	1,562	8
St. Louis	38,604	18,149	364	16,602	1,812
Scott	2,102	2,727	25	1,285	27
Sherburne	2,397	482	13	660	5
Sibley	3,087	1,085	24	1,934	13
Stearns	8,201	10,414	91	3,709	91
Steele	5,048	2,014	12	776	16
Stevens	2,401	801	10	662	8
Swift	2,725	1,477	17	1,749	11
Todd	5,883	1,984	55	1,737	31
Traverse	1,625	923	7	677	6
Wabasha	4,147	2,140	20	1,080	9

Governor 1928

County	R THEODORE CHRISTIANSON	D Andrew Nelson	In Harris A. Brandborg	F-L Ernest Lundeen	WC J. O. Bentall
Wadena	2,661	694	18	786	39
Waseca	3,499	1,426	19	1,159	13
Washington	6,184	2,699	26	1,527	30
Watonwan	3,344	744	16	1,014	8
Wilkin	2,022	705	13	766	5
Winona	7,722	4,670	61	1,979	49
Wright	5,704	2,271	36	3,103	55
Yellow Medicine	3,419	587	18	2,599	15
TOTALS	549,857	213,734	3,279	227,193	5,760

Governor 1930

County	R Raymond P. Chase	D Edward Indrehus	F-L FLOYD B. OLSON	C Karl Reeve
Aitkin	2,295	110	2,954	127
Anoka	2,892	159	3,056	16
Becker	2,317	209	4,077	118
Beltrami	2,412	140	3,810	40
Benton	1,600	948	2,634	49
Big Stone	1,079	101	2,130	7
Blue Earth	4,770	476	6,091	35
Brown	2,259	289	4,946	37
Carlton	2,502	190	3,511	209
Carver	2,327	305	3,428	15
Cass	2,039	149	3,166	25
Chippewa	1,153	82	3,438	16
Chisago	1,449	46	3,288	4
Clay	2,216	248	5,000	17
Clearwater	948	59	2,403	2
Cook	508	36	440	5
Cottonwood	1,924	125	2,907	10

Governor 1930

County	R Raymond P. Chase	D Edward Indrehus	F-L FLOYD B. OLSON	C Karl Reeve
Crow Wing	3,074	346	5,168	168
Dakota	3,343	712	7,595	81
Dodge	1,726	97	2,270	6
Douglas	2,193	156	4,661	26
Faribault	3,309	251	3,749	13
Fillmore	3,324	235	3,864	15
Freeborn	3,776	194	5,257	13
Goodhue	4,156	224	6,904	13
Grant	965	49	2,288	10
Hennepin	58,972	3,683	78,867	588
Houston	2,308	297	3,132	12
Hubbard	1,544	115	1,681	24
Isanti	919	34	3,401	4
Itasca	3,866	369	4,581	320
Jackson	1,448	180	2,564	9
Kanabec	984	58	2,087	2
Kandiyohi	2,032	98	5,627	11
Kittson	1,178	85	2,337	6
Koochiching	1,871	214	2,900	65
Lac qui Parle	1,730	94	3,664	11
Lake	882	52	1,716	40
Lake of the Woods	643	54	866	11
Le Sueur	2,607	577	4,595	11
Lincoln	1,119	147	2,797	19
Lyon	2,393	256	4,293	15
McLeod	2,045	257	3,749	15
Mahnomen	709	70	1,588	4
Marshall	1,657	191	3,908	12
Martin	2,945	171	3,791	8
Meeker	1,491	142	5,191	24
Mille Lacs	1,614	125	3,477	12
Morrison	2,407	766	4,761	37
Mower	3,241	279	4,149	24
Murray	1,354	166	2,520	7
Nicollet	1,730	138	3,426	5
Nobles	1,900	191	3,251	9
Norman	1,175	73	3,354	8

Governor 1930

County	R Raymond P. Chase	D Edward Indrehus	F-L FLOYD B. OLSON	C Karl Reeve
Olmsted	4,308	447	4,298	35
Otter Tail	6,720	424	5,818	197
Pennington	1,090	113	3,063	10
Pine	1,673	163	4,885	22
Pipestone	1,602	131	2,000	7
Polk	3,078	436	8,546	23
Pope	1,554	112	3,345	5
Ramsey	26,209	2,767	47,532	557
Red Lake	716	150	1,387	15
Redwood	2,609	169	4,245	13
Renville	2,383	288	5,073	24
Rice	4,373	629	4,131	39
Rock	1,851	173	1,878	4
Roseau	1,244	97	2,496	9
St. Louis	24,488	2,407	36,509	1,888
Scott	1,620	492	3,442	16
Sherburne	1,320	120	1,949	12
Sibley	1,332	208	3,390	12
Stearns	4,550	1,341	11,574	50
Steele	2,999	483	2,995	22
Stevens	1,128	86	1,948	8
Swift	1,259	162	3,662	12
Todd	3,403	440	4,350	20
Traverse	714	66	2,114	7
Wabasha	2,154	239	3,805	5
Wadena	1,527	132	2,130	92
Waseca	1,767	181	3,605	14
Washington	3,029	217	4,671	12
Watonwan	1,329	103	3,015	8
Wilkin	1,013	218	1,722	16
Winona	4,760	909	6,120	48
Wright	2,932	297	6,342	50
Yellow Medicine	1,474	91	3,806	12
OFFICIAL TOTALS	289,528	29,109	473,154	5,594
CORRECTED TOTAL				5,654

Governor 1932

County	R Earle Brown	D John E. Regan	In John P. Johnson	F-L FLOYD B. OLSON	C William Schneiderman
Aitkin	1,966	520	8	3,347	114
Anoka	2,550	939	2	3,964	22
Becker	2,365	917	21	5,166	84
Beltrami	2,126	613	22	4,600	96
Benton	1,185	2,509	7	1,933	13
Big Stone	1,082	1,085	10	2,150	6
Blue Earth	4,679	6,783	21	2,716	10
Brown	1,870	3,417	8	3,981	9
Carlton	2,177	490	16	5,189	135
Carver	2,280	2,339	11	2,538	9
Cass	2,278	953	15	3,008	23
Chippewa	2,017	907	2	3,257	8
Chisago	2,266	549	4	3,171	17
Clay	1,878	621	16	6,588	18
Clearwater	797	134	7	2,953	20
Cook	245	34	2	730	8
Cottonwood	2,068	690	7	2,284	4
Crow Wing	3,224	1,714	14	4,992	88
Dakota	3,706	3,447	36	7,053	30
Dodge	2,069	1,078	9	1,942	14
Douglas	2,315	1,072	15	4,573	12
Faribault	3,839	2,399	14	3,029	6
Fillmore	4,419	1,433	40	4,764	14
Freeborn	4,216	896	18	6,488	8
Goodhue	4,918	1,518	12	7,243	16
Grant	1,183	579	9	2,336	4
Hennepin	87,552	17,754	152	114,085	676
Houston	2,213	1,455	7	2,098	18
Hubbard	1,424	561	9	1,871	21
Isanti	1,335	305	2	3,484	14
Itasca	3,002	813	26	6,611	173
Jackson	1,544	1,140	12	3,329	6
Kanabec	1,105	353	6	2,305	5
Kandiyohi	2,551	1,280	11	5,387	8
Kittson	895	222	6	2,459	7

Governor 1932

County	R Earle Brown	D John E. Regan	In John P. Johnson	F-L FLOYD B. OLSON	C William Schneiderman
Koochiching	1,078	285	15	3,778	18
Lac qui Parle	2,247	758	10	3,267	5
Lake	645	141	5	2,238	40
Lake of the Woods	371	139	3	1,114	9
Le Sueur	1,896	3,412	13	3,156	11
Lincoln	952	900	17	2,390	6
Lyon	2,229	1,302	12	4,179	11
McLeod	2,915	2,101	11	3,083	16
Mahnomen	441	345	5	1,528	3
Marshall	1,532	378	7	3,806	20
Martin	3,461	2,075	8	2,634	10
Meeker	2,148	1,822	13	3,493	29
Mille Lacs	1,860	683	4	3,555	8
Morrison	1,942	3,176	17	4,368	29
Mower	3,529	2,235	11	5,141	8
Murray	1,223	921	12	2,723	5
Nicollet	1,961	1,961	17	2,650	9
Nobles	2,130	1,726	10	3,169	9
Norman	1,212	197	6	4,075	5
Olmsted	4,849	3,854	21	4,475	51
Otter Tail	6,941	1,925	70	8,248	171
Pennington	1,028	195	8	3,378	7
Pine	2,024	1,113	11	4,804	42
Pipestone	1,354	543	8	2,823	3
Polk	3,512	1,120	24	9,180	22
Pope	1,946	807	7	2,817	10
Ramsey	35,960	14,137	238	59,206	388
Red Lake	506	396	7	1,561	15
Redwood	2,374	1,338	6	4,114	0
Renville	2,613	2,281	22	4,300	19
Rice	4,510	3,955	27	3,085	24
Rock	1,345	435	10	2,506	4
Roseau	991	191	16	3,293	7
St. Louis	25,406	8,453	327	48,560	1,715
Scott	1,031	2,477	7	2,709	11

Governor 1932

County	R Earle Brown	D John E. Regan	In John P. Johnson	F-L FLOYD B. OLSON	C William Schneiderman
Sherburne	1,466	659	5	1,649	2
Sibley	1,435	1,923	12	3,163	13
Stearns	4,205	13,064	40	6,356	42
Steele	2,999	2,251	11	2,827	14
Stevens	1,460	1,053	11	1,634	3
Swift	1,412	1,460	15	3,112	7
Todd	3,019	1,764	20	4,930	18
Traverse	697	467	6	2,270	1
Wabasha	2,327	2,809	15	2,197	12
Wadena	1,544	507	6	2,180	73
Waseca	1,832	2,461	11	1,911	9
Washington	3,660	1,253	6	6,100	17
Watonwan	1,551	1,051	7	2,440	4
Wilkin	1,055	988	12	1,691	9
Winona	4,570	4,688	41	4,447	18
Wright	3,477	3,203	18	4,593	44
Yellow Medicine	1,871	962	6	3,908	5
TOTALS	334,081	169,859	1,824	522,438	4,807

Governor 1934

County	R Martin A. Nelson	D John E. Regan	I Arthur C. Townley	F-L FLOYD B. OLSON	C Samuel K. Davis
Aitkin	2,752	860	67	3,198	115
Anoka	2,879	1,021	17	3,773	4
Becker	3,408	1,582	141	3,826	61
Beltrami	2,583	1,044	180	3,882	124
Benton	1,901	2,424	22	1,625	13
Big Stone	1,407	1,049	25	2,150	7
Blue Earth	5,957	5,264	33	2,946	11
Brown	3,411	3,056	41	3,385	36
Carlton	2,595	933	54	5,061	125

Governor 1934

County	R Martin A. Nelson	D John E. Regan	I Arthur C. Townley	F-L FLOYD B. OLSON	C Samuel K. Davis
Carver	3,688	1,960	26	1,673	11
Cass	3,068	954	49	3,034	21
Chippewa	2,583	584	21	3,549	11
Chisago	2,732	374	9	3,216	9
Clay	2,908	1,283	146	4,863	9
Clearwater	1,022	316	57	2,647	23
Cook	469	129	7	589	1
Cottonwood	3,178	616	30	2,334	3
Crow Wing	3,971	1,411	43	4,073	58
Dakota	4,532	4,063	35	5,857	37
Dodge	2,897	539	17	1,435	5
Douglas	3,286	902	86	3,911	9
Faribault	4,583	2,164	30	2,566	6
Fillmore	6,133	986	28	3,256	7
Freeborn	5,516	657	8	4,996	4
Goodhue	7,250	1,564	30	4,685	15
Grant	1,982	335	21	2,212	19
Hennepin	79,520	20,218	217	106,612	671
Houston	3,324	1,281	47	1,720	14
Hubbard	1,754	806	55	1,702	10
Isanti	1,693	237	20	3,466	20
Itasca	4,261	1,923	168	6,098	205
Jackson	2,776	1,473	25	2,543	11
Kanabec	1,477	295	9	2,566	5
Kandiyohi	3,145	836	27	5,488	11
Kittson	1,407	590	93	2,082	9
Koochiching	1,134	931	70	3,698	47
Lac qui Parle	2,527	535	14	3,424	5
Lake	760	274	19	2,162	16
Lake of the Woods	533	305	95	993	12
Le Sueur	3,517	3,913	31	2,060	12
Lincoln	1,502	927	13	2,197	10
Lyon	3,654	1,588	14	3,217	8
McLeod	4,053	1,704	46	2,430	10
Mahnomen	778	662	74	1,426	8
Marshall	2,353	722	125	3,752	26

Governor 1934

County	R Martin A. Nelson	D John E. Regan	I Arthur C. Townley	F-L FLOYD B. OLSON	C Samuel K. Davis
Martin	5,424	1,805	21	2,449	6
Meeker	3,063	1,337	27	3,384	11
Mille Lacs	2,289	719	20	3,685	11
Morrison	3,021	3,870	49	3,698	14
Mower	5,678	1,234	5	5,648	7
Murray	2,385	1,268	17	2,048	8
Nicollet	2,811	1,669	14	2,354	10
Nobles	3,220	1,661	55	2,541	9
Norman	2,134	538	58	2,868	20
Olmsted	5,715	2,867	67	3,531	29
Otter Tail	10,524	1,665	125	6,240	159
Pennington	1,610	458	55	2,828	49
Pine	2,735	1,146	55	4,742	52
Pipestone	2,343	866	66	1,722	4
Polk	5,112	1,993	199	6,935	28
Pope	2,555	541	29	2,793	5
Ramsey	34,675	15,788	97	55,302	252
Red Lake	612	1,124	35	1,118	18
Redwood	3,826	1,617	20	3,354	4
Renville	3,504	1,985	79	4,031	17
Rice	5,483	3,443	21	2,560	26
Rock	2,233	935	29	1,153	13
Roseau	1,522	380	57	3,189	10
St. Louis	22,118	13,518	320	46,341	1,465
Scott	1,852	2,964	24	1,620	15
Sherburne	1,931	592	12	1,598	2
Sibley	3,125	1,541	41	2,520	10
Stearns	5,236	12,415	55	6,191	27
Steele	4,018	1,906	17	1,792	5
Stevens	1,785	683	25	1,815	5
Swift	1,718	959	24	3,640	8
Todd	4,447	1,839	73	4,884	20
Traverse	1,055	859	27	1,600	2
Wabasha	3,438	2,415	54	1,852	11
Wadena	2,252	432	23	2,120	48
Waseca	2,792	2,243	16	1,583	6

Governor 1934

County	R Martin A. Nelson	D John E. Regan	I Arthur C. Townley	F-L FLOYD B. OLSON	C Samuel K. Davis
Washington	4,190	1,581	27	4,693	16
Watonwan	2,474	854	17	2,364	8
Wilkin	1,814	736	41	1,180	6
Winona	5,413	4,166	29	3,740	9
Wright	4,476	2,329	30	4,999	47
Yellow Medicine	2,892	697	14	3,729	8
TOTALS	396,359	176,928	4,454	468,812	4,334

Governor 1936

County	R Martin A. Nelson	In Earl Stewart	F-L ELMER A. BENSON
Aitkin	2,691	53	3,873
Anoka	3,064	65	4,740
Becker	3,285	93	5,967
Beltrami	2,686	81	6,061
Benton	2,502	121	3,037
Big Stone	1,506	27	2,439
Blue Earth	7,614	170	6,850
Brown	3,142	66	6,870
Carlton	2,516	41	6,827
Carver	3,553	62	3,602
Cass	3,090	74	4,032
Chippewa	2,556	25	4,079
Chisago	2,706	23	3,312
Clay	3,006	43	6,443
Clearwater	1,050	13	3,222
Cook	477	8	705
Cottonwood	3,144	36	3,435
Crow Wing	4,077	92	6,473
Dakota	5,660	124	9,369
Dodge	2,439	37	2,600
Douglas	2,801	52	4,537

Governor 1936

County	R Martin A. Nelson	In Earl Stewart	F-L ELMER A. BENSON
Faribault	4,844	71	5,043
Fillmore	5,538	60	4,884
Freeborn	5,240	40	7,071
Goodhue	6,749	54	7,454
Grant	1,677	13	2,391
Hennepin	96,346	1,217	145,640
Houston	3,172	57	2,759
Hubbard	1,930	57	2,020
Isanti	1,575	35	3,598
Itasca	4,693	161	7,937
Jackson	2,359	64	4,675
Kanabec	1,507	18	2,607
Kandiyohi	2,999	33	6,650
Kittson	1,199	23	2,973
Koochiching	1,526	53	4,857
Lac qui Parle	2,365	22	3,704
Lake	864	22	2,552
Lake of the Woods	484	22	1,523
Le Sueur	4,368	102	4,241
Lincoln	1,621	30	2,644
Lyon	3,381	50	4,907

Governor 1936

County	R Martin A. Nelson	In Earl Stewart	F-L ELMER A. BENSON
McLeod	3,603	72	4,340
Mahnomen	611	29	2,014
Marshall	2,182	50	4,585
Martin	5,615	85	4,014
Meeker	2,971	61	4,490
Mille Lacs	2,240	33	3,948
Morrison	3,356	118	6,242
Mower	6,185	78	7,373
Murray	2,142	48	3,544
Nicollet	3,019	44	3,981
Nobles	3,064	63	4,711
Norman	1,878	33	3,609
Olmsted	6,634	97	7,853
Otter Tail	9,517	96	8,389
Pennington	1,627	31	3,472
Pine	2,791	50	5,868
Pipestone	2,100	43	2,947
Polk	4,940	145	10,440
Pope	1,973	17	3,329
Ramsey	42,947	893	85,134
Red Lake	902	62	1,557
Redwood	3,684	64	5,248
Renville	3,591	84	5,805
Rice	6,412	160	5,431
Rock	1,895	19	2,818
Roseau	1,498	43	3,720
St. Louis	26,748	602	65,217
Scott	2,342	65	3,826
Sherburne	1,881	24	1,820
Sibley	2,658	45	3,986
Stearns	8,345	279	13,201
Steele	4,224	83	3,708
Stevens	1,809	22	2,134
Swift	1,833	31	4,177
Todd	4,311	104	5,558
Traverse	1,026	31	2,049

Governor 1936

County	R Martin A. Nelson	In Earl Stewart	F-L ELMER A. BENSON
Wabasha	3,748	116	3,704
Wadena	2,085	32	2,575
Waseca	3,039	55	3,266
Washington	4,991	109	6,512
Watonwan	2,350	32	3,406
Wilkin	1,636	44	2,081
Winona	6,518	185	8,651
Wright	4,467	76	6,773
Yellow Medicine	2,451	33	4,233
TOTALS	431,841	7,996	680,342

Governor 1938

County	R HAROLD E. STASSEN	D Thomas Gallagher	In John William Castle	F-L Elmer A. Benson
Aitkin	4,487	264	4	2,744
Anoka	4,917	485	4	2,754
Becker	5,924	589	12	3,709
Beltrami	4,963	378	7	4,698
Benton	4,579	388	1	1,240
Big Stone	2,520	387	1	1,351
Blue Earth	10,216	903	12	2,885
Brown	6,829	1,039	10	2,807
Carlton	5,293	485	3	4,574
Carver	6,778	406	4	1,020
Cass	4,742	382	10	3,222
Chippewa	3,773	263	3	3,063
Chisago	3,922	261	3	1,949
Clay	5,311	340	5	4,077
Clearwater	2,074	154	3	2,701
Cook	951	36	2	522
Cottonwood	4,617	376	7	1,671

Governor 1938

County	R HAROLD E. STASSEN	D Thomas Gallagher	In John William Castle	F-L Elmer A. Benson
Crow Wing	6,696	501	8	4,275
Dakota	11,226	897	9	4,802
Dodge	3,697	302	6	1,070
Douglas	4,909	553	4	2,847
Faribault	6,719	687	5	1,910
Fillmore	7,855	525	7	2,224
Freeborn	7,608	563	1	3,702
Goodhue	9,359	712	10	3,463
Grant	2,754	184	4	1,665
Hennepin	130,727	12,510	111	83,220
Houston	4,775	377	4	1,338
Hubbard	2,804	290	2	1,253
Isanti	2,870	166	1	2,311
Itasca	7,830	794	15	6,422
Jackson	4,389	571	7	1,973
Kanabec	2,541	231	6	1,655
Kandiyohi	4,969	467	13	4,872
Kittson	2,088	557	1	1,938
Koochiching	3,135	512	6	3,266
Lac qui Parle	3,855	272	4	2,559
Lake	1,923	145	4	1,633
Lake of the Woods	910	120	3	1,300
Le Sueur	6,894	808	2	1,895
Lincoln	2,811	441	9	1,382
Lyon	5,736	637	8	2,512
McLeod	6,799	486	11	1,910
Mahnomen	1,788	177	0	1,424
Marshall	3,511	428	3	2,910
Martin	7,635	448	9	1,439
Meeker	5,896	412	4	2,303
Mille Lacs	3,780	281	8	2,667
Morrison	7,239	719	13	3,072
Mower	7,606	637	7	4,081
Murray	3,601	474	4	1,581
Nicollet	4,878	432	3	1,770
Nobles	5,213	596	3	2,135

Governor 1938

County	R HAROLD E. STASSEN	D Thomas Gallagher	In John William Castle	F-L Elmer A. Benson
Norman	3,390	299	5	2,489
Olmsted	8,636	836	13	3,467
Otter Tail	15,064	716	18	5,391
Pennington	2,631	236	3	2,644
Pine	5,011	436	3	3,530
Pipestone	3,415	296	8	1,278
Polk	8,147	885	12	6,074
Pope	3,267	370	10	2,079
Ramsey	64,293	7,853	90	48,174
Red Lake	1,706	261	2	1,066
Redwood	6,036	699	10	2,090
Renville	6,529	1,099	6	2,422
Rice	9,129	1,057	10	2,050
Rock	3,320	249	7	1,023
Roseau	2,351	228	3	2,928
St. Louis	45,796	3,941	110	47,092
Scott	5,273	560	5	974
Sherburne	2,917	205	2	1,058
Sibley	5,070	475	8	1,520
Stearns	15,958	1,678	23	5,743
Steele	6,364	728	2	1,223
Stevens	3,029	361	6	1,112
Swift	3,246	493	4	3,015
Todd	6,686	465	9	3,047
Traverse	1,787	297	5	942
Wabasha	5,534	716	12	1,489
Wadena	3,354	254	4	1,561
Waseca	4,424	691	5	1,394
Washington	7,854	807	7	3,407
Watonwan	3,474	359	5	1,526
Wilkin	2,707	278	3	1,079
Winona	10,857	1,102	67	3,134
Wright	8,432	531	8	2,811
Yellow Medicine	4,230	366	8	2,665
TOTALS	678,839	65,875	899	387,263

Governor 1940

County	R HAROLD E. STASSEN	D Edward Murphy	In John William Castle	F-L Hjalmar Petersen
Aitkin	3,996	850	17	2,702
Anoka	4,543	1,225	21	4,275
Becker	5,513	1,890	40	3,450
Beltrami	4,161	1,333	42	5,299
Benton	3,678	1,071	32	1,633
Big Stone	2,294	870	8	1,504
Blue Earth	10,998	1,649	42	3,256
Brown	7,527	742	17	3,214
Carlton	4,148	1,413	31	5,251
Carver	6,538	606	14	1,332
Cass	4,433	1,118	21	3,127
Chippewa	3,614	484	12	3,407
Chisago	3,479	281	9	2,713
Clay	5,579	1,369	16	3,898
Clearwater	1,633	444	5	2,688
Cook	773	144	4	455
Cottonwood	4,892	578	7	1,829
Crow Wing	5,899	1,607	38	5,230
Dakota	9,339	1,960	49	6,789
Dodge	3,766	520	18	1,381
Douglas	4,557	634	20	4,158
Faribault	8,170	1,111	23	1,793
Fillmore	8,598	1,006	20	2,228
Freeborn	8,092	1,157	14	4,669
Goodhue	10,005	1,060	27	4,780
Grant	2,643	322	13	1,777
Hennepin	130,614	29,197	598	111,328
Houston	5,310	680	20	1,130
Hubbard	2,830	646	15	1,262
Isanti	2,585	201	3	2,698
Itasca	6,244	3,036	53	6,184
Jackson	4,691	1,010	20	1,952
Kanabec	2,411	328	12	1,887
Kandiyohi	4,645	613	16	6,524
Kittson	1,641	578	8	2,323
Koochiching	2,723	1,614	26	3,093

Governor 1940

County	R HAROLD E. STASSEN	D Edward Murphy	In John William Castle	F-L Hjalmar Petersen
Lac qui Parle	4,045	514	9	2,490
Lake	1,360	492	10	1,943
Lake of the Woods	985	318	11	1,240
Le Sueur	5,960	1,426	26	2,088
Lincoln	2,624	503	12	1,628
Lyon	5,545	1,260	20	2,842
McLeod	6,827	713	19	2,022
Mahnomen	1,244	548	19	1,305
Marshall	3,174	932	11	3,013
Martin	8,166	1,191	24	1,495
Meeker	5,150	620	13	3,162
Mille Lacs	3,506	555	18	3,155
Morrison	6,079	1,554	32	3,483
Mower	7,996	1,333	24	6,240
Murray	3,746	813	12	1,750
Nicollet	5,024	600	7	2,118
Nobles	6,214	1,349	17	1,586
Norman	2,733	524	11	2,760
Olmsted	10,484	2,366	31	4,839
Otter Tail	14,631	1,827	43	5,139
Pennington	2,354	584	16	2,971
Pine	4,124	819	34	4,627
Pipestone	3,967	670	24	1,175
Polk	6,689	1,814	33	7,854
Pope	3,094	445	8	2,669
Ramsey	59,170	12,941	471	60,595
Red Lake	1,289	701	7	956
Redwood	6,485	846	32	2,619
Renville	6,580	1,067	27	3,461
Rice	9,031	1,636	23	2,397
Rock	3,722	613	5	588
Roseau	2,346	809	19	2,903
St. Louis	38,106	15,245	332	47,510
Scott	4,761	987	9	1,429
Sherburne	2,542	297	9	1,254
Sibley	5,475	597	23	1,625

Governor 1940

County	R HAROLD E. STASSEN	D Edward Murphy	In John William Castle	F-L Hjalmar Petersen
Stearns	16,281	3,356	60	6,027
Steele	6,439	1,263	12	1,654
Stevens	2,899	543	10	1,240
Swift	2,992	589	17	3,310
Todd	6,644	1,157	67	3,144
Traverse	1,846	609	10	1,086
Wabasha	5,531	879	24	1,918
Wadena	3,209	660	18	1,486
Waseca	4,947	1,023	6	1,406
Washington	6,856	1,408	31	4,974
Watonwan	3,966	489	8	1,922
Wilkin	2,642	565	15	1,065
Winona	10,047	3,047	73	3,867
Wright	8,327	1,020	36	3,257
Yellow Medicine	4,270	557	16	3,103
TOTALS	654,686	140,021	3,175	459,609

Note: A total of 360 scattered votes was cast for Martin Mackie.

Governor 1942

County	R HAROLD E. STASSEN	D John D. Sullivan	InG Harris A. Brandborg	F-L Hjalmar Petersen	C Martin Mackie
Aitkin	2,316	335	15	2,002	46
Anoka	2,428	556	22	1,907	25
Becker	3,221	549	22	2,354	39
Beltrami	2,848	547	26	3,004	42
Benton	2,358	700	34	1,636	12
Big Stone	1,288	298	13	1,161	15
Blue Earth	6,257	968	61	2,842	20
Brown	2,753	370	32	3,505	21
Carlton	3,336	725	25	3,253	97
Carver	2,393	382	29	3,344	23
Cass	2,475	524	22	1,978	23

Governor 1942

County	R HAROLD E. STASSEN	D John D. Sullivan	InG Harris A. Brandborg	F-L Hjalmar Petersen	C Martin Mackie
Chippewa	2,403	291	19	2,556	17
Chisago	2,341	158	14	1,753	10
Clay	3,356	465	18	2,474	22
Clearwater	1,267	189	13	1,718	17
Cook	602	98	5	314	8
Cottonwood	2,363	228	14	1,760	8
Crow Wing	3,362	917	37	3,865	63
Dakota	6,604	1,069	59	4,790	39
Dodge	2,690	264	18	1,188	9
Douglas	2,545	275	21	3,311	12
Faribault	4,748	511	26	1,715	7
Fillmore	5,379	414	26	1,647	23
Freeborn	5,289	648	17	2,249	26
Goodhue	5,535	501	23	2,711	24
Grant	1,514	179	11	1,405	6
Hennepin	90,627	17,345	979	62,536	1,410
Houston	3,616	550	23	1,064	16
Hubbard	1,670	374	18	916	10
Isanti	1,683	63	8	1,830	20
Itasca	5,120	1,584	75	4,674	146
Jackson	2,715	425	20	1,706	20
Kanabec	1,303	150	11	1,126	6
Kandiyohi	3,099	419	22	4,652	17
Kittson	1,440	255	14	1,590	4
Koochiching	2,588	856	27	2,084	34
Lac qui Parle	2,334	214	20	1,827	9
Lake	1,038	270	8	1,270	31
Lake of the Woods	633	146	9	729	11
Le Sueur	3,856	808	33	2,312	30
Lincoln	1,393	197	1	946	11
Lyon	3,803	593	87	1,895	17
McLeod	3,010	314	30	2,333	20
Mahnomen	1,019	296	12	1,059	15
Marshall	2,069	316	12	1,869	20
Martin	4,881	621	29	1,717	20
Meeker	2,949	357	17	2,530	17
Mille Lacs	1,978	276	19	2,638	20
Morrison	3,210	1,025	41	3,088	38
Mower	5,221	746	51	4,683	28
Murray	2,422	379	17	1,319	11
Nicollet	2,727	307	16	1,798	11
Nobles	4,018	553	34	1,859	11
Norman	2,088	230	14	1,641	22
Olmsted	6,183	906	28	2,565	31
Otter Tail	6,327	594	89	4,580	66
Pennington	1,756	261	21	2,037	20
Pine	2,550	431	22	3,239	73
Pipestone	2,296	344	11	981	10
Polk	5,441	959	37	4,519	60
Pope	2,270	217	14	1,824	9
Ramsey	36,797	7,275	405	28,253	437
Red Lake	933	231	16	760	4
Redwood	3,472	456	30	2,579	26
Renville	3,160	585	37	3,238	21
Rice	6,464	863	32	1,942	22
Rock	1,819	187	6	471	4
Roseau	2,018	341	17	1,801	15
St. Louis	27,127	8,810	670	26,148	1,196
Scott	2,861	566	17	1,801	15
Sherburne	1,534	191	12	954	16
Sibley	1,904	230	30	1,951	12
Stearns	8,007	2,343	97	6,305	61
Steele	4,147	518	21	1,364	10
Stevens	1,583	543	7	608	6
Swift	1,808	388	11	2,045	11
Todd	3,849	597	46	2,521	34
Traverse	1,396	265	18	888	12
Wabasha	3,654	724	30	1,879	16
Wadena	1,941	222	16	1,185	16
Waseca	2,906	532	26	1,645	8
Washington	4,593	695	42	3,131	38
Watonwan	1,929	212	14	1,225	4

Governor 1942

County	R HAROLD E. STASSEN	D John D. Sullivan	InG Harris A. Brandborg	F-L Hjalmar Petersen	C Martin Mackie
Wilkin	1,618	283	14	798	13
Winona	6,927	1,831	103	3,332	43
Wright	3,867	458	59	2,844	36
Yellow Medicine	2,482	263	11	2,330	17
TOTALS	409,800	75,151	4,278	299,917	5,082

Governor 1944

County	R EDWARD J. THYE	DFL Byron G. Allen	InG Gerald M. York
Aitkin	3,671	1,982	28
Anoka	5,481	4,369	78
Becker	4,780	4,440	45
Beltrami	4,033	4,438	45
Benton	3,828	1,604	44
Big Stone	2,064	1,845	27
Blue Earth	11,643	3,265	67
Brown	8,345	1,819	74
Carlton	4,152	5,029	56
Carver	6,563	1,094	46
Cass	4,176	2,478	47
Chippewa	4,147	2,418	34
Chisago	4,008	1,612	33
Clay	5,869	4,050	56
Clearwater	1,680	2,285	19
Cook	705	366	9
Cottonwood	5,095	1,363	28
Crow Wing	5,590	4,468	83
Dakota	10,753	6,144	125
Dodge	3,965	1,033	20
Douglas	5,426	2,727	36
Faribault	7,949	2,001	48
Fillmore	8,051	1,807	45

Governor 1944

County	R EDWARD J. THYE	DFL Byron G. Allen	InG Gerald M. York
Freeborn	7,852	4,836	41
Goodhue	10,619	3,507	63
Grant	2,434	1,678	16
Hennepin	152,474	120,226	1,414
Houston	5,052	1,110	25
Hubbard	2,711	1,099	26
Isanti	2,939	1,704	18
Itasca	6,205	7,441	111
Jackson	4,551	2,033	27
Kanabec	2,588	1,258	12
Kandiyohi	5,537	5,028	42
Kittson	1,762	2,097	28
Koochiching	2,554	3,392	40
Lac qui Parle	4,141	2,027	21
Lake	1,288	2,046	25
Lake of the Woods	1,016	858	23
Le Sueur	6,073	2,199	56
Lincoln	2,716	1,214	23
Lyon	6,017	2,638	33
McLeod	6,968	1,559	40
Mahnomen	1,249	1,164	25
Marshall	3,471	2,584	29
Martin	7,856	2,002	43
Meeker	5,732	1,995	46
Mille Lacs	3,660	2,222	38
Morrison	6,389	2,785	81
Mower	8,848	5,539	80
Murray	3,929	1,366	51
Nicollet	5,507	1,450	38
Nobles	5,647	2,127	50
Norman	2,949	1,946	30
Olmsted	10,960	4,912	76
Otter Tail	14,209	4,241	78
Pennington	2,643	2,511	21
Pine	4,620	3,458	52
Pipestone	3,671	1,302	18
Polk	7,845	6,069	106

Governor 1944

County	R EDWARD J. THYE	DFL Byron G. Allen	InG Gerald M. York
Pope	3,647	1,897	22
Ramsey	69,203	57,003	1,175
Red Lake	1,266	1,232	22
Redwood	6,721	1,853	41
Renville	6,970	2,412	45
Rice	9,218	2,645	49
Rock	3,400	894	23
Roseau	2,555	2,808	37
St. Louis	37,769	52,310	859
Scott	4,515	1,665	34
Sherburne	2,689	913	21
Sibley	5,242	955	35
Stearns	16,957	5,668	139
Steele	6,418	1,958	42
Stevens	3,103	1,025	19
Swift	3,400	2,559	33
Todd	7,045	2,566	56
Traverse	1,895	1,192	17
Wabasha	5,315	1,638	51
Wadena	3,417	1,313	31
Waseca	5,235	1,433	24
Washington	7,864	3,985	69
Watonwan	4,286	1,289	24
Wilkin	2,571	1,280	16
Winona	10,167	4,761	134
Wright	8,472	2,516	74
Yellow Medicine	4,789	2,102	20
OFFICIAL TOTALS	701,185	430,132	7,151
CORRECTED TOTALS	700,785	440,132	

Governor 1946

County	R LUTHER W. YOUNGDAHL	DFL Harold H. Barker	InG (SL) Rudolph Gustafson
Aitkin	3,075	2,346	92
Anoka	3,478	3,047	86
Becker	4,605	3,299	138
Beltrami	3,860	3,839	159
Benton	3,128	1,731	106
Big Stone	1,661	1,177	37
Blue Earth	8,270	2,853	159
Brown	4,024	1,482	79
Carlton	3,460	4,025	97
Carver	4,813	1,360	78
Cass	2,835	1,875	61
Chippewa	3,134	2,553	77
Chisago	2,907	1,456	50
Clay	5,113	2,629	91
Clearwater	1,257	1,749	56
Cook	800	378	28
Cottonwood	3,051	1,014	41
Crow Wing	4,530	3,576	101
Dakota	8,264	5,629	260
Dodge	2,636	925	55
Douglas	3,544	2,732	64
Faribault	5,516	1,803	74
Fillmore	5,904	1,428	69
Freeborn	5,939	3,595	140
Goodhue	7,789	2,861	114
Grant	1,399	2,111	20
Hennepin	116,763	86,711	2,039
Houston	4,125	1,118	62
Hubbard	2,396	1,270	96
Isanti	1,772	1,274	28
Itasca	5,797	7,612	223
Jackson	3,701	1,736	121
Kanabec	1,754	1,185	33
Kandiyohi	4,255	4,641	71
Kittson	1,296	1,364	40

Governor 1946

County	R LUTHER W. YOUNGDAHL	DFL Harold H. Barker	InG (SL) Rudolph Gustafson
Koochiching	2,552	2,775	73
Lac qui Parle	2,729	1,623	43
Lake	1,139	1,797	32
Lake of the Woods	906	850	34
Le Sueur	4,618	2,236	123
Lincoln	2,067	1,119	39
Lyon	4,475	2,086	62
McLeod	4,701	1,621	76
Mahnomen	1,179	1,353	74
Marshall	3,442	2,214	86
Martin	5,069	1,312	61
Meeker	4,283	2,169	67
Mille Lacs	2,824	2,070	71
Morrison	4,656	3,017	140
Mower	6,534	4,211	143
Murray	2,723	1,147	60
Nicollet	3,446	1,224	46
Nobles	4,445	1,805	98
Norman	2,537	1,573	61
Olmsted	8,087	3,845	178
Otter Tail	8,082	3,292	105
Pennington	1,896	1,664	48
Pine	3,270	3,158	96
Pipestone	3,146	1,270	59
Polk	6,349	4,377	194
Pope	2,279	1,562	28
Ramsey	50,219	35,827	1,772
Red Lake	920	930	23
Redwood	4,162	1,572	73
Renville	4,861	2,495	125
Rice	6,547	2,230	83
Rock	2,130	586	20
Roseau	2,076	2,279	54
St. Louis	31,682	44,009	850
Scott	3,329	1,972	92

Governor 1946

County	R LUTHER W. YOUNGDAHL	DFL Harold H. Barker	InG (SL) Rudolph Gustafson
Sherburne	1,967	1,064	43
Sibley	3,580	1,129	65
Stearns	11,778	6,280	297
Steele	4,939	1,841	111
Stevens	2,075	1,067	34
Swift	2,264	1,954	38
Todd	5,089	2,663	129
Traverse	1,344	1,004	21
Wabasha	4,348	1,595	118
Wadena	2,713	1,247	60
Waseca	3,853	1,443	70
Washington	6,140	3,501	149
Watonwan	2,489	1,058	46
Wilkin	1,901	1,025	22
Winona	6,750	3,167	152
Wright	4,695	2,061	74
Yellow Medicine	2,931	1,812	53
TOTALS	519,067	349,565	11,716

Governor 1948

County	R LUTHER W. YOUNGDAHL	DFL Charles L. Halsted	InG (SL) Rudolph Gustafson	Prog Orville E. Olson
Aitkin	3,313	2,599	33	104
Anoka	5,160	6,544	61	153
Becker	5,266	4,329	47	146
Beltrami	4,230	5,327	49	146
Benton	3,140	3,056	38	41
Big Stone	2,308	1,643	15	53
Blue Earth	9,786	5,188	69	101
Brown	6,122	3,921	43	75
Carlton	4,456	5,541	49	227

Governor 1948

County	R LUTHER W. YOUNGDAHL	DFL Charles L. Halsted	InG (SL) Rudolph Gustafson	Prog Orville E. Olson
Carver	5,065	2,352	23	46
Cass	3,805	3,420	56	75
Chippewa	4,022	2,760	28	72
Chisago	3,782	2,246	29	49
Clay	6,436	4,692	40	93
Clearwater	1,849	2,176	23	115
Cook	824	545	13	23
Cottonwood	4,909	1,752	39	35
Crow Wing	5,391	6,504	54	138
Dakota	8,512	11,130	92	183
Dodge	3,157	1,779	21	39
Douglas	5,866	3,134	53	77
Faribault	6,872	3,117	47	89
Fillmore	7,144	3,043	51	69
Freeborn	7,166	6,144	43	83
Goodhue	9,287	5,154	42	63
Grant	2,707	1,623	11	75
Hennepin	150,354	126,491	1,160	4,406
Houston	4,317	1,890	26	48
Hubbard	2,547	1,629	30	59
Isanti	2,907	1,890	18	78
Itasca	5,905	8,672	103	336
Jackson	4,433	2,578	31	59
Kanabec	2,224	1,724	22	52
Kandiyohi	6,310	5,232	26	161
Kittson	2,226	1,931	19	43
Koochiching	3,185	3,757	41	112
Lac qui Parle	3,845	2,326	18	43
Lake	1,726	1,950	19	55
Lake of the Woods	978	974	16	36
Le Sueur	4,957	4,041	56	69
Lincoln	2,414	1,622	20	42
Lyon	5,278	3,880	39	57
McLeod	5,944	2,900	42	42
Mahnomen	1,179	1,581	21	23

Governor 1948

County	R LUTHER W. YOUNGDAHL	DFL Charles L. Halsted	InG (SL) Rudolph Gustafson	Prog Orville E. Olson
Marshall	3,836	2,597	32	122
Martin	7,563	3,196	42	61
Meeker	5,065	3,122	24	49
Mille Lacs	3,541	2,468	34	62
Morrison	5,045	4,983	81	73
Mower	7,623	7,826	50	46
Murray	3,532	2,019	22	35
Nicollet	4,815	2,507	29	54
Nobles	4,926	3,518	41	71
Norman	2,937	2,112	25	59
Olmsted	10,289	7,268	55	101
Otter Tail	12,648	5,044	86	234
Pennington	3,100	2,383	23	164
Pine	4,248	4,063	90	127
Pipestone	3,214	1,896	17	49
Polk	8,612	5,899	78	215
Pope	3,581	1,851	23	42
Ramsey	56,413	74,143	1,176	1,316
Red Lake	1,093	1,344	12	34
Redwood	5,738	2,653	41	76
Renville	6,307	3,405	52	74
Rice	7,903	4,478	48	62
Rock	2,817	1,389	14	29
Roseau	2,554	2,730	16	212
St. Louis	38,474	53,651	907	2,259
Scott	3,382	3,547	27	40
Sherburne	2,376	1,492	14	33
Sibley	4,472	1,880	23	53
Stearns	12,291	13,202	191	209
Steele	5,467	3,355	38	35
Stevens	2,817	1,443	22	30
Swift	3,788	2,609	18	105
Todd	5,740	3,826	67	95
Traverse	1,740	1,397	10	27
Wabasha	4,227	2,959	45	63

Governor 1948

County	R LUTHER W. YOUNGDAHL	DFL Charles L. Halsted	InG (SL) Rudolph Gustafson	Prog Orville E. Olson
Wadena	2,835	1,981	32	44
Waseca	4,375	2,493	23	37
Washington	7,082	6,708	73	135
Watonwan	3,926	1,865	21	35
Wilkin	2,423	1,554	22	42
Winona	7,904	7,432	80	94
Wright	7,243	4,061	72	101
Yellow Medicine	4,306	2,610	26	55
TOTALS	643,572	545,746	6,598	14,950

Note: A total of 8 scattered votes was cast.

Governor 1950

County	R LUTHER W. YOUNGDAHL	DFL Harry H. Peterson	InG (SL) Vernon G. Campbell
Aitkin	3,414	2,051	71
Anoka	5,475	4,680	139
Becker	5,784	3,208	99
Beltrami	4,837	3,057	86
Benton	3,699	2,297	67
Big Stone	2,581	1,333	41
Blue Earth	8,930	3,895	110
Brown	5,379	2,952	47
Carlton	5,091	4,398	98
Carver	5,261	2,187	62
Cass	4,204	2,636	95
Chippewa	4,051	2,310	31
Chisago	3,540	1,761	24
Clay	6,667	3,014	71
Clearwater	2,223	1,669	35
Cook	831	402	10
Cottonwood	4,796	1,314	29

Governor 1950

County	R LUTHER W. YOUNGDAHL	DFL Harry H. Peterson	InG (SL) Vernon G. Campbell
Crow Wing	6,067	4,257	78
Dakota	8,650	9,161	179
Dodge	3,181	1,281	37
Douglas	5,875	2,319	47
Faribault	6,444	1,987	62
Fillmore	7,151	2,163	94
Freeborn	7,135	4,304	65
Goodhue	8,284	3,443	48
Grant	2,813	1,174	22
Hennepin	140,895	91,256	2,054
Houston	4,812	1,420	90
Hubbard	2,854	1,302	42
Isanti	2,710	1,475	23
Itasca	6,457	6,596	152
Jackson	3,856	1,761	45
Kanabec	2,417	1,234	32
Kandiyohi	6,492	3,452	51
Kittson	2,631	1,483	17
Koochiching	3,347	2,807	71
Lac qui Parle	3,802	1,767	32
Lake	1,703	1,437	24
Lake of the Woods	1,090	641	23
Le Sueur	5,025	3,434	123
Lincoln	2,551	1,284	43
Lyon	5,186	2,663	60
McLeod	6,089	2,567	65
Mahnomen	1,524	1,135	51
Marshall	3,538	1,698	55
Martin	7,900	1,954	78
Meeker	5,293	2,108	66
Mille Lacs	3,831	1,903	43
Morrison	5,449	4,069	143
Mower	6,931	4,706	110
Murray	3,768	1,453	38
Nicollet	4,129	2,543	60

Governor 1950

County	LUTHER W. YOUNGDAHL (R)	Harry H. Peterson (DFL)	Vernon G. Campbell InG (SL)
Nobles	4,816	2,087	67
Norman	3,664	1,332	46
Olmsted	9,697	4,197	116
Otter Tail	11,345	3,672	158
Pennington	2,607	1,676	19
Pine	4,032	3,124	57
Pipestone	3,885	1,398	40
Polk	8,945	3,899	127
Pope	3,372	1,238	14
Ramsey	52,714	54,766	996
Red Lake	1,153	1,036	16
Redwood	4,749	1,827	44
Renville	6,025	2,557	59
Rice	7,250	3,731	78
Rock	2,982	750	33
Roseau	3,184	1,760	56
St. Louis	41,338	39,835	1,466
Scott	3,705	3,303	89
Sherburne	2,492	1,170	29
Sibley	4,152	1,741	25
Stearns	13,809	10,201	287
Steele	5,283	2,425	57
Stevens	2,664	999	29
Swift	3,701	1,950	39
Todd	6,148	3,042	116
Traverse	2,051	1,096	23
Wabasha	4,436	2,587	93
Wadena	3,014	1,358	44
Waseca	4,024	2,017	25
Washington	7,614	5,831	132
Watonwan	3,774	1,089	19
Wilkin	2,475	1,178	58
Winona	8,213	5,614	284
Wright	6,305	2,865	94
Yellow Medicine	3,539	1,885	22
TOTALS	635,800	400,637	10,195

Governor 1952

County	C. ELMER ANDERSON (R)	Orville L. Freeman (DFL)	Eldrid H. Bauers InG (SL)	Martin Fredrickson Prog
Aitkin	3,748	2,585	14	45
Anoka	7,576	10,032	37	57
Becker	6,424	4,307	26	78
Beltrami	5,272	4,061	26	42
Benton	4,139	2,661	32	24
Big Stone	2,447	2,088	9	20
Blue Earth	12,294	5,124	30	49
Brown	8,183	3,455	22	33
Carlton	4,683	6,542	28	59
Carver	6,700	2,426	17	17
Cass	4,815	3,007	18	36
Chippewa	4,698	3,232	12	15
Chisago	4,140	2,656	18	21
Clay	7,727	5,008	24	28
Clearwater	2,104	2,095	8	111
Cook	1,019	473	9	7
Cottonwood	5,623	2,353	10	12
Crow Wing	8,291	5,489	24	53
Dakota	11,895	12,428	94	79
Dodge	4,074	1,739	12	17
Douglas	6,512	3,687	12	22
Faribault	8,146	3,294	25	23
Fillmore	8,834	2,639	12	22
Freeborn	9,127	6,651	23	34
Goodhue	10,743	5,306	20	42
Grant	2,888	1,709	6	19
Hennepin	180,402	164,501	656	1,112
Houston	5,633	1,690	30	26
Hubbard	3,294	1,393	9	30
Isanti	2,937	2,381	5	34
Itasca	6,719	9,734	57	71
Jackson	4,890	2,744	29	57
Kanabec	2,449	1,700	8	12
Kandiyohi	6,870	6,339	17	45
Kittson	1,987	2,426	17	19

Governor 1952

County	R C. ELMER ANDERSON	DFL Orville L. Freeman	InG (SL) Eldrid H. Bauers	Prog Martin Fredrickson
Koochiching	2,973	4,485	15	19
Lac qui Parle	4,331	2,584	13	18
Lake	1,694	2,775	13	24
Lake of the Woods	1,012	1,039	7	14
Le Sueur	5,830	3,805	35	22
Lincoln	2,940	1,781	11	18
Lyon	6,495	4,024	16	29
McLeod	7,509	3,024	20	26
Mahnomen	1,400	1,339	15	11
Marshall	4,067	2,919	17	37
Martin	9,536	2,735	14	33
Meeker	6,008	2,948	20	27
Mille Lacs	4,095	2,659	17	22
Morrison	6,191	4,933	48	50
Mower	10,105	8,561	91	49
Murray	4,155	2,321	11	21
Nicollet	5,769	2,803	17	22
Nobles	6,623	3,369	24	24
Norman	3,473	2,274	16	32
Olmsted	14,540	6,808	69	64
Otter Tail	16,895	4,982	42	86
Pennington	3,230	2,629	15	40
Pine	4,441	3,865	21	80
Pipestone	4,399	1,810	6	15
Polk	9,321	7,144	29	89
Pope	3,671	2,459	11	18
Ramsey	75,916	90,954	809	664
Red Lake	1,046	1,482	6	12
Redwood	7,256	2,892	24	10
Renville	7,197	3,818	38	45
Rice	9,615	4,569	36	43
Rock	3,957	1,199	11	8
Roseau	2,906	2,925	17	61
St. Louis	39,553	63,762	594	591
Scott	4,151	3,555	25	60

Governor 1952

County	R C. ELMER ANDERSON	DFL Orville L. Freeman	InG (SL) Eldrid H. Bauers	Prog Martin Fredrickson
Sherburne	2,989	1,685	7	13
Sibley	5,256	2,248	20	13
Stearns	18,453	11,484	83	79
Steele	6,686	3,185	37	16
Stevens	3,550	1,516	4	3
Swift	3,846	3,275	19	41
Todd	7,125	3,547	72	29
Traverse	1,960	1,729	15	9
Wabasha	5,554	2,506	20	27
Wadena	3,632	1,858	13	12
Waseca	5,180	2,365	12	12
Washington	9,350	8,266	37	47
Watonwan	4,795	1,870	13	11
Wilkin	3,256	1,415	9	18
Winona	10,810	6,588	56	68
Wright	8,346	4,678	36	54
Yellow Medicine	4,754	3,079	15	20
TOTALS	785,125	624,480	4,037	5,227

Governor 1954

County	R C. Elmer Anderson	DFL ORVILLE L. FREEMAN	InG Ross Schelin
Aitkin	2,603	2,973	21
Anoka	5,445	9,945	54
Becker	3,973	4,993	39
Beltrami	3,043	3,746	15
Benton	2,870	2,920	35
Big Stone	1,610	2,391	13
Blue Earth	8,566	5,475	66
Brown	5,923	3,580	30
Carlton	3,220	6,628	26
Carver	4,695	2,649	22

Governor 1954

County	R C. Elmer Anderson	DFL ORVILLE L. FREEMAN	InG Ross Schelin
Cass	3,252	3,156	35
Chippewa	3,342	3,554	16
Chisago	2,927	2,924	22
Clay	4,729	5,240	29
Clearwater	1,357	2,473	15
Cook	781	632	12
Cottonwood	3,888	2,374	16
Crow Wing	5,790	6,161	33
Dakota	8,724	12,445	132
Dodge	2,687	1,953	14
Douglas	4,346	4,296	20
Faribault	5,787	3,358	24
Fillmore	6,343	3,236	19
Freeborn	6,164	6,194	32
Goodhue	7,800	5,518	32
Grant	1,935	2,211	10
Hennepin	129,628	140,821	986
Houston	4,470	2,010	35
Hubbard	2,291	1,694	22
Isanti	2,099	2,890	12
Itasca	4,607	10,583	45
Jackson	3,198	2,887	30
Kanabec	1,651	2,027	5
Kandiyohi	4,616	6,707	30
Kittson	1,219	2,468	9
Koochiching	2,207	4,467	26
Lac qui Parle	2,711	2,720	10
Lake	1,169	3,075	9
Lake of the Woods	635	1,072	12
Le Sueur	4,050	4,149	36
Lincoln	1,965	2,262	17
Lyon	4,155	4,062	24
McLeod	5,090	3,751	25
Mahnomen	900	1,860	19
Marshall	2,347	3,347	15
Martin	7,002	2,937	25

Governor 1954

County	R C. Elmer Anderson	DFL ORVILLE L. FREEMAN	InG Ross Schelin
Meeker	3,904	3,786	38
Mille Lacs	2,690	3,133	25
Morrison	4,074	5,425	50
Mower	6,807	7,234	77
Murray	2,679	2,589	13
Nicollet	3,896	2,761	21
Nobles	4,131	3,237	24
Norman	2,060	2,678	17
Olmsted	8,380	6,211	230
Otter Tail	10,642	6,541	63
Pennington	1,957	3,045	10
Pine	2,728	4,124	30
Pipestone	2,928	1,918	9
Polk	5,755	7,826	42
Pope	2,328	2,714	10
Ramsey	53,583	77,998	1,060
Red Lake	756	1,933	6
Redwood	4,946	2,873	22
Renville	4,642	4,173	42
Rice	7,003	5,089	41
Rock	2,486	1,208	6
Roseau	1,939	3,220	18
St. Louis	26,648	61,355	885
Scott	2,731	3,832	22
Sherburne	2,083	1,929	16
Sibley	3,681	2,457	17
Stearns	12,521	12,441	118
Steele	4,690	3,133	44
Stevens	2,166	1,826	17
Swift	2,482	3,911	14
Todd	4,450	4,334	34
Traverse	1,417	1,810	13
Wabasha	3,475	2,611	25
Wadena	2,442	1,902	12
Waseca	3,854	2,261	17
Washington	6,958	8,136	64

Governor 1954

County	R C. Elmer Anderson	DFL ORVILLE L. FREEMAN	InG Ross Schelin
Watonwan	3,286	1,881	11
Wilkin	1,980	1,981	8
Winona	7,319	6,245	47
Wright	5,584	5,128	47
Yellow Medicine	2,974	3,396	14
TOTALS	538,865	607,099	5,453

Governor 1956

County	R Ancher Nelsen	DFL ORVILLE L. FREEMAN	InG Rudolph Gustafson
Aitkin	2,845	3,142	16
Anoka	8,727	14,027	154
Becker	4,414	5,739	34
Beltrami	3,760	4,726	37
Benton	3,666	3,086	28
Big Stone	1,584	2,681	12
Blue Earth	10,993	6,951	45
Brown	8,097	3,922	29
Carlton	3,661	7,743	37
Carver	6,335	2,886	16
Cass	3,944	3,496	34
Chippewa	3,623	4,136	26
Chisago	3,373	3,284	25
Clay	6,245	7,557	40
Clearwater	1,384	2,574	21
Cook	954	913	2
Cottonwood	4,690	2,924	25
Crow Wing	6,587	6,790	47
Dakota	12,552	14,847	106
Dodge	3,234	2,279	21
Douglas	5,102	4,986	31

Governor 1956

County	R Ancher Nelsen	DFL ORVILLE L. FREEMAN	InG Rudolph Gustafson
Faribault	6,848	4,501	35
Fillmore	6,969	4,300	40
Freeborn	7,466	8,589	45
Goodhue	9,257	6,303	46
Grant	2,032	2,458	16
Hennepin	173,061	172,465	1,476
Houston	4,474	2,849	57
Hubbard	2,518	1,799	28
Isanti	2,287	3,139	11
Itasca	5,850	10,803	63
Jackson	3,413	4,010	28
Kanabec	1,957	2,095	15
Kandiyohi	5,101	8,061	40
Kittson	1,348	2,856	10
Koochiching	2,387	4,839	23
Lac qui Parle	3,201	3,463	13
Lake	1,741	3,784	22
Lake of the Woods	657	1,232	3
Le Sueur	5,129	4,379	30
Lincoln	2,012	2,707	14
Lyon	5,018	5,129	32
McLeod	6,819	3,819	32
Mahnomen	819	1,852	15
Marshall	2,316	4,356	22
Martin	7,891	4,362	36
Meeker	4,713	4,103	33
Mille Lacs	3,287	3,203	23
Morrison	5,107	5,605	44
Mower	8,414	11,022	83
Murray	3,126	3,423	18
Nicollet	5,252	3,345	21
Nobles	4,757	5,267	27
Norman	2,082	3,413	7
Olmsted	12,542	9,197	97
Otter Tail	12,619	7,717	81
Pennington	2,164	3,660	15

Governor 1956

County	R Ancher Nelsen	DFL ORVILLE L. FREEMAN	InG Rudolph Gustafson
Pine	3,140	4,446	31
Pipestone	3,195	2,795	19
Polk	6,351	9,849	68
Pope	2,738	3,005	8
Ramsey	73,444	97,256	750
Red Lake	747	1,837	13
Redwood	6,155	3,550	25
Renville	5,951	4,868	45
Rice	8,571	5,518	26
Rock	3,249	2,021	14
Roseau	1,835	3,607	12
St. Louis	34,249	71,881	629
Scott	3,947	4,336	23
Sherburne	2,630	2,220	19
Sibley	4,854	2,636	21
Stearns	16,866	12,567	153
Steele	6,256	4,005	35
Stevens	2,604	2,214	10
Swift	2,604	4,442	25
Todd	5,263	4,632	51
Traverse	1,263	2,219	7
Wabasha	4,710	3,113	25
Wadena	2,923	2,136	22
Waseca	4,808	2,791	15
Washington	9,757	8,257	187
Watonwan	4,007	2,347	15
Wilkin	2,275	2,300	12
Winona	9,510	7,602	75
Wright	7,223	5,903	43
Yellow Medicine	3,667	4,033	20
TOTALS	685,196	731,180	5,785

Governor 1958

County	R George E. MacKinnon	DFL ORVILLE L. FREEMAN	InG Arne Anderson
Aitkin	2,153	3,114	41
Anoka	5,965	12,233	181
Becker	3,082	4,311	74
Beltrami	2,747	4,128	90
Benton	2,597	3,212	77
Big Stone	1,219	2,653	35
Blue Earth	7,681	6,356	151
Brown	5,640	3,828	95
Carlton	2,746	7,105	90
Carver	4,495	2,898	92
Cass	3,259	3,923	109
Chippewa	2,614	3,462	55
Chisago	2,490	3,183	40
Clay	4,433	6,743	117
Clearwater	1,058	2,489	39
Cook	734	819	23
Cottonwood	3,583	2,728	57
Crow Wing	5,117	6,503	122
Dakota	9,922	14,837	232
Dodge	2,580	2,115	51
Douglas	3,743	4,701	58
Faribault	4,788	4,118	95
Fillmore	5,158	4,328	98
Freeborn	5,722	8,074	98
Goodhue	6,583	6,078	82
Grant	1,734	2,269	30
Hennepin	115,463	149,258	1,957
Houston	3,446	3,108	106
Hubbard	2,038	1,993	51
Isanti	1,688	2,763	23
Itasca	4,759	10,500	218
Jackson	2,581	3,341	64
Kanabec	1,533	2,026	33
Kandiyohi	3,973	7,773	67
Kittson	1,149	2,852	40
Koochiching	1,732	5,020	72

Governor 1958

County	R George E. MacKinnon	DFL ORVILLE L. FREEMAN	InG Arne Anderson
Lac qui Parle	2,422	3,176	50
Lake	1,375	3,687	43
Lake of the Woods	519	1,192	16
Le Sueur	3,733	4,150	88
Lincoln	1,592	2,324	40
Lyon	3,515	4,661	75
McLeod	4,959	3,913	87
Mahnomen	763	1,898	54
Marshall	1,677	3,934	58
Martin	5,417	3,626	103
Meeker	3,330	4,013	59
Mille Lacs	2,459	3,310	74
Morrison	3,684	4,949	85
Mower	6,146	9,629	123
Murray	2,359	2,696	65
Nicollet	3,456	3,146	41
Nobles	3,481	4,586	93
Norman	1,544	3,152	45
Olmsted	9,140	8,338	117
Otter Tail	9,858	6,678	178
Pennington	1,498	3,387	54
Pine	2,393	3,976	51
Pipestone	2,221	2,094	56
Polk	4,617	9,022	138
Pope	2,128	2,800	27
Ramsey	52,141	83,749	991
Red Lake	564	1,666	35
Redwood	4,251	2,967	62
Renville	4,264	4,645	105
Rice	6,272	5,555	129
Rock	2,363	1,395	40
Roseau	1,489	3,454	49
St. Louis	26,756	62,380	1,224
Scott	2,675	4,109	60
Sherburne	1,720	1,869	31
Sibley	3,148	1,963	46

Governor 1958

County	R George E. MacKinnon	DFL ORVILLE L. FREEMAN	InG Arne Anderson
Stearns	11,722	12,328	287
Steele	4,491	3,884	65
Stevens	2,218	2,441	62
Swift	2,075	4,236	73
Todd	3,820	3,983	95
Traverse	1,006	2,012	22
Wabasha	3,369	3,171	73
Wadena	2,317	2,035	48
Waseca	3,553	2,710	80
Washington	6,977	7,618	166
Watonwan	2,819	2,401	44
Wilkin	1,562	1,994	36
Winona	6,948	7,721	189
Wright	4,920	5,014	112
Yellow Medicine	2,800	3,847	51
TOTALS	490,731	658,326	10,858

Note: 1 scattered vote was cast.

Governor 1960

County	R ELMER L. ANDERSEN	DFL Orville L. Freeman	InG Rudolph Gustafson
Aitkin	3,146	3,019	32
Anoka	13,989	20,808	223
Becker	5,048	5,462	59
Beltrami	4,636	4,675	53
Benton	4,060	3,492	40
Big Stone	1,765	2,590	15
Blue Earth	12,158	7,377	69
Brown	8,412	4,163	36
Carlton	4,903	7,476	62
Carver	6,749	3,419	33
Cass	4,656	3,472	34

Governor 1960

County	R ELMER L. ANDERSEN	DFL Orville L. Freeman	InG Rudolph Gustafson
Chippewa	3,866	3,816	23
Chisago	3,560	3,320	30
Clay	8,140	7,590	50
Clearwater	1,621	2,623	16
Cook	1,075	586	10
Cottonwood	5,092	2,909	25
Crow Wing	7,706	7,084	65
Dakota	16,027	19,174	155
Dodge	3,820	2,254	15
Douglas	5,418	5,252	36
Faribault	7,456	3,978	41
Fillmore	7,439	4,143	26
Freeborn	8,626	8,308	44
Goodhue	9,802	6,491	27
Grant	2,259	2,415	16
Hennepin	197,181	187,432	857
Houston	4,617	3,298	23
Hubbard	2,825	2,004	36
Isanti	2,719	3,095	30
Itasca	7,833	9,680	91
Jackson	3,887	3,728	34
Kanabec	2,214	2,045	20
Kandiyohi	6,158	7,645	44
Kittson	1,677	2,584	20
Koochiching	3,115	4,703	40
Lac qui Parle	3,384	3,190	28
Lake	2,389	3,837	28
Lake of the Woods	824	1,109	13
Le Sueur	5,087	4,718	41
Lincoln	2,341	2,355	23
Lyon	5,581	4,801	34
McLeod	7,510	4,055	43
Mahnomen	1,011	1,785	20
Marshall	2,705	4,218	21
Martin	8,716	4,193	42
Meeker	4,981	3,704	32

Governor 1960

County	R ELMER L. ANDERSEN	DFL Orville L. Freeman	InG Rudolph Gustafson
Mille Lacs	3,727	3,145	37
Morrison	5,277	6,548	59
Mower	10,279	10,754	46
Murray	3,745	2,670	46
Nicollet	5,640	3,644	21
Nobles	5,580	5,019	44
Norman	2,402	3,302	20
Olmsted	16,328	10,913	83
Otter Tail	13,943	8,072	86
Pennington	2,289	3,569	16
Pine	3,407	4,370	27
Pipestone	3,742	2,406	19
Polk	7,167	9,997	67
Pope	2,981	3,073	19
Ramsey	82,421	102,047	792
Red Lake	764	1,830	21
Redwood	6,314	3,524	34
Renville	6,240	4,768	36
Rice	8,873	6,293	48
Rock	3,853	1,464	31
Roseau	2,238	3,408	24
St. Louis	44,541	65,030	480
Scott	4,494	5,286	38
Sherburne	2,956	2,520	25
Sibley	5,292	2,387	13
Stearns	18,021	14,640	150
Steele	6,942	4,490	26
Stevens	2,822	2,395	14
Swift	2,810	4,247	20
Todd	5,617	4,918	46
Traverse	1,526	2,112	13
Wabasha	4,868	3,369	26
Wadena	3,057	2,334	20
Waseca	5,060	2,732	20
Washington	11,984	11,258	140
Watonwan	4,336	2,372	8

Governor 1960

	R	DFL	InG
	ELMER L. ANDERSEN	Orville L. Freeman	Rudolph Gustafson
County			
Wilkin	2,404	2,281	19
Winona	10,047	7,691	61
Wright	7,686	6,249	43
Yellow Medicine	3,956	3,732	25
TOTALS	783,813	760,934	5,518

Governor 1962

	R	DFL	InG
	Elmer L. Andersen	KARL F. ROLVAAG	William Braatz
County			
Aitkin	2,492	3,094	35
Anoka	10,562	16,150	243
Becker	4,092	3,979	45
Beltrami	3,677	3,883	26
Benton	2,964	3,349	54
Big Stone	1,550	2,129	19
Blue Earth	8,419	5,257	83
Brown	6,323	3,764	64
Carlton	3,654	6,960	80
Carver	4,952	3,100	63
Cass	3,528	3,512	72
Chippewa	3,134	3,225	26
Chisago	3,102	2,837	40
Clay	7,314	5,766	44
Clearwater	1,301	2,054	12
Cook	923	659	12
Cottonwood	3,984	2,300	24
Crow Wing	5,708	6,220	65
Dakota	13,388	16,345	32
Dodge	5,990	3,014	18
Douglas	4,706	4,141	44
Faribault	5,701	3,285	33

Governor 1962

	R	DFL	InG
	Elmer L. Andersen	KARL F. ROLVAAG	William Braatz
County			
Fillmore	5,990	3,014	33
Freeborn	7,642	6,538	56
Goodhue	8,300	4,993	66
Grant	1,954	2,018	12
Hennepin	157,199	142,471	307
Houston	3,813	2,066	37
Hubbard	2,471	1,838	32
Isanti	2,221	2,613	23
Itasca	5,743	9,543	129
Jackson	2,919	3,049	41
Kanabec	1,695	1,657	20
Kandiyohi	4,854	6,243	47
Kittson	1,487	1,944	14
Koochiching	2,164	4,809	80
Lac qui Parle	2,861	2,791	22
Lake	1,786	3,515	31
Lake of the Woods	653	1,046	10
Le Sueur	3,979	4,164	58
Lincoln	1,733	2,160	19
Lyon	4,100	3,918	38
McLeod	5,890	3,380	55
Mahnomen	970	1,739	16
Marshall	2,153	3,122	25
Martin	6,240	3,218	60
Meeker	3,873	3,368	49
Mille Lacs	3,093	2,880	46
Morrison	4,130	5,917	96
Mower	8,403	9,027	79
Murray	2,789	2,219	18
Nicollet	4,193	2,696	42
Nobles	4,038	3,538	43
Norman	1,969	2,336	10
Olmsted	13,878	8,258	126
Otter Tail	11,320	6,094	63
Pennington	1,730	2,362	20
Pine	2,577	3,365	51

Governor 1962

County	R Elmer L. Andersen	DFL KARL F. ROLVAAG	InG William Braatz
Pipestone	2,860	1,834	21
Polk	5,779	7,262	44
Pope	2,443	2,425	34
Ramsey	67,985	80,269	940
Red Lake	694	1,465	11
Redwood	4,756	2,744	34
Renville	4,793	4,010	66
Rice	7,241	5,596	99
Rock	2,631	1,362	15
Roseau	1,850	2,851	22
St. Louis	32,792	57,823	736
Scott	3,540	5,136	73
Sherburne	2,301	2,196	33
Sibley	3,942	2,135	25
Stearns	12,768	14,236	201
Steele	5,564	3,473	67
Stevens	2,641	2,000	29
Swift	2,288	3,287	28
Todd	4,226	3,896	58
Traverse	1,195	1,633	10
Wabasha	3,821	2,920	56
Wadena	2,672	1,922	23
Waseca	3,708	2,139	43
Washington	9,385	9,931	149
Watonwan	3,282	2,086	18
Wilkin	1,728	1,550	4
Winona	8,287	6,758	129
Wright	6,015	5,717	106
Yellow Medicine	3,140	3,374	29
TOTALS	619,751	619,842	7,311

Note: Rolvaag contested the results as reported by the state canvassing board; there followed a recount of the ballots, with the final decision reached by a panel of judges on March 25, 1963. The county returns are in Ronald F. Stinnett and Charles H. Backstrom, Recount, Appendix B (Washington, D.C., 1964). They are used here with permission. The returns for Braatz, not involved in the contest, are in the report of the state canvassing board.

Governor 1966

County	R HAROLD LeVANDER	DFL Karl F. Rolvaag	InG Kenneth Sachs
Aitkin	2,500	2,659	30
Anoka	16,172	20,600	178
Becker	4,810	3,542	59
Beltrami	4,023	3,598	53
Benton	3,391	3,045	32
Big Stone	1,642	1,784	18
Blue Earth	9,893	5,566	90
Brown	6,997	3,669	29
Carlton	3,957	6,325	65
Carver	6,447	2,877	21
Cass	4,189	2,854	75
Chippewa	3,190	2,909	23
Chisago	3,366	3,086	32
Clay	7,133	5,199	61
Clearwater	1,288	1,539	35
Cook	1,005	630	9
Cottonwood	4,284	2,168	28
Crow Wing	6,198	5,776	65
Dakota	20,246	17,663	195
Dodge	3,071	1,832	6
Douglas	5,306	3,722	35
Faribault	5,758	3,290	35
Fillmore	5,749	2,967	28
Freeborn	7,216	6,740	48
Goodhue	8,517	4,879	52
Grant	2,060	1,656	9
Hennepin	169,615	146,253	1,128
Houston	4,098	2,414	27
Hubbard	2,687	1,456	27
Isanti	2,627	2,596	24
Itasca	5,391	9,057	124
Jackson	3,208	2,588	31
Kanabec	1,844	1,816	19
Kandiyohi	5,725	5,700	62
Kittson	1,427	1,691	14
Koochiching	2,294	3,269	54
Lac qui Parle	2,761	2,511	39

213

Governor 1966

County	R HAROLD LeVANDER	DFL Karl F. Rolvaag	InG Kenneth Sachs
Lake	1,750	3,440	35
Lake of the Woods	735	521	24
Le Sueur	4,435	4,105	42
Lincoln	1,760	1,914	18
Lyon	4,637	3,580	40
McLeod	6,427	3,340	23
Mahnomen	1,030	1,439	20
Marshall	2,286	3,091	31
Martin	7,014	3,096	28
Meeker	4,221	3,185	24
Mille Lacs	3,346	2,863	54
Morrison	5,162	5,076	82
Mower	8,141	8,863	68
Murray	3,150	2,048	23
Nicollet	4,713	2,826	30
Nobles	4,791	4,060	48
Norman	1,988	2,252	32
Olmsted	16,619	7,583	105
Otter Tail	11,421	5,782	64
Pennington	1,865	2,330	16
Pine	2,941	3,538	48
Pipestone	3,226	1,814	35
Polk	5,629	6,587	62
Pope	2,724	2,061	23
Ramsey	73,013	83,842	921
Red Lake	752	1,068	15
Redwood	5,314	2,654	37
Renville	4,964	3,573	25
Rice	7,650	5,627	58
Rock	3,052	1,383	16
Roseau	2,026	2,278	43
St. Louis	32,456	53,455	823
Scott	4,652	4,884	34
Sherburne	2,721	2,244	20
Sibley	4,121	1,928	10
Stearns	15,656	12,156	170

Governor 1966

County	R HAROLD LeVANDER	DFL Karl F. Rolvaag	InG Kenneth Sachs
Steele	5,651	3,268	52
Stevens	2,645	1,724	28
Swift	2,576	2,901	21
Todd	5,139	3,034	38
Traverse	1,374	1,447	14
Wabasha	4,222	2,765	40
Wadena	2,905	1,821	13
Waseca	4,060	2,165	27
Washington	11,871	10,593	120
Watonwan	3,546	2,018	15
Wilkin	1,854	1,454	16
Winona	7,983	5,903	54
Wright	6,982	5,465	48
Yellow Medicine	3,312	2,973	29
TOTALS	680,593	607,943	6,522

Note: A total of 229 scattered votes was cast for A. M. (Sandy) Keith.

Governor 1970

County	R Douglas M. Head	DFL WENDELL R. ANDERSON	InG Karl Heck
Aitkin	2,193	3,339	10
Anoka	14,845	27,274	139
Becker	4,379	4,650	25
Beltrami	3,562	4,817	30
Benton	3,551	3,829	35
Big Stone	1,546	1,882	12
Blue Earth	9,037	7,922	98
Brown	6,574	3,881	39
Carlton	2,942	7,896	40
Carver	5,927	4,680	30
Cass	3,704	3,686	22

Governor 1970

County	R Douglas M. Head	DFL WENDELL R. ANDERSON	InG Karl Heck
Chippewa	3,232	3,356	18
Chisago	3,181	4,359	34
Clay	7,262	6,386	51
Clearwater	1,133	1,895	10
Cook	832	929	6
Cottonwood	3,580	2,421	14
Crow Wing	6,395	7,560	43
Dakota	20,217	25,178	162
Dodge	3,010	2,085	9
Douglas	5,224	4,954	33
Faribault	5,306	3,572	16
Fillmore	5,323	3,535	23
Freeborn	6,704	6,818	41
Goodhue	8,354	6,093	42
Grant	1,695	1,867	9
Hennepin	154,076	173,611	1,111
Houston	4,012	2,792	38
Hubbard	2,628	2,264	15
Isanti	2,278	3,676	15
Itasca	4,525	10,665	47
Jackson	2,909	2,896	17
Kanabec	1,848	2,351	14
Kandiyohi	5,365	6,164	44
Kittson	1,369	1,923	16
Koochiching	1,890	4,003	30
Lac qui Parle	2,516	2,789	17
Lake	1,492	4,131	9
Lake of the Woods	483	828	10
Le Sueur	4,042	5,038	28
Lincoln	1,513	1,703	13
Lyon	4,451	4,718	50
McLeod	6,096	4,621	37
Mahnomen	939	1,430	39
Marshall	2,214	2,984	28
Martin	6,585	3,336	19
Meeker	3,967	4,073	30

Governor 1970

County	R Douglas M. Head	DFL WENDELL R. ANDERSON	InG Karl Heck
Mille Lacs	2,824	3,874	29
Morrison	4,727	6,404	57
Mower	7,053	9,026	49
Murray	2,815	2,427	19
Nicollet	4,302	3,831	20
Nobles	3,982	4,383	23
Norman	2,043	2,753	13
Olmsted	16,360	10,174	49
Otter Tail	10,715	6,962	44
Pennington	2,203	2,821	11
Pine	2,605	4,431	45
Pipestone	2,982	2,102	13
Polk	5,658	7,711	32
Pope	2,380	2,516	10
Ramsey	63,026	96,110	664
Red Lake	744	1,617	8
Redwood	4,879	3,410	34
Renville	4,545	4,353	34
Rice	7,035	6,650	61
Rock	2,722	1,809	8
Roseau	1,950	3,161	23
St. Louis	24,586	63,924	267
Scott	4,621	6,713	32
Sherburne	2,777	3,449	21
Sibley	4,037	2,457	19
Stearns	15,708	13,914	143
Steele	5,526	3,855	67
Stevens	2,393	2,130	14
Swift	2,626	3,210	12
Todd	4,737	4,198	36
Traverse	1,262	1,429	12
Wabasha	3,756	3,152	21
Wadena	2,708	2,440	14
Waseca	3,796	2,506	15
Washington	10,968	14,168	85
Watonwan	3,311	2,449	6

Governor 1970

County	R Douglas M. Head	DFL WENDELL R. ANDERSON	InG Karl Heck
Wilkin	1,799	1,632	11
Winona	7,419	7,008	58
Wright	6,294	8,612	54
Yellow Medicine	3,000	3,290	30
TOTALS	621,780	737,921	4,781

Note: A total of 961 scattered votes was cast for Jack Kirkham.

Governor 1974

County	DFL WENDELL R. ANDERSON	R John W. Johnson	SW Jane Van Deusen	C Erwin Marquit	Am Harry M. Pool	L Richard R. Kleinow	InG Genevieve Gunderson	I James G. Miles
Aitkin	3,010	1,155	14	10	36	7	8	335
Anoka	28,768	9,074	238	71	702	78	59	2,335
Becker	5,006	2,988	31	14	91	5	16	199
Beltrami	5,031	2,412	55	21	193	11	10	250
Benton	4,482	2,002	82	20	375	30	23	317
Big Stone	1,745	765	7	2	21	3	7	62
Blue Earth	9,542	5,097	155	25	174	14	19	665
Brown	5,820	3,946	29	14	691	17	19	315
Carlton	7,641	1,975	59	32	78	8	25	438
Carver	5,296	4,080	31	13	436	8	6	574
Cass	4,557	2,647	53	10	107	17	44	394
Chippewa	4,074	2,055	14	5	99	7	10	161
Chisago	4,667	2,134	20	14	165	6	17	269
Clay	7,034	5,389	84	27	39	12	16	158
Clearwater	2,007	744	8	5	52	7	7	46
Cook	987	600	16	5	11	1	1	61
Cottonwood	3,235	2,220	30	0	75	12	10	131
Crow Wing	8,418	3,544	82	29	312	18	18	1,497
Dakota	30,022	12,919	240	89	441	81	56	2,786
Dodge	2,455	1,909	16	6	106	5	9	136
Douglas	5,954	3,233	36	10	355	22	27	317
Faribault	5,037	3,159	33	9	101	9	17	181

Governor 1974

County	DFL WENDELL R. ANDERSON	R John W. Johnson	SW Jane Van Deusen	C Erwin Marquit	Am Harry M. Pool	L Richard R. Kleinow	InG Genevieve Gunderson	I James G. Miles
Fillmore	3,674	3,289	19	4	66	6	16	155
Freeborn	7,550	4,450	39	16	115	4	21	545
Goodhue	7,579	4,874	32	13	64	7	7	1,266
Grant	1,966	938	8	4	17	1	6	86
Hennepin	174,826	85,948	3,325	1,497	3,815	636	865	16,365
Houston	3,711	2,370	17	7	30	8	26	84
Hubbard	3,049	1,760	23	9	58	5	9	179
Isanti	4,013	1,600	21	47	98	8	9	248
Itasca	10,510	3,296	98	34	125	32	36	1,024
Jackson	3,242	1,442	10	5	62	9	13	99
Kanabec	2,402	1,124	12	7	128	5	5	109
Kandiyohi	7,668	2,978	49	24	512	20	19	205
Kittson	2,203	839	11	2	10	1	5	46
Koochiching	4,205	1,298	29	16	32	9	18	1,199
Lac qui Parle	2,854	1,335	11	9	129	0	2	83
Lake	3,005	1,557	47	7	81	18	21	444
Lake of the Woods	1,171	473	12	8	29	0	3	43
Le Sueur	4,641	2,660	20	5	55	9	3	291
Lincoln	2,508	818	17	2	24	3	7	64
Lyon	5,730	2,353	71	24	129	15	36	210
McLeod	4,741	3,639	56	31	105	12	17	233
Mahnomen	1,416	633	5	3	21	2	2	53
Marshall	3,975	1,292	17	5	61	3	12	83
Martin	4,841	3,463	18	7	455	9	5	272
Meeker	5,076	2,676	27	20	164	12	14	177
Mille Lacs	4,334	1,892	21	10	161	12	8	221
Morrison	6,975	2,526	40	17	304	12	23	454
Mower	9,273	3,893	47	19	81	14	11	774
Murray	3,196	1,422	15	10	48	3	11	114
Nicollet	4,869	2,919	52	13	69	11	13	314
Nobles	4,950	2,158	16	11	86	5	20	106
Norman	2,236	1,198	13	3	14	3	4	49
Olmsted	12,475	8,733	111	55	537	55	20	713
Otter Tail	8,063	6,307	151	17	128	20	18	389
Pennington	3,061	1,205	12	0	103	5	7	63

Governor 1974

County	DFL WENDELL R. ANDERSON	R John W. Johnson	SW Jane Van Deusen	C Erwin Marquit	Am Harry M. Pool	L Richard R. Kleinow	InG Genevieve Gunderson	I James G. Miles
Pine	4,389	1,670	27	14	373	3	7	167
Pipestone	2,874	1,589	23	6	27	2	10	95
Polk	7,701	3,371	36	13	147	11	17	218
Pope	2,782	1,216	15	7	80	4	11	222
Ramsey	90,907	33,185	1,226	446	1,327	273	219	7,320
Red Lake	1,515	353	7	6	44	3	1	35
Redwood	3,293	2,971	24	9	277	4	18	257
Renville	5,165	2,823	25	6	156	7	29	182
Rice	7,959	4,114	145	29	95	26	39	842
Rock	2,352	1,622	18	6	15	4	14	40
Roseau	3,587	1,283	16	9	31	9	12	92
St. Louis	56,684	16,302	840	283	533	118	256	5,162
Scott	7,626	3,147	57	20	194	14	16	507
Sherburne	4,440	1,913	42	18	181	7	17	459
Sibley	3,307	2,560	32	13	59	8	9	176
Stearns	19,253	8,584	343	88	2,211	69	100	1,246
Steele	4,022	2,902	45	7	48	9	12	688
Stevens	2,424	1,208	38	6	22	1	7	346
Swift	3,870	1,377	24	21	78	8	5	99
Todd	4,806	2,290	28	3	289	19	15	202
Traverse	2,085	780	12	6	21	4	3	63
Wabasha	4,399	2,456	33	20	128	14	10	189
Wadena	2,739	1,772	16	7	94	9	5	130
Waseca	2,895	2,472	16	4	64	0	7	321
Washington	18,441	8,066	144	55	337	68	40	1,583
Watonwan	3,045	2,122	16	7	124	11	7	139
Wilkin	1,777	1,194	14	2	13	5	5	53
Winona	9,192	4,986	103	27	85	20	32	273
Wright	8,874	4,267	45	23	731	28	51	499
Yellow Medicine	3,608	1,722	17	17	94	5	10	158
TOTALS	786,787	367,722	9,232	3,570	20,454	2,115	2,720	60,150

Note: A total of 148 scattered votes was cast.

Appendix

BRIEF BIOGRAPHIES OF U.S. SENATORS, U.S. REPRESENTATIVES, AND GOVERNORS
OF THE STATE OF MINNESOTA, 1857-1976

In the brief biographical statements below the following information is given: name; birth and death dates and places; profession or vocation; political party affiliation; elective or appointive offices held and terms of service.

ALDRICH, CYRUS. b. 1808, Smithfield, R.I. d. 1871, Minneapolis, Minn. Sailor, boatman, farmer, contractor, lumberman. R. Ill. state rep., 1845-47. Member, Minn. constitutional convention, 1857. U.S. Rep., 1859-63, at large. State rep., 1865. Minneapolis postmaster, 1867-71.

ALEXANDER, JOHN G. b. 1893, Cortland Co., N.Y. d. 1971, Golden Valley, Minn. Lawyer, banker, realtor, insurance man. R. U.S. Rep., 1939-41, 3rd Dist.

ANDERSEN, ELMER L. b. 1909, Chicago, Ill. Business executive. R. State sen., 1949-58. Gov., 1961-3/1963. Lost in recount of 1962 election.

ANDERSEN, HERMAN CARL. b. 1897, Newcastle, Wash. Farmer, cattleman, civil engineer. R. State rep., 1935-36. U.S. Rep., 1939-63, 7th Dist.

ANDERSON, C. ELMER. b. 1912, Brainerd, Minn. Magazine distributor. R. Lt. Gov., 1944-9/51. Gov., 9/1951-55. Succeeded to fill term of Gov. Luther W. Youngdahl.

ANDERSON, SYDNEY. b. 1881, Zumbrota, Minn. d. 1948, Minneapolis, Minn. Lawyer, businessman. Pres., Millers' National Federation, 1924-29. R. U.S. Rep., 1911-25, 1st Dist.

ANDERSON, WENDELL R. b. 1933, St. Paul, Minn. Lawyer. DFL. State rep., 1959-62. State sen., 1963-70. Gov., 1971-12/1976. Resigned to be appointed U.S. Sen., 12/1976- , to fill term of Sen. Walter F. Mondale.

ANDRESEN, AUGUST H. b. 1890, Newark, Ill. d. 1958, Bethesda, Md. Lawyer, farmer. R. U.S. Rep., 1925-33, 3rd Dist., 1935-58, 1st Dist. Died in office.

ARENS, HENRY M. b. 1873, Westphalia, Germany. d. 1963, Jordan, Minn. Farmer. F-L. Jordan alderman, 1905-13. State rep., 1919-22. State sen., 1923-30. Lt. Gov., 1931-33. U.S. Rep., 1933-35, at large.

AUSTIN, HORACE. b. 1831, Canterbury, Conn. d. 1905, Minneapolis, Minn. Teacher, lawyer. R. 6th district court judge, 1865-69. Gov., 1870-74. Third auditor, U.S. Treasury Dept., 1876-79. Register of land office, Fargo, Dakota Territory, 1879-86. Minn. railroad and warehouse commissioner, 1887-89.

AVERILL, JOHN T. b. 1825, Alna, Me. d. 1889, St. Paul, Minn. Lumberman, grain merchant. R. State sen., 1859-60. U.S. Rep., 1871-73, 2nd Dist.; 1873-75, 3rd Dist. Republican national committeeman, 1868-80.

BALDWIN, MELVIN R. b. 1838, Chester, Vt. d. 1901, Seattle, Wash. Civil engineer, railroad official. D. U.S. Rep., 1893-95, 6th Dist. Chairman, Chippewa Indian Commission, 1894-97.

BALL, JOSEPH H. b. 1905, Crookston, Minn. Journalist. R. U.S. Sen., 10/1940-11/1942, 1943-49. First appointed to fill term of Sen. Ernest Lundeen. Promoted U.S. participation in forming U.N.

BEDE, JAMES ADAM. b. 1856, Lorain Co., O. d. 1942, Duluth, Minn. Teacher, editor, publisher. R. U.S. marshal for Minn., 1894. U.S. Rep., 1903-09, 8th Dist.

BENSON, ELMER A. b. 1895, Appleton, Minn. Lawyer, banker, businessman. F-L. State commissioner of banks, 1933-35. U.S. Sen., 12/1935-11/1936, appointed to fill term of Sen. Thomas D. Schall. Gov., 1937-39.

BERGLAND, ROBERT S. b. 1928, Roseau, Minn. Farmer. DFL. U.S. Rep., 1971-1/1977, 7th Dist. Resigned to become U.S. Sec. of Agriculture.

BERNARD, JOHN T. b. 1893, Bastia, Is. of Corsica. Miner, fireman. F-L. U.S. Rep., 1937-39, 8th Dist.

BLATNIK, JOHN A. b. 1911, Chisholm, Minn. Teacher, school supt. DFL. State sen., 1941-46. U.S. Rep., 1947-75, 8th Dist.

BOEN, HALDOR E. b. 1851, Sondre Aurdal, Valders, Norway. d. 1912, Aurdal Twp., Otter Tail Co., Minn. Teacher, editor. Peo. Otter Tail Co. register of deeds, 1889-93. U.S. Rep., 1893-95, 7th Dist.

BUCKLER, RICHARD T. b. 1865, Coles Co., Ill. d. 1950, Crookston, Minn. Farmer. F-L. State sen., 1915-18, 1923-26, 1931-34. U.S. Rep., 1935-43, 9th Dist.

BUCKMAN, CLARENCE B. b. 1851, Doylestown, Pa. d. 1917, Battle Creek, Mich. Farmer, lumberman. R. State rep., 1881-82. State sen., 1883-90, 1899-1902. U.S. Rep., 1903-07, 6th Dist. Deputy U.S. marshal, 1912-17.

BURNQUIST, JOSEPH A. A. b. 1879, Dayton, Ia. d. 1961, Minneapolis, Minn. Lawyer. R. State rep., 1909-12. Lt. Gov., 1913-12/1915. Gov., 12/1915-21. Succeeded to fill term of Gov. Winfield S. Hammond. Atty. Gen., 1939-55.

CARSS, WILLIAM L. b. 1865, Pella, Ia. d. 1931, Duluth, Minn. Civil, mechanical, and railroad engineer. Ind (1919-21), F-L (1925-29). U.S. Rep., 1919-21, 1925-29, 8th Dist.

CASTLE, JAMES N. b. 1836, Shefford Co., Que., Can. d. 1903, Stillwater, Minn. Teacher, lawyer. D. Washington Co. atty., 1866-68. State sen., 1869-70, 1879-86. U.S. Rep., 1891-93, 4th Dist.

CAVANAUGH, JAMES M. b. 1826, Springfield, Mass. d. 1879, Leadville, Colo. Newspaperman, lawyer; engaged in mining. D. U.S. Rep., 5/1858-3/1859, at large. Member, Colo. constitutional convention, 1865. Congres-

sional delegate from Mont. Territory, 1867-71.

CHASE, RAY P. b. 1880, Anoka Co., Minn. d. 1948, Anoka, Minn. Lawyer, printer, publisher. R. Anoka municipal judge, 1911-16. State auditor and land commissioner, 1921-31. U.S. Rep., 1933-35, at large. Minn. railroad and warehouse commissioner, 1944-48.

CHRISTGAU, VICTOR. b. 1894, Dexter Twp., Mower Co., Minn. Farmer. R. State sen., 1927-29. U.S. Rep., 1929-33, 1st Dist. Director and later administrator of state WPA, 1934-38. Federal director, Bureau of Old-Age and Survivors Insurance, 1954.

CHRISTIANSON, THEODORE. b. 1883, Lac qui Parle, Minn. d. 1948, Dawson, Minn. Editor, publisher, educator, author, lawyer. Dawson council pres., 1910, 1911. State rep., 1915-24. Gov., 1925-31. U.S. Rep., 1933-35, at large; 1935-37, 5th Dist.

CLAGUE, FRANK. b. 1865, Warrensville, O. d. 1952, Redwood Falls, Minn. Teacher, lawyer. R. Redwood Co. atty., 1895-1903. State rep., 1903-06. State sen., 1907-14. 9th district court judge, 1919-20. U.S. Rep., 1921-33, 2nd Dist.

CLAPP, MOSES E. b. 1851, Delphi, Ind. d. 1929, Accotink, Va. Lawyer. R. Atty. Gen., 1887-93. U.S. Sen., 1901-17. Became corporation lawyer and business executive.

CLOUGH, DAVID M. b. 1846, Lyme, N.H. d. 1924, Everett, Wash. Lumberman. R. State sen., 1887-90. Lt. Gov., 1893-94. Gov., 1895-99.

COMSTOCK, SOLOMON G. b. 1842, Argyle, Me. d. 1933, Moorhead, Minn. Lawyer, realtor, manufacturer. R. First Clay Co. atty., 1872-78. State rep., 1876-77, 1879-82. State sen., 1883-89. U.S. Rep., 1889-91, 5th Dist. University regent, 1904-09.

DAVIS, CHARLES R. b. 1849, Pittsfield, Ill. d. 1930, Washington, D.C. Lawyer. R. St. Peter city atty. and clerk for 18 years. Nicollet Co. atty., 1879-89, 1901-03. State rep., 1889-90. State sen., 1891-94. U.S. Rep., 1903-25, 3rd Dist.

DAVIS, CUSHMAN K. b. 1838, Henderson, N.Y. d. 1900, St. Paul, Minn. Lawyer. R. Asst. adj. gen. in Civil War. State rep., 1867. U.S. district atty., 1868-73. Gov., 1874-76. U.S. Sen., 1887-11/1900. Chairman, Sen. Foreign Relations Comm., member of post-Spanish-American War Peace Comm. Died in office.

DEVITT, EDWARD J. b. 1911, St. Paul, Minn. Lawyer, professor. R. Asst. Atty. Gen., 1939-42. U.S. Rep., 1947-49, 4th Dist. Ramsey Co. probate judge, 1950-54. U.S. district court judge, 1954- .

DONNELLY, IGNATIUS. b. 1831, Philadelphia, Pa. d. 1901, Minneapolis, Minn. Lawyer, author, townsite promoter. D (1856), R (1857-69), I (1870), A-M (1873-75), GL (1876-77), DG (1878-80), FA (1884-91), Peo (1890-1901). Lt. Gov., 1859-63. U.S. Rep., 1863-69, 2nd Dist. State sen., 1874-78, 1891-94. State rep., 1887-88, 1897-98. Candidate for Gov., 1892, and Vice-Pres., 1900, on Peo ticket.

DUNNELL, MARK H. b. 1823, Buxton, Me. d. 1904, Owatonna, Minn. Educator, lawyer. R. State rep., 1867. State supt. of public instruction, 1867-70. U.S. Rep., 1871-83, 1st Dist.

EBERHART, ADOLPH O. b. 1870, Värmland, Sweden. d. 1944, Savage, Minn. Lawyer, insurance and real estate agent. R. State sen., 1903-06. Lt. Gov., 1909. Gov., 9/1909-15. Succeeded to fill term of Gov. John A. Johnson.

EDDY, FRANK M. b. 1856, Pleasant Grove, Minn. d. 1929, St. Paul, Minn. Teacher, railroad land examiner, journalist. R. Pope Co. district court clerk, 1884-94. U.S. Rep., 1895-1903, 7th Dist. State's first Minn.-born congressman.

EDGERTON, ALONZO J. b. 1827, Rome, N.Y. d. 1896, Sioux Falls, S. Dak. Lawyer. R. State sen., 1859-60, 1877-78. First Minn. railroad and warehouse commissioner, 1872-75. U.S. Sen., 3/1881-10/1881, to fill term of Sen. William Windom. Later was chief justice of territorial supreme court of Dakota and U.S. judge, S. Dak., after statehood.

ELLSWORTH, FRANKLIN F. b. 1879, St. James, Minn. d. 1942, Minneapolis, Minn. Lawyer. R. St. James city atty., 1904-05. Watonwan Co. atty., 1905-09. U.S. Rep., 1915-21, 2nd Dist.

FLETCHER, LOREN. b. 1833, Mt. Vernon, Me. d. 1919, Atlanta, Ga. Stonecutter, clerk, merchant, manufacturer. R. State rep., 1872-75, 1877, 1881-84. U.S. Rep., 1893-1903, 5th Dist.

FRASER, DONALD M. b. 1924, Minneapolis, Minn. Lawyer. DFL. State sen., 1955-62. U.S. Rep., 1965- , 5th Dist.

FREEMAN, ORVILLE L. b. 1918, Minneapolis, Minn. Lawyer. DFL. Gov., 1955-61. U.S. Sec. of Agriculture, 1961-69. Business executive.

FRENZEL, WILLIAM E. b. 1928, St. Paul, Minn. Businessman. R. State rep., 1963-70. U.S. Rep., 1971- , 3rd Dist.

FURLOW, ALLEN J. b. 1890, Rochester, Minn. d. 1954, Rochester, Minn. Lawyer. R. State sen., 1923-25. U.S. Rep., 1925-29, 1st Dist. Special asst. to U.S. Atty. Gen., 1933. Veterans' Administration lawyer, 1934-37.

GALE, RICHARD P. b. 1900, Minneapolis, Minn. d. 1973, Minneapolis, Minn. Farmer. R. State rep., 1939-40. U.S. Rep., 1941-45, 3rd Dist.

GALLAGHER, WILLIAM J. b. 1875, Minneapolis, Minn. d. 1946, Minneapolis, Minn. Journalist, labor leader. DFL. U.S. Rep., 1945-8/1946, 3rd Dist. Died in office.

GILFILLAN, JOHN B. b. 1835, Barnet, Vt. d. 1924, Minneapolis, Minn. Lawyer. R. Hennepin Co. atty., 1863-67, 1869-71, 1873-75. Minneapolis alderman, 1865-69. State sen., 1876-85. U.S. Rep., 1885-87, 4th Dist. University regent, 1880-88.

GOODWIN, GODFREY G. b. 1873, St. Peter, Minn. d. 1933, Washington, D.C. Lawyer. R. Isanti Co. atty., 1898-1907, 1913-25. U.S. Rep., 1925-33, 10th Dist. Died at end of congressional term.

HAGEDORN, THOMAS M. b. 1943, Faribault, Minn. Farmer. R. State rep., 1971-74. U.S. Rep., 1975- , 2nd Dist.

HAGEN, HAROLD C. b. 1901, Crookston, Minn. d. 1957, Washington, D.C. Railroad man, farmer, editor, publisher, journalist, teacher. F-L (1943-45), R (1945-55). Secretary to Rep. Richard T. Buckler, 1934-42. U.S. Rep., 1943-55, 9th Dist.

HALL, DARWIN. b. 1844, Mound Prairie, Wis. d. 1919, Olivia, Minn. Farmer, editor, publisher. R. Renville Co. official. State rep., 1876. State sen., 1887-89, 1907-10. U.S. Rep., 1889-91, 3rd Dist. Chairman, Chippewa Indian Commission, 1891-93, 1897.

HALL, OSEE M. b. 1847, Conneaut, O. d. 1914, Red Wing, Minn. Lawyer. D. State sen., 1885. U.S. Rep., 1891-95, 3rd Dist. Minn. tax commissioner, 1907-14.

HALVORSON, KITTEL. b. 1846, Telemarken, Norway. d. 1936, Havana, N. Dak. Farmer, justice of the peace. FA-Pro. Chairman, board of supervisors, twp. assessor, town clerk in Belgrade, Stearns Co. State rep., 1887-88. U.S. Rep., 1891-93, 5th Dist.

HAMMOND, WINFIELD S. b. 1863, Southboro, Mass. d. 1915, Clinton, La. Teacher, lawyer. D. Watonwan Co. atty., 1895, 1896, 1900-05. U.S. Rep., 1907-15, 2nd Dist. Resigned to become Gov., 1/1915-12/1915. Died in office.

HARRIES, WILLIAM H. b. 1843, Dayton, O. d. 1921, Seattle, Wash. Lawyer. D-FA. Houston Co. atty., 1873-74, 1879-80. U.S. Rep., 1891-93, 1st Dist. Minn. collector of internal revenue, 1894-98.

HEATWOLE, JOEL P. b. 1856, Waterford Mills, Ind. d. 1910, Northfield, Minn. Teacher, editor, publisher. University regent, 1890. R. Secretary, Republican state central committee, 1886, 1888; chairman, 1890. Northfield mayor, 1894. U.S. Rep., 1895-1903, 3rd Dist.

HOIDALE, EINAR. b. 1870, Tromso, Norway. d. 1952, St. Petersburg, Fla. Lawyer, newspaper publisher. D. Brown Co. prosecuting atty., 1900-06. U.S. Rep., 1933-35, at large.

HOWARD, GUY V. b. 1879, Minneapolis, Minn. d. 1954, Minneapolis, Minn. Businessman. R. Deputy registrar of motor vehicles, Hennepin Co., 1912-34. U.S. Sen., 11/1936-1/1937, elected to fill term of Sen. Thomas D. Schall. Was never sworn in because Senate was not in session.

HUBBARD, LUCIUS F. b. 1836, Troy, N.Y. d. 1913, Minneapolis, Minn. Tinsmith, editor, grain merchant, miller, railroad contractor. R. State sen., 1872-75. Gov., 1882-87. His first term was 3 years due to a constitutional amendment changing election of gov. to even-numbered years.

HUMPHREY, HUBERT H. b. 1911, Wallace, S. Dak. Pharmacist, teacher. D, DFL. Asst. director, War Manpower Comm., 1943. Prof. of political science, 1943-44, 1969-70. Minneapolis mayor, 1945-48. U.S. Sen., 1949-64, 1971- . U.S. Vice-Pres., 1965-69. Candidate for Pres., 1968.

JOHNSON, DEWEY W. b. 1899, Minneapolis, Minn. d. 1941, Minneapolis, Minn. Insurance man. F-L. State rep., 1929-35. Deputy state insurance commissioner and fire marshal, 1935, 1936. U.S. Rep., 1937-39, 5th Dist.

JOHNSON, JOHN A. b. 1861, St. Peter, Minn. d. 1909, St. Paul, Minn. Newspaper editor. D. State sen., 1899-1902. Gov., 1905-9/1909. Died in office. State's first Minn.-born gov.

JOHNSON, MAGNUS. B. 1871, Karlstad, Varmland, Sweden. d. 1936, Litchfield, Minn. Glass blower, lumberjack, farmer. Active in cooperative movement. F-L. State rep., 1915-18. State sen., 1919-22. U.S. Sen., 7/1923-25. First elected to fill term of Sen. Knute Nelson. U.S. Rep., 1933-35, at large.

JUDD, WALTER H. b. 1898, Rising City, Neb. Physician, missionary, teacher, lecturer. R. Leading spokesman on dangers of Japanese militarism, 1938-41. U.S. Rep., 1943-63, 5th Dist.

KARTH, JOSEPH E. b. 1922, New Brighton, Minn. Engineer, labor rep. DFL. State rep., 1950-58. U.S. Rep., 1959-77, 4th Dist.

KELLER, OSCAR E. b. 1878, Campbell Hill, Ill. d. 1927, St. Paul, Minn. Clerk, merchant, realtor. R. St. Paul councilman, 1910-14, commissioner, 1914-19. U.S. Rep., 7/1919-27, 4th Dist. First elected to fill term of Rep. Carl C. Van Dyke.

KELLOGG, FRANK B. b. 1856, Potsdam, N.Y. d. 1937, St. Paul, Minn. Lawyer. Pres., American Bar Assn., 1912-13. R. U.S. Sen., 1917-23, first to be elected by popular vote. Ambassador to Great Britain, 1923-25. Sec. of State, 1925-29; co-author of Kellogg-Briand Peace Pact. Awarded Nobel Peace Prize, 1930.

KIEFER, ANDREW R. b. 1832, Marienborn, Germany. d. 1904, St. Paul, Minn. Merchant, realtor. R. Enrolling clerk, state house of rep., 1859, 1860. State rep., 1864. District court clerk, Ramsey Co., 1878-83. U.S. Rep., 1893-97, 4th Dist. St. Paul mayor, 1898.

KING, WILLIAM S. b. 1828, Malone, N.Y. d. 1900, Minneapolis, Minn. Farmer, journalist, insurance man. R. Postmaster, U.S. House of Rep., 1861-65, 1867-73. Surveyor gen. of logs and lumber, 2nd dist., 1874. U.S. Rep., 1875-77, 3rd Dist.

KNUTSON, COYA G. b. 1912, Edmore, N. Dak. Music teacher. DFL. State rep., 1951-54. U.S. Rep., 1955-59, 9th Dist. First congresswoman elected in Minn.

KNUTSON, HAROLD. b. 1880, Skien, Norway. d. 1953, Wadena, Minn. Editor, publisher. R. U.S. Rep., 1917-33, 6th Dist.; 1933-35, at large; 1935-49, 6th Dist.

KVALE, OLE J. b. 1869, Decorah, Ia. d. 1929, Otter Tail Lake, Minn. Lutheran minister.

Ind (1923-27), F-L (1927-29). U.S. Rep., 1923-9/1929, 7th Dist. Died in office.

KVALE, PAUL J. b. 1896, Orfordville, Wis. d. 1960, Minneapolis, Minn. Editor. F-L. Secretary to his father, Rep. Ole J. Kvale. U.S. Rep., 10/1929-33, 7th Dist., 1933-35, at large, 1935-39, 7th Dist. First elected to succeed his father.

LANGEN, ODIN E. b. 1913, Minneapolis, Minn. d. 1976, Kennedy, Minn. Farmer, school board member. R. State rep., 1951-58, 2 years as minority leader. U.S. Rep., 1959-63, 9th Dist.; 1963-71, 7th Dist.

LARSON, OSCAR J. b. 1871, Uleaborg, Finland. d. 1957, Duluth, Minn. Lawyer. R. U.S. Rep., 1921-25, 8th Dist.

LeVANDER, HAROLD. b. 1910, Swede Home, Neb. Lawyer, teacher, business executive. R. Gov., 1967-71.

LIND, JOHN. b. 1854, Kanna, Sweden. d. 1930, Minneapolis, Minn. Teacher, lawyer. R. U.S. land office receiver, 1881-85. U.S. Rep., 1887-93, 2nd Dist. Gov., 1899-1900. Personal rep. of Pres. Woodrow Wilson to Mexico, 1913.

LINDBERGH, CHARLES A. b. 1859, Stockholm, Sweden. d. 1924, Crookston, Minn. Lawyer, farmer. R. Morrison Co. atty., 1891-93. U.S. Rep., 1907-17, 6th Dist.

LUNDEEN, ERNEST. b. 1878, Beresford, S. Dak. d. 1940, Lovettsville, Va. Lawyer. R. (1911-32), F-L (1933-40). State rep., 1911-14. U.S. Rep., 1917-19, 5th Dist.; 1933-35, at large; 1935-37, 3rd Dist. U.S. Sen., 1937-8/1940. Died in office.

MAAS, MELVIN J. b. 1898, Duluth, Minn. d. 1964, Bethesda, Md. Salesman, insurance man. R. Marine Corps officer during W.W. I and during congressional tenure in W.W. II. U.S. Rep., 1927-33, 1935-45, 4th Dist. Chairman, President's Committee on Employment of Physically Handicapped, 1954.

McCARTHY, EUGENE J. b. 1916, Watkins, Minn. Teacher, author. Prof. of economics, 1940-42. DFL. U.S. Rep., 1949-59, 4th Dist. U.S. Sen., 1959-71. Candidate for Pres., 1976, on McCarthy '76 Principle ticket.

McCLEARY, JAMES T. b. 1853, Ingersoll, Ont., Can. d. 1924, La Crosse, Wis. Educator, writer, farmer. R. U.S. Rep., 1893-1907, 2nd Dist. Appointed 2nd asst. postmaster gen. of U.S. 1907-08.

MacDONALD, JOHN L. b. 1838, Glasgow, Scotland. d. 1903, Kansas City, Mo. Lawyer, newspaper publisher. D. Probate Court judge, 1860-61. Scott Co. prosecuting atty., 1863-64. State rep., 1869-70. State sen., 1870-71, 1873-76. Shakopee mayor, 1876. 8th dist. court judge, 1876-86. U.S. Rep., 1887-89, 3rd Dist.

McGILL, ANDREW R. b. 1840, Saegerstown, Pa. d. 1905, St. Paul, Minn. Teacher, editor, lawyer. R. Minn. insurance commissioner, 1873-87. Gov., 1887-89. State sen., 1899-1905. St. Paul postmaster after 1900.

MacGREGOR, CLARK. b. 1922, Minneapolis, Minn. Lawyer. R. U.S. Rep., 1961-71, 3rd Dist.

MacKINNON, GEORGE E. b. 1906, St. Paul, Minn. Lawyer. R. State rep., 1935-42. U.S. Rep., 1947-49, 3rd Dist. Special asst. to U.S. Atty. Gen., 1960-61.

McMILLAN, SAMUEL J. R. b. 1826, Brownsville, Pa. d. 1897, St. Paul, Minn. Lawyer. R. Dist. court judge, 1858-64. Assoc. justice of state supreme court, 1864-74; chief justice, 1874-75. U.S. Sen., 1875-87.

MANAHAN, JAMES. b. 1866, Chatfield, Minn. d. 1932, St. Paul, Minn. Teacher, lawyer. R. U.S. Rep., 1913-15, at large.

MARSHALL, FRED. b. 1906, Grove City, Minn. Farmer. DFL. Member, Minn. agriculture administration, 1937-41. Director, Minn. farm security administration, 1941-48. U.S. Rep., 1949-63, 6th Dist.

MARSHALL, WILLIAM R. b. 1825, Columbia, Mo. d. 1895, Pasadena, Calif. Merchant, farmer, banker, publisher. R. Territorial legislator, 1849. Gov., 1866-70. Minn. railroad commissioner, 1876-82.

MERRIAM, WILLIAM R. b. 1849, Wadham's Mills, N.Y. d. 1931, Washington, D.C. Banker. R. State rep., 1883-84, 1887-88. Gov., 1889-93.

MILLER, CLARENCE B. b. 1872, Pine Island, Minn. d. 1922, St. Paul, Minn. Lawyer, school supt. R. State rep., 1907-08. U.S. Rep., 1909-19, 8th Dist. Secretary, Republican national committee, 1920.

MILLER, STEPHEN. b. 1816, Carroll, Pa. d. 1881, Worthington, Minn. Railroad supt. R. Gov., 1864-66. State rep., 1873. Became merchant, editor.

MONDALE, WALTER F. b. 1928, Ceylon, Minn. Lawyer. DFL. Atty. Gen., 1960-64. U.S. Sen., 12/1964-12/1976. First appointed to fill term of Sen. Hubert H. Humphrey; resigned to become U.S. Vice-Pres., 1/1977- .

223

MORRIS, ROBERT PAGE. b. 1853, Lynchburg, Va. d. 1924, Rochester, Minn. Educator, lawyer. R. Duluth municipal judge, 1889; city atty., 1894. 11th district court judge, 1895. U.S. Rep., 1897-1903, 6th Dist. U.S. district judge for Minn., 1903-23.

NELSEN, ANCHER. b. 1904, Buffalo Lake, Minn. Farmer, school board member. R. State sen., 1935-48. Lt. Gov., 1953. Administrator, national rural electrification program, 1953-56. U.S. Rep., 1959-75, 2nd Dist.

NELSON, ARTHUR E. b. 1892, Browns Valley, Minn. d. 1955, Chicago, Ill. Lawyer. R. St. Paul mayor, 1922-26. U.S. Sen., 11/1942-1/1943, elected to fill term of Sen. Ernest Lundeen.

NELSON, KNUTE. b. 1843, Voss, Norway. d. 1923, Timonium, Md. Lawyer. R. State sen., 1875-78. U.S. Rep., 1883-89, 5th Dist. Gov., 1893-95. U.S. Sen., 1895-4/1923. Died in office.

NEWTON, WALTER H. b. 1880, Minneapolis, Minn. d. 1941, Minneapolis, Minn. Lawyer. R. U.S. Rep., 1919-6/1929, 5th Dist. Resigned to become Pres. Herbert Hoover's secretary, 1929-33. Federal bankruptcy referee, 1938-41.

NOLAN, RICHARD M. b. 1943, Brainerd, Minn. Educator, teacher, businessman. DFL. State rep., 1969-72. Federal-state co-ordinator for state house of rep., 1973. U.S. Rep., 1975- , 6th Dist.

NOLAN, WILLIAM I. b. 1874, St. Paul, Minn. d. 1943, Winona, Minn. Lecturer. R. State rep., 1903-08, 1911-12, 1917-24. Lt. Gov., 1925-29. U.S. Rep., 6/1929-33, 5th Dist. First elected to fill term of Rep. Walter H. Newton. Minn. railroad and warehouse commissioner, 1942 until death.

NORTON, DANIEL S. b. 1829, Mt. Vernon, O. d. 1870, Washington, D.C. Lawyer. R. State sen., 1858, 1861, 1864-65. U.S. Sen., 1865-70. Left Republican party over Reconstruction issues and voted against impeachment of Pres. Andrew Johnson. Died in office.

NYE, FRANK M. b. 1852, Shirley, Me. d. 1935, Minneapolis, Minn. Teacher, lawyer. R. Wis. state legislator, 1884, 1885. Hennepin Co. prosecuting atty., 1893-97. U.S. Rep., 1907-13, 5th Dist. District court judge, Hennepin Co., 1920-32.

OBERSTAR, JAMES L. b. 1934, Chisholm, Minn. DFL. U.S. Rep., 1975- , 8th Dist.

O'HARA, JOSEPH P. b. 1895, Tipton, Ia. Lawyer. R. McLeod Co. atty., 1934-38. U.S. Rep., 1941-59, 2nd Dist.

OLSON, ALEC G. b. 1930, Kandiyohi Co., Minn. Farmer, insurance executive. DFL. U.S. Rep., 1963-67, 6th Dist. Asst. to U.S. Sec. of Agriculture, 1967. State sen., 1969-12/1976. Lt. Gov., 12/1976- ; succeeded Lt. Gov. Rudolph G. Perpich.

OLSON, FLOYD B. b. 1891, Minneapolis, Minn. d. 1936, Rochester, Minn. Salesman, laborer, miner, lawyer. F-L. Hennepin Co. atty., 1920-30. Gov., 1931-8/1936. Died in office.

PERPICH, RUDOLPH G. b. 1928, Carson Lake, Minn. Dentist. DFL. State sen., 1963-70. Lt. Gov., 1971-12/1976. Gov., 12/1976- . Succeeded to fill term of Gov. Wendell R. Anderson.

PETERSEN, HJALMAR. b. 1890, Denmark. d. 1968, Columbus, O. Newspaperman. F-L. State rep., 1931-34. Lt. Gov., 1935-8/1936. Gov., 8/1936-37. Succeeded to fill term of Gov. Floyd B. Olson. Minn. railroad and warehouse commissioner, 1937-42, 1955-66.

PHELPS, WILLIAM W. b. 1826, Oakland Co., Mich. d. 1873, Spring Lake, Mich. Lawyer, register of U.S. land office at Red Wing. D. U.S. Rep., 5/1858-3/1859, at large.

PILLSBURY, JOHN S. b. 1827, Sutton, N.H. d. 1901, Minneapolis, Minn. Hardware merchant, lumberman, flour miller. R. State sen., 1864-68, 1871, 1873-75. Gov., 1876-82.

PITTENGER, WILLIAM A. b. 1885, Crawfordsville, Ind. d. 1951, Duluth, Minn. Lawyer. R. State rep., 1917-20. U.S. Rep., 1929-33, 1935-37, 1939-47, 8th Dist.

POEHLER, HENRY. b. 1833, Hiddeson, Germany. d. 1912, Henderson, Minn. Merchant. D. Henderson postmaster, 1856-61. State rep., 1858, 1865. Sibley Co. commissioner, 1865-68. State sen., 1872-73, 1876-77. U.S. Rep., 1879-81, 2nd Dist. Henderson mayor for several terms.

PREUS, JACOB A. O. b. 1883, Columbia Co., Wis. d. 1961, Minneapolis, Minn. Lawyer. R. State insurance commissioner, 1911-15. State auditor, 1915-20. Gov., 1921-25. Businessman.

QUIE, ALBERT H. b. 1923, Wheeling Twp., Rice Co., Minn. Farmer, school board member; director, soil conservation district. R. State sen., 1955-58. U.S. Rep., 2/1958- . First elected to fill term of Rep. August H. Andresen.

RAMSEY, ALEXANDER. b. 1815, Harrisburg, Pa. d. 1903, St. Paul, Minn. Lawyer. Whig, R. U.S. Rep., Pa., 1843-47. Gov., Minn. Territory, 1849-53, state of Minn., 1860-63. Resigned when elected U.S. Sen., 1863-75. Sec. of War, 1879-81.

RICE, EDMUND. b. 1819, Waitsfield, Vt. d. 1889, White Bear Lake, Minn. Lawyer, railroad president. D. Minn. territorial rep. in Congress, 1851. Ramsey Co. commissioner, 1856. State sen., 1864-65, 1873-74. State rep., 1867, 1872, 1877-78. St. Paul mayor, 1881-83, 1885-87. U.S. Rep., 1887-89, 4th Dist.

RICE, HENRY M. b. 1817, Waitsfield, Vt. d. 1894, San Antonio, Tex. Sutler, fur trader. Negotiator of several Indian treaties between 1847 and 1888. D. Territorial delegate to Congress, 1853-57. U.S. Sen., 1858-63; elected by first state legislature, 1857. Ramsey Co. treasurer, 1878-80.

ROLVAAG, KARL F. b. 1913, Northfield, Minn. Logger, miner, ranch hand, insurance executive. DFL. Lt. Gov., 1955-62. Gov., 3/1963-67. Won recount of 1962 election. First gov. to serve 4-year term. Ambassador to Iceland, 1967-69. Public Service commissioner, 1972- .

RYAN, ELMER J. b. 1907, Rosemount, Minn. d. 1958, Somerset, Wis. Lawyer. D. South St. Paul city atty., 1933, 1934. U.S. Rep., 1935-41, 2nd Dist.

SABIN, DWIGHT M. b. 1843?, Ill. d. 1902, Chicago, Ill. Lumberman, manufacturer. R. State sen., 1871-73. State rep., 1878, 1881, 1883. U.S. Sen., 1883-89. Chairman, Republican national committee, 1883-84.

SCHALL, THOMAS D. b. 1878, Reed City, Mich. d. 1935, Washington, D.C. Blind since 1907. Lawyer. Prog (1915-19), R (1919-35). U.S. Rep., 1915-25, 10th Dist. U.S. Sen. 1925-12/1935. Died in office.

SELVIG, CONRAD G. b. 1877, Rushford, Minn. d. 1953, Santa Monica, Calif. Educator, writer, lecturer. Director, Northwest School of Agriculture and Experiment Station, Crookston, 1910-27. R. U.S. Rep., 1927-33, 9th Dist.

SHIELDS, JAMES. b. 1810, Altmore, Ireland. d. 1879, Ottumwa, Ia. Lawyer, soldier. D. U.S. Sen., Ill., 1849-55; Minn., 1858-59 (elected by first state legislature, 1857); Mo., 1879. Officer in Mexican and Civil wars. Also held numerous other state and federal offices.

SHIPSTEAD, HENRIK. b. 1881, Burbank, Minn. d. 1960, Alexandria, Minn. Dentist. F-L (1923-41), R (1941-47). Glenwood mayor, 1911-13. State rep., 1917-18. U.S. Sen., 1923-47. State's first Minn.-born Sen.

SHOEMAKER, FRANCIS H. b. 1889, Flora Twp., Renville Co., Minn. d. 1958, Minneapolis, Minn. Farmer, writer, editor, lecturer, farm organizer. F-L. Charter member of state F-L party. U.S. Rep., 1933-35, at large.

SIBLEY, HENRY H. b. 1811, Detroit, Mich. d. 1891, St. Paul, Minn. Fur trader, businessman, writer. D. Minn. territorial delegate to Congress, 1848-53. Territorial legislator, 1854-55. Member, Minn. constitutional convention, 1857. First state Gov., 1858-60. State rep., 1871-72.

SMITH, GEORGE R. b. 1864, St. Cloud, Minn. d. 1952, Minneapolis, Minn. Lawyer. R. State rep., 1903-04. Hennepin Co. probate judge, 1907-13. U.S. Rep., 1913-17, 5th Dist.

SNIDER, SAMUEL P. b. 1845, Mount Gilead, O. d. 1928, Minneapolis, Minn. Merchant, railroad founder, farmer, mining interests. R. State rep., 1885-88. U.S. Rep., 1889-91, 4th Dist.

STANGELAND, ARLAN I. b. 1930, Barnesville, Minn. Farmer, cattle grower. R (1966-71), I-R (1977-). State rep., 1966-71. U.S. Rep., 2/1977- , 7th Dist. Elected 2/22/77 to fill seat vacated by Rep. Robert S. Bergland.

STARKEY, FRANK T. b. 1892, St. Paul, Minn. d. 1968, St. Paul, Minn. Labor leader, union rep., writer. DFL. State rep., 1923-33. Member, state industrial commission, 1933-39. U.S. Rep., 1945-47, 4th Dist. Commissioner, dept. of employment security, 1955.

STASSEN, HAROLD E. b. 1907, Dakota Co., Minn. Lawyer. R. Gov., 1939-4/1943. Resigned to join U.S. Navy. Pres., University of Pa., 1948-53. Special asst. to Pres. Dwight D. Eisenhower, 1953-58.

STEARNS, OZORA P. b. 1831, DeKalb, N.Y. d. 1896, Pacific Beach, Calif. Lawyer. R. Prosecuting atty., Olmsted Co., 1861. Officer in Civil War. Rochester mayor, 1866-68. U.S. Sen., 1/1871-3/1871, to fill term of Sen. Daniel S. Norton. District court judge, 1874-95.

STEENERSON, HALVOR. b. 1852, Madison, Wis. d. 1926, Crookston, Minn. Lawyer. R. Polk

Co. atty., 1881-83. State sen., 1883-86. U.S. Rep., 1903-23, 9th Dist.

STEVENS, FREDERICK C. b. 1861, Boston, Mass. d. 1923, St. Paul, Minn. Lawyer. R. State rep., 1889-92. U.S. Rep., 1897-1915, 4th Dist.

STEWART, JACOB H. b. 1829, Clermont, N.Y. d. 1884, St. Paul, Minn. Physician. R. Surgeon gen. of Minn., 1857-63. State sen., 1858-59. St. Paul mayor, 1864, 1868, 1872-74. St. Paul postmaster, 1865-70. U.S. Rep., 1877-79, 3rd Dist. Surveyor gen. of Minn., 1879-82.

STRAIT, HORACE B. b. 1835, Potter Co., Pa. d. 1894, Juarez, Mex. Farmer, storekeeper, manufacturer, banker. R. Shakopee mayor, 1870-72. U.S. Rep., 1873-79, 1881-83, 2nd Dist.; 1883-87, 3rd Dist.

SWIFT, HENRY A. b. 1823, Ravenna, O. d. 1869, St. Peter, Minn. Teacher, lawyer, real estate agent, land office register. R. State sen., 1862-63. Gov., 7/1863-64. As pres. of senate, named to fill term of Gov. Alexander Ramsey.

TAWNEY, JAMES A. b. 1855, Mount Pleasant Twp., Adams Co., Pa. d. 1919, Excelsior Springs, Mo. Blacksmith, machinist, lawyer. R. State sen., 1891-93. U.S. Rep., 1893-1911, 1st Dist. Member, International Joint Commission, 1911-14.

TEIGAN, HENRY G. b. 1881, Forest City, Ia. d. 1941, Minneapolis, Minn. Teacher, editor, journalist. F-L. Secretary, national Nonpartisan League, 1916-23. Secretary to Sen. Magnus Johnson, 1923-25. State sen., 1933-35. U.S. Rep., 1937-39, 3rd Dist.

THYE, EDWARD J. b. 1896, Frederick, S. Dak. d. 1969, Northfield, Minn. Farmer, salesman. R. Deputy commissioner of agriculture, Minn., 1939-42. Lt. Gov., 1943. Gov., 4/1943-47. Succeeded to fill term of Gov. Harold E. Stassen. U.S. Sen., 1947-59.

TOWNE, CHARLES A. b. 1858, Pontiac, Mich. d. 1928, Tucson, Ariz. Lawyer. D. Judge advocate gen., Minn., 1893-95. U.S. Rep., 1895-97, 6th Dist. U.S. Sen., 12/1900-1/1901, to fill term of Sen. Cushman K. Davis. In 1904 elected U.S. Rep. from N.Y.

VAN DYKE, CARL C. b. 1881, Alexandria, Minn. d. 1919, Washington, D.C. Lawyer, teacher. D. U.S. Rep., 1915-5/1919, 4th Dist. Died in office.

VAN SANT, SAMUEL R. b. 1844, Rock Island, Ill. d. 1936, Attica, Ind. Head of log rafting company. R. State rep., 1893-96. Gov., 1901-05.

VENTO, BRUCE F. b. 1940, St. Paul, Minn. Teacher. DFL. State rep., 1971-76. U.S. Rep., 1977- , 4th Dist.

VOLSTEAD, ANDREW J. b. 1860, Kenyon, Minn. d. 1947, Granite Falls, Minn. Lawyer. R. Granite Falls city atty. Yellow Medicine Co. atty., 1886-1902. Granite Falls mayor, 1900-02. U.S. Rep., 1903-23, 7th Dist. Author of 1919 prohibition law.

WAKEFIELD, JAMES B. b. 1825, Winstead, Conn. d. 1910, Blue Earth, Minn. Lawyer. R. First probate judge of Faribault Co. State rep., 1857-58, 1863, 1866. State sen., 1867-69. U.S. land office receiver, 1869-75. Lt. Gov., 1876-79. U.S. Rep., 1883-87, 2nd Dist.

WASHBURN, WILLIAM D. b. 1831, Livermore, Me. d. 1912, Minneapolis, Minn. Lawyer, businessman. R. U.S. surveyor gen. of Minn., 1861-65. State rep., 1871. U.S. Rep., 1879-83, 3rd Dist.; 1883-85, 4th Dist. U.S. Sen., 1889-95.

WEFALD, KNUD. b. 1869, Kragero, Norway. d. 1936, St. Paul, Minn. Farmer, lumberman, editor. R. Hawley council pres., 1907-12, 1917, 1918. State rep., 1913-16. U.S. Rep., 1923-27, 9th Dist. Minn. railroad and warehouse commissioner, 1933-36.

WHITE, MILO. b. 1830, Fletcher, Vt. d. 1913, Chatfield, Minn. Merchant. R. Chairman, Chatfield supervisors board. State sen., 1872-76, 1881-82. U.S. Rep., 1883-87, 1st Dist. Later Chatfield mayor, school board member.

WIER, ROY W. b. 1888, Redfield, S. Dak. d. 1963, Seattle, Wash. Electrician, trade union rep. DFL. State rep., 1933-38. Member, Minneapolis board of education, 1939-48. U.S. Rep., 1949-61, 3rd Dist.

WILKINSON, MORTON S. b. 1819, Skaneateles, N.Y. d. 1894, Wells, Minn. Lawyer. R. Territorial legislator, 1849. Ramsey Co. register of deeds, 1851-53. U.S. Sen., 1859-65. U.S. Rep., 1869-71, 1st Dist. State sen., 1874-77. Faribault Co. atty., 1879.

WILSON, EUGENE M. b. 1823, Morgantown, W. Va. d. 1890, Nassau, Bahama Is. Lawyer. D. U.S. atty. for Minn., 1857-61. U.S. Rep., 1869-71, 2nd Dist. Minneapolis mayor, 1872-76. State sen., 1879.

WILSON, THOMAS. b. 1827, Dungannon, Ireland.

d. 1910, St. Paul, Minn. Lawyer. D. Member, Minn. constitutional convention, 1857. 3rd district court judge, 1857-64. Assoc. justice, state supreme court, 1864; chief justice, 1865-69. State rep., 1881-82. State sen., 1883-86. U.S. Rep., 1887-89, 1st Dist.

WINDOM, WILLIAM. b. 1827, Belmont Co., O. d. 1891, New York City. Lawyer. R. U.S. Rep., 1859-63, at large; 1863-69, 1st Dist. U.S. Sen., 7/1870-1/1871 (appointed to fill term of Sen. Daniel Norton); 1871-3/1881; 11/1881-1883. Resigned 3/1881 to be Sec. of the Treasury. Returned to Sen., 11/1881, to fill vacancy caused by his own resignation. Renamed Sec. of Treasury, 1889-91.

YOUNGDAHL, LUTHER W. b. 1896, Minneapolis, Minn. Lawyer. R. Assoc. justice, state supreme court, 1943-46. Gov., 1947-9/1951. Resigned when named federal district court judge.

YOUNGDAHL, OSCAR F. b. 1893, Minneapolis, Minn. d. 1946, Minneapolis, Minn. Teacher, lawyer. R. U.S. Rep., 1939-43, 5th Dist.

ZWACH, JOHN M. b. 1907, Redwood Co., Minn. Teacher, supt. of schools, farmer. R. State rep., 1935-46. State sen., 1947-66, majority leader, 1959-66. U.S. Rep., 1967-75, 6th Dist.

Index

In the name index below, birth and death dates when known are given in parentheses. Corrections of and additions to the dates should be sent to the Minnesota Historical Society, Publications Department, 690 Cedar Street, St. Paul, Minnesota 55101.

AAKER, Hans H., 88
Adams, Charles P. (1831-93), 76
Adams, Clifford R., 146
Adams, John (1735-1826), 32
Adams, John Quincy (1767-1848), 32
Aiken, John W., 22, 23
Aldrich, Cyrus (1808-71), 65, 66, 219
Alexander, John G. (1893-1971), 43, 124, 126, 219
Alfson, George (1894-), 134
Allen, Byron G., 200
Allen, William W. (1864-1912), 177
Ames, Albert A. (1842-1911), 76, 163, 169
Andersen, Elmer L. (1909-), 3, 210-213, 219
Andersen, Herman Carl (1897-1964), 124, 125, 127, 128, 129, 131, 132, 133, 135, 136, 137, 139, 140, 219
Anderson, A. N., 111
Anderson, A. W. M., 174
Anderson, Arne, 209
Anderson, C[lyde] Elmer (1912-), 205-208, 219
Anderson, Endre B. (1892-), 126
Anderson, J. Edward, 130
Anderson, J. W., 114, 116, 118, 120
Anderson, James (1949-), 151
Anderson, Juls J. (1881-), 100
Anderson, Oscar, 187
Anderson, Sydney (1881-1948), 94, 96, 98, 99, 101, 102, 104, 219
Anderson, Thomas J., 182
Anderson, Thomas J. (1910-), 30
Anderson, Wendell R. (1933-), 5, 214-218, 219
Andre, Charles J. (1883-1948), 121
Andresen, August H. (1890-1958), 106, 107, 109, 111, 113, 115, 117, 119, 121, 122, 124, 126, 127, 128, 130, 131, 132, 134, 135, 136, 219
Andrews, Charles N., 88
Andrews, Christopher C. (1829-1922), 69
Arens, Henry M. (1873-1963), 109, 113, 115, 117, 119, 121, 123, 219
Arnold, Jerome (1942-), 150
Arthur, Chester A. (1830-86), 32
Atwood, Harold R. (1896-1960), 127
Austin, Horace (1831-1905), 156, 219
Averill, John T. (1825-89), 70, 219

Avery, Carlos (1868-1930), 98, 187
Ayers, Ebenezer (1817-83), 75

BABCOCK, Steve (1927-), 149
Baker, James H. (1829-1913), 80, 82
Baldwin, Melvin R. (1838-1901), 82, 83, 219
Ball, Joseph H. (1905-), 48, 50, 219
Ball, Miner, 75
Banning, William L. (1814-93), 159
Barker, Harold H. (1889-1949), 201
Barnum, Edward P. (1831-1902), 76
Barrett, George E., 178
Barrette, Emery G. (1930-), 145
Barton, Ara (1824-98), 157
Bastis, Albert G., 106, 107
Batchelder, George W. (1826-1910), 68
Baudler, Otto, 121
Bauers, Eldrid H., 205
Baxter, Luther L. (1832-1915), 77
Beardsley, N. S., 86
Becker, George L. (1829-1904), 6, 65, 70, 153, 168
Bede, James Adam (1856-1942), 89, 91, 92, 219
Bell, James (1939-), 148
Bell, John, 11
Bell, Robert C. (1880-1964), 114, 116, 118, 120
Bennett, James R., 114, 116, 118, 120
Bensen, J. Arthur, 134
Benson, Allan L. (1871-1940), 19
Benson, Elmer A. (1895-), 45, 48, 195-197, 220
Benson, Sidney (1900-42), 121
Bentall, J. O., 182, 189-191
Bergland, Robert S. (1928-), 146, 147, 148, 150, 151, 220
Bergsten, Al, 140
Berlin, William A. (1912-), 132
Bernard, John T. (1893-), 124, 125, 127, 220
Berot, L. P., 183
Bester, Robert C. (1931-), 150
Bibeau, Jack, Sr. (1936-), 152
Bidwell, John (1819-1900), 14
Bierce, C. A. (1830-1903), 77
Biermann, Adolph (1842-1914), 76, 77, 162
Birmingham, Merle, 38
Bjornson, Gunnar B. (1872-1957), 106

Bjornson, Val (1906-), 52
Blackburn, Edward H., 86
Blaine, James G. (1830-93), 13
Blatnik, John A. (1911-), 131, 132, 133, 135, 136, 137, 139, 140, 142, 143, 145, 146, 147, 149, 220
Blomen, Henning A. (1910-), 28
Blood, Charles H., 89
Boen, Haldor E. (1850-1912), 82, 84, 88, 92, 220
Bohrer, F. A., 76
Borchert, Ferdinand (1839-1923), 81
Born, James (1935-), 152
Bowe, John, 114, 116, 118, 120
Bowler, James M. (1838-1916), 83
Bowler, Madison C., 100
Braaten, T. T., 94
Braatz, William C., 55, 57, 58, 145, 212
Brady, Thomas J. (1867-1922), 103
Brandborg, Charles W. (1847-1916), 178
Brandborg, Harris A. (1876-1952), 189-191, 198-200
Brandon, Martin O. (1893-1953), 122, 124, 126
Brattland, M. A., 98, 99
Bray, Newton J., 86
Breckinridge, John C. (1821-75), 11
Brekke, Gerald (1922-), 61-63
Brewer, George D., 107
Bronson, Edward H. (1835-1914), 81
Browder, Earl R. (1891-1973), 22, 23
Brown, Earle (1880-1963), 192
Brown, L. L. (1859-1934), 86
Brust, Jean T., 151
Bryan, Silas M. (1894-1957), 111, 114, 116, 118, 120
Bryan, William Jennings (1860-1925), 15, 16, 17
Buchanan, James (1791-1868), 32
Buck, Cornelius F. (1828-1904), 69
Buck, H. L. (1861-1952), 94
Buckler, Richard T. (1865-1950), 122, 124, 126, 127, 220
Buckley, Edgar T. (1895-1953), 129
Buckman, Clarence B. (1851-1917), 89, 90, 220
Buell, Carl Johnson (1853-1924), 95
Buell, D. G., 158
Bullis, A. H. (1832-1916), 78
Burnquist, Joseph A. A. (1879-1961), 113, 115, 117, 119, 182, 183, 220

Butler, Benjamin F. (1818-93), 13
Butler, Colvin G. (1880-1961), 127

CALDERWOOD, Willis G. (1866-1956), 34, 35, 95, 180-182
Camejo, Peter, 30
Campbell, Vernon G., 204
Canning, Charles, 79
Carley, James A. (1869- ?), 36
Carlgren, C. R., 102
Carling, Henry, 86
Carlson, Grace H. (1906-), 45, 49, 133
Carlson, Lawrence M., 109
Carlson, Stanley A., 151
Carlson, William E. (1912-), 51
Carss, William L. (1865-1931), 102, 103, 105, 106, 108, 110, 111, 220
Carter, James E., Jr. (1924-), 30, 32
Cashel, John A. (1878-1938), 109
Castle, James N. (1836-1903), 80, 81, 220
Castle, John William, 196-198
Caton, Thomas J. (1862-1944), 81, 86
Cavanaugh, James M. (1826-79), 65, 220
Chafin, Eugene W. (1852-1920), 17, 18
Chamberlain, George C. (1837- ?), 73, 74
Chambers, Burton, 132
Chaney, Lucian W. (1822-1900), 83
Chapman, Donald A., 114, 116, 118, 120
Chase, Josiah H. (1878-1961), 121
Chase, Ray P. (1880-1948), 113, 114, 117, 191, 220
Chatfield, Andrew G. (1810-75), 67
Child, James E. (1833-1912), 163
Christensen, Charles, 144
Christenson, Harry W. (1889-), 125
Christgau, Victor (1894-), 108, 110, 114, 116, 118, 120, 220
Christianson, Theodore (1883-1948), 43, 113, 115, 117, 119, 121, 187-191, 220
Clague, Frank (1865-1952), 103, 104, 106, 107, 109, 111, 220
Clapp, Moses E. (1851-1929), 220
Clark, Ernest F., 83
Clark, Francis H., 83, 84
Clark, H., 84
Cleaver, Leroy Eldridge (1935-), 28
Cleveland, S. Grover (1837-1908), 4, 13, 14, 32
Clough, David M. (1846-1924), 169, 220
Coan, John R. (1888-1971), 104
Cobb, Daniel (1818-94), 156
Cole, A. L. (1848-1908), 175
Cole, C. L. (1879-1948), 124
Collins, Paul V. (1860-1931), 179
Colvill, William (1830-1905), 68
Comstock, Soloman G. (1842-1933), 79, 80, 220
Coolidge, Calvin (1872-1933), 20, 32

Cooper, Peter (1791-1883), 12
Copp, William (1823-1903), 77
Corregan, Charles H. (1860-1946), 16
Coughlin, Jerome W. (1930-), 150
Coughlin, John P., 114, 116, 118, 120
Cox, E. St. Julien (1835-98), 71
Cox, James M. (1870-1957), 19
Cox, William W. (1864- ?), 19
Coxey, Jacob S. (1854-1951), 22
Craven, Joseph W. (1856- ?), 90
Creel, Warren, 130
Cronin, Neil M., 101
Crosby, John S., 106
Cullen, William J. (1817-70), 67
Cummins, Carl W. (1884-1966), 102, 103
Curial, Edward L. (1850-1930), 82
Curran, William M., 54

DAHL, T. O., 103
Daley, George, 142, 143, 145
Daly, Michael J. (1861-1928), 88
Daly, Richard T. (1865-1941), 122
Darragh, Edward J., 83
Davis, Charles R. (1849-1930), 89, 90, 91, 93, 94, 97, 98, 100, 101, 103, 104, 220
Davis, Cushman K. (1838-1900), 157, 220
Davis, John W. (1873-1955), 20
Davis, Samuel K. (1900-68), 193-195
Davison, Keith C., 144
Davisson, Allan, 148
Day, Frank A. (1853-1928), 84
Day, George J. (? -1926), 78
Dean, William J. (1843-1910), 80, 167, 169
De Berry, Clifton, 28
Debs, Eugene V. (1855-1926), 16, 17, 18, 19
Deering, Harold F., 125
Dehnel, Paul F. (1884-1946), 98
Delaney, Edward K. (1909-), 128
Denton, Lyman W. (1847-1903), 78
Devitt, Edward J. (1911-), 130, 131, 221
Devold, Andrew O. (1881-1939), 43
Dewey, Thomas E. (1902-71), 24, 25
Dight, Charles F. (1857-1938), 92, 93
Dillon, Michael J. (1891-1957), 123
Dobbs, Farrell (1907-), 25, 26, 27
Doherty, Arthur B. C., 123, 125
Dolan, John P. J. (1884-1943), 109
Donnelly, Ignatius (1831-1901), 3, 67, 68, 69, 70, 72, 73, 77, 167, 221
Donohue, William F. (1866- ?), 100
Dorsett, Charles W. (1850-1936), 174, 175
Doty, Paul E., 104
Dougherty, James G., 81
Douglas, John M., 77
Douglas, Stephen A. (1813-61), 11
Dow, Neal (1804-97), 13
Dowling, La Moine M. (1898-), 126
Drexler, John M., 143
Driscoll, John H. (1859-1907), 91
Du Bois, Julian A. (1856-1937), 89, 98

Duenow, Gordon E., 140
Dunn, Robert C. (1855-1918), 174
Dunne, Vincent R. (1889-1970), 39, 50, 51, 52
Dunnell, Mark H. (1823-1904), 69, 70, 71, 72, 73, 74, 79, 80, 221
Duren, August J., 134
Duwe, Lloyd, 150
Dwyer, Thomas P., 93, 94, 97, 182

EASTVOLD, Carl J., Jr. (1897-1964), 133
Eberhart, Adolph O. (1870-1944), 178, 179, 221
Eddy, Frank M. (1856-1929), 84, 85, 86, 88, 221
Edgerton, Alonzo J. (1827-96), 66, 221
Edwards, D. W., 79
Eisenhower, Dwight D. (1890-1969), 25, 26, 32
Ellsworth, Franklin F. (1879-1942), 94, 97, 98, 99, 101, 221
Emme, Julius F. (1879- ?), 106
Engebretson, Andrew (1932-), 151
Enroth, Dick (1918-), 147
Erdall, Richard M. (1933-), 151
Erickson, Ernest W. (1861-1935), 110
Erickson, Oliver T., 83
Eustis, William H. 1847?-1928), 170
Evans, David H. (1852-1928), 85, 183

FAIRCHILD, Sylvester M., 172
Falk, Albert S., 125
Farrell, Frank S., 138
Farrell, John J. (1873-1946), 38, 101
Fay, Marcus L., 89
Feig, Henry (1861-1915), 82
Feingold, Carl, 54
Feller, John W. (1893-1953), 121
Ferch, Michael, 187
Fillmore, Millard (1800-74), 32
Finlayson, Henry A., 102, 104, 108
Fisher, Louis (1913-), 29
Fisk, Clinton B. (1828-90), 14
Fitzpatrick, Matthew (1872-1941), 110
Fitzpatrick, Patrick (1851-1908), 84
Flandrau, Charles E. (1828-1903), 155
Fleming, Ward, 133
Fletcher, Loren (1833-1919), 81, 83, 84, 86, 87, 89, 90, 221
Flittie, Jean A., 98
Foley, Eugene P., 138
Foley, Thomas, 110, 122
Ford, E. B., 109
Ford, Gerald R. (1913-), 30, 32
Forsberg, August O. (1864-1945), 89
Forsythe, Robert A. (1922-), 57
Fosnes, Christopher A. (1861-1955), 79
Foster, William Z. (1881-1961), 20, 21, 22
Frank, Chris, 151

Fraser, Donald M. (1924-), 141, 143, 144, 145, 147, 148, 149, 151, 221
Fredrickson, Martin, 205
Fredriksen, Arnold L. (1898-), 136
Freeman, Orville L. (1918-), 205-212, 221
French, Andrew (1859-1936), 91, 92
Frenzel, William E. (1928-), 146, 148, 149, 150, 221
Fritsche, L. A. (1862-1931), 111
Fuller, H. A., 103
Furlow, Allen J. (1890-1954), 105, 107, 221

GAARENSTROM, Christian F. (1887-), 113, 115, 117, 119, 124
Gagen, August M., 107
Gale, Richard P. (1900-73), 126, 127, 129, 221
Gallagher, Thomas (1897-1975), 196
Gallagher, William J. (1875-1946), 127, 129, 221
Gamble, W. W., 80
Garfield, James A. (1831-81), 13, 32
Gault, Lillien Cox (1864- ?), 104
George, James (1819-81), 66
Gieske, John L., 89, 94
Gilbert, Joseph, 128
Gilfillan, John B. (1835-1924), 77, 78, 221
Gilkinson, Andrew J. (1863-1934), 93, 97
Gilman, John M. (1824-1906), 66, 67
Gleason, John L., 125
Glossbrenner, David W., 143
Glotzbach, Frank L. (1872-1947), 97
Goldwater, Barry M. (1909-), 28
Goodwin, Godfrey G. (1873-1933), 107, 108, 110, 112, 221
Graham, Christopher C. (1806-91), 65, 70
Grant, Ulysses S. (1822-85), 11, 12, 32
Graven, David L. (1929-), 141
Gray, James (1867?-1916), 178
Greeley, Horace (1811-72), 12
Green, George W., 73
Griffin, Gloria (1925-), 150
Grout, Thaddeus P. (1837- ?), 85
Grunseth, Jon (1945-), 149
Gunderson, Genevieve, 216-218
Gustafson, Rudolph, 201-204, 208, 210-212

HAAVEN, Jon O. (1933-), 148
Hagedorn, Thomas M. (1943-), 149, 150, 221
Hagen, Harold C. (1901-57), 128, 130, 131, 132, 134, 135, 136, 138, 221
Haggard, George D., 89, 177
Halbert, Hugh T., 97, 180-182
Hall, Darwin S. (1844-1919), 79, 80, 221
Hall, Douglas, 130
Hall, Gus (1910-), 29
Hall, Osee M. (1847-1914), 80, 81, 83, 221

Halliday, Alexander, 93
Hallinan, Vincent, 25
Halstead, Fred W. (1927-), 28
Halsted, Charles L. (1894-1968), 202-204
Halvorson, Kittel (1846-1936), 80, 83, 221
Hamblen, Stuart, 25
Hamblin, E. O., 154
Hammar, Conrad H. (1895-1974), 138, 141
Hammerstrom, Claus V., 111
Hammond, William B., 169, 170
Hammond, Winfield S. (1863-1915), 81, 91, 93, 94, 97, 180-182, 222
Hampson, L. F., 82
Hancock, Winfield S. (1824-86), 13
Hanley, J. Frank, 19
Hanna, Lindley B. (1872- ?), 105, 107
Hansen, Al, 46
Hansen, Phil (1927-), 59
Hansen, Richard C., 135
Hanson, Martin, 89
Harding, Warren G. (1865-1923), 19, 32
Harju, Rudolph, 40
Harju, Walter, 111
Haroldson, Clint (1908-), 137
Harri, Jerry A., 122
Harries, William H. (1843-1921), 80, 81, 222
Harrison, Benjamin H. (1833-1901), 4, 14
Harrison, Hugh (1860-99), 164
Harrison, William H. (1773-1841), 32
Harsh, P. H., 81
Hass, Eric, 25, 26, 27, 28
Hathaway, William L., 144
Haugen, Bernt B., 172
Haugen, Elmer A. (1892-1954), 124
Haws, Franklin H., 151
Hayes, Rutherford B. (1822-93), 12, 32
Head, Douglas M. (1930-), 214-216
Heatwole, Joel P. (1856-1910), 81, 83, 84, 85, 87, 222
Heck, Karl, 59, 214-216
Hedlund, C. R., 110
Heiberg, Jergen F. (1861-1947), 85, 178
Helm, Paul (1930-), 61
Hennen, James A., 146
Herbert, Benjamin B. (1843-1917), 78
Hicks, Frank, 107
Higbee, Obadiah H. (1863-1942), 99
Higgins, George W. (1856-1910), 170
Hilleboe, Hans S., 168
Himsl, Joseph B. (1872-1950), 108
Hinds, Charles G. (1866-1920), 85
Hirshfield, Adolph (1864-1933), 86, 87, 90
Hisgen, Thomas L. (1858-1925), 17
Hodgson, L. C. (1874-1937), 184-186
Hogan, Martin A., 123, 124, 126
Hoidale, Einar (1870-1952), 40, 41, 110, 114, 116, 118, 120, 222
Hollister, John R., 97, 98
Holman, Spencer M. (1863- ?), 89
Holmberg, Nathaniel J. (1878-1951), 41, 43, 113, 115, 117, 119
Holmes, Emil E., 114, 116, 118, 120

Holmstrom, Hugo, 139
Holt, Charles E., 162
Hoover, Herbert (1874-1964), 21, 22, 32
Hopkins, Frank (1877-1959), 111
Horcutt, I., 82
Howard, Earl E. (1889-1942), 108
Howard, Guy V. (1879-1954), 43, 222
Hubbard, Lucius F. (1836-1913), 161, 162, 222
Hughes, Charles E. (1862-1948), 19
Hughes, Martin (1867-1953), 91
Humiston, R. F., 158
Humphrey, Hubert H. (1911-), 28, 50, 52, 54, 58, 61, 222
Hunt, Douglas P., 136

INDREHUS, Edward (1873-1933), 186, 191
Ingalls, James S., 95
Innis, George S., 84

JACKSON, Andrew (1767-1845), 32
Jacobson, Jacob F. (1849-1938), 177
Jaques, Alfred (1857-1937), 95, 188
Jeffers, Frank (1870-1936), 104
Jefferson, Thomas (1743-1826), 32
Jenness, Linda (1941-), 29
Jensen, Fred, 107
Jenswold, John, Jr. (1857-1940), 97
Jepson, Lowell E. (1863-1938), 99, 101
Jerde, Oscar J. (1891-1959), 136
Johns, Frank F., 20
Johnson, Alfred I. (1898-), 139
Johnson, Andrew (1808-75), 32
Johnson, Dewey W. (1899-1941), 121, 123, 125, 126, 222
Johnson, Edward, 149
Johnson, Ferdinand, 109
Johnson, Herbert, 180-182
Johnson, J. Buford, 145
Johnson, John A. (1861-1909), 174, 175, 177, 222
Johnson, John P. (1867-1954), 87, 182, 192
Johnson, John W. (1852-1936), 87
Johnson, John W. (1929-), 143, 216-218
Johnson, Joseph, 57, 141
Johnson, Knut, 89
Johnson, Louis P. (1876-1954), 121
Johnson, Lyndon B. (1908-73), 28, 32
Johnson, Magnus (1871-1936), 36, 38, 113, 115, 117, 119, 122, 186, 188, 222
Johnson, Oscar A., 132
Johnson, Richard W. (1827-97), 161
Jones, George P. (1878-1954), 90
Jones, Richard A. (1831-88), 68
Jorgenson, Theodore (1894-1971), 49
Judd, Walter H. (1898-), 128, 129, 130, 132, 133, 134, 136, 137, 138, 140, 141, 222
Jurenas, Edmund A., 149

KACZMAREK, Joseph L. (1917-57), 137

Kaplan, Morris (1869-1959), 41, 97
Karson, Morris, 114, 116, 118, 120
Karth, Joseph E. (1922-), 138,
    140, 141, 143, 144, 145, 147,
    148, 149, 222
Keefe, Thomas (1874-1927), 38
Keldsen, Irving R., 141
Keller, Oscar E. (1878-1927), 102,
    103, 104, 106, 222
Kellogg, Frank B. (1856-1937), 5,
    34, 36, 222
Kellom, H. S., 82
Kelly, E. F., Jr., 100
Kelso, W. F., 82
Kennedy, Hugh T., 114, 116, 118,
    120
Kennedy, John F. (1917-1963), 27,
    32
Kennedy, Roger G. (1926-), 134
Ketola, Jerry H., 140, 142
Kiefer, Andrew W. (1832-1904), 81,
    83, 222
Kilbride, L. J., 129, 130
Killen, Marcella F. (1909-), 132,
    133
Kindred, C. F., 76
King, Frank L., 140
King, William S. (1828-1900), 71,
    222
Kirkham, Jack O. (1922-), 151
Kleinow, Richard R., 216-218
Knutsen, John, 100, 105, 109, 111
Knutson, Coya G. (1912-), 136,
    138, 139, 141, 222
Knutson, Harold (1880-1953), 100,
    101, 103, 105, 106, 108, 109,
    111, 113, 115, 117, 119, 122,
    123, 125, 126, 127, 129, 130,
    132, 222
Kohler, Christian H. (? -1951), 90
Kolars, Charles C. (1865-1937), 89,
    107, 109
Koneczny, Vincent C., 89
Kowalkowski, Joseph H. (1889-),
    123
Kriz, Edward H., 86, 172
Kron, Ole (1848- ?), 84
Kvale, Ole J. (1869-1929), 103,
    105, 106, 108, 109, 110n, 222
Kvale, Paul J. (1896-1960), 110,
    111, 113, 115, 117, 119, 122,
    124, 125, 223

LA FOLLETTE, Robert M. (1855-1925),
    20
Lamberton, Henry M. (1861-1945), 99
Lamberton, Henry W. (1831-1905), 67
Lando, Adolph, 92
Landon, Alfred M. (1887-), 22, 23
Langen, Odin E. S. (1913-76), 139,
    141, 142, 143, 144, 146, 147,
    223
Langslet, Halvor, 130
La Rouche, Lyndon H., Jr., 30
Larrabee, Frank D. (1856-1932), 92
Larsen, Edward J., 128
Larson, Oscar J. (1871-1957), 103,
    105, 108, 223
Lathrop, Noah (? -1914), 78
Latimer, Jacob A. (1827-1915), 76
Latimer, Thomas E. (1879-1937), 97,
    100

Laugeson, C. T., 84
Laurisch, Christian J. (1873-1947),
    123
Lawler, Daniel W. (1859-1926), 33,
    34, 106, 167
Lawrence, James W. (1846-1918), 81
Lawson, Donald M. (1902-53), 131
Learned, Charles E. (1858-1930),
    98
Lee, Robert F. (1899-), 133
Lee, William E. (1852-1920),
    180-182
Leeman, William H. (1853-1942), 93
Leiseth, Robert (1928-), 151
Lemke, William (1878-1950), 23
Lequier, Fred, 114, 116, 118, 120
Le Sueur, Marian (1877-1954), 51
Le Vander, Harold (1910-), 213,
    223
Levering, Joshua (1845-1935), 15
Levin, Jules, 30
Lewis, Thomas J. (1878-1946),
    180-182
Lincoln, Abraham (1806-65), 11, 32
Lind, John (1854-1930), 78, 79, 80,
    89, 169, 170, 172, 223
Lindbergh, Charles A., Sr.
    (1859-1924), 92, 93, 94, 97, 98,
    103
Lindbloom, P. Milton (1889-), 123
Lindley, Alfred D. (1904-51), 133
Lindquist, Leonard E. (1912-), 138
Lindsay, Frederick F. (1866-1959),
    92, 94
Løbeck, Engebret E. (1864-1922),
    86, 100, 102, 179
Loftus, O. E., 175
Lommen, Edwin E. (1857- ?), 85
Long, J. Henry (1835-1933), 78
Long, John H., 98
Long, Lionel C. (? -1917), 81, 82,
    170
Loss, Frank L. (1918-), 147
Lovely, John A. (1843-1908), 78
Lowe, J. R., 85, 87
Lucas, Thomas H. (1840?-1925), 81,
    172
Luce, Otis A. (1868-1941), 123
Lund, Charles A. (1878-1959), 40
Lundeen, B. A., 146
Lundeen, Ernest (1878-1940), 40,
    44, 47n, 100, 103, 108, 110,
    113, 115, 117, 119, 121,
    189-191, 223
Luoma, Everett E., 55
Lynn, James F. (1871- ?), 104, 108

MAAS, Melvin J. (1898-1964), 107,
    109, 111, 114, 116, 118, 120,
    121, 123, 125, 126, 128, 129,
    223
McBride, Roger L., 30
McCarthy, Eugene J. (1916-), 30,
    54, 55, 132, 133, 134, 135, 137,
    223
McCartney, P. J., 104
McCleary, James T. (1853-1924), 81,
    82, 84, 85, 87, 88, 90, 91, 93,
    223
McClellan, George B. (1826-85), 11
McConville, Mrs. Frank, 123

MacDonald, John L. (1838-1906),
    78, 79, 223
McDonough, John J. (1895-1962), 121
McGill, Andrew R. (1840-1905), 163,
    223
McGovern, George S. (1922-), 29
McGovern, Peter (1845-1917), 88
MacGregor, Clark (1922-), 58, 140,
    141, 142, 144, 145, 223
McKeon, Merle J. (1900-75), 125
Mackie, Martin, 198-200
McKinley, William (1843-1901), 15,
    16, 32
McKinnon, Alexander (1854- ?), 90
MacKinnon, George E. (1906-), 130,
    131, 209, 223
McKinnon, William, 129
MacKintosh, John Q. (1861-1923), 98
McLean, Thomas N. (1859- ?), 84
McMillan, Samuel J. R. (1826-97),
    223
McNair, William W. (1836-85), 72
McNaught, C. E., 126
Madison, James (1751-1836), 32
Mahoney, William (1869-1952), 98,
    128
Mallory, Walter (1885-1954), 101
Malone, Richard T. (1920-), 134
Maloney, Joseph R. (1865- ?), 16
Manahan, James (1866-1932), 95, 223
Markve, Arthur, 100
Marquit, Erwin, 216-218
Marshall, Fred (1906-), 132, 133,
    134, 136, 137, 139, 140, 223
Marshall, William R. (1825-95),
    155, 223
Martin, Porter (1827-1915), 76
Martin, Richard, 147
Marzahn, Frank F., 97
Matchett, Charles H. (1843-1919), 15
Mathews, Marvin E. (1849-1932), 87
Mathias, Clifford C. (1930-), 150
Matthews, George W., 140
Maxwell, Milton F., 131
Maxwell, Stephen L. (1921-), 144
Mayall, Samuel (1816-92), 156, 157
Mayville, Harry, 121
Meier, Edward J., 19
Meighen, Thomas J. (1856-1936), 82,
    173
Meighen, William (1816-99), 73,
    159, 160
Meldahl, Andrew, 128
Merriam, William R. (1849-1931),
    164, 165, 223
Merriman, Orlando C. (1827-1906),
    77
Mikan, George L., 137
Miles, James G., 216-218
Miller, Clarence B. (1872-1922), 93,
    95, 97, 99, 100, 102, 223
Miller, Robin E., 61
Miller, Stephen (1816-81), 154, 223
Millett, James M. (1869-1939), 103
Mitchell, Charlene (1930-), 28
Mitchell, James C., 103
Mitchell, Joseph J. (1901-), 140
Moen, Nels T. (1866-1929), 90
Mondale, Walter F. (1928-), 5, 57,
    59, 223
Monroe, James (1758-1831), 32
Montgomery, Terry, 147
Moonan, John (1866-1922), 82
Moonan, Ray G. (1898-1968), 124

Moore, Beecher, 177
Moran, Willard J. (1894-1950), 126
Morgan, David L. (1845-1935), 81, 83, 179
Moriarity, Joseph J. (1884-1963), 111
Morin, Richard W., 122
Morris, Robert Page (1853-1924), 85, 86, 87, 224
Morrison, J. C., 110
Morton, Joseph H., 90
Moses, David J., 112
Munger, Frank, Sr., 111
Munn, Charles, 127
Murphy, Edward, 48, 197
Murphy, Francis L., 126
Myers, Derrel, 147

NASH, Jay E. (1843?- ?), 173, 174
Nellermoe, Arthur F. (1891-1955), 129
Nelsen, Ancher (1904-), 138, 140, 141, 142, 143, 145, 146, 148, 208, 224
Nelson, A. H., 89
Nelson, Andrew, 99, 189-191
Nelson, Arthur E. (1892-1955), 39, 46, 224
Nelson, H. C. (1848-1931), 90
Nelson, Knute (1843-1923), 5, 33, 35, 37n, 76, 77, 78, 167, 168, 224
Nelson, Martin A. (1889-), 48, 193-196
Nelson, Norman, 145
Nelson, Verner (1892-), 131
Neunsinger, R. J., 127
Newton, Walter H. (1880-1941), 101, 103, 106, 107, 109, 110n, 123, 224
Nixon, Richard M. (1913-), 27, 28, 29, 32
Noblitt, Harding C. (1920-), 142
Nolan, Richard M. (1943-), 148, 149, 151, 224
Nolan, William I. (1874-1943), 110, 111, 113, 115, 117, 119, 224
Norton, Daniel S. (1829-70), 224
Nye, Frank M. (1852-1935), 92, 93, 94, 224

OBERSTAR, James L. (1934-), 150, 152, 224
O'Brien, E. Thomas (1906-), 126, 128
O'Brien, Harry J., 128, 129
O'Brien, Richard D., 102
O'Connor, Jennings L., 125, 127
Odegard, Robert J. (1920-), 141, 143
Ogdahl, Harmon T. (1917-), 145
O'Hara, Joseph P. (1895-), 124, 126, 127, 129, 130, 131, 133, 134, 135, 137, 224
Ojala, William R. (1925-), 150
Olesen, Anna D. (1885-1971), 36
Olson, Alec G. (1930-), 141, 143, 144, 224
Olson, Curtiss T. (1915-), 134, 135

Olson, Floyd B. (1891-1936), 6, 187, 191-195, 224
Olson, Orville E., 202-204
Olson, Robert C., Jr. (1930-), 135, 150
O'Malley, John A., 91
Orchard, Ernest R. (1910-), 135, 136
O'Rourke, John E. (1891-1974), 46
Otis, George L. (1829-82), 156
Owen, Sidney M. (1838-1910), 84, 165, 168

PADDEN, John W. (1908-), 128
Palmer, John M. (1817-1900), 15
Parish, Richard J. (1914-), 142
Parker, Alton B. (1852-1926), 16
Parsons, A. C., 82
Paul, J. H. (1847-1919), 164
Pearson, Albin S., 107
Peck, Harrison J. (1842-1913), 84
Peebles, David F. (1862- ?), 93
Perpich, Rudolph G. (1928-), 5, 224
Petersen, Hjalmar (1890-1968), 197-200
Peterson, Charles D., 127
Peterson, Frank H. (1859-1935), 107
Peterson, George F., 92
Peterson, Harold L., 127
Peterson, Harry H. (1890-), 204
Peterson, Hjalmar O. (1879-1957), 100
Peterson, J. L., 113, 115, 117, 119
Peterson, P. Kenneth (1915-), 54
Peterson, William E., 61, 148
Phelps, William W. (1826-73), 65, 224
Phillips, Edwin (1833- ?), 76, 87
Phillips, Hermon W. (1860-1934), 100
Pierce, Franklin (1804-69), 32
Pillsbury, John S. (1827-1901), 158, 159, 160, 224
Pinkham, James P., 79, 165
Piotrowski, Thomas F., 151
Pittenger, William A. (1885-1951), 110, 111, 113, 115, 117, 119, 122, 124, 125, 127, 128, 129, 131, 133, 224
Poehler, Henry (1833-1912), 73, 74, 224
Polk, James K. (1795-1849), 32
Pomadt, R. A., 103
Pool, Harry M., 216-218
Power, Victor L. (? -1926), 106
Powers, Fred M., 98
Powers, Maurice, 109
Preus, Jacob A. O. (1883-1961), 36, 184-187, 224
Price, Richard, 84

QUARLES, Duncan M., 122
Quie, Albert H. (1923-), 138, 139, 141, 142, 143, 145, 146, 147, 149, 150, 224

RAIHALA, M. W., 127

Ramsey, Alexander (1815-1903), 153, 154, 225
Ranum, Roy W. (1898-), 139
Ratté, Phillip J. (1938-), 149
Rautio, Rudolph, 128
Reber, Dan (1949-), 150
Reed, Dana C., 110
Reed, Paul, 147
Reed, William B. (1834-1921), 81
Reese, Darius F. (1856-1918), 100
Reeve, Karl, 191
Reeve, Rebecca G. (1890?-1960), 111
Regan, James J., 97
Regan, John E., 45, 192, 193-195
Reimer, Elmer, 18, 19
Reimstad, Theodore S., 83
Reiter, Julius J. (1869-1940), 102, 105
Reynolds, Ira B. (1841- ?), 80
Reynolds, Verne L. (? -1959), 21, 22
Rheinberger, Joseph A. (1923-), 149
Rice, Edmund (1819-89), 78, 79, 160, 225
Rice, George (1918-), 146
Rice, Henry M. (1817-94), 5, 155, 225
Riedel, George, 121
Riggs, Robert, 149
Ringdal, Peter M. (1861- ?), 86, 179
Robbie, Joseph (1916-), 137, 138
Roberts, Charles H. (1842-1907), 74, 76, 161
Roberts, D. H., 74, 78
Robertson, James, 109
Robertson, W. C., 101
Robinson, Clinton (1878- ?), 96
Rolvaag, Karl F. (1913-), 3, 130, 131, 134, 212-214, 225
Roosevelt, Franklin D. (1882-1945), 22, 23, 24, 32
Roosevelt, Theodore (1858-1919), 16, 18, 32
Rosenquist, Albert, 97
Rosing, Leonard A. (1861-1909), 173
Ruohoniemi, Sanfrid B., 128
Russell, P. J., 101, 111
Rutledge, Henry B. (1876-1930), 105
Ryan, C. A., 123
Ryan, Elmer J. (1907-58), 121, 123, 124, 126, 225
Ryan, Frank P. (1899-), 52
Ryan, Thomas P., 128

SABIN, Dwight M. (1843?-1902), 225
Sachs, Kenneth, 213
Sageng, Ole O. (1872-1963), 94, 122, 126
St. John, John P. (1833-1916), 13
Sampson, Peter J. 184-186
Sanborn, J. A., 84
Sanders, David, 95
Satterlee, W. W., 160
Savola, Matt, 61
Scanlan, Charles, 87, 173
Schall, Thomas D. (1878-1935), 38, 40, 97, 99, 101, 102, 104, 105, 225
Schaller, Albert (1856-1934), 87
Schelin, Ross, 206-208
Schmidt, John W., 121
Schmitz, John G. (1930-), 29
Schneiderman, William, 192

Scholle, Gustave, 92
Schultz, Dorothy, 130
Schwandt, Russel, 140
Schwartz, Ralph, 151
Scott, Ulric (1932-), 149
Scott, Zar D. (1848-1931), 79
Searle, Dolson B. (1841-1909), 82
Seberger, Peter J. (1864-1935), 87, 105
Selby, Norm, 148
Selvig, Conrad G. (1877-1953), 108, 110, 112, 113, 115, 117, 119, 225
Seymour, Horatio (1810-86), 11
Sharkey, T. J., 98
Shaw, H. T., 84
Shepherd, George, 139
Sheppard, Charles R., 80
Shields, James (1810-79), 5, 225
Shipstead, Henrik (1881-1960), 36, 39, 41, 45, 184-186, 225
Shipstead, Samuel C. (1883-1960), 106
Shoemaker, Francis H. (1889-1958), 111, 113, 115, 117, 119, 122, 128, 225
Sibley, Henry H. (1811-91), 75, 153, 225
Sieben, Harry A. (1914-), 133, 135
Siegel, George L. (1885-1963), 126
Simon, Frank, 101, 103
Simpson, Charles V., 142
Sjodin, Peter O., 121
Slen, Theodor S. (1885-1948?), 128
Slettedahl, Edward C. (1900-), 137
Smith, A. E., 121
Smith, Alfred E. (1873-1944), 21
Smith, George R. (1864-1952), 97, 98, 225
Smith, Green Clay, 12
Snider, Samuel P. (1845-1928), 79, 80, 225
Snyder, Fred A. (1882-1954), 109
Soltis, John G., 101, 104
Spock, Benjamin M. (1903-), 29
Stacy, Edwin C. (1815-97), 72
Stageberg, Olaf O. (1868-1946), 183
Stangeland, Arlan I. (1930-), 152, 225
Starkey, Frank T. (1892-1968), 129, 130, 225
Stassen, Harold E. (1907-), 196-200, 225
Stearns, Isaac C. (1820- ?), 73, 74, 77, 161
Stearns, Ozora P. (1831-96), 225
Steenerson, Halvor (1852-1926), 90, 91, 92, 94, 95, 98, 99, 100, 102, 104, 105, 225
Stevens, Frederick C. (1861-1923), 84, 86, 87, 89, 90, 92, 93, 94, 97, 98, 226
Stevenson, Adlai E. (1900-65), 25, 26
Stewart, Earl, 195
Stewart, Jacob H. (1829-84), 72, 226
Stockwell, Sylvanus A. (1857-1943), 87
Stokowski, Eugene E., 145
Stone, Alexander J. (1845-1910), 87
Strait, Horace B. (1835-94), 70, 71, 72, 73, 74, 76, 77, 226
Stratton, Charles H., 94

Strebe, Nancy, 58
Streeter, Alson J., 14
Strong, Harry, 141, 143
Sullivan, John D., 198-200
Sullivan, Michael (1942-), 152
Sullivan, Thomas V., 107
Swallow, Silas C. (1839-1930), 16
Swanjord, O. F., 106
Swanson, Carl E., 100
Swenson, Erling, 112
Swenson, Harry S. (1875- ?), 99
Swift, Henry A. (1823-69), 65, 226

TAFT, William H. (1857-1930), 17, 18, 32
Tawney, James A. (1855-1919), 81, 82, 84, 85, 86, 88, 90, 91, 92, 226
Taylor, James W. (1819-93), 66
Taylor, Robert, 79
Taylor, Zachary (1784-1850), 32
Teichert, Edward A., 24, 25
Teigan, Henry G. (1881-1941), 114, 116, 118, 120, 123, 124, 126, 226
Thayer, D. A., 94
Thomas, Norman M. (1884-1968), 21, 22, 23, 24, 25
Thomason, Otto M. (1874-1960), 98
Thompson, Anders, 136
Thompson, Charles S., 147
Thompson, Lynn (1880-1954), 103
Thompson, Steve, 148
Thompson, T. A., 100
Thormodson, Nils E. (?-1925), 104
Thornton, John J. (1840-1915), 77
Thorstad, David, 145
Thye, Edward J. (1896-1969), 49, 51, 54, 200, 226
Tiala, Alfred, 41
Tifft, Merriel C. (1865-1957?), 92
Tilden, Samuel J. (1814-86), 12
Tillotson, Rose (1902-), 128
Timm, Frank H. (1892-), 127
Towne, Charles A. (1858-1928), 83, 85, 86, 226
Towne, William E., 99
Townley, Arthur C. (1880-1959), 114, 116, 118, 120, 193-195
Townsend, Irve, 100
Tracy, Thomas, 121
Truelson, Henry, 87
Truman, Harry S (1884-1972), 25, 32
Tucker, David A., 91
Turnbull, Charles, 148
Tyler, John (1790-1862), 32

UHL, A. W., 97
Uhl, Alan W., 151

VAN BUREN, Martin (1782-1862), 32
Van Deusen, Jane, 216-218
Van Dyke, Carl C. (1881-1919), 98, 100, 101, 226
Van Dyke, Cleve W., 90
Van Lear, Thomas (1864-1931), 98, 173

Van Sant, Samuel R. (1844-1936), 172, 173, 226
Vento, Bruce F. (1940-), 151, 226
Vermilya, James I. (1849-1938), 81
Volstead, Andrew J. (1860-1947), 89, 91, 92, 93, 95, 97, 99, 100, 102, 103, 105, 226
Votaw, O. R., 109

WAITE, Franklin H. (1813-83), 71
Wakefield, James B. (1825-1910), 76, 77, 226
Walker, Elva D. (1914-), 144
Wallace, George C. (1919-), 28
Wallace, Henry A. (1888-1965), 25
Ward, William G. (1827-92), 74
Washburn, William D., (1831-1912), 3, 73, 75, 76, 226
Washington, George (1732-99), 32
Watkins, Dr. O. S., 95
Watkins, W. W., 19
Watson, Chester, 122
Watson, Thomas E. (1856-1922), 16
Way, Charles M. (1860-1944), 86
Weaver, James B. (1833-1912), 4, 13, 14
Weber, Frank R., 122
Wedge, Clarence, 85
Wefald, Jon (1937-), 145
Wefald, Knud (1869-1936), 105, 107, 108, 110, 112, 226
Weinberg, Alfred J., 137
Welch, Anthony C. (1867-1939), 106
Welles, Henry T. (1821-98), 154
Wells, Henry R. (1834- ?), 74
Wessel, Henry F. (1856-1936), 107
Wheaton, Fred E. (1862-1922), 183
Wheeler, Bert N., 100
White, Milo (1830-1913), 76, 77, 85, 226
Whiteman, Alonzo J. (1860-1919), 80
Whitney, Wheelock (1926-), 55
Wichterman, Ben M. (1924-), 143
Wier, Roy W. (1888-1963), 130, 131, 133, 134, 135, 137, 138, 140, 226
Wilkinson, Morton S. (1819-94), 65, 68, 70, 79, 226
Wilder, Eli T. (1813-1904), 72
Willey, Austin (1806-1906), 159
Williams, Howard Y. (1889-1973), 109, 123, 125
Willis, John W. (1854-1925), 86
Willkie, Wendell L. (1892-1944), 23
Willow, Ed (1904-), 134, 135
Wilson, Eugene M. (1833-90), 69, 71, 164, 226
Wilson, Thomas (1827-1910), 78, 79, 165, 226
Wilson, Woodrow (1856-1924), 18, 19, 32
Windom, William (1827-91), 65, 66, 67, 68, 227
Winterquist, A. L., 122
Witherstine, Horace H. (1852?-1924), 98
Woodrich, Ernest W., 93
Woolley, John G. (1850-1922), 16
Works, Samuel D. (1862- ?), 87
Wright, Donald O. (1892-), 148
Wright, Margaret, 30
Wurst, Edward L., 129

YORK, Gerald M., 200
Young, Winthrop (1817-96), 156
Youngdahl, Luther W. (1896-), 201-205, 227
Youngdahl, Oscar F. (1893-1946), 125, 126, 227
Youngdale, James M. (1919-), 132, 135

ZEIDLER, Frank P., 30
Zupp, Harold, 137
Zwach, John M. (1907-), 144, 145, 147, 148, 227